Helmuth Moltke

Der russisch-türkische Feldzug in der europäischen Türkei

Helmuth Moltke

Der russisch-türkische Feldzug in der europäischen Türkei

ISBN/EAN: 9783742899095

Hergestellt in Europa, USA, Kanada, Australien, Japan

Cover: Foto ©ninafisch / pixelio.de

Manufactured and distributed by brebook publishing software
(www.brebook.com)

Helmuth Moltke

Der russisch-türkische Feldzug in der europäischen

Inhalt.

Erster Theil. Feldzug von 1828.

Zweiter Theil. Feldzug von 1829.

Einleitung.

Politische Verhältnisse. Die Türkische und die Russische Armee.

Der Kampf, welcher 1828 zwischen Rußland und der Türkei zum Ausbruche kam, hatte schon eine Reihe von Jahren hindurch gedroht. Beide Mächte beschuldigten sich gegenseitig, die Bedingungen des Traktats von Bukarescht verletzt zu haben, und nur den angelegentlichsten Bemühungen und der äußersten Geschmeidigkeit der europäischen Diplomatie war es gelungen, die Waffen-Entscheidung so lange zu vertagen.

Den wahren Grund so vieler Mäßigung auf der einen Seite, gegenüber dem starren Trotz auf der andern, hatte ein englischer Staatsmann im Parlament unumwunden ausgesprochen*). „Ich fürchte", sagte er, „den Krieg in einer guten „Sache keineswegs, da ich nicht an der Kraft dieses Landes, „ihn anzufangen, und an seinen Hülfsquellen, ihn fortzusetzen, „zweifele. Ich fürchte ihn nur in dem Bewußtsein der un-„geheuern Macht, welche Britanien besitzt, die Feindseligkeiten, „in die es verwickelt werden kann, zu Folgen zu steigern, deren „Betrachtung mir Schauder erregt. Es würde ein Krieg von „furchtbarem Character sein, ein Krieg nicht bloß zwischen fech-„tenden Heeren, sondern zwischen streitenden Meinungen, wo-

---

*) Cannings Rede am 12. December 1826.

1*

„bei England unter seinem Panier alle unzufriedenen und un=
„ruhigen Geister, alle über den Zustand ihrer Länder Miß=
„vergnügten, schlagfertig treffen würde. Denn wahrlich, es ist
„eine Macht vorhanden, welche unter Englands Führung furcht=
„barer werden könnte, als irgend eine, die in den früheren
„Weltbegebenheiten in den Kampf geführt wurde!"

Wirklich hatten sich auf der Pyrenäischen Halbinsel, in
Italien und Griechenland die Völker fast gleichzeitig gegen
ihre Regierungen erhoben, Verbindungen der Unzufriedenen
aller Länder gaben sich in vielfachen einzelnen Aufständen
kund, und selbst in Rußland kannte man das Dasein einer
weit verzweigten, lang genährten Verschwörung, welche später
beim Tode Kaiser Alexanders zum Ausbruche kam. Die Staats=
regierungen, welche diese Geistesrichtung der Völker zu über=
wachen hatten, waren daher in jener Periode sämmtlich zur
Aufrechthaltung der öffentlichen Ruhe und Ordnung mit ein=
ander verbündet; die Waffengewalt mußte zur Unterdrückung
der Revolution verfügbar gehalten werden, und ein Krieg,
welcher sich durch ganz Europa hätte verbreiten können, wurde
von allen Mächten gleich sehr gefürchtet. Dazu kam der miß=
liche Stand der Finanzen, als Folge der schweren, nicht längst
erst beendeten Kämpfe gegen das französische Kaiserreich, so
daß der Friede überall das entschiedenste Bedürfniß und die
Losung jenes Zeitabschnittes bildete. Auch waren die Beschluß=
nahmen des Congresses zu Verona ganz im Sinne der Stabi=
litätspolitik, man wollte Aufrechthaltung des Friedens mit
der Pforte und Unterdrückung der Volksunruhen durch be=
waffnetes Einschreiten.

Die schwierigste Frage, welche die damalige Politik zu
lösen hatte, war der Aufstand der Griechen gegen ihre türkische
Regierung. Nach den Grundsätzen, welche man in Verona
öffentlich ausgesprochen, erschien derselbe unbedingt verwerflich,
und so wurden auch die Abgesandten der Neu=Hellenen auf

dem Congresse gar nicht zugelassen. Das Glück der Zukunft sollte nach dem Ausspruch des berühmten östreichischen Staatsmannes nur aus der Sicherung des Bestehenden hervorgehen, und die Weihe der Legitimität wurde auch über den Erben der Kalifen ausgedehnt.

Es war indeß nicht zu verkennen, daß die Empörung auf Morea aus einer ganz andern Quelle geflossen war, als der Carbonarismus und die demagogischen Umtriebe. Das Uebermaß der Willkürherrschaft und der Bedrückung hatte den Griechen die Nothwehr aufgedrungen. Für Altar und Heerd waren sie in einen Kampf gezogen, welcher mit ihrer Befreiung oder ihrem gänzlichen Untergang enden mußte. Christliche Regierungen konnten daher auch die Hand zu Maßregeln kaum bieten, welche ihre Glaubensbrüder der wilden Rachgier der Moslem überliefert hätten, allein sie wollten neutral bleiben, und hofften, die Türken würden dann wohl selbst des Aufstandes Herr werden, und durch billige Zugeständnisse den gefährlichen Zankapfel entfernen. — Die öffentliche Meinung entschied sich anders. Schon durch die erste Erziehung war jedem Gebildeten eine Vorliebe für das Volk eingeimpft, welches in frühester Zeit Träger der Gesittung gewesen, und dessen Vorbilder noch jetzt unübertroffen dastehen. Umsonst bewies man ihnen, daß das Blut der Miltiades und Leonidas durch slavische Vermischung entartet, daß Zwiespalt, Eigennutz, Habgier und Verrath den Kampf der Hellenen entwürdige, und vergeblich stellte der Oestreichische Beobachter am Schluße jeden Jahres ihre Sache als verloren und beendet dar. Neben vielem Schlimmen und Entmuthigenden erscholl doch auch wieder gar manche erhebende Kunde von wahrem Heldenmuth, glänzender Tapferkeit und edelster Aufopferung. Die barbarische Wuth der asiatischen Horden auf dem klassischen Boden von Hellas, die Ausdauer der Griechen im Widerstand, ihre glänzenden Thaten zur See und die Größe ihrer Bedrängniß selbst erweckten durch ganz Europa die regste Theilnahme. Der Politik zum Trotz bildeten sich überall Vereine zur Unterstützung der Griechen, und Geld, Waffen, Schiffe und Kämpfer strömten ihnen aus eben den Ländern zu, deren Regierungen sie als Rebellen geächtet.

Das Bedenklichste für die Diplomatie war, daß man sich bald nicht mehr verhehlen konnte, die Griechen würden auch wohl ohne die Hülfe der Europäischen Cabinette ihre Freiheit erringen, und sobald dies Ergebniß sich als möglich herausstellte, entstand zugleich das Mißtrauen, daß irgend ein Nachbar, der Principien vergessend, dem neuen Emporkömmling in der Staatenfamilie zeitgemäß die Hand reichen und dadurch einen dauernden Einfluß und eine politische Uebermacht begründen möchte.

Die nahe Glaubensverwandtschaft und die geographische Lage Rußlands ließen bei der Kampfbereitschaft seiner Heere eben diesen Nachbar als den bei weitem gefährlichsten erblicken. Mit der Thronbesteigung Kaiser Nicolaus war eine wesentliche Veränderung in der Politik des Petersburger Cabinets eingetreten. Seit der furchtbaren Entladung der Unzufriedenheit bei Kaiser Alexanders Tode, welche nur durch die persönliche Festigkeit und Entschlossenheit des neuen Herrschers bewältigt worden war, betrachtete man den Krieg gegen den Erb- und Glaubensfeind als einen Abzugskanal für das Mißvergnügen der Soldaten-Aristocratie. Freilich gerieth dadurch die neurussische mit der altöstreichischen Politik in Reibung, aber traktatenmäßig stand Rußland das Beschützungsrecht über alle unter der Herrschaft der Pforte lebenden Griechen zu, in sofern sie seine Glaubensverwandte waren. Gegen ihre Versprechungen hielt die türkische Regierung die Moldau und Wallachei mit osmanischen Truppen besetzt. Sie hatte die Verhältnisse Serbiens einseitig geregelt, ohne Rußland dabei zu befragen, und die freie Schifffahrt durch die Meerengen des Bosporus und

ter Dardanellen, welche Rußland zum Gedeihen seiner süd-
lichen Provinzen unentbehrlich ist, wurde unter mannigfachen
Vorwänden und durch gewaltsame Maßregeln beschränkt. Die
Kirchen der Griechen lagen in Trümmern, ihr Gottesdienst
war gestört, ihr Patriarch ermordet und der Gesandte Ruß-
lands, von dem Divan mit Hohn behandelt und vom Gesindel
bedroht, hatte Constantinopel verlassen müssen. Wie hätte also
Rußland nicht ebenso in der Türkei einschreiten sollen, wie
Oestreich in Italien, Frankreich in Spanien und England in
Portugal eingeschritten waren. Der formelle Rechtspunkt des
Kriegs war ohne Zweifel durch Nichterfüllung der Traktate
zu Gunsten Rußlands entschieden, eine andere Frage ist, ob
nicht eben jene Traktate gegen das Völkerrecht selbst stritten.
Die Pforte war seit einem Jahrhundert noch weit ungeschickter
im Friedenschließen, als im Kriegführen. Die Unwissenheit
des Divans und die Bestechlichkeit seiner Abgesandten machten
es leicht, ihm im Drange des Augenblicks nicht nur Provinzen
zu entreißen, sondern auch Bedingungen aufzubürden, welche
von unberechenbarem Einfluß waren. Jeder Friedensschluß
enthielt den Keim zu einem künftigen Kriege, und allein schon
das, einem fremden Monarchen eingeräumte Schutzrecht über
Unterthanen des Padischah, mußte bei willkürlicher Auslegung
jedem Angriff den Schein des Rechts verleihen. Das ganze
Verhältniß zeigte schon den überlegnen Sieger und den ermü-
denden Besiegten.

Europa war seit dem Congreß von Verona den Grundsätzen nach in zwei Hälften getheilt, auf der einen Seite England, auf der andern die heilige Allianz, und auch diese letztere
spaltete sich wieder nach den Sonder-Interessen der verschiedenen Staaten. — Oestreich allein blieb dem einmal ausgesprochenen Grundsatze der Stabilitäts-Politik bis zum letzten
Augenblick getreu, es forderte die Wiederunterwerfung der
Griechen unter ihren Landesherrn, um demnächst bei der Pforte

auf Gewährung eines gesicherten Zustandes für jenes Volk dringen zu können. Abgesehen von der Prinzipienfrage widersprach es auch um der Handelsvortheile willen, welche die Türkei ihm gewährte, der Unabhängigkeit Griechenlands, noch zu einer Zeit, wo sie bereits entschieden war. Wenn es später dem bedrängten türkischen Nachbar auch in seiner höchsten Noth den entscheidenden Beistand seiner Heere nicht gewährte, so geschah dies aus einer überwiegenden Friedensliebe, welche folgenden Geschlechtern, und wahrscheinlich unter noch schwierigern Verhältnissen, die Aufgabe zuschob, welche Oestreich unabweisbar früher oder später zu lösen haben wird, den Untergang des Osmanischen Reichs zu verhindern, oder den Gang dieses vielleicht unvermeidlichen Weltereignisses zu regeln. Daß aber das Wiener Cabinet ein gewaffnetes Einschreiten Rußlands und eine neue Ausdehnung, wenn nicht des Gebiets, so doch des Einflusses jener Macht gegen Westen sich gefallen lassen werde, war damals keineswegs mit Wahrscheinlichkeit vorauszusehen.

England konnte eine Schwächung der Pforte eben so wenig, als Oestreich, wünschen, und mußte schon um der stammverwandten Jonischen Inseln willen dem Griechischen Aufstand entgegen sein. Allein es betrachtete die Befreiung der Hellenen als eine halbvollbrachte Thatsache, für welche die öffentliche Meinung des englischen Volks sich laut ausgesprochen hatte, und aus welcher es nur noch galt, den möglichsten Gewinn für sich selbst zu erstreben. Es erkannte aus diesem Grunde durch seine Neutralitäts-Erklärung vom Jahre 1824 früher denn alle Europäischen Cabinette Griechenland als eine Macht de facto und als eine zur Kriegführung berechtigte Nation an.

Aehnliche Beweggründe lagen den Maßnahmen der Französischen Regierung zu Grunde. Ein Versuch, den dermaligen Besitzstand der Pforte durch sämmtliche Großmächte gewährleisten zu lassen, scheiterte, wie zu erwarten stand, bei dem

Cabinet von St. Petersburg. Das Ottomanische Reich war in die Wiener Congreß-Acte nicht mit aufgenommen gewesen; eben so wenig war dasselbe Gegenstand der späteren Verhandlungen geworden, welche die Gebietsausdehnung der Europäischen Mächte schließlich regelten. Rußland wird durch seine geographische und commerzielle Lage durchaus darauf hingewiesen, einen entscheidenden Einfluß zu Constantinopel zu üben, ohne welchen es weder den innern Flor seiner mittäglichen Provinzen noch die Ausdehnung seiner Schifffahrt und die Sicherung seiner Südgrenze erlangen kann. Dieser Einfluß war ihm durch den Tractat von Ackermann aufs Neue gesichert, und so lag kein vorwiegender Grund vor, aus welchem es den Sturz des türkischen Reichs hätte betreiben oder dringend beschleunigen sollen. Aber ganz etwas anderes war es, den Fortbestand desselben zu gewährleisten, wodurch es sogar Verpflichtungen übernommen hätte, deren Erfüllung unter Umständen gradezu unmöglich werden konnte, weil keine Staatsverträge die Integrität oder selbst nur die Existenz eines Reichs zu sichern vermögen, welches aus inneren Ursachen zusammen bricht. Eine Vereinbarung der Europäischen Großmächte dahin, Griechenland gegen die Türkei, dann aber auch die Türkei gegen jede andere Macht selbst durch Waffengewalt schützen zu wollen, war unter diesen Umständen nicht zu erreichen. Es kam aber darauf an, den Nordischen Riesen durch ein Bündniß wenigstens mit England und Frankreich so zu verwickeln, daß er am selbstständigen und einseitigen Handeln verhindert würde. Der Londoner Tractat vom 6. Juli 1827, bei welchem die Theilnehmer ganz entgegengesetzte Zwecke wollten, blieb jedoch absichtlich unbestimmt seinem Inhalte nach, und zweideutig in der Form. Zwar stellte er fest, daß eine bewaffnete Vermittlung in der griechischen Angelegenheit statt finden, nicht aber welche Verpflichtungen jede der contrahirenden Mächte für den Fall eines Bruches mit der Pforte übernehmen solle. Auch führte

derselbe bald zu Resultaten, welche genau das Gegentheil
waren von dem, was man in St. James und den Tuilerien
beabsichtigte.

Umsonst hatte die Europäische Diplomatie seit 7 Jahren
den Divan bearbeitet, verschwendet war jede Feinheit, verloren
alle Geschmeidigkeit gewesen, die Pforte verharrte in starrer
Unbeugsamkeit bei ihrem Trotz, und verweigerte mit barbari=
scher Folgerichtigkeit jedes auf fremde Einmischung beruhende
Abkommen. — „Rußland", behauptete sie, „habe die Tractate
„gebrochen durch den Schutz, welchen es den Rebellen ange=
„deihen lasse. Die griechischen Gotteshäuser können erst auf=
„gebaut werden, wenn der griechische Aufstand gedämpft, dann
„würden auch die Donau-Fürstenthümer von türkischen Truppen
„geräumt werden; die Pforte habe den Streit nicht angefangen,
„es könne daher auch die Rede nicht sein von Absendung eines
„Bevollmächtigten ihrerseits, um ihn auszugleichen. Wolle
„Rußland einen Gesandten schicken, so möge er nicht auf einem
„Kriegsschiff kommen, denn die Schlösser am Bosphor hätten
„Befehl, auf jedes solches zu feuern." Als Lord Strangford
zum Congreß nach Verona ging, ließ der Großherr ihm sagen:
„Er wünsche den hohen Häuptern den Segen Gottes und daß
„ihre Bemühungen nicht fruchtlos sein mögen. Aber Gott allein
„regiere die Welt. Krieg sei zu allen Zeiten gewesen, weil er
„es so wolle. Wenn es also Gottes Wille, daß wieder Krieg
„sein solle, so würden die Menschen es nicht hindern." —
Noch 1827 erklärte Sultan Mahmud: „Er sehe nicht ein,
„woher Pflicht und Beruf der christlichen Mächte komme, sich
„mit Friedenstiften zwischen ihm und seinen rebellischen Unter=
„thanen zu befassen." — Den Londoner Tractat erklärte der
Reis-Effendi für einen Wechsel, welchen sein Herr nicht accep=
tiren könne, die Note mußte unentsiegelt auf sein Ruhekissen
niedergelegt werden, und es erfolgte gar keine Antwort.

Die türkische Halsstarrigkeit war von politischer Klugheit

weit entfernt. Diese hätte offenbar erheischt, daß die Pforte
sich dem Vertrag vom 6. Juli 1827 fügte. Eine bedingte
Unabhängigkeit konnte die Griechen von bittern Feinden in
aufrichtige Anhänger verwandeln; das Beispiel Ragusas in
älterer, das Serblens in neuerer Zeit spricht für diese Be=
hauptung. Gelang es wirklich die Griechen durch Ibrahim
Pascha zu bezwingen, durch wen sollte dann der Egypter wieder
bezwungen werden. Nur erst wenn die christlichen Unterthanen
als unter türkischer Hoheit föderirte Staaten constituirt sind,
wird es möglich sein, christliche Heere zum Schutz der Otto=
manischen Pforte aufzustellen. Die Oberhoheit des Padischah
über Hellas wäre aber damals noch nicht in Frage gezogen
worden. Von dem Augenblick, wo der Großherr dem Londoner
Vertrage sich fügte, konnte er in seinen Separathändeln mit
Rußland auf Englands Beistand rechnen. Ebenso hätte die
Pforte kein wirksameres Gegengewicht gegen das Streben Ruß=
lands nach Alleinherrschaft auf dem Schwarzen Meere finden
können, als indem sie den Bosphorus den Kauffahrern aller
Nationen öffnete. Ein mäßiger Natural=Getreidezoll würde
von keinem verweigert worden sein und sicherte den Markt der
türkischen Hauptstadt. Wirklich war der Großherr bereit, den
insurgirten Griechen große Zugeständnisse zu machen. Er ver=
hieß uneingeschränkte Amnestie, Zurückgabe alles confiscirten
Eigenthumes, Wiederherstellung der frühern Vorrechte und eine
mildere Verwaltung, er entsagte jeder Entschädigung, den seit
6 Jahren rückständigen Steuern, und bewilligte Abgabenfreiheit
für ein neues Jahr. — Dagegen verweigerte er jede fremde
Vermittlung und Bürgschaft.

Man wollte nun den Padischah durch das Erscheinen einer
englischen, französischen und russischen Flotte aus seiner Ver=
blendung reißen. Alles lief aber auf eine Demonstration hin=
aus, durch welche man glaubte, einen Charakter wie den Sultan
Mahmuds II. einschüchtern zu können. Die Ermächtigung unter

gewissen Umständen die Waffengewalt geltend zu machen, war dem Admiral Codrington wohl hauptsächlich in der Voraussetzung ertheilt, daß eben jene Umstände nicht eintreten würden. Nun befehligte aber die türkische Flotte in der Bucht von Navarin Tahir Pascha, der unbeugsamste, fanatischste, aber auch tüchtigste aller Türken, und so trat am 20. Oktober 1827 das bekannte „untowarded event" ein, welches die osmanische Seemacht vernichtete, ohne den Starrsinn des osmanischen Herrschers zu beugen. Eins der größten Hindernisse, welche Rußland bei seinem Angriff auf die Türkei zu überwinden gehabt hätte, war ganz gegen die Absicht der übrigen Cabinette beseitigt und der Krieg seit dem Tage von Navarin entschieden.

Englaud befand sich überhaupt durch den Londoner Traktat und von dem Augenblick an, wo die Pforte sich den Bedingungen dieses Vertrags nicht unterwarf, in einer eigenthümlich verkehrten Stellung. Wider seinen Willen arbeitete es den Russen in die Hände und unmöglich konnte das Cabinet von St. James zu Gunsten der Pforte und gegen Rußland bei einem Kriege einschreiten, der wesentlich die Befreiung Griechenlands zum Ziel hatte, ein Zweck, für welchen es ja mit Rußland gegen die Pforte verbündet war. So blieben denn am Ende diese beiden Mächte einander allein gegenüber stehen, um ihren Streit ohne fremde Einmischung auszufechten.

Wenn man nun fragt, auf welche Kraft gestützt und im Vertrauen auf welche Hülfsmittel die Pforte es wagte, dem gesammten Europa zum Trotz, auf ihren Willen zu bestehen, so ist der Schlüssel dieses Räthsels, daß Sultan Mahmud II., selbst wenn dies nicht in seinem unbeugsam festen Charakter gelegen hätte, kühn und folgerecht sein mußte, weil er nicht nachgiebig und schwach sein durfte, daß er unerschütterlich gegen alle Anmuthungen der Cabinette blieb, weil er zu machtlos in seinem eigenen Lande war, um dem Auslande nachgeben zu können. Denn jedes Zugeständniß, welches er den christlichen Mächten gewährt hätte, würde ihm, seinen fanatischen Unterthanen gegenüber, Thron und Leben gekostet haben.

Das Band, welches so verschiedene Völker, wie Türken und Kurden, Arnauten und Araber unter einer Herrschaft zusammenhält, ist nächst dem gemeinsamen Glauben die Anhänglichkeit an die Dynastie, welche sie schon seit 5 Jahrhunderten beherrscht. Der 30te Regent dieses Stammes in 18ter Generation war am 28. Juli 1808 durch eine Empörung der Janitscharen zur Herrschaft gelangt. Ihnen opferte Mahmud seinen Bruder Mustafa auf und war der letzte lebende Sprößling in gerader Abstammung Osmans. Als später sein Sohn Abdul-Hamid das männliche Alter erreichte, starb derselbe plötzlich im Serail. Zahlreiche Aufstände in den Provinzen, besonders aber die Meuterei der Janitscharen in der Hauptstadt bedrohten indeß den Padischah unaufhörlich und mußten durch immer neue Opfer beschwichtigt werden. Furchtbare Feuersbrünste bezeichneten die Unzufriedenheit dieser wilden Menge und ein Vezier nach dem andern fiel ihrer Wuth zur Sühne. Die Janitscharen erlangten endlich Zutritt im Divan selbst und Stimme bei dessen Berathungen. Keine Maßregel zu Gunsten der christlichen Unterthanen (Rajahs) war jetzt mehr durchzusetzen, und doch wurde eben diese entartete Miliz, welche die Pforte in Kriege und Händel verwickelte, im Felde überall geschlagen, so daß sie als der wahre Grund der diplomatischen Verwegenheit zugleich mit der militairischen Ohnmacht des Reichs bezeichnet werden muß.

Lange und bittere Erfahrung hatte Sultan Mahmud die Ueberzeugung aufgedrängt, daß es unmöglich sei, neben der Macht der Janitscharen seine eigene Regierungsgewalt geltend zu machen. So war in ihm der unerschütterliche Entschluß begründet, diese Prätorianer des Islam zu vernichten; ein Unternehmen, in welchem bereits 5 seiner Vorfahren den Thron, und 2 das Leben eingebüßt hatten.

Als die siegreichen Anhänger Osmans die schönsten Länder dreier Welttheile überzogen, ließen sie den Ueberwunde-
nen die Wahl zwischen Tod, Bekehrung oder Tribut. Nach
dem Koran gehörte die Erde dem Padischah, als dem Schatten Gottes, aber die Moslem sollten nicht selbst das Land
bauen, sondern waren sämmtlich bestimmt, die Waffen zur
Verbreitung ihres Glaubens zu führen. Es mußte ihnen
daher willkommen sein, wenn ein großer Theil der besiegten
Völker sich als „Rajah" unterwarfen, und sie waren weit
entfernt von einer unbedingten Unduldsamkeit und Be-
kehrungswuth. Die Rajah behielten nicht nur das Recht
der Ausübung ihrer Religion, sondern sie blieben auch, gegen
Erlegung von Kopf= und Grundsteuern im Besitz ihrer Güter. Die Osmanischen Krieger hingegen wurden belehnt
mit Ländereien, oder genauer, belehnt mit dem Recht, die
Abgaben der Rajah auf einem gewissen Gebiete zu erheben,
unter der einzigen Bedingung, selbst für den Islam in den
Kampf zu ziehen, oder wehrhafte Streiter zu Roß und zu
Fuß ins Feld zu stellen.

So bildete sich im Orient ein vollständiges Lehnwesen
aus. In der Türkei waren die Osmanly was der Abel in
Europa, die bevorrechtete, steuerfreie, waffentragende Classe,
mit dem Unterschied jedoch, daß sie nicht wie die christlichen
Ritter durch gemeinsamen Glauben und gleiche Abstammung
mit der Masse des Volks sich verschmolzen.

Eben die Verhältnisse, welche in Europa die Lehnsrei-
terei durch stehende Heere verdrängen ließen, machten im
Orient neben den Spahis und Timarlys die Janitscharen
nothwendig. Diese ergänzten sich ursprünglich aus Christen-
knaben, Abscham=oglu — meist Bulgaren, welche früh dem
väterlichen Heerd und Glauben entrissen, die eifrigsten Anhänger der neuen Lehre wurden. Sie waren es, welche
Constantinopel eroberten, Belgrad und Rhodus erstürmten,

und den Halbmond unter die Mauern von Wien trugen. Aber eben dies Fußvolk, welches durch drei Jahrhunderte die Stütze des Osmanischen Reichs geblieben, wurde durch außermilitairische Ursachen die Quelle seines Verderbens.

Einer gänzlich unumschränkten Regierung gegenüber suchten die Türken Schutz gegen Willkür und Sicherheit der bürgerlichen Verhältnisse in geschlossenen Körperschaften. Solche waren die Ulema oder Diener des Gesetzes, die Innungen und Zünfte in den Städten, besonders aber die weitverbreitete Körperschaft der Janitscharen. Zu Mahmuds Zeit gab es 196 Ortas, in welchen 400,000 Mann eingeschrieben waren (die berüchtigte 31te Orta allein zählte 30,000 Köpfe) und doch konnten von diesen allen nur 40,000 wehrhafte Streiter ins Feld gestellt werden, denn Handwerker und Beamte, Reiche und Arme, Greise und Kinder waren in die Verzeichnisse der Janitscharen aufgenommen, um der Vortheile dieser Corporation theilhaft zu werden.

Schon Sultan Selim hatte der Jenitscheri die Nisam dschedid, oder das regelmäßige Militair, entgegen gestellt, aber dieser Versuch führte zu einer wüthenden Empörung der ersteren. Die Kasernen der neu errichteten Truppe wurden erstürmt, sie selbst theils niedergemacht, theils zersprengt, und Sultan Selim büßte sein Beginnen mit dem Leben. Dennoch nahm Mahmud den Plan seines Oheims mit Vorsicht wieder auf, und führte ihn dem Mißvergnügen und Gegenanstrengungen der Janitscharen zum Trotz mit Schlauheit und Ausdauer zum Ziel. Unter allerlei Vorwänden und unter verschiedenen Namen bildete er Truppen, welche regelmäßig und reichlich besoldet, nach europäischer Art einexerzirt und gekleidet, in ungeheuren Kasernen versammelt wurden. Der neue Janitscharen-Aga wurde zum Pascha ernannt und die Askjeri-Muhammedje unter seinen Befehl gestellt. Der neue Janitscharen-Pascha war dem Großherrn unbedingt ergeben, und ebenso entschlossen, wie dieser selbst, die Willkür=herrschaft der rohen Menge zu brechen, welche ihn als ihr Haupt und ihren Beschützer erwählt hatte. Nach mehreren frühern Ausbrüchen kam es endlich in der Nacht vom 13. auf den 14. Juni 1826 zu einer furchtbaren Empörung der Ja=nitscharen. Ihre Wuth richtete sich zunächst gegen ihren Aga, dessen Verrath sie ahneten. Aber Hussein hatte sich in das mit starken Mauern umschlossene kaiserliche Seraj, auf der Landspitze zwischen dem Hafen und dem Marmora=Meere geflüchtet, wo sich auch der Großherr befand. Die Aufrührer zündeten den Pforten=Palast und die Wohnung des Aga an, ließen durch öffentliche Ausrufer alle Janitscharen, sowie das Corps der Dschebedschis oder Waffenschmiede nach dem Et=meidan ihrem Sammelplatz entbieten, und bezogen dort am 15. in großer Anzahl eine Beiwacht, wo sie ihre Kessel als Zeichen offener Empörung umstürzten und den Sultan als Gjaur verwünschten.

Dieser hatte unterdeß die Ulema und den ihm ergebe=nen Scheik=ül=islam, das Oberhaupt der Geistlichkeit, im Seraj versammelt. Die bei Scutari lagernden asiatischen Truppen unter Mohammed Pascha wurden eiligst nach Con=stantinopel übergesetzt und vereinten sich mit dem Hussein er=gebenen Beobachtungs=Corps an der europäischen Seite des Bosphorus. Vor allem aber beruhte die Hoffnung des Groß=herrn auf den regelmäßig geordneten Topdschis oder Artille=risten und Kumberadschis oder Bombardieren, welche 8000 Mann stark und mit Geschütz versehen in Tophana und Hasskjöi versammelt standen, und deren Leben verloren war, wenn die Janitscharen die Oberhand behielten.

Gestützt auf diese Waffengewalt und auf die moralische Macht eines Fetwa des Scheik=ül=islam, welches die vor 400 Jahren durch Hadschi Bektasch geweihte Institution der Janitscharen verfluchte und aufhob, trat der Großherr mit dem Sandschak-scherif, der heiligen Fahne der Gläubigen, aus dem Seraj hervor, und erklärte seinen unerschütterlichen Entschluß, die Janitscharen bis auf den letzten Mann zu ver= nichten. Schon früher waren die angesehensten Bürger Con= stantinopels bewaffnet worden, um sich selbst gegen die Will= lür der Meuterer zu beschützen, welche Leben und Eigenthum durch Feuer und Plünderung bedrohten. Der unbeugsame Wille des Erben der Kalifen, geweiht durch die Zustimmung des Scheik-ül-islam, der Anblick des heiligen Banners (eines Stücks vom Kamisol des Propheten) und die Betrachtung der eigenen Gefahr versammelte alsbald eine zahllose Menge um den rechtmäßigen Herrscher, und die Aufrührer sahen sich inmitten der großen Stadt vereinzelt.

Entschlossen rückte nun der Sultan gegen den Et-meidan vor, die Geschütze wurden aufgefahren und die Kasernen der Janitscharen in Brand gesteckt. Während Kartätschenschüsse die Meuterer, welche Widerstand leisteten, niederstreckten, ließ man ihnen rückwärts die Ausgänge zur Flucht offen, sehr damit zufrieden, wenn sie entwichen. Zahlreiche Hinrichtungen folgten. Die Vorsteher der Zünfte, welche es mit den Janit= scharen gehalten, büßten mit ihrem Leben, und ganze Innun= gen, z. B. die Hamalis oder Lastträger, die Tulumbadschis oder Spritzenleute, überhaupt an 16,000 Menschen, wurden nach Asien verbannt. Mit derselben Strenge verfuhr man in Adrianopel, Smyrna, Brussa und den übrigen größern Städten des Landes. Die gefürchteten Jamaks wurden unter dem Vorwand von Geldzahlung aus den Dardanellenschlössern gelockt, dann von Arnauten und Topdschis überfallen, und theils erwürgt, theils auf die Flotte geschickt.

Eine neue furchtbare Feuersbrunst in Constantinopel be= kundete die Rachewuth der Unterdrückten, allein der Aufruhr wagte nicht offenbar loszubrechen. Viele Tausende von Janit= scharen waren in der Hauptstadt und im Lande zerstreut, aber

ihr Corps war vernichtet und das große Werk der Zerstörung
vollbracht. Mit Einem Schlage war das Gewicht, welches die
Türkei durch Jahrhunderte in die politische Waagschale Europas geworfen, verschwunden, und der Osmanische Herrscher
pries sich glücklich, das Osmanische Heer vernichtet zu haben,
in einem Augenblick, wo die Hälfte seiner Unterthanen in
offener oder versteckter Empörung gegen ihn stand, und wo
die Schaaren seines gefürchteten Nachbars bereit waren, in
Asien und Europa einzubringen.

Unter solchen Umständen mußte dem Großherrn freilich
Alles daran liegen, Zeit zu gewinnen, um an Stelle des
Zerstörten Neues aufbauen zu können. So kam nach endlosen Zögerungen am 25. September desselben Jahres die
Convention von Akjerman zu Stande, deren Bedingungen so
lästig waren, daß die Pforte selbige wohl niemals geschlossen
hätte, ohne die vorbedachte Absicht, sie zu brechen, sobald man
die Kraft dazu haben würde. In seinem Hattischerif vom
20. Dezember 1827 erklärt der Sultan unumwunden: „es
„müsse seinen Unterthanen einleuchten, wie er nur um Zeit
„zu gewinnen, bisher freundschaftlich gegen die Ungläubigen
„zu Werke gegangen, deren geborener Feind jeder Mos-
„lem sei."

So waren alle Künste der Diplomatie an dem Starrsinn
der türkischen Regierung, oder vielmehr an der Gewalt der
Verhältnisse gescheitert, und der Krieg immer unvermeidlicher
geworden. Sultan Mahmud fühlte wohl, daß nur Waffen-
erfolge seinen unerhörten Neuerungen die nöthige Weihe in
den Augen der Moslem geben konnten, und die Bildung eines
Heeres, welches den Europäischen Schaaren gewachsen und
ein folgsames Werkzeug in seiner Hand sein konnte, war das
Augenmerk seiner eifrigsten Bemühungen.

Die Einrichtung der Timarly und Sipahi konnte um so
mehr fortbestehen, als die Regierung durch Einziehen der

Lehne die Mittel in Händen hatte, sich der Treue und Erge=
benheit dieser Reiterei zu versichern*); dagegen wurde statt
der Janitscharen ein stehendes Heer von etwa 48,000 Mann
in kurzer Zeit geschaffen, europäisch gekleidet, bewaffnet und
auseexercirt. Der Großherr leitete persönlich ihre Uebungen,
nachdem er sich selbst durch Europäer hatte im Cavalleriedienst
unterrichten lassen.

Die Neuheit dieser Einrichtungen, der Widerwille, mit
welchem das Volk sie aufnahm, der Drang der Verhältnisse
und die Kürze der Zeit machten freilich, daß Alles übereilt
wurde. Unter seinen eigenen Glaubensgenossen fand Mah=
mud nicht einen einzigen erleuchteten Mann, welcher ihm
rathend und helfend zur Seite gestanden wäre, alles mußte
durch die Fremden und durch des Sultans eisernen Willen
geschehen. Die Mannschaften wurden mit Gewalt in den
Dörfern ausgehoben, oft an Ketten nach Constantinopel ge=
führt und dort als Gefangene bewacht. An gebildeten
Offizieren fehlte es gänzlich und doch gestattete das religiöse
Vorurtheil nicht, Fremde als Befehlshaber anzustellen. Ebenso
blieben auch die Rajah gänzlich vom Waffendienst ausge=
schlossen. Unter den Moslem wählte man die jüngsten, weil
man hoffte, sie noch am schnellsten an den lästigen Zwang
der Ordnung und Zucht gewöhnen und am längsten behalten
zu können. Aber der Widerwille dieser Leute, ihre enge
Unterbringung in den ungeheuren Kasernen, ihre Laster und
schlechte Lazareth = Einrichtungen lichteten auf eine furchtbare
Weise die Reihen, so daß stets neuer Ersatz nothwendig
wurde. Es entstand ein Heer nach europäischem Muster mit

---

*) Wirklich stellten sich auf das Gebot des Großherrn selbst im
Jahre 1838 kurz vor Ausbruch der Feindseligkeiten gegen Meh=
med Aly die in Syrien belehnten Timarlys mit Pferd und
Waffen zu Constantinopel ein, trotz dem, daß Ibrahim das Land
besetzt hielt.

russischen Jacken und türkischen Beinkleidern, mit tartarischen Sätteln und fränkischen Steigbügeln, mit englischen Säbeln, französischen Reglements und Instructeurs aus allen Ländern, bestehend aus Timarioten oder Lehnstruppen, aus Linientruppen mit lebenslänglicher und Landwehren mit unbestimmter Dienstzeit, bei welchen die Führer Recruten und die Recruten Kinder waren. — Das glänzende Aussehen, die Pracht der Bewaffnung, der tollkühne Muth der frühern Osmanischen Schaaren war gewichen, und doch hatte das neue Heer eine Eigenschaft, die es über alle die zahllosen Schwärme stellte, welche die Pforte früher ins Feld geleitet hatte — es gehorchte.

Das Osmanische Reich stand in den Jahren unmittelbar vor Ausbruch des russischen Krieges am Rande des Abgrunds. Das türkische Heer war durch den Padischah in Constantinopel, die türkische Flotte durch die Franken bei Navarin vernichtet. Die russische Streitmacht harrte an der europäischen und an der asiatischen Landesgrenze bereit zum Einbruch. Morea wurde von den Franzosen besetzt, und Ibrahim Pascha dort durch Hunger und Meuterei aufs Aeußerste bedroht. Die griechische Flagge war frei, das Mittelländische Meer durch die Flotten der großen Seemächte gesperrt. Dazu die höchste Finanzverlegenheit, theilweiser Aufstand und allgemeine Unzufriedenheit im Innern. Wohl mochte der Großherr seinem Vezier schreiben: „Nimm Deinen Geist zusammen, „denn Allah weiß es, die Gefahr ist groß."

Dennoch gab Sultan Mahmud nicht nach, „nur mit dem „Säbel in der Faust wollte er verlieren, was seine Vorfahren „mit dem Säbel in der Faust erworben." Seine Politik war, um jeden Preis erst mit den rebellischen Griechen fertig zu werden, dann sich gegen die auswärtigen Feinde zu wenden. Allein in Morea unterlagen seine Waffen und die Bedingungen einer Amnestie, welche die Pforte endlich bot, wurden

durch die neugriechische Regierung zurückgewiesen. Auch durch
die ungerechte Beraubung und Verbannung von 20,000 ka-
tholischen Armeniern nach Asien wurde die Lage des Reichs
um nichts gebessert. Das Wort des russischen Diplomaten:
„l'intervention se fera par cinq puissances, ou par trois,
ou par une" mußte endlich in Erfüllung gehen. Nach alle
dem kann es nicht überraschen, wenn die Pforte zu dem Kampf
gegen Rußland, wiewohl er lang genug als unvermeidlich
gedroht, doch fast ganz unvorbereitet erschien.

Man hatte seit 1822 die Grenzfestungen an der Donau
wieder aufgebaut und vor der Landfront von Constantinopel
ungeheure Kasernen aufgeführt, welche als detachirte Forts
angesehen werden können. Durch Münzverschlechterung und
Beraubungen hatte man gesucht, sich Geldmittel zu verschaffen,
und aller Fleiß war auf Bildung einer Streitmacht verwendet
worden. Aber die neuen Einrichtungen waren zu jung, um
Wurzel fassen zu können, und das Heer in einem Zustande,
daß es unmöglich den russischen Schaaren gegenüber in offener
Schlacht Stand halten konnte, auch zu wenig zahlreich, daß
nicht, gewiß sehr gegen seinen Wunsch, der Großherr abermals
Zuflucht zu den unregelmäßigen asiatischen Schwärmen nehmen
mußte. Die wenigsten Provinzen in Europa trugen zu der
Kriegslast bei. Um sich nicht einen neuen Feind zu erwecken,
bestätigte der Großherr die serbische Verfassung und begnügte
sich mit Naturallieferungen dieses Fürstenthums. Die Wallachei und Moldau wurden als unhaltbar erkannt und zur
Ausrüstung der Donaufestungen möglichst erschöpft. Morea,
die Inseln und ein Theil Livadiens stand für sich selbst, die
Türken in Epirus und Thessalien gegen die Empörer in
Waffen. Aus Bosnien, einer vorzugsweise kriegerischen und
muselmännischen Provinz sollten 40,000 Mann gegen die
Drina vorrücken. Allein dort war man entschieden gegen die
Reformen des Sultans. Die Janitscharen behaupteten ihren

Einfluß und Niemand wollte sich dem Zwang des Nisam unterwerfen. Abdurrachman Pascha zog es vor, den Kaiserlichen Ferman durch einen seiner Offiziere vorlesen zu lassen, aber dieser und die mitgebrachten europäischen Kleidungsstücke wurden von der wüthenden Menge in Stücke zerrissen, und Bosnien stellte während des ganzen Feldzugs nicht einen Mann zum türkischen Heere; ja man hatte Mühe die Bosnier, die sich schon in den Donauplätzen befanden, dort zurück zu halten. Bulgarien war zur Hälfte von griechischen Christen bewohnt, welche man nicht bewaffnen durfte. Die meisten unregelmäßigen Truppen mußten aus Asien herangezogen werden, und auf diese war während des Winters gar nicht zu rechnen. — Die einzige Hoffnung der Türken auf auswärtige Hülfe war auf Persien gerichtet, allein nach einem kurzen und glänzenden Feldzug hatte der General Paskjewitsch den Frieden vom 2. November 1827 erzwungen, in welchem der Schach das Chanat Erivan abtreten und eine Entschädigung von 18 Millionen Rubel zu zahlen sich verbindlich machen mußte. Durch diesen Ländererwerb hatte Rußland seine noch nicht unterworfenen Caucasischen Besitzungen völlig umschlossen und war auch in Asien der unmittelbare Grenznachbar der Türkei geworden. Nicht unwichtig war dabei der geistige Einfluß, welchen Rußland durch den Besitz von Etschmiasin, der Residenz des Catholices oder religiösen Oberhaupts der Armenier, auf diese zahlreiche Classe von Unterthanen der Pforte gewonnen hatte. Es gelang zwar den Schach zu überreden, sich der lästigen Friedensbedingungen durch einen neuen im Frühjahr 1828 erfolgten Bruch zu entziehen, allein das kräftige und selbständige Handeln des russischen Generals brachte abermals die Angelegenheit zu einer schnellen Entscheidung und zu dem Frieden von Turkmantschai am 22. Februar 1828. Schon bevor die Türken gegen Rußland ins Feld rückten, war Persien gedemüthigt und der Friede unter noch härteren Bedingungen hergestellt. Das Corps des Fürsten Paskjewitsch konnte unmittelbar gegen die asiatischen Besitzungen des Großherrn verwendet werden, welcher nun hier ein besonderes Heer aufzustellen hatte, und dadurch genöthigt war, seine Macht zu theilen.

Es ist unmöglich, die eigentliche Zahl der Streiter genau anzugeben, welche die Pforte gegen Rußland in den Kampf führte. Nach einem aus der Canzlei des Großveziers bekannt gewordenen Verzeichnisse bestanden in Europa und Asien die unregelmäßigen, von der Pforte nicht besoldeten Schwärme (abgesehen von dem allgemeinen Aufgebot aller Moslem, welche im Fall der Noth die Waffen ergreifen sollten) aus 97,050 Mann, großentheils asiatischer Reiterei; die besoldeten Truppen hingegen betrugen 80,000 M. Die Infanterie der letztern war in 33 Regimentern zu 3 Bataillons à 500 M. formirt, jedes hatte außerdem 120 M. Artilleristen, welche eine besondere Compagnie bildeten und 10 Regimentsgeschütze bedienten. Hierzu kamen noch 2 Regimenter Bostandschis oder Garde, mit 6000 Köpfen, also überhaupt etwa 60,000 Mann Infanterie. Die Cavallerie zählte 10,000 Sipahis oder Lehnsreiter und außerdem 2600 Mann regulärer Cavallerie, welche 4 Regimenter zu 6 Escadrons à 152 Pferde bildeten, überhaupt also 12 bis 13,000 Pferde. Die Artillerie bestand aus 8 reitenden, 84 Fuß-Compagnien und 2600 Mann Sappeurs, Mineurs und Bombardiere; ferner aus 41 Fuhrwesen-Compagnien. Die Zahl der mitgeführten Feldgeschütze ist nicht genau zu ermitteln, mochte aber in Berücksichtigung des Terrains und der vielen festen Punkte verhältnißmäßig nur geringe sein.

Die gesammte disponible Streitmacht kann hiernach gegen 180,000 Mann betragen haben, wovon mindestens ein Drittheil Cavallerie.

Die Bekleidung der neuen Infanterie bildete den Ueber-

gang der morgenländischen zur abendländischen Tracht. Sie
bestand aus wollenen Westen, über welche ein weiter Tuchrock
getragen wurde, der bis an die Hüften reichte und vorn zu-
geheftelt war. An die Stelle des Turban war die Schubarra
getreten, eine melonförmige vielfarbige Tuchmütze ohne Schirm.
Den Unterleib schützte eine mehrfach umgewundene rothe Binde.
Das asiatische Beinkleid von dunkelm Tuch war beibehalten
worden, und lief, bis zum Knie sehr weit, unten in enge
Halbkamaschen aus. Die Kamaschen waren von wasserdichtem
Filz, die Schuhe sehr weit, meist aus rothem Leder. An dem
Filzmantel hing eine Kapuze bei gutem Wetter über den
Rücken, welche bei schlechtem über die Kopfbedeckung gezogen
wurde. Das Gewehr, von französischem Caliber und mit
Bajonett versehen, war meist aus Belgischen Fabriken geliefert,
der Säbel stark gekrümmt. Eine Neuerung bildete endlich
noch die Patrontasche. Bewaffnung und Bekleidung waren
im Ganzen der Eigenthümlichkeit der Truppe, des Clima's
und des Terrains wohl angemessen.

Obwohl diese Infanterie zu regelmäßigen geschlossenen
Bewegungen mühsam eingeschult war, so werden wir sie doch
später, und grade bei solcher Gelegenheit, wo ein kühner
Muth sie hinreißt, den lästigen Zwang abstreifen und nach
altgewohnter Art ihrem Gegner in Schwärmen zu Leibe gehen
sehen.

Die Cavallerie war ähnlich bekleidet. Sie führte sehr
breite, vorn etwas gekrümmte Pallasche, dazu Carabiner und
Pistolen. Auch hier erstreckte die neue Dressur sich mehr auf
eine gewisse Disciplin, als auf Manövriren und versammeltes
Anreiten. Das Ungestüm der türkischen Schwärm-Attake war
damals noch nicht künstlich gebrochen.

Die Pferde, vorzüglich die der asiatischen Sipahis, sind
klein, meist unansehnlich, aber feurig, folgsam, unermüdlich,
jeder Anstrengung und Entbehrung gewachsen. Die Kur-

rischen Pferde und die aus Sivas (dem alten Cappadocien)
sind gewohnt, an den Füßen gefesselt, die Hitze des Mittags
und die Kälte der Nacht unter ihren „Tschüll"=Decken aus=
zuhalten. Sie werden gewöhnlich nur einmal des Tages ge=
tränkt, und bleiben in Ermangelung der Gerste auch bei
bloßem Rauhfutter kräftig. Der leichte und biegsame Palann,
oder Filzsattel, bleibt Tag und Nacht auf dem Thiere liegen,
so daß der Reiter jederzeit, auch bei dem unerwartetsten
Ueberfall, sein Roß bereit findet, ihn aufzunehmen. Die Zäu=
mung ist für die so folgsamen Thiere überaus scharf und
darauf berechnet, sie aus der Carriere plötzlich pariren und
herumwerfen zu können. Die Scheeren der Gebisse sind oft
4 bis 6 Zoll lang und statt der Kinnkette ist ein eiserner
Ring angebracht. Der ringförmige Beschlag ist vortrefflich.
Die Eisen werden kalt geschmiedet, sind sehr dünn und leicht,
liegen aber doch 4—6 Wochen und schützen den Huf in dem
steinigen Terrain sehr gut. Obwohl sie ganz ohne Stollen
sind, reitet der türkische Reiter unbedenklich einen mit Gerölle
überschütteten steilen Abhang, durch Wald und Gestrüpp in
vollem Rennen hinab. Es werden nur Hengste geritten, da
die Stuten zur Zucht daheim bleiben, auch überhaupt theurer
bezahlt werden.

Obwohl die Artillerie ihrerseits Fortschritte gemacht
hatte, so war sie, namentlich was Manövrirfähigkeit betrifft,
mit der ihrer Gegner gar nicht zu vergleichen. Die türkischen
Pferde bequemen sich sehr schwer zum Ziehen und man mußte
daher meist Wallachische anwenden, wie denn auch jetzt noch
alle Kutscher in der Türkei Wlachen sind. Die Geschütze
waren 3, 6, 8, 12 und 24 Pfünder, plump affütirt, und die
Kugeln sehr schlecht gegossen. Die Wirkung dieser Artillerie
in der Feldschlacht konnte nie sehr groß sein, dagegen war sie
von moralischem Einfluß auf die Türken, welche einen großen
Werth auf möglichst schweres Geschütz legen.

Ungeheuer war noch immer der Troß eines solchen Heeres. Nicht allein die hohen Verwaltungsbehörden und ihr
Gefolge zogen mit dem Vezier ins Feld, sondern auch die
zahlreiche Dienerschaft der Pascha's, der Kadi-asker oder
Oberrichter, die durch Tartaren besorgte Feldpost, die Imam
oder Geistlichen, die Derwische oder Mönche und ganze
Schwärme von Knechten, Kaufleuten, Handwerkern, Tän-
zern, Gauklern und andern Gesindels. Da man für sämmtliche Truppen Zelte, Getreide-Vorräthe, Ochsen und Schlachtvieh, selbst Hunderte von Hunden zur Sicherung der Läger
mitführte, so war natürlich der Schwarm unermeßlich. Dieser ganze Schwall von Menschen und Bestien stand unter
dem Bonaldbaschi, welcher mehrere Hundert Alaitschansche oder
Ordonnanzen und Mietherdschi oder Fourierschützen zu seinem
Beistand hatte.

Die Vertheilung der oben angeführten Streitmacht war
ungefähr folgende:

In Constantinopel und am Bosporus blieben 30,000
Mann unentbehrlich, um die Ruhe in der Hauptstadt aufrecht zu erhalten und die festen Schlösser an der Meerenge
zu besetzen. Die Dardanellen erheischten 7000, verschiedene
nicht auf dem eigentlichen Kriegsschauplatz gelegene Festungen in Europa und Asien 25,000 Mann. Den Griechen
in Thessalien standen 10,000, den Russen in Klein-Asien
30,000 Mann gegenüber; in den Plätzen an der Donau und
in der Dobrudscha 25,000. Das Reserve-Lager zu Adrianopel betrug 30,000, und so blieben für Schumla nur etwa
25,000 Mann übrig, welche jedoch meist aus regulairen
Truppen bestehen mochten. Diese Angaben beruhen aber
fast nur auf Schätzung und Vermuthungen. Die Truppen
kamen erst nach und nach, zum Theil sehr spät, auf dem
Kampfplatz an, und es ist gewiß, daß die Türken zu Anfang der ersten Campagne äußerst schwach, im Laufe dersel-

ben sich allmählig verstärkten. Zur Zeit als die Russen
den Pruth überschritten waren die Engpässe des Balkan
noch unbesetzt. Erst am 31. Mai, als Brailow schon seit
14 Tagen belagert war, brach Hussein Pascha, der Seras=
kier, von Constantinopel nach Schumla auf. Ihm folgte
etwas später Nuri Pascha mit einer zweiten Abtheilung,
und am 3. Juli marschirte der Capudan Pascha Jsset
Mehmet mit Fußvolk und Reiterei nach Varna ab. Der
Großvezier Mehemet Selim selbst aber verließ die Haupt=
stadt erst Anfangs August, um nach Adrianopel abzurücken,
als Schumla schon seit Wochen von den Russen berannt wurde.
12,000 Asiatische Reiter unter Tschapann Oglu langten erst
nach dem Fall von Varna zu Constantinopel an. Von Hause
aus hatte die Pforte also nichts disponibel als die Besatzun=
gen der Donau=Plätze.

Die Fürstenthümer, und selbst auch Bulgarien mit Aus=
nahme der Festungen, waren als unhaltbar aufgegeben und
die Vertheidigung auf das Gebirge basirt. Die Mauern der
Städte, die Donau und der Balkan, die Wegelosigkeit des
Landes, der Mangel an Subsistenz= und Transportmitteln,
das Clima und die Pest waren die einzigen Verbündeten
der Türken.

Noch weit schwächer waren diese zur See. Bei Na=
varin waren von der Flotte nur ein Linienschiff ohne Ma=
sten, 2 Briggs, 1 Goelette und 1 Brander übrig geblieben;
die ganze Seemacht, welche bei Ausbruch des Krieges in
Thätigkeit gesetzt werden konnte, betrug daher 3 Linienschiffe
und 4 Fregatten, mit welchen der Capudan Pascha zum
Schutz der Hauptstadt in der Bucht von Bujukdere vor An=
ker ging, ohne es wagen zu dürfen, der weit überlegenen
russischen Flotte im Schwarzen Meere entgegen zu segeln.

So die Streitmacht der Türken. Ueberraschen muß es
aber, unter den angeführten Verhältnissen auch Rußland zu

dem bevorstehenden Feldzug eine weit geringere Macht entwickeln zu sehen, als man von diesem gefürchteten Militairstaat erwarten konnte. Kaiser Nicolaus hatte den ihm vom
Sultan keck hingeworfenen Fehdehandschuh mit ritterlichem
Sinn aufgehoben, aber die große Mäßigung, welche eben
so sehr als die entschlossenste Festigkeit alle Schritte des jun-
gen Monarchen bezeichnete, ließen ihn wünschen die Uebel
des Kriegs auf ihre kleinste Ausdehnung zu beschränken. Je
gewaltiger die Mittel des Angriffs, desto verzweifelter mußte
der Widerstand bei der Pforte, desto lebhafter die Besorgniß
der Nachbarmächte angeregt werden. Es ist schon gesagt
worden, daß man in St. Petersburg seine Aufmerksamkeit
gegen Westen eben so sehr als gegen Süden, auf die Völker
sowohl als auf die Cabinete zu richten hatte. Ein bedeutender Theil der russischen Streitmacht mußte gegen mögliche
Aufstände der einen und gegen die Eifersucht der andern
disponibel bleiben. Namentlich war Oestreich so nahe bei
einem russischen Angriff auf die Türkei betheiligt, daß man
kaum erwarten durfte, es werde demselben ruhig zusehn. Das
Lustlager in Traiskirchen konnte schnell in ein Kriegslager
umgewandelt werden, und ein Einrücken östreichischer Heere
in die Wallachei mußte nothwendig jeden Angriff der Russen zum Stehen bringen. Die merkantile Eifersucht Englands und die unzufriedene Stimmung in Polen forderten
nicht minder die größte Aufmerksamkeit.

Daher die Aufstellung einer zahlreichen Armee in Polen, Finnland und Ukraine, daher die Begleitung des ganzen diplomatischen Corps in das Feldlager, später die Kö-
nigskrönung in Warschau und der Besuch in Berlin. Nach
den Angaben von Augenzeugen soll das Hauptquartier mit
seinem gesandtschaftlichen Gefolge 10,000 Pferde nöthig gemacht haben, in einem Lande, wo Fourage so unendlich schwer
zu beschaffen war. Die Ernährung desselben erforderte

7000 Tschetwert Hafer, und in Zeiten des größten Mangels war Fourage bei der Dienerschaft der Diplomaten zu kaufen. Man konnte statt dessen zwei Cavallerie-Divisionen mehr ernähren, aber es war unerläßlich, in jedem Augen= blick den Pulsschlag der diplomatischen Stimmung fühlen zu können.

Grade in dem Zeitraum unmittelbar vor Ausbruch des Kriegs wurden im Russischen Heere die wichtigsten Re= ductionen und neue Formationen vorgenommen. Noch im Jahre 1826 waren die Infanterie=Regimenter der Südar= mee 3 Bataillone stark, sie wurden aber seitdem auf 2 Feld= Bataillone herabgesetzt. Ferner wurden fünf Infanterie=Di= visionen, die 11te, 12te, 13te, 14te und 15te, auf bloße Cadres reduzirt. Die Bugschen und Ukrainischen Kosaken, so wie die 3te Dragoner=Division wurden in Ulanen=Divi= sionen verwandelt, und gleichzeitig der mißliche und wenig gelungene Versuch mit den Militair=Colonien im Norden und Süden des Reichs gemacht. Endlich rückte die 20ste Infanterie= Division, welche zu einer Verstärkung des gegen die Türkei bestimmten Heeres am nächsten zur Hand war, zum Corps des Generals Paskjewitsch nach Asien ab.

Von entscheidendem Einfluß auf die gegen die Pforte zu entfaltende Heeresmacht war ferner der damals noch üb= liche, jetzt wesentlich abgeänderte Recrutirungs=Modus. Die= ser hing mit den eigenthümlichen innern Verhältnissen des Landes zusammen und erklärt, weshalb die Russischen Heere fast immer bedeutend schwächer als ihr Etat auf dem Kriegs= schauplatz erschienen, und weshalb sie oft am Schlusse eines Kriegs stärker, als zu Anfang desselben waren.

Die Bevölkerung des Russischen Reichs besteht: 1) aus dem zahlreichen Adel. Dieser ist theils ein ursprünglicher, vererbter, theils ein solcher, welcher durch den Staatsdienst erworben wird, war aber von allem gezwungenen Militair=

dienst gänzlich befreit. 2) Aus den Städtebewohnern. Von diesen waren die 3 ersten Classen der Kaufmannschaft zwar militairfrei, zahlten aber dafür eine besondre Steuer. Die niedren Classen des Bürgerstandes sind der Aushebung unterworfen, konnten sich jedoch einzeln von derselben loskaufen. 3) Aus den größtentheils leibeignen Bauern, der Hauptklasse, aus welcher das Heer sich ergänzt.

Bis damals nun war das Verfahren folgendes: Nach den von allen Truppentheilen eingereichten Nachweisungen ihres Manquements bestimmt eine Kaiserliche Ukase, wie viel Ersatz in Procenten von der männlichen Bevölkerung des Reichs gestellt werden soll, wobei für den Abgang durch Desertion ein beträchtlicher Mehrbetrag in Rechnung gestellt ist. Der ganze Bedarf wird sodann auf die Gouvernements, auf die Städte und auf die einzelnen Güter und Dorfschaften vertheilt. Die Bestimmung, wer nun wirklich Soldat werden soll, hängt auf den adlichen Besitzungen vom Edelmann, in den Krondörfern von den dort selbst gewählten Dorf-Obrigkeiten ab. Diese berathschlagen über die auszuhebenden Leute ins Geheim. Man wählt zunächst solche Individuen, welcher man, ihrer persönlichen Eigenschaften und ihrer Führung wegen sich zu entledigen wünscht, sie mögen verheirathet oder unverheirathet sein, sodann die Entbehrlichern und solche, welche keine Familie oder Verwandte zu ernähren haben. In der Regel bestimmt die Kaiserliche Ukase, daß statt eines Recruten 2000 Rubel gezahlt werden können, und wohlhabende Dorfschaften bringen zuweilen diese Summen auf, um einen Theil ihrer Mitglieder von der Aushebung zu befreien. Dagegen hat der Herr zu jeder Zeit das Recht einen Leibeignen, den er los sein will, an das Militair abzugeben, wofür er die genannte Summe, oder eine Quittung erhält, welche er bei der nächsten Ersatzaushebung für einen zu stellenden Mann in Anrechnung bringt.

Gegen die Entscheidung der Localbehörde findet keine Berufung statt, und für die Ausführung werden die Maaßregeln so eingeleitet, daß die davon Betroffnen sich der Aushebung durch Flucht oder Widerstand nicht leicht zu entziehen vermögen. Sie werden meist plötzlich überfallen und sehr oft in Fesseln und Banden nach dem nächsten Gouvernementsorte abgeführt. Der Herr muß seine Leibeignen mit der nothwendigsten Bekleidung ausrüsten und für sie haften, bis sie abgeliefert sind.

Der so für den Soldatenstand bestimmte Mann gab seine ganze bisherige Existenz auf. Die Dienstzeit war damals in den polnischen Gouvernements 20 Jahre, in Rußland bei der Linie 22, bei der Garde 24 Jahre, sie nahm daher fast das ganze rüstige Mannesalter in Anspruch. Als Soldat gewann der Leibeigne die Freiheit, verlor aber daheim, wo der Grund und Boden dem Herrn gehört, Alles. Wollte er auch nach abgelaufner Dienstzeit heimkehren, so fand er seinen Platz durch einen Andern besetzt und selbst sein Andenken nach einem Viertel- Jahrhundert erloschen. Ohnehin war ja die Garnison oft Hunderte von Meilen von seiner Heimath entfernt. Zwar lebte er mit Cameraden, deren Sprache, Sitten, Religion und Abstammung von der seinigen ganz verschieden waren, der Grusier mit dem Curländer, der Finne mit dem Tartaren, und doch, wenn er nicht etwa ein besondres Geschick zum Handwerker besaß, um sich selbst zu ernähren, blieb ihm fast keine Wahl als fortzudienen. So zerriß die Aushebung alle Bande der Gewohnheiten und der Lebensweise, der Familie und Heimath, sie entschied für immer das Geschick dessen, den sie traf.

Durch die väterliche Fürsorge Kaiser Nicolaus ist das harte Schicksal des russischen Soldaten bereits um vieles gebessert, indem die Dienstzeit abgekürzt worden ist. Aber man begreift leicht, welchen tiefgehenden Einfluß eine beträchtliche

Ausdehnung dieser Maaßregel auf alle bürgerlichen Verhält-
nisse haben, welchen lebhaften Widerstand sie namentlich von
Seiten des Adels erfahren mußte. Denn in eben dem
Maaße wie die Dauer der Dienstzeit abnimmt, steigt der
Umfang des Ersatzbedarfs. Mit jedem Recruten giebt der
Herr einen werthvollen Theil seines Eigenthums hin, wäh-
rend der verabschiedete Soldat, er mag heimkehren oder
bleiben, ihm nicht mehr gehört.

Aus dem bisher Gesagten leuchtet ein, daß zeitweise Be-
urlaubungen und theilweise Einberufung der Mannschaft in
Rußland geradezu unmöglich waren. Die ganze Stärke des
Heers mußte fortwährend unter den Fahnen beisammen gehalten werden.

Die Recruten-Aushebung, wie wir sie oben geschildert,
war eine so gehässige und gewaltsame Maaßregel, daß ihr
von allen Seiten Schwierigkeiten in den Weg gelegt wurden,
und sie nur im Großen unternommen werden konnte. Kein
Wunder also, wenn die Regierung sie so selten wie möglich
zur Ausführung brachte. Der Ersatz wurde dem Russischen
Heer nicht wie den Mitteleuropäischen Armeen, alljährlich,
nach dem Bedarf, sondern erst dann geliefert, wenn die Lücken
in seinen Reihen allzu groß geworden, oder wenn kriegerische
Conjuncturen die Vervollständigung dringend erheischten. Trotz
des lange drohenden Türkenkriegs war das Heer 4 Jahre
lang ohne Ersatz geblieben, und da dasselbe erfahrungsmäßig
alljährlich ungefähr $\frac{1}{10}$ seiner Stärke Abgang hat, so mußten
beim Ausbruch des Kriegs fast 40 pCt. der Etatstärke fehlen.
Wenn nun zwar eine Recrutirung ausgeschrieben, so war damit noch nicht die Armee ergänzt. Die Russischen Remonten
werden ein Jahr lang angeritten, die Recruten eben so lange
bei den Cadres ausexercirt, bevor sie in ihre Truppentheile
eingestellt werden können, zu welchen sie dann oft noch einen
Marsch von hundert Meilen zurückzulegen haben.

Um die gewaltsame Maaßregel der Recruten-Aushebung künftig zu umgehen, war Kaiser Alexander, in der edelsten Absicht, zu einer noch viel gewaltsameren, zu der Colonisation geschritten. In dem Zeit-Abschnitt, von welchem hier die Rede ist, war diese Einrichtung erst im Beginnen; wir begnügen uns daher daran zu erinnern, daß die Umformung eines Theils des Heeres, namentlich der Reiterei, die Reduction von 5 Infanterie-Divisionen, der Modus der Recruten-Aushebung und Dressur, endlich mancherlei herkömmliche Mißbräuche in der Militair-Verwaltung die Gründe waren, weshalb die, unter den obwaltenden politischen Verhältnissen nicht sehr zahlreichen, für den Türkenkrieg disponibeln Corps ihre Etatsstärke bei weitem nicht erreichten.

Die im südlichen Rußland schon seit Jahren aufgestellte, mit großen Kosten unterhaltene, sogenannte 2te Armee, unter Befehl des Feldmarschalls Grafen Wittgenstein, bestand aus dem III., VI. und VII. Armee-Corps. (Vergl. die Ordre de bataille.) Das III. Corps wurde durch die reitende Jäger- und die 10. Infanterie-Division verstärkt, es zählte daher 2 Cavallerie und 4 Infanterie-Divisionen. Zu dem VI. Corps war die 1te Dragoner-Division gestoßen, es bestand sonach aus 2 Cavallerie- und 2 Infanterie-Divisionen, das VII. Corps aus 1 Cavallerie- und 2 Infanterie-Divisionen. Jedem Corps war die entsprechende Artillerie-Division zugetheilt.

Die Cavallerie-Divisionen waren zusammengesetzt aus 2 Brigaden, jede zu 2 Regimentern à 4 Escadrons. Nur die Regimenter der Bugschen Ulanen zählten 5 Feld-Escadrons.

Die Infanterie-Divisionen bestanden aus 3 Brigaden, jede Brigade aus 2 Regimentern von 2 Feldbataillons zu 4 Compagnien. Die dritten Brigaden hießen Jäger-Brigaden.

Der Divisions-Verband der Artillerie war factisch aufgehoben, indem jeder Cavallerie- oder Infanterie-Division ihre eigne Artillerie-Brigade zugetheilt werden war. Ursprünglich bestanden diese Artillerie-Brigaden aus 2 Batterien zu 12 Geschützen, später aus 3 Batterien zu 8 Geschützen, nemlich einer Positions- und 2 leichten Batterien. Die Positions-Batterie zählte 4 12pfündige Geschütze und 4 20pfündige Einhörner. Diese Piecen waren mit 6 Pferden bespannt von 3 3spännigen Munitionskarren begleitet und führten 120 Schuß mit sich. Die leichte Batterie bestand aus 4 6pfündigen Kanonen und eben so vielen 10pfündigen Einhörnern. Diese Geschütze waren mit 4 Pferden bespannt, hatten nur 2 Munitionskarren und führten 150 Schuß.

Den Cavallerie-Divisionen waren (mit Ausnahme der Bugschen) 2 reitende Batterien zugetheilt. Die reitende Positions-Batterie bestand aus 8 ½pudigen oder 20pfündigen Einhörnern. Die reitende leichte Batterie hatte ganz dieselben Geschütze wie die leichten Fuß-Batterien.

Erst später stießen zur Armee des Grafen Wittgenstein das II. Armee-Corps und ein Theil der Garden. Die ursprünglich für den Türkenkrieg disponible Streitmacht bestand demnach aus 5 Cavallerie-, 8 Infanterie- und 3 Artillerie-Divisionen, welche 88 Escadrons, 96 Bataillons und 31 Batterien ausmachten.

In einem Lande, wo die Verpflegung so unendlich schwierig ist, und wo große Heeresmassen sich selbst verzehren, war diese Waffengewalt für den vorgesetzten Zweck vielleicht ausreichend, wenn die Cadres der Truppen wirklich vollzählig gewesen wären. Nach der Etatsstärke hätten die 3 Corps ungefähr 120,000 Mann zählen müssen.

Dies war nun aus den zuvor entwickelten Gründen keineswegs der Fall. Außerdem gehen bei jedem Heer, besonders aber bei einem Russischen (wo z. B. jeder Oberst das Recht hat, 6 „Dentschicks" oder Privatdiener aus Reihe und

Glied zu nehmen) eine beträchtliche Menge Leute von der Zahl der wirklichen Combattanten ab. Wie stark der Kopfzahl nach die Armee in Südrußland gewesen, darüber liegen keine zuverläßige Angaben vor, für unseren Zweck kommt es auch vornehmlich nur darauf an zu ermitteln, mit welcher Zahl an Bajonetten und Säbeln die Truppen wirklich auf dem Kampfplatze erschienen.

Nach den Berichten zuverläßiger Augenzeugen trat bei einer Revue vor dem Kaiser im März 1826, selbst bei den Garden, die Infanterie nur mit 30 Rotten, die Cavallerie mit 15 Rotten per Zug an. Im Jahre 1827, also kurz vor dem Auszug des Kriegsheers zählten die Bataillone des I. und IV. Armee-Corps 560, 400 und selbst noch weniger Bajonette. Im Juni 1829 rückte das II. Corps von Silistria in der Stärke von 30 Rotten per Compagnie und 100 bis 120 Mann per Escadron ab. Auch Russische Nachrichten, welche die Kopfzahl einzelner Heeres-Abtheilungen und die Truppentheile, aus welchen sie zusammengesetzt waren, bei verschiedenen Gelegenheiten angeben, stimmen darin überein, daß selbst zu Anfange des Feldzugs die Bataillone durchschnittlich nicht stärker als 600 Combattanten waren. Die Escadrons mochten 120 bis 130 Pferde zählen, verloren aber sehr bald ungemein viele derselben. Die Pionier-Compagnien waren gegen 200 Mann stark.

Legen wir diese Angaben als mittlere Durchschnitts-Zahlen zu Grunde, so wäre der wirklich ausrückende Stand des III. Armee-Corps auf ungefähr 30,000, der des VI. auf gegen 20,000, und des VII. auf reichlich 15,000 Combattanten, die Gefechtsstärke des disponiblen Heeres auf 65,000 Mann in runder Zahl zu berechnen. In diese Summe sind 4000 Kosaken eingeschlossen, dagegen die zu Anfange des Feldzugs noch vor Anapa befindliche 3te Brigade der 7ten Infanterie-Division abgerechnet. Die nachmalige Verstärkung des Hee-

3*

res durch das II. Corps und einen Theil des Gardecorps betrug ungefähr 32,000 Mann. Im Ganzen verwendete also Rußland für den ersten Feldzug gegen die Türkei kaum 100,000 Combattanten.

Blicken wir auf die Heeresformation, so sehen wir die ganze Cavallerie, selbst die leichte, nach Art der Napoleoni= schen in besondere Divisionen zusammengestellt, ohne daß der Infanterie ein Theil derselben ein für allemal zugegeben ge= wesen wäre. Wenn man bedenkt, daß die Infanterie in dem bevorstehenden Feldzug kaum erwarten durfte, ein einziges Ge= fecht zu bestehen, ohne es mit der feindlichen Reiterei zu thun zu haben, so erscheint diese Formation keineswegs als zweck= mäßig. Die Verhältnisse erforderten bald so viel Detachi= rungen, daß die Corps zum Theil ganz ohne die ihnen zuge= hörige Cavallerie ins Gefecht rückten.

Ein noch größerer Uebelstand war, daß die Cavallerie nach Verhältniß, und überhaupt zu schwach war, besonders einem Feinde gegenüber, dessen Hauptwaffe eben in der leich= ten Reiterei bestand. Man hatte befürchtet, eine zahlreiche Cavallerie in Bulgarien aus Mangel an Fourage nicht er= nähren zu können. Der Erfolg aber zeigte, daß gerade ihre geringe Stärke sie am Fouragiren hinderte.

Die Russische Cavallerie war ferner zu schwer. Die Pferde waren groß und von prachtvollem Ansehn, erforderten aber eine Fütterung, wie man sie ihnen nicht geben konnte. Sie unterlagen den Beschwerden der Märsche und der Bi= vouacs. Kaiser Nicolaus erkannte die Nachtheile der in der Armee eingeführten Remontirung, dem Uebel ließ sich aber nicht mehr abhelfen. Dabei war der Russische Husar größer und schwerer beritten als der Preußische Cuirassier. Geschlossen und in cadenzirter Gangart bewegte sich die Reiterei mit Ordnung und Sicherheit, aber die leichten, beweglichen Schwärme der Spahi hielten ihr überhaupt nicht stand, sondern har=

cellirten ihre Flanken und umschwärmten sie von allen Seiten. Ihnen gegenüber, in einem durchschnittenen und bedeckten Terrain und bei der Nothwendigkeit mannigfacher Detachirungen, wäre es von höchster Wichtigkeit gewesen, eine zahlreiche, leichte Cavallerie zu haben. Rußland besaß in seinen Kosaken eine den Spahis homogene Waffe, welche zur Aufklärung der Gegend, zur Bewachung der Läger, zur Entsendung und Verfolgung unendlich nützlich werden konnte. Diese Kosaken waren dem Kriegsschauplatz nahe und konnten in großer Zahl versammelt werden. Dennoch begleiteten nur 8 Regimenter, jedes 500 Pferde stark, überhaupt also nur 4000 Mann, das Heer über die Donau hinaus. Man hatte dazu grade solche Regimenter gewählt, welche schon seit einiger Zeit den Dienst an der Grenze des Reichs versehen, und daher wie üblich ihre guten Donischen gegen schlechte Landpferde verhandelt hatten. Von der colonisirten Cavallerie waren die Bugschen Ulanen (früher Kosaken) beim Heer, sie sollen aber den gehegten Erwartungen nicht ganz entsprochen haben.

Die Cavallerie war durchweg mit Feuergewehr bewaffnet. Außer den Pistolen führten die Husaren kurze, nicht gezogene Gewehre, die Dragoner Carabiner mit Bajonetten. Auch die Ulanen durften sich mit der Lanze allein kaum in Einzelkampf mit dem türkischen Reiter einlassen. Zäumung und Beschlag ließen manches zu wünschen übrig.

Wie der Cavallerie, so fehlte es auch der Infanterie an leichten Truppen, obwohl die Natur des Kriegsschauplatzes und die Fechtart des Gegners diese so dringend erforderte. Zwar hießen die dritten „Jäger"-Brigaden, aber sie unterschieden sich von den übrigen nur durch kleinere Leute und durch die grüne Farbe der Kragen. Das Tiraillement wurde geübt, aber nur in der Ebene, also wo man es nicht brauchen konnte, dabei mit solcher Pedanterie, daß Richtung und selbst Tritthalten ängstlich beobachtet wurden. Die Preußischen Horn-

Signale waren eingeführt, jedes aber mit einem ganz un=
zweckmäßigen Ausführungs=Signal vermehrt. Gezogene Ge=
wehre oder Büchsen waren im ganzen Heer nicht vorhanden.
Die Bekleidung des Mannes war für freie Bewegung
eng und unbequem, die Ausrüstung desselben zu schwer.

Das Gewehr wog . . . . 18 Pfd.
Die Patrontasche . . . . 6 =
Tornister, Mantel und ein Sack mit
    Zwieback auf 4 Tage . . . . . 25 =
Tschakot und Säbel . . . . 8 =
Hacke oder Spaten . . . . 4 =

Der Tirailleur trug also . . . . . . 61 Pfd. russisch.

Im Allgemeinen war die militairische Ausbildung des
Soldaten, trotz der langen Dienstzeit und strengen Behand=
lung, vielleicht grade in Folge derselben und wegen des com=
plicirten Reglements, nur unvollständig. Alle Bewegungen
waren maschinenmäßig, auf bestimmte Formen reducirt, bei
welchen der Paradedienst maaßgebend gewesen. Dagegen
konnte man bei allen geschlossenen Bewegungen auf Ordnung
und in den einmal formirten Stellungen auf die unerschüt=
terlichste Ruhe und Standhaftigkeit der Infanterie zählen.

Vortrefflich war das Material der Artillerie, welche gegen
alle Orientalen entschieden die Hauptwaffe bildet. Ihre
Manövrirfähigkeit war der türkischen so unendlich überlegen,
daß man von ihr die größten Resultate überall erwarten
durfte, wo sie fortkommen konnte. Ihre Fertigkeit im Schließen
scheint jedoch geringer gewesen zu sein.

Nicht leicht zu erklären ist, weshalb man zu einem so
lange vorbereiteten Feldzug, in welchem man nothwendig we=
nigstens zwei Belagerungen gleichzeitig auszuführen hatte,
nur einen Belagerungstrain mitführte.

Der Geist der Truppen war sehr gut. Der russische
Soldat durfte von jedem Krieg nur eine Verbesserung seiner

Lage erwarten und der Kampf gegen die Muselmänner erhielt in seinen Augen eine religiöse Weihe. Die Offiziere bekamen ihren Gehalt statt in Banknoten in Silber, und der Soldat vertauscht immer gern die peinliche Parade-Dressur und die Quälereien der Garnison gegen die Beschwerden und Gefahren im Felde.

Ganz entschieden war die russische Ueberlegenheit zur See. Denn außer der Flotte im Archipel*) beherrschten 16 Linien-Schiffe mit 1254, 6 Fregatten mit 286 und 7 Corvetten mit 139 Kanonen das Schwarze Meer.

---

*) Es hielt schwer den Divan von dem Dasein einer russischen Ostseeflotte im Mittelländischen Meer zu überzeugen, da sie ja nicht den Bosporus und die Dardanellen passirt hatte.

Erster Abschnitt.

Der Zustand, in welchem sich noch heute die Wallachei befindet, läßt auf den Anblick schließen, welchen dies Land gewährte, nachdem die Pforte sich durch 7 Jahre die Aufgabe gestellt hatte, dasselbe systematisch zu verwüsten, um den Russen seine Hülfsmittel zu entziehen.

Die Wallachei ist ein wesentlich offenes Land. Nachdem die Flüsse und Bäche, welche der Donau ihre Wasser in südlicher und östlicher Richtung zuführen, aus den hohen Gebirgen der Nordgrenze hervorgetreten, eilen sie mit starkem Gefälle durch eine weite baumlose, wenig angebaute, obwohl höchst fruchtbare Ebene, in welcher sie mit steilen Rändern oft tief eingeschnitten sind. Ihr breites steiniges Bette wird nur durch die hohen Fluthen bei anhaltendem Regen oder bei Schneeschmelzen angefüllt, den größern Theil des Sommers, wie des Winters, sind sie leicht zu durchfurthen oder zu überschreiten. Die Städte liegen halb noch in Trümmern und haben weder Mauern noch Thore zu ihrem Schutz, denn die fortwährenden Einbrüche und Verheerungen der Türken hatten die Bevölkerung dergestalt eingeschüchtert, daß selbst der Gedanke an Widerstand verschwunden, und Flucht in die Gebirge oder auf östreichisches Gebiet als die einzige Rettung galt. In 40 Jahren war Alles, was noch etwas zu verlieren hatte, 7 mal entflohen, und die Bojaren gingen stets mit diesem Beispiel voran. Mit Ausnahme einiger zum Theil schöner Kirchen im griechisch-byzantinischen Styl mit thurmähnlichen Kuppeln, sind die Häuser nur aus Holz und Lehm erbaut, und in den Straßen das Steinpflaster durch Knüppeldämme oder Ballenlagen ersetzt. — Die Dör=fer liegen in den Thälern gleichsam im Versteck, denn wer nicht fliehen konnte, suchte Schutz in der Verborgenheit, in seinem Elend und seiner Armuth. Noch gegenwärtig sind die Dörfer ohne Gärten, ohne Bäume, ohne Kirchen, ja man möchte sagen sogar ohne Häuser, denn größtentheils liegen diese „Koliben" unter der Erde versenkt, und nur mit einem Dach aus Zweigen eingedeckt, so daß man bei hohem Schnee über eine solche Wohnung fast wegreiten kann, ohne sie zu entdecken. Vorwerke, Mühlen, Alleen, Anpflanzungen, Brücken oder Schlösser sieht man während ganzer Tagereisen nicht.

In der hügeligen „kleinen Wallachei", dem westlichen Theil des Fürstenthums, so wie im Norden findet man noch schöne Waldungen, in der „großen Wallachei" hingegen, und namentlich längs der Donau, ist das flache Land vollkommen baumlos, obschon vielleicht ¹/₃ desselben mit verkrüppeltem Eichengestripp bedeckt ist, welches gleich schwer in Forst=, wie in Getreideland umzuwandeln sein wird. Von dem zum Ackerbau fähigen Lande ist bei Weitem nur der geringste Theil wirklich bestellt, denn der Landmann baut nur eben, was er zu seiner dürftigen Ernährung gebraucht, da alles Uebrige ein Raub der Machthaber geworden sein würde. Das Land hatte in 70 Jahren 40 verschiedene Hospodaren gehabt, von welchen jeder schnell reich werden wollte.

Die Wlachen sind romanischer Abkunft, und ihre Sprache ist noch jetzt der italienischen ähnlich. Sie erscheinen als ein auffallend schöner großer Menschenschlag, aber durch das lange Türkenjoch vollkommen geknechtet, sind ihnen die Waffen fremd geworden. Jeder Fremde imponirt dem Wlachen, er hält ihn für berechtigt ihm zu befehlen und ergiebt sich in jede Forderung ohne Widerstand. Träge aus Neigung, und weil die Thätigkeit ihm nutzlos, ist er zufrieden, wenn er

in seiner Erdhöhle bei einem mächtigen Feuer seine durch=
näßten Lumpen trocknen, einige Kukuruzähren rösten und seine
Pfeife rauchen kann. Da es in diesen Wohnungen weder
Vorräthe noch Geräthschaften giebt, so läßt der Wlache, wenn
er das Messer, die Pfeife und den Tabaksbeutel im Gürtel
ausgeht, auch fast nichts zurück, was zu wahren der Mühe
lohnte. Auf diese Weise hatte der gemeine Mann von Freund
und Feind ungefähr gleich viel zu hoffen und zu fürchten.
Daß der Schutz einer russischen Occupation trotz der Glaubens=
verwandtschaft nicht viel besser war, als die Verwaltung der
osmanischen Pforte, war ihm aus den letzten Feldzügen er=
innerlich, aber daß er sich einer solchen nicht widersetzen würde,
das war unter den eben geschilderten Verhältnissen, weil der
Hospodar dazu den Willen nicht haben konnte, und bei dem
gänzlichen Mangel an festen Plätzen, an Waffen und einem
Wlachischen Heere mit Gewißheit vorauszusehen. Man konnte
daher russischer Seits auf die Hülfsmittel dieser Provinz
zählen, welche bei allen Verwüstungen, Dank sei es den reich=
lichen Gaben der Natur, keineswegs unbedeutend waren.
Trotz des geringen Anbaues fehlte es nicht an Getreide, an
Schlacht= und Zugvieh, die ausgedehnten Wiesen an der
Donau boten Ueberfluß an Heu und die Bojaren waren zum
Theil in Besitz von Reichthümern.

Weit weniger war hierauf schon in der Dobrudscha
zu rechnen. Das Land ist eine Wüste, wie man sie in
Europa kaum erwarten sollte. Die städtische Bevölkerung
mit gezählt, werden auf die Quadratmeile schwerlich mehr
als 300 Einwohner zu rechnen sein. Freilich ist diese Ver=
ödung hauptsächlich erst durch den Abzug der Tartaren wäh=
rend der letzten Feldzüge herbeigeführt, aber auch schon im
Jahre 1828 konnte man aus der Beschaffenheit des Bodens
große Schwierigkeiten für den Durchmarsch eines Heeres
voraussehen. In dem nördlichen Theil der Dobrudscha er=

heben sich die schroffen Gebirge von Matschin, die zum Theil
schön bewaldeten Beschtepe oder „Fünf Berge" und die Höhen
von Baba-dagh oder „Altvater Gebirge". Weiter südlich
hingegen bildet das ganze Land ein niedriges wellenförmiges
Hügelterrain, welches sich nur wenige 100′ über den Meeres-
spiegel erhebt. Der Boden besteht aus einer grauen feinen
Sandmasse, in welche alles Wasser versiegt und selbst durch
die darunter liegende Kalksteinschicht durchsintert. Vergebens
sucht man in den Thälern nach Bächen oder Quellen, und
das spärliche Trinkwasser in den weit auseinander liegenden
Dörfern wird an oft 80 bis 100′ langen Bastseilen aus
wenigen Brunnen emporgezogen. Sowohl wegen dieser
Wasserarmuth, als wegen der dünnen Bevölkerung ist der
Ackerbau in der Dobrubscha äußerst gering, und man darf
eben so wenig hoffen, Getreidevorräthe, als Rauhfutter in
den Dörfern vorzufinden, denn das Gras verdorrt schon im
Frühsommer und bildet unabsehbare wogende Flächen von
hohen aber dürren Halmen. Die zahlreichen Schaaf- und
Büffelheerden weiden dann meist in der Niederung der Donau
und auf ihren Inseln. Nirgends, auch nicht in den Dörfern,
findet man irgend einen Baum oder Strauch. Eben so wüst
und veröset, wasser- und holzlos, ja noch ärmer an Allem
ist der Theil von Bulgarien jenseits des Trajanswalles bis
gegen Basardschik, und eine Colonne, welche die Mitte dieser
Landstriche durchzieht, muß sich darauf gefaßt machen, längs
einer Strecke von 25 Meilen mit dem Mangel an allen
Lebensbedürfnissen und Subsistenzmitteln zu kämpfen.

Weniger veröset ist dagegen die Bulgarische Ebene
zwischen der Donau und dem Balkan, denn obwohl auch
dort die Türken arg gehauset, so betrachteten sie doch das
Land als ihr eigen, während sie die Fürstenthümer verloren
gaben und nur noch eine kurze Nutznießung derselben aus-
beuten wollten. Im Frühjahr und bis im Juni ist hier Alles

grün, die Wände der tiefen Thäler sind mit Linden und wilden Birnbäumen bestanden, breite Wiesen fassen die Bäche
ein, wo der Boden urbar gemacht ist, wallen üppige Korn-
felder, und selbst die viel weiteren Strecken, welche unbebaut
liegen bleiben, prangen mit reichem Graswuchs. Die Dörfer,
in welche die Bewohner sich zusammendrängen, sind selten,
weit auseinander liegend, aber groß und umschließen meist
nicht unerhebliche Vorräthe.

Der fruchtbare Lehmboden macht, daß in der nassen Jahreszeit die Wege grundlos sind. Dann ist das Hinabsteigen
in die tiefen Thäler, über deren Wasser fast nirgends Brücken
liegen, zuweilen mit den erheblichsten Schwierigkeiten verbunden. Im Winter fällt der Schnee in so großer Menge, daß
die Straßen oft gar nicht aufzufinden sind. Während des
Spätsommers verdorrt die Vegetation und der Wassermangel
wird fühlbar, obwohl die muselmännische Frömmigkeit überall,
wo es möglich, Fontainen (Tscheschmehs) angelegt hat. Dieser
Umstand nöthigt zuweilen, die Märsche, namentlich für die
Cavallerie sehr lang zu machen. Wenn überall die mehrsten
Gefechtsstellungen sich am Rand der Thäler, den Wasserlauf
vor der Front finden, so entsteht neben der Schwierigkeit
der Beschaffung von Lagerbedürfnissen, von Holz und Stroh,
in diesen heißen Ländern noch die, gesicherte Lagerplätze zu
finden. Wasser, und zwar viel Wasser ist dort ein so drin-
gendes Bedürfniß, daß man, um die Truppen nicht übermäßig zu ermüden, fast immer gegen seinen Willen genöthigt
ist, das Nachtlager am Wasser selbst, also vor der eigentlichen Gefechtsstellung zu nehmen.

Die Bevölkerung Bulgariens ist wesentlich eine länd-
liche, Ackerbau und Viehzucht treibende. Die Städte liegen
fast alle an der Donau, oder am Fuß des Gebirges, dort
herrscht die muselmännische, hier die christliche Bevölkerung
vor. Letztere wird aus Griechen, meist aber aus Bulgaren

gebildet, welche der Zahl nach den Moslem mindestens gleich sind. Die Bulgaren sind ein fleißiges, arbeitsames Volk, durch slavische Abstammung und griechische Religion den Russen freundlich gesinnt, durch Mißhandlungen und Beraubungen gegen die Türken erbittert, aber doch nicht leicht geneigt, die Waffen gegen ihre gefürchteten Herren zu erheben, wenn sie nicht eine bestimmte Hülfe von Außen her zu erwarten haben. Jedenfalls konnten die Türken in Bulgarien nur auf die festen Plätze an der Donau und auf die Gebirgswand des Balkan rechnen.

Seitdem die Moslem von Russischen Heeren auf ihrem eigenen Grund und Boden heimgesucht wurden, bildete die Donau das erste Bollwerk ihrer Vertheidigung. Für unsern Zweck wird es nöthig sein, einen kurzen Abriß von der Beschaffenheit des untern Laufs jenes mächtigen Stroms zu geben.

Die Donau durchbricht auf einer 8 bis 9 Meilen langen Strecke von Gollubitza bis Gladowa das Kalksteingebirge, welches von Norden nach Süden zwischen den Karpathen und dem Balkan streicht. Bei dem erstgenannten Punkt, einem alten Serbischen Schlosse, verengt sich der wohl 2000 Schritt breite Strom auf wenige 100 Schritte, und fließt zwischen hohen, oft schroffen Felswänden, mit starkem Gefälle und in scharf gewundenem Laufe hin. An mehreren Orten, namentlich bei Bibnitsche und beim „eisernen Thor" (Demir-Kapu) ist das Bette von Klippen und Riffen durchsetzt, welche bei niedrigem Wasserstand aus der Fluth emporragen, bei hohem gewaltige Strudel erzeugen, immer aber die Schifffahrt erschweren und an den genannten Stellen unmöglich machen. Auf dieser Strecke liegen die türkischen Festungen Neu-Orsowa (Ada-Kalessi oder die „Insel-Festung") und Gladowa (Feti-islam „Sieg des Glaubens"). Die Breite des Stroms beträgt hier durchschnittlich 600 bis 900 Schritt, und die Gegend

zu beiden Seiten zeigt ein wenig angebautes, ziemlich unweg-
sames Waldgebirge.

Bald unterhalb des Eisernen Thors hingegen ändert sich
der Charakter des Stroms gänzlich. Obgleich auf der Serbischen Seite noch belaubte Höhen das rechte Ufer bis zum
Grenzflusse Timock begleiten, treten doch nun die Gebirge zu
beiden Seiten weit zurück, und der Fluß zieht bis zu seiner
Mündung mitten durch ein mehr als 20 Meilen breites
Thal. Zwar ist die sogenannte Kleine Wallachei, bis zur
Aluta, so wie das nördliche Bulgarien, noch durch einzelne
Höhenrücken durchsetzt, welche sich vom Hochgebirge abzweigen,
auch überhaupt weniger eben und niedrig, als die ausgedehnte Fläche der Großen Wallachei, dennoch sind auch jene Länder
im Allgemeinen als Ebenen anzusehen. Ein wesentlicher
Unterschied findet aber zwischen beiden Stromufern statt, indem das Bulgarische, von Widdin ab, überall hoch, jäh ab-
fallend und dominirend oft unmittelbar an die Donau heran-
tritt, während das Wallachische stets nur niedrige Lehmufer
und breite Wiesenflächen zeigt, in welche einzelne Arme der
Donau sich winden, und welche bei hohem Wasser zum Theil
überschwemmt sind. Je weiter abwärts, um so breiter und
sumpfiger werden diese Wiesenflächen, um so zahlreicher und
größer die Inseln. Unterhalb Rustschuck tritt nur an einer
einzigen Stelle, nämlich am Einfluß der Dembowicza, Turtokai gegenüber, das linke Ufer, zwar flach, aber stets trocken
und fest, dicht an den dort durch keine Inseln getheilten Strom
heran. Auch führt, Silistria gegenüber, ein zu allen Zeiten
fahrbarer Weg von Kallarasch bis zur Donau.

In der Dobrudscha überhöht ebenfalls das rechte Ufer
sehr beträchtlich. Ihm gegenüber tritt zwar das flache Wallachische Land meist fest und trocken bis nahe an den Bortisa-
Arm der Donau heran, die Inseln bilden aber dort eine
Meilen breite, mit Wald oder Schilf bestandene Niederung,

welche mehrentheils bei hohem Wasser überschwemmt wird. Nur bei Hirsowa verengt sich das Thal und macht einen Uebergang möglich.

Erst gegen Brailow zu erhebt sich nun auch der linke Thalrand der Donau, und fällt in senkrechten Lehmabstürzen von 80′ Höhe zum Strom ab. Von Brailow und Gallatz führen in der guten Jahreszeit practicable Wege durch die breite Sumpfniederung nach Matschin, welcher Platz diese Debouchéen sperrt und hinter welchem die Matschiner und Beschtepe-Berge nahe am Ufer ihre spitzen, schöngeformten Gipfel zu wohl 1000′ Höhe erheben.

Unterhalb Isaktschi durchfließt die Donau ihr Delta in 3 Armen, von welchen die schiffbare Sulina an der Mündung nur 150 bis 200 Schritte breit ist. Der ganze 10 Meilen weite Raum zwischen dem südlichen und nördlichen Arm (dem Kedrilleh- und Kiliboghas) bildet ein unabsehbares wogendes Meer von 10 Fuß hohem Schilf, aus welchem nur die Masten und Segel der Seeschiffe sich emporheben. Die volle Breite der untern Donau beträgt abwärts des Eisernen Thors, und wo sie nicht durch Inseln in mehrere Arme getheilt wird, nirgends unter 900 Schritt, an manchen Stellen aber mehr als das Doppelte dieser Weite. Ihre Tiefe wächst bis zu 70 Fuß. Doch giebt es viele Stellen, wo sie weit geringer ist. Schon von Pesth an (wo gegenwärtig eine Kettenbrücke erbaut wird) trägt der gewaltige Strom bekanntlich nur noch bei Peterwardein eine Schiffbrücke. Von dem massiven Bau des Trajan bei Gladewa erblickt man nichts, als die Stirnmauern und ein thurmartiges Gebäude auf der Wallachischen Seite. Der Strom hat hier eine beträchtliche Breite bei geringer Tiefe. Bei Tuldscha liegt eine Sandbank quer durch den Fluß, welche der Schifffahrt bei gewöhnlichem Wasserstand nur 14′ Tiefgang erlaubt. Hier wäre eine Bockbrücke über den Hauptarm ausführbar, wenn der

Zutritt vom linken Ufer nicht durch breite Sumpfniederungen und Schilfinseln verwehrt würde. An allen übrigen Stellen kann der Uebergang schon um der Tiefe willen nur durch Schiffe oder Pontons bewerkstelligt werden.

Obwohl das Gefälle der Donau sich unterhalb des Eisernen Thors sehr ermäßigt, so ist die durchschnittliche Schnelligkeit seines Laufs doch kaum weniger als ½ Meile in der Stunde.

Bei dieser natürlichen Beschaffenheit des mächtigen Stroms wird ein militairischer Uebergang über denselben noch wesentlich durch die große Zahl von festen Plätzen erschwert. Auf den 70 Meilen seines untern Laufs erblicken wir Nikopolis, Sistowa, Ruſtschuk, Dschjurdschewo, Turtokai, Silistria, Hirsowa, Matschin, Brailow, Isaktschi und Tuldscha, Plätze, welche sämmtlich auf denjenigen Punkten liegen, wo die Natur des Stroms den Uebergang am leichtesten möglich macht; denn eben diesem Umstand verdanken sie ihr Entstehen. Wo man sich zu allen Zeiten dem Ufer nähern konnte, dorthin zogen sich die Straßen, dort entstanden Fähren und Wohnungen, welche sich zu Städten ausdehnten und dann gegen feindliche Angriffe durch Befestigungen geschützt werden mußten. So war z. B. erst seit dem letzten Krieg Hirsowa zur Festung erhoben worden, weil die Türken, durch Erfahrung belehrt, den großen Nutzen begriffen hatten, welchen dieser Punkt einem russischen, gegen Bulgarien vorgehenden, und besonders einem von dort nach Bessarabien abziehenden Heere gewährt.

In der That traf man 1828 an jedem nur einigermaßen möglichen Uebergangspunkt auch eine türkische Festung. Nur die Werke von Turtokai waren seit dem letzten Feldzug nicht wieder aufgebaut worden, und doch ist eben diese Oertlichkeit die vortheilhafteste für den Uebergang eines Heeres auf der ganzen untern Donau.

Wenn Schumla und Varna die nächsten Operations-

Objekte des russischen Heeres bildeten, so liegt Turtokai so ziemlich auf der graden Linie von Bessarabien dahin. In der Wallachei war auf keinen nachhaltigen Widerstand der Türken zu rechnen, und man umging so den schwierigen Marsch durch die verwüstete wasserarme Dobrudscha. Das locale Hinderniß des dominirenden rechten Thalrands fand man, wie schon gezeigt, überall. Dagegen liegt Turtokai auf dem weitesten Zwischenraum zwischen 2 Festungen, nämlich 5 Meilen von Silistria und doppelt so weit von Rustschuk. Die Donau fließt bei Turtokai zwischen ganz festen stets gangbaren Ufern in einer Breite von 995 Schritt, und die Dembowicza, welche von Bukarest kommend, dem Städtchen gegenüber einmündet, gestattet das Material für den Uebergang heranzuführen.

Allein für eine Brücke von fast 1000 Schritt Länge hätte man doch auch dort das Nöthige durchaus nicht gefunden. Die Schiffahrt auf der Donau fängt eigentlich erst bei Brailow und Gallatz an, von wo alljährlich sehr bedeutende Kornversendungen nach Constantinopel stattfinden, und da diese Hafenplätze nicht auf russischem Gebiet lagen, und man sich vor erfolgter Kriegserklärung also ihrer Schiffe nicht bemächtigen konnte, so war vorherzusehen, daß diese sich dem gezwungenen Dienste bei Ueberbrückung des Stroms zu entziehen wissen würden. Hätte man sich auch ausschließlich der transportablen leinenen Pontons bedienen wollen, so war doch immer eine nicht geringe Anzahl von Schiffen nöthig, um die zum Schutz des Baues bestimmten Truppen zuvor überzusetzen und um der türkischen Stromflotille entgegen zu treten. Diese Fahrzeuge mußten aus den eigenen Strömen und Häfen heran, und die Donau aufwärts geführt werden, was unmöglich blieb, so lange die das Fahrwasser beherrschenden Plätze nicht genommen waren.

Aus diesem Grunde konnte der Uebergangspunkt nur

da gewählt werden, wohin man aus dem Dniester, dem Pruth und dem Schwarzen Meer noch ungehindert zu gelangen vermochte, also unweit der Mündung des Stroms und nicht höher hinauf als Brailow. Im Jahre 1809 waren die Russen bei Gallaz übergegangen, wo die nahebei einmündenden Flüsse Pruth und Sereth die Vorbereitungen zu diesem Unternehmen sehr begünstigten. Namentlich auf letzterem Strom ist es leicht, eine sehr große Menge des vortrefflichsten Schiffsbauholzes herabzuführen. Der Donauarm bis zu der Gallaz gegenüber liegenden Insel ist nur 240, der zwischen der Insel und dem rechten Ufer 450 Schritte breit. Der hohe jenseitige Thalrand tritt hier 3 Meilen weit von der Donau zurück, und die eben so breite mit sehr hohem Schilf bedeckte Niederung kann in trockener Jahreszeit in mehreren Colonnen überschritten werden.

Allein der Uebergang ward damals Mitte August unternommen, im Frühjahr war er unausführbar, weil bis in den Juni hinein die weite Schilfniederung „Kuntsesane" überschwemmt ist; und so erklärt sich weshalb man zum Ueberschreiten der Donau den Punkt Satunowo wählte, unerachtet dort das Herankommen an das linke Ufer eben so schwierig, wie das Debouchiren auf dem rechten ist. Auch dort mußte eine überschwemmte Niederung überschritten werden, was nur mittelst eines aus Faschinen zu erbauenden Dammes geschehen konnte. Allein diese Arbeit wurde auf der russischen Flußseite unternommen, während man dieselbe bei Gallaz auf dem feindlichen türkischen Ufer hätte bewerkstelligen müssen, was um so unmöglicher gewesen wäre, als man sich in dem hohen Schilf gegen Ueberfall kaum zu sichern vermocht hätte. So sehen wir durch die besondre Beschaffenheit des Stroms den russischen Uebergang auf einen Punkt beschränkt, der an und für sich so unvortheilhaft wie nur immer möglich war.

Aus der Schilderung, welche wir bisher gegeben, geht

hervor, daß die Russen von der Bevölkerung des Landes diesseits
des Balkan wenig zu fürchten, aber auch nicht sonderlich viel
zu hoffen hatten. Wenn sie nicht ein türkisches Heer in
Bulgarien vorfanden, so konnten nur die festen Plätze der
Donau und der Seeküste ihnen Widerstand entgegenstellen.
Wir werden eine ausführliche Beschreibung derselben in unserer Erzählung da folgen lassen, wo sie auf den Gang der
Begebenheiten einzuwirken anfangen, und bemerken nur im
Allgemeinen, daß ihre Befestigung nach europäischen Begriffen
meist nur sehr armselig erscheint. Ein bastionirter Hauptwall
mit geringem Commandement und ohne Außenwerke, trockene
Gräben mit revetirter Escarpe und Contrescarpe, aber von
geringer Tiefe und Breite, Linien, welche enfilirt und oft in
großer Nähe dominirt sind, reichliche Vorräthe an Lebensmitteln, Pulver und Waffen, zahlreiches Geschütz, gänzlicher Mangel an gemauertem Hohlbau und ein durch Häuser aus Fach-
werk und Lehm sehr beengter innerer Raum sind die Eigen-
thümlichkeiten, welche wir fast überall wiederfinden.

Allein die türkischen Commandanten haben das Gute,
daß sie die schwachen Seiten ihres Platzes nicht kennen. Die
Capitulationen sind vom Divan wenig geliebt, und es handelt sich dabei meist um den Kopf derer, die sie abschlossen.
Die Besatzung vertheidigt hinter ihren Mauern Hab und Gut,
Weiber und Kinder, ihren Glauben und ihr Herrscherrecht
über die Rajah. Den Mangel an Außenwerken ersetzen sie
durch geschickte Benutzung des trockenen Grabens, und die
kräftigste Vertheidigung fängt bei ihnen an, wo sie sonst gewöhnlich aufhört, mit Eröffnung der Bresche. — Wenn bei
uns eine zahlreiche und wohlhabende Bürgerschaft meist nur
ein Hinderniß für eine lange Behauptung der Festungen ist,
so findet in der Türkei das umgekehrte Verhältniß statt.
Jeder waffenfähige Einwohner ist Soldat und erscheint täglich auf dem Wall; und gerade von den größern Städten,

4*

und eben nur von diesen, ist der hartnäckigste Widerstand zu erwarten.

Von den bedeutendern Plätzen, welche beim Einmarsch in Bulgarien in Betracht kommen, ist Widdin (eine Aus= nahme von türkischen Festungen) nirgends dominirt, und zeigt ein stärkeres Profil, als gewöhnlich gefunden wird. Die Gar= nison war zahlreich, aber der Platz schon ziemlich entlegen vom eigentlichen Kriegsschauplatz, und nur wichtig wegen der Streifzüge, welche von dort gegen die Wallachei unternommen werden konnten.

Bedeutender durch seine größere Nähe, durch den Brük= kenkopf auf dem linken Stromufer und durch die Stärke seiner Besatzung war Rustschuk; ganz besonders aber lag Silistria unmittelbar in der Flanke und Brailow im Rücken jeder russischen Operation gegen den Balkan.

Das Balkan=Gebirge endlich, welches Rum= von Bulgar=Ili scheidet, zieht sich in westöstlicher Richtung und zwar mit stets abnehmender Höhe bis zum Schwarzen Meere hin, wo es zwischen den Flußthälern des Kamtschik und Nadir mit dem Cap Emineh plötzlich abstürzt. Westlich von den Quellen der Jantra und Tundscha sind die Gipfel noch im Juni mit blendendem Schnee bedeckt. Von dort bis zu den Quellen des Kamtschik wird die Erhebung kaum über 5000', und in dem östlichen Theil nicht über 3 bis höchstens 4000' betragen. Die natürlichen Einsattelungen, welche zu den Uebergängen benutzt worden sind, dürften im östlichen Theil des Balkan wenig höher, als die des Thüringer Waldes sein, mit dessen Bildung eine Aehnlichkeit stattfindet. Kuppenform und reiche Laubwaldungen sind im Allgemeinen vorherrschend, und nur in den Thälern treten hohe Felsmassen zu Tage. Der südliche Abfall ist bei weitem der steilere, der nördliche gewährt um so weniger einen sehr imposanten Anblick, als derselbe durch niedrige Vorberge maskirt wird.

Diese Vorberge nun, welche in verschiedenen Zügen und in abweichender Richtung lagern, haben einen, von dem eigentlichen Balkan ganz verschiedenen Charakter, welcher dem des Heuscheuergebirges sehr ähnlich ist, nur daß hier Kalkstein, wo dort Sandstein vorherrscht. Die Berge bilden oben ganz flache Plateaur. Diese stürzen in senkrechten, 10 bis 200' hohen Felsmauern ab, welche oft seltsame Felspforten bilden und dann mit Anfangs steiler, weiter unten mit abnehmender Böschung zu den Thälern sich senken. Die Plateaur sind daher stets nur an einzelnen Stellen ersteigbar. Sie sind mehrentheils bewaldet, aber nicht mit den hohen prachtvollen Stämmen des eigentlichen Balkan, sondern mit einem überaus dichten, kaum zu durchdringenden Strauchwerk. Der Fuß der Berge und die Ebene ist, außer in der Nähe der Dörfer, mit niedrigem Eichengestripp auf unabsehbare Strecken bewachsen, welches das querfeldein-Marschiren unmöglich macht, während die Wege in dem fetten Lehmboden bei nasser Jahreszeit unendlich schwer zu passiren sind.

Die Unübersteigbarkeit des eigentlichen Balkan, soweit sie nicht in einem hundertjährigen Vorurtheile beruhte, gründet sich daher weit weniger auf die absolute Höhe des Gebirges, oder auf die völlige Unzugänglichkeit seiner Formationen, als vielmehr auf die Menge kleiner Schwierigkeiten, welche auf 3 bis 6 Märsche gehäuft und von den durchziehenden Truppen nach und nach zu beseitigen sind, endlich auf die geringe Zahl und schlechte Beschaffenheit der Straßen, welche über das Gebirge führen. Der Balkan ist äußerst dünn bevölkert, Schmelzöfen, Bergwerke und Schneidemühlen haben seine prachtvollen Waldungen noch nicht gelichtet, und da die Dörfer in seinen Thälern selten, so sind es die Wege ebenfalls. Dazu kommt, daß diese überhaupt gar nicht zum Verkehr mit Fuhrwerk eingerichtet sind. Obwohl man sich in der Ebene nördlich und zum Theil auch südlich des Gebirges der Wagen und Karren bedient, so ist doch der ohnehin geringe Post- und Reiseverkehr nur auf Reit- und Packpferde berechnet*), so daß eine Heeresabtheilung die Straße immer erst für ihren Zweck ausbessern und erweitern muß. Die Vertheidigung des Balkan würde daher auch türkischer Seits nicht sowohl durch neue Festungen auf den Hauptübergangsstraßen, sondern vielmehr durch den Widerstand zu bewirken sein, welchen ein hinter denselben postirtes Corps unter Benutzung von provisorischen Verschanzungen, Verhauen ꝛc. im Gebirge selbst dem Vordringen der nothwendig vereinzelten feindlichen Colonnen fast an jedem Punkt mit großem Erfolg entgegensetzen kann.

Es wird erforderlich sein, hier die geringe Zahl von Balkanübergängen, so weit sie für den vorliegenden Zweck in Betracht kommen, kurz anzuführen und zu beschreiben (vgl. die Uebersichtskarte).

1) Straße von Tirnowa nach Kasanlik.

Die Jantra durchbricht in einem tiefen, seltsam gewundenen Thal das niedrige Gebirge bei Tirnowa und umschließt von allen Seiten das auf einem scharfen Felsrücken liegende Castell der letzten Könige von Bulgarien. Durch seine natürliche Lage sehr haltbar, sperrt es diesen wichtigen Straßenknoten. Die Stadt selbst, meist von Griechen und Bulgaren bewohnt, ist sehr wohlhabend und gut gebaut. Bei Gabrowa wird die Jantra auf einer steinernen Brücke überschritten, und von hier steigt die Straße durch prachtvolle Buchenwaldungen bis zu dem Paß von Schibka auf. Die tiefen Thäler, in welchen die Quellen der Jantra und Tundscha liegen, bilden dort einen hohen, äußerst schmalen Sattel, sie sind aber, obwohl steil, nicht felsig, und an den Hängen von Tirailleurs

---

*) Als der Großherr 1836 nach Silistria reiste, war sein ganzes Gefolge aus mehreren 100 Personen beritten, er selbst aber fuhr in einem leichten 4spännigen Wagen, für welchen eine eigene 10 Meilen lange Straße über den Schibkapaß gebaut worden war.

zu paſſiren, auch iſt dieſer Paß leichter als einer der anderen
Straßen zu forciren. Von dort bis zum Dorfe Schibka führt
die Straße eine Meile weit ſehr ſteil herab. Der Blick in
das Thal von Kaſanlik, zwiſchen dem Südfuß des Balkan
und dem niedrigen Gebirge von Eski-Sagra, erinnert an die
Hirſchberger Ebene im Rieſengebirge. Es iſt von der höchſten
Fruchtbarkeit und Schönheit. Lange Reihen von Nußbäumen
bezeichnen den Lauf der Flüſſe, und Wälder von Obſtbäumen
die Lage der Ortſchaften. Die Ebene iſt zum Theil mit
Roſenfeldern bedeckt, welche für die Bereitung des Roſenöls
hier gebaut werden; dabei aber reich an Getreide und Vieh-
heerden, an Waſſer und Holz.

2) Die Straße von Tirnowa über Demirkapu nach
Slivno (Islennije) überſchreitet den Hauptrücken in bedeutender Höhe. Nähere Nachrichten ſind über dieſelbe nicht bekannt. Ein anderer Weg von Tirnowa führt von Stararecka
nach Kaſann in die Straße

3) von Osmann-baſari über Kaſann und von dort rechts
nach Selimno, links nach Karnabatt und Dobroll. Dieſelbe
erhebt ſich gleich hinter dem erſt genannten Städtchen durch
eine offene Gegend auf die Höhe des Binarbaghs. Da wo
die Straßen von Tirnowa und Osmann-baſar ſich vereinen
und zwiſchen hohen, nackten Felskegeln jäh nach Kaſann hinab-
führen, liegen 2 alte Schanzen. Kaſann iſt ein kleines, eng-
gebautes Städtchen, deſſen Name (Keſſel) ſchon auf ſeine tiefe
Lage zwiſchen hohen Bergwänden hindeutet. Jenſeits deſſelben
paſſirt die Straße abermals eine enge Felspforte, ebenfalls
Demirkapu (eiſerne Thor) genannt, welches ſehr ſchwer zu
forciren ſein würde, und nur mittelſt eines ſchlechten, im Zick-
zack aufſteigenden Weges nach Selimno rechts umgangen werden
kann. Die Hauptſtraße ſpaltet ſich jenſeits des Demirkapu
in zwei ſchwierige Wege nach Karnabatt und Dobroll (ſ. Nr. 4).
Der auf Selimno führende Weg wird beſonders mühſam durch

die vielen tiefen Waldthäler, welche ihre Bäche dem Kamtschik zuführen, und welche im steilen Auf= und Absteigen paſſirt werden müſſen. — Das Hinabſteigen nach Selimno iſt äußerſt gewunden und ſteil; man ſenkt ſich in ein neues Klima hinab. Der Oelbaum und die Rebe, Baumwollenfelder und eine reiche Vegetation überhaupt zeugen davon, daß man die Ru= meliſche Ebene erreicht, in welcher der Schnee um eben die Zeit ſchon verſchwunden iſt, wo er noch das Bulgariſche Flach= land bedeckt. Indeß iſt das Land weiter abwärts nach Zam= boli und bis Adrianopel keinesweges ſo angebaut, wie das Thal von Kaſanlik. Unabſehbare Flächen ſind mit Dornen= geſtripp bewachſen, und die weiten im Frühjahr mit ſchönem Graswuchs bedeckten Niederungen ſind im Sommer verdorrt. Die vielen Zuflüſſe zur Tundſcha ſchwellen bei Regen ſehr an und ſind ohne portative Brücken nicht zu paſſiren. Die ſteile, nackte Felswand des Balkan gewährt, von Selimno aus ge= ſehen, einen überaus impoſanten Anblick. Das Städtchen hat eine Gewehr= und viele Tuchfabriken.

4) Von Schumla über Tſchalikawak und Dobroll nach Karnabatt.

Wir werden ſpäter von Schumla ſelbſt ausführlicher be= richten, und bemerken nur vorläufig, daß dieſer Ort weder ein Sperrpunkt, noch ſelbſt ein Balkanpaß überhaupt iſt. Das berühmte verſchanzte Lager liegt vielmehr am Fuß einer iſolirten Berggruppe außerhalb und vorwärts des Balkan, welche in einer offenen, wohl angebauten Gegend ſowohl von Ruſtſchuk kommend rechts über Eski Dſchumna und Eski Stambul nach Tſchalikawak, als von Siliſtria kommend links über Bulanlik, Maraſch und Smädowa nach Tſchalikawak umgangen werden kann. — Abgeſehen davon, ob ein in Schumla concentrirtes Heer dies in ſtrategiſcher Hinſicht ge= ſtattet, ſtellt das Terrain einer ſolchen Umgehung kein Hin= derniß entgegen. Der Kamtſchik, welcher 20 bis 30 Schritte

breit, aber nicht tief ist, hat, so wie der vielfach zu durch=
furthende Bach von Beiram, festes, steiniges Bette und ist
leicht zu passiren. Tschalikawak im sogenannten „kleinen"
Balkan bietet einen guten Lagerplatz, mit Wasser, grüner
Fütterung und Holz. Sehr schwierig ist dagegen der Marsch
von dort nach Dobroll. Durch tiefe Ravins und an jähen
Felswänden vorüber ersteigt die Straße die Höhe, welche
durch eine alte Schanze vertheidigt ist, und senkt sich dann
steil durch den Derbent zum Deli Kamtschik in ein langes,
leicht zu vertheidigendes Defilee hinab. Der Fluß ist nur
an einzelnen Stellen zu durchfurthen und trägt eine hölzerne
Brücke. Jenseits derselben windet sich die Straße steil an
dem Waldgebirge empor, und steigt dann sanft in eine offene
Gegend nach Dobroll hinab. Von dort bis Karnabatt cou=
pirtes, mit Busch bewachsenes und von vielen Quell=Bächen
durchschnittenes Terrain. Bei Karnabatt vortheilhafter Lager=
platz, aber in der Richtung auf Adrianopel noch das schwer
zu passirende Defilee von Bujukderbend, auch voraussichtlich
Mangel an Getreide und besonders an grünem Futter.

5) Von Koslubscha nach Pravady und entweder über
Kjoprykjoi, oder über Jenikjoi nach Aidos. Das Städtchen
Pravady liegt auf der Sohle einer, in das oben ganz flache
und freie Gebirge wohl 600' tief eingeschnittenen Felspforte,
welche ungefähr 1000 Schritt breit und dabei ½ Meile lang
von senkrechten Felswänden eingefaßt ist. Der Pravady=Fluß
durchzieht dieselbe in südlicher Richtung und öffnet hier einen
Durchweg durch das Gebirge. Ein in diese Schlucht vorsprin=
gender, sehr schmaler Felsrücken bildet eine natürliche Festung,
welche den Paß sperrt und bei einiger fortificatorischer Nach=
hülfe unnehmbar, obwohl leicht einzuschließen sein würde. In=
deß kann dies starke Defilee rechts und links mit mehr oder
weniger Schwierigkeit umgangen werden. Der Pravady= so=
wohl als der Kadi=kjoi=Fluß müssen auf Portativ=Brücken

überschritten werden. Der Uebergang bei Kjoprü-kjoi bietet Schwierigkeiten dar, welche jedoch ½ Stunde ober= und unterhalb des Dorfes vermieden werden können. Dagegen ist das Defiliren in einer einzigen Colonne durch das tiefe, 3 Meilen lange Thal des Delidsche-dere sehr mißlich. Dieser Paß führt den Namen Kirk-getschid oder die 40 Furthen, weil der Bach fortwährend zu passiren ist. Das Thal schließt sich bei Gök behuet-araldsche auf 50 Schritt mit hohen, senkrechten Wänden und ist hier leicht gänzlich zu sperren.

Man wird daher vorziehen, über Jenikjoi zu marschiren, woselbst der 30 Schritt breite Kamtschik auf einer Fähre überschritten, im Sommer aber durchfurthet werden kann. Das rechte Ufer ist dort frei von Waldung. Der Deli=Kamtschik ist bei Tschenga fast überall zu durchfurthen, aber jenseits desselben steigt die Straße sehr steil auf und ist durch einen Verhau gänzlich zu sperren.

Beide Straßen von Pravady, die über Kjoprykjoi und die über Jenikjoi, vereinen sich auf der Höhe, in einem wald=freien Terrain, welches ¼ Meile breit ist und Truppenent=wickelung gestattet. Dies Plateau zwischen einer Felsschlucht nach dem Deli=Kamtschik und einer andern nach dem De=lidsche-dereh eignet sich sehr gut zur Vertheidigung und Ver=schanzung. Daneben bietet die waldfreie Gegend von Bai=ramowo einen guten Lagerplatz, und da von Kjoprykjoi ein fahrbarer Weg nach Varna führt, so würde ein in Baira=mowo aufgestelltes Corps mit großer Leichtigkeit auf die ge=nannte Festung und Pravady debouchiren können.

6) Von Varna über Derwisch-jowann nach Burgas und Missiori. Wir werden von Varna weiter unten ausführlicher reden. Jenseits dieser Festung führen mit nicht sehr steiler Ansteigung mehrere Waldwege über die Höhe, welche mit dem Vorgebirge von Galaburnu am Meere endigt. Die Straße überschreitet bei dem Dorfe Pobbaschi den hier sehr sumpfigen,

rabei an 50 Schritt breiten, vereinigten Kamtschik auf einer
Schiffbrücke. Die Türken hatten hier im Jahre 1827 eine
Schanze hart am Ufer erbaut. Der Strom hat 6 bis 12'
hohe und senkrecht eingeschnittene Erdufer. Andere Verschan=
zungen lagen bei Derwisch=jowann auf einer sanften Anhöhe,
jenseits der 5000 Schritt breiten, sehr sumpfigen und dicht
bewaldeten Thalniederung des Stroms. Von dort zweigen
sich zwei fahrbare, aber nur einspurige Wege auf Burgas
und Missiori ab. Beide führen mit mäßiger Ansteigung über
das östliche Ende des Balkan, durch schönes, außer der Straße
fast undurchdringliches Laubholz. Sie überschreiten das tiefe
Thal des Kosaldere und kleine Nebenthäler, welche keine
eigentlichen Sperrpunkte mehr bilden, sind aber besonders bei
nasser Jahreszeit nur mühsam zu passiren. Der Wald ist
überall sehr dicht und nirgends öffnet sich eine Stelle, wo
man Truppenmassen entwickeln könnte, so daß die Straßen
ein fortgesetztes Defilee bilden.

Querverbindungen der hier genannten Uebergangsstraßen
finden im Gebirge gar nicht, sondern nur in den Thälern
des Kamtschik und am Südfuß des Gebirges von Missiori
und Burgas nach Aidos, Karnabatt und Selimno statt. Wenn
nun für die aus Bessarabien kommende russische Armee die
Uebergänge 4, 5 und 6 die wichtigsten sind, so übersieht man
leicht, daß ein in Aidos aufgestelltes, manövrirfähiges Heer
jeder aus dem Gebirge einzeln debouchirenden feindlichen
Colonne mit großem Vortheil entgegentreten kann, und daß
dann, so lange Varna und Schumla, oder auch nur eins von
beiden, sich halten, das Ueberschreiten des Balkan ein sehr
mißliches Unternehmen wird.

Zweiter Abschnitt.

Operationspläne.

Welches politische Ziel das Russische Cabinet bei dem türkischen Feldzuge sich gesteckt hatte, und auf welchem militairischen Wege dieses erreicht werden sollte, darüber liegt etwas Bestimmtes nicht vor. Die ursprünglichen Operationspläne aller Feldzüge werden selten anders, als in ihren allgemeinsten Umrissen bekannt werden, weil die Begebenheiten den Horizont der Erwartungen und Ansprüche im Laufe der Zeit nothwendig erweitern oder verengern. Wir können daher nur, gestützt auf die Verhältnisse, welche wir bisher entwickelt, und aus dem spätern Gang der Ereignisse nachconstruiren, welche die Absichten der Heerführer gewesen sein mögen, bevor sie durch die Erfolge oder Hemmnisse der Wirklichkeit modificirt und enger umgrenzt wurden.

Es mußte Rußland sehr viel daran liegen, die Eifersucht der Europäischen Cabinette nicht allzusehr zu reizen, auch lauteten die offiziellen Versicherungen dahin, daß man lediglich für die Aufrechthaltung der bereits bestehenden Verträge zu den Waffen gegriffen, und daß die Erfüllung derselben und höchstens eine Entschädigung für die Kriegskosten den Zwist beendigen werde. Zugleich kam es darauf an, Europa durch eine große Machtentfaltung und durch das gute Vernehmen mit Preußen dahin zu bestimmen, daß es sich nicht in die Händel zwischen Rußland und der Türkei einmische. Deshalb, wie es scheint, blieb der größte Theil der russischen Streitmacht in schlagfertiger Stellung an der Westgrenze des Reichs stehen, während nur ein kleineres Heer in die Türkei einrückte und nach und nach durch neue Abtheilungen verstärkt wurde. Aus eben dem Grunde vermied man es, die religiöse

Begeisterung der stammverwandten Bulgaren und Serben
anzuregen, und lehnte es ab, sie gegen ihre osmanische Regierung zu bewaffnen. Ein entgegengesetztes Verfahren wäre
in allzu grellem Widerspruch mit den laut ausgesprochenen
Grundsätzen der heiligen Allianz gewesen, und man fühlte
wohl, daß, wenn man eine solche Feuersbrunst anzündete, es
schwer geworden wäre, sie wieder zu löschen, und den Krieg
nöthigenfalls abzubrechen, wenn die Ereignisse in Europa dies
erfordern sollten.

Zu diesen großen Opfern, welche der Politik auf Kosten
der militärischen Ueberzeugung gebracht wurden, und deren
Einfluß auf den Gang und die Resultate des Feldzugs nicht
zu verkennen ist, gehörte wahrscheinlich auch das lange Zaudern, wodurch sich dessen Eröffnung bis spät ins Frühjahr
verschob.

Das russische Heer durfte von sich selbst die Ueberzeugung hegen, es werde in offener Feldschlacht jedes auch noch
so überlegene türkische besiegen. Dies gerechtfertigte Vertrauen
gab ihm eine große Selbstständigkeit und gestattete ihm, sich
frei von manchen herkömmlichen Fesseln der theoretischen Strategie zu bewegen. Aber ganz losmachen konnte es sich doch
keineswegs von den Rücksichten auf Verbindung, Nachschub
und Ernährung, zumal in einem solchen Lande, wie die Türkei.
Der russische Operationsentwurf muß daher nothwendig darauf
Bedacht genommen haben, daß, um in Bulgarien einzudringen,
jedenfalls Brailow und Silistria einzuschließen waren, wenn
man auch Rustschuk auf beiden und Widdin auf dem linken
Donauufer nur beobachten wollte. Die weiteren Operationen
waren durch die Herrschaft der russischen Flotte im Schwarzen
Meere auf die Straße längs der Küste hingewiesen, welche,
je nach dem Vorschreiten des Heeres, eine neue Basis für
dessen Ernährung wurde. Diesem Vorschreiten stellte sich
hauptsächlich Varna entgegen, dessen Wichtigkeit in erste Linie

tritt. Um Varna mit Erfolg zu belagern, mußte man aber zugleich Schumla gegenüber ein Corps aufstellen können, welches stark genug war, um die dort versammelte türkische Heeresabtheilung in Zaum zu halten. Fiel dann Varna früh genug, so dürfen wir wohl annehmen, daß ein Ueberschreiten des Balkan — und wenn es gelang, den Gegner zu zwingen, aus seinen Verschanzungen von Schumla hervorzutreten und ihn zu schlagen — ein kühnes Vorgehen auf Constantinopel weder außer dem Bereich der Möglichkeit, noch der Absichten lag.

Dieser Operationsplan ist durch die Verhältnisse und das Terrain so bestimmt vorgezeichnet, daß er nicht nur in dem Feldzug von 1828 gegolten haben, sondern auch in seinen allgemeinen Umrissen bei jedem nächsten russischen Feldzug durch Rumelien wieder geltend werden muß.

Inwiefern die russischer Seits verwendeten Mittel zur Erreichung der hier bezeichneten nächsten Kriegszwecke aus- reichend, die getroffenen Maßregeln die entsprechenden waren, wird aus dem Verlauf unserer Darstellung hervorgehen.

Der türkische Operationsplan, oder vielmehr das Ver- fahren, welches die Gewalt der Umstände die Pforte einzu- halten zwang, bestand in der strategischen Defensive. Der Großherr scheint die Landung eines Russischen Heeres in unmittelbarer Nähe von Constantinopel, bei der Herrschaft der Russischen Flotte im Schwarzen Meere nicht für unmöglich gehalten zu haben. Nur so erklärt sich, weshalb er bis in den Spätsommer den größten Theil seiner Streitkraft bei der Hauptstadt zurückhielt, während zwar die Donau-Festungen besetzt, der Balkan, Varna und Schumla aber lange Zeit fast ohne Vertheidiger blieben.

Wir verlassen hier das Feld der Conjecturen und wenden uns nunmehr zur Darstellung der wirklichen Begebenheiten des Feldzuges.

Dritter Abschnitt.

Eröffnung des Feldzuges. Besetzung der Moldau und Wallachei. Uebergang über die Donau bei Satunowo.

Der türkische Hattischerif vom 18. Dezember 1827 war durch die Russische Kriegserklärung erst am 28. April des folgenden Jahres erwiedert worden. Die Frage, weshalb man den Beginn eines Feldzuges so lange verschob, für welchen man seit Jahren mit unermeßlichen Kosten die Armee auf dem Kriegsfuß erhalten, und zu dem man seit Navarin wohl unwiderruflich entschlossen sein mußte, würde nur bei einer genauen Kenntniß der diplomatischen und der innern Verhältnisse Rußlands genügend zu beantworten sein. Der Krieg mit Persien war schon am 22. Febr. beendigt gewesen, und der hohe Wasserstand der Donau im Frühjahr kann unmöglich als entscheidender Beweggrund angenommen werden. Wie die Politik während dieses ganzen Feldzuges lähmend auf die strategische Führung und auf die Verwendung der Streitmittel einwirkte, so verzögerte sie unverkennbar auch das Beginnen, und verkürzte den Zeitraum, während dessen in einem Lande gehandelt werden kann, wo ein heißer und trockener Sommer plötzlich mit einem langen und rauhen Winter wechselt.

Das russische Heer zog sich erst Ende März in Bessarabien zusammen, und stand zu Anfang Mai unmittelbar vor Ausbruch des Krieges zwischen Pruth und Dniestr concentrirt*). Jenseit des letztern Stroms waren nur noch die erste Dragoner- und die 1. reitende Jäger-Division in Marsch. Am 7. Mai überschritten die Russen an 3 Punkten den Pruth; und erst am 8. Juni die Donau. Man verlor dadurch eine kostbare Zeit, welche die stets unvorbereiteten Türken eifrig

---

*) Vgl. das Tableau auf der Uebersichtskarte.

zur Ausrüstung und Bewaffnung ihrer Donau-Festungen benutzten.

Für die Einleitung des Feldzuges waren russischer Seits die Rollen folgendermaßen vertheilt:

General Rudjewitsch sollte mit dem IIIten stärksten Corps die Donau unterhalb Jsaktschi überschreiten, die Dobrudscha durchziehen und in Bulgarien eindringen, wo man das feindliche Heer am Nordfuß des Balkan vorzufinden erwarten durfte. Die beiden übrigen, schwächern Corps hatten zunächst nur seine Flanke zu decken und eine Basis für ein ferneres Vorrücken zu erobern. Das VIIte des Generals Weinow, welches den Belagerungstrain führte, sollte unter Befehl des Großfürsten Michael Brailow (Jbrail) nehmen, das VIte unter General Roth die Fürstenthümer Moldau und Wallachei besetzen, die Hülfsmittel derselben für das russische Heer gewinnen und sie gegen etwaige Streifzüge aus den obern Donau-Festungen, namentlich Rustschuk und Widdin, sicherstellen.

7. Mai. Demgemäß ging ein Detachement des General Roth unter General Kleist am 7. Mai bei Sculenie über den Grenzstrom, und rückte am folgenden Tage in Jassy ein. Die schwache türkische Besatzung hatte sich eiligst zurückgezogen, die Leibwache des Hospodars Stourdsa wurde entwaffnet, er selbst zum Schein gefangen genommen.

Der Hauptübergang des VIten und VIIten Corps über den Pruth hatte weiter abwärts bei Falschi und Woduly Jsakki stattgefunden, woselbst zur gesicherten Verbindung mit Bessarabien die Brücken dauernd unterhalten und militairisch besetzt blieben. Der Pruth, welcher damals sehr angeschwollen war, ist bei Falschi 90 Schritte breit. Die Thalsohle ist sumpfig und 2 bis 3000 Schritte breit, die Thalränder sind ziemlich hoch und steil.

12. 16. Mai. Schon am 12. rückten die Cosaken, am 16. das Gros des VIten Corps in Bukarescht ein, während das VIIte Corps

gegen Brailow vorrückte. Der Hospodar Ghika stellte sich unter russischen Schutz. Von hier ging die Avantgarde des Corps unter General Geismar sogleich gegen die Aluta vor, und die Kosaken rückten am 21. in Crajowa, der Hauptstadt 24. Mai. der Kleinen Wallachei, ein.

Graf Pahlen wurde russischer Seits zum General-Gouverneur der beiden Fürstenthümer ernannt. Diese unglücklichen Länder hatten schon im vorigen Jahre 20000 Last Getreide, 10000 Stück Hornvieh und 30000 Schaafe nebst einer Million Piaster nach den Donauplätzen abliefern sollen, wovon freilich nur der geringste Theil wirklich einging. Die Arnautischen Truppen hatten fürchterlich unter den Bewohnern gewüthet, und beide Hauptstädte waren beinahe ganz niedergebrannt. Nichts destoweniger mußten nach den von der russischen Generalität bestimmten Preisen 250000 Metzen Getreide, 400000 Fuder Heu, 50000 Eimer Branntwein und 23000 Ochsen geliefert werden, die man mit Bons bezahlte; endlich wurden 16000 Bauern zum Heumachen nach der Donau beordert und eine ungeheure Menge Fuhren für die Armee requirirt. Viele Bojaren flüchteten auf östreichisches Gebiet, die Bauern zu Tausenden mit ihrem Vieh in die Wälder und Gebirge. Die Pest, welche sich schon Anfangs Juni zeigte, Hungersnoth und Elend verbreiteten sich über diese verwüsteten Fluren, auf welchen der Fluch lastet, der beständige Schauplatz von Verwüstungen, Krieg und Durchzügen zu sein.

Indeß hatte das VIte Corps nirgends Widerstand bei seiner Besitznahme gefunden, und selbst die Besatzungen der türkischen Donauplätze verhielten sich Anfangs durchaus ruhig. Erst am 2. Juni waren einige Türken aus Rustschuk nach dem 2. Juni. Dorfe Slobodja übergesetzt. Aus Tschjurdschewo stieß eine beträchtliche Anzahl Infanterie und Cavallerie zu ihnen. Es kam zu einem Gefecht, in Folge dessen die Türken sich jedoch in ihre Festungen zurückzogen.

3. Juli. Am 3. Juli fiel die Garnison von Rustschuk und Dschjurb-
schewo abermals mit 1000 M. Infanterie, 2000 Reitern und
7 Geschützen aus, wurde aber zurückgeworfen. Ebenso schlug
8. Juli. am 8. Juli der nur 4000 Mann starke General Geismar ein
aus Widdin vordringendes Corps von 4000 M. Fußvolk,
5000 Pferden und 10 Geschützen bei Kalafat mit großem Erfolge zurück. Dagegen kam der beabsichtigte Uebergang über
die Donau bei Oltenitza, zu welchem die Vorbereitungen auf
der Dembrowiza getroffen wurden, nicht zu Stande, sowohl
weil die Türken sich gegenüber in Turtokai festgesetzt hatten,
als hauptsächlich deshalb, weil ein Uebergang des VIten Corps
hier, und ein Vordringen desselben in Bulgarien nutzlos und
selbst höchst bedenklich gewesen wäre, so lange das IIIte Corps
nicht in gleicher Höhe vorrücken konnte und so lange die starke
Besatzung von Silistria durch kein Einschließungscorps auf
seine Mauern beschränkt war. Es trat daher nach dem Anfangs raschen Handeln des VIten Corps eine längere Pause
der Unthätigkeit ein, während welcher wir dasselbe verlassen,
und, indeß das VIIte Corps Brailow belagert, die Operationen des IIIten Corps, als der eigentlichen Angriffs-Colonne,
ins Auge fassen*).

Dieses Corps stand noch Anfangs Juni in Bessarabien,
in der Erwartung, die Vorbereitungen zum Uebergang über
die Donau endlich beendet zu sehen. Der dazu gewählte
Punkt Satunowo liegt zwischen dem Kagul- und Kartal-See
auf einer Landzunge, welche sich, von überschwemmten, stets
sumpfigen Wiesen eingeschlossen, dem linken Ufer des Donau-
stroms einigermaßen nähert. Die Entfernung von dem genannten Orte bis zum Flußufer beträgt eine Meile Wegs,

---

*) Der Darstellung des Uebergangs bei Satunowo und der Bela-
gerung von Brailow liegt vornemlich der Bericht eines Augenzeugen,
des damaligen Hauptmanns im Ingenieur-Corps, Grafen v. Bethusy,
zu Grunde.

von welchem die letzte, größere Hälfte durch einen mit hohem
Schilf bestandenen und von Wasserflächen oft unterbrochenen
Sumpf führt. Jenseit des Stromes besteht das Ufer aus etwas höher liegendem Wiesenlande, welches theilweise auch
moraftig und mit Busch bewachsen ist, aber doch an vielen
Stellen von der Infanterie überschritten werden kann. Der
dominirende rechte Thalrand erhebt sich etwa 100' über den
Donauspiegel. Unweit und oberhalb des Uebergangspunktes
aber tritt die Hügelreihe, welche das Thal einschließt, etwa
50' hoch dicht an das rechte Flußufer heran, während dieselben
Höhen stromabwärts sich wieder bis etwa 800 Schritt davon
entfernen und das Thal immer weiter wird. Gegen Isaktschi
zu ist das Terrain sumpfig und von den zurückliegenden Höhen wie von der Festung selbst sehr wohl gesehen.

Eine Aufstellung hier zur Vertheidigung des Donau=
Ueberganges erscheint überaus vortheilhaft und gewinnt noch
dadurch an Stärke, daß wegen Nähe der Festung Isaktschi*)
der linke Flügel derselben gar nicht zu umgehen ist, der rechte
dagegen sich hinter dem Busche f an eine große Wiese an-
lehnt, die paffirt, auf der aber jede feindliche Bewegung mit
Leichtigkeit beobachtet und vereitelt werden kann.

Ungeachtet das Gerücht verbreitet war, der Uebergang
würde bei Ismail stattfinden, hatten die Türken doch aus den
langen Voranstalten sehr bald die wahre Absicht erkannt, und
sich Satunowo gegenüber verschanzt. Ihre Anlagen entsprachen
sowohl hinsichtlich der Lage als Construction dem Zweck vollkommen, und zwar waren a und d besonders bestimmt das
jenseitige Ufer, b und c aber den Wasserspiegel der Donau
zu bestreichen.

Die Redoute a hatte eine ganz eigenthümliche, ihrer Lage
und ihrem Zweck sehr wohl entsprechende Einrichtung. Sie

---

*) Plan Nr. 1.

beſtand aus 2 Etagen, die untere für Geſchütz beſtimmt und mit Scharten verſehen, die obere mit einem 8' hohen, 6' breiten Wallgang und einer 6' hohen, 4' ſtarken Bruſtwehr, bloß für die Schützen eingerichtet, welche ebenfalls durch Scharten feuerten. Alle Böſchungen waren ſenkrecht und mit Flechtwerk bekleidet. Der Graben hatte zwar keine Bekleidung, die Böſchungen ſtanden aber dennoch mit einer Doſſirung von $\frac{1}{1}$ der Höhe im gewachſenen Boden einer ſtrengen Lehmſchicht. Die ganze Redoute war gleichſam ein Schanzkorb und gewiſſermaßen auch wie ein ſolcher gefertigt.

Die Schanzen b, c und d hatten nichts Bemerkenswerthes, ſie waren ohne alle Bekleidung in Erde aufgeworfen, von ganz ähnlichen Profilen, wie allgemein für Feldverſchanzungen üblich. Die Linie c é war mehr zur Aufnahme einer liegenden Schützenlinie, als zur ſichern Communication der Werke beſtimmt. An Geſchützen fanden ſich in allen Schanzen zuſammen 12 Kanonen, 2 Haubitzen und 1 Mortier, ſämmtlich von ſchwerem Caliber.

Wie mißlich unter ſolchen Umſtänden der Uebergang über die Donau hier auch erſcheinen mußte, ſo wurde er dennoch beſchloſſen und ausgeführt. Man begann Anfang Juni, einen 7000 Schritt langen Damm h i k durch die weiten Sümpfe auf dem linken Donauufer zu bauen. Die Schwierigkeit dieſer Arbeit war ſehr groß, da wenigſtens 3000 Schritt nicht anders als mittelſt Bockbrücken gangbar gemacht werden konnten, und es hierzu an Holz, überhaupt auch an Strauch zu Faſchinen ꝛc. in der Umgegend gänzlich mangelte. Dazu kam noch, daß die Arbeiter durch das hohe Schilfrohr in den Moräſten zwar gegen die türkiſche Artillerie maskirt, aber keineswegs vor dem Feuer derſelben ſicher geſtellt waren, bis man endlich nach der mühſamen Erbauung einer Batterie von 12 Stück 24pfündern in g ſich im Stande befand, demſelben wirkſam zu begegnen.

Die nach Satunowo dirigirten beiden Infanterie-Divi-
sionen des Generals Rudjewitsch waren zur Forcirung des
Ueberganges bestimmt, und den 7. Juni Abends traf auch der 7. Juni.
Kaiser dort ein.

Ein Theil der Donauflottille nebst dem Brückengeräth
näherte sich, von Ismail die Donau aufwärts steuernd, und
führte zugleich von dort eine Jäger-Brigade zur Verstärkung
des Uebergangs-Corps mit sich. Hierbei befanden sich auch
die Zaporoger Kosaken, ein wegen Religionsstreitigkeiten unter
der Kaiserin Catharina nach der Dobrudscha ausgewanderter
Stamm. Derselbe bewohnte dort das Land um die untere
Donau, nährte sich von Fischfang und hatte bisher in allen
Kriegen zwischen Rußland und der Pforte der letzteren die
besten Dienste geleistet. Sein Attaman genoß unter türkischer
Herrschaft den Rang eines Pascha von 2 Roßschweifen. Diese
Kosaken hatten jedoch die griechische Religion und die russische
Sprache bewahrt und schlossen sich jetzt aufs Neue dem Interesse ihrer früheren Beherrscher an. Attaman Gladkoj und
mit ihm der ganze Stamm erklärte sich am 27. Mai zu Ismail für die Sache Rußlands; ein sehr günstiger Umstand,
welcher vorzugsweise den einsichtsvollen Bemühungen des General Tutzkow, Gouverneurs von Ismail, beizumessen war,
der diese Kosaken durch freundliche Behandlung für sich eingenommen hatte.

Beim Donau-Uebergang selbst war die Mitwirkung der 8. Juni.
Zaporoger Kosaken von der größten Wichtigkeit. Mit ihren
leichten Kähnen setzten sie hinter der Flottille, und von dieser dem Auge des Feindes entzogen, am 8. Juni früh die von
Ismail kommende Jäger-Brigade auf das rechte Donauufer
hinter dem Busche s ans Land. Die Türken hatten diesen
Busch nachlässig oder gar nicht beobachtet, bemerkten die
Ausschiffung des Gegners zu spät und ergriffen auch dann
keine wirksamen Mittel, seine Landung und Formation zu

hindern. Die Russen aber gingen sogleich gegen die Schanze c vor, nahmen dieselbe mit Sturm und verloren dabei nur etwa 50 Mann, wovon 15 bis 20 durch die von den Türken auffallender Weise nicht vorwärts, sondern unter der Brustwehr ihres Werkes angelegten Flatterminen getödtet wurden.

Ueber diesen unerwarteten Erfolg gerieth das türkische Corps, etwa 10 bis 12000 Mann, meist Cavallerie, so in Schrecken, daß es alle anderen Schanzen, ohne irgend Widerstand zu leisten, verließ, und sich theils zur Flucht nach Bafardschif wandte, theils in Isaktschi hinein warf.

Um 11 Uhr früh waren die Russen nach einem kurzen Gefecht vollkommen Meister der ganzen Position, bei deren Vertheidigung die Türken nicht nur viel Ungeschicklichkeit, sondern auch wenig Bravour bewiesen hatten.

Um 3 Uhr Morgens hatte der Bau der Donaubrücke begonnen und um 2 Uhr nach Mitternacht war er beendigt. Die Brücke bestand aus 63 großen hölzernen Prahmen, 12' breit und 36' lang, auf einer Seite stumpf abgeschnitten, auf der andern spitz, nach Art der Pontons mit eichenen Knieen gearbeitet. Man hatte außer diesen Prahmen noch 12 LeinewandPontons zu Hülfe nehmen müssen, um den hier reichlich 900 Schritt breiten Strom zu überspannen. — Die Brücke selbst war von Rödelbalken zu Rödelbalken 18' breit. Der Bohlenbelag ruhte auf 6 Streckbalken, die statt der Rödelleine durch eiserne Bolzen an Ketten verbunden wurden. Die Spannung von Ponton zu Ponton betrug im Lichten 12'. Ein jedes derselben war durch ein Anker befestigt und zwar abwechselnd eins gegen den Strom, eins gegen den Wind ausgeworfen. Ein Geländer schloß die Fahrbahn ein.

Der Bau war durch Detachements mehrerer PionierBataillone unter General Ruppert ausgeführt worden, welcher demnächst auch die Anlage zweier Redouten t, y am rechten

Stromufer leitete. Zur Sicherung dieses wichtigen Uebergangs wurde sodann noch der Brückenkopf P aufgeworfen.

Wir haben schon erwähnt, daß die Russen auf dem langen Lauf der untern Donau zum Brückenschlagen keinen andern Punkt finden konnten als Satunowo. Dennoch waren die Verhältnisse hier solcher Art, daß es fast unausführbar schien, den Uebergang zu erzwingen. Die Annäherung an das linke Stromufer konnte nur durch einen, mehrere Wochen lang dauernden Dammbau bewirkt werden, welcher jeden Zweifel über die Absicht der Arbeit beseitigte. Noch schwieriger war das Debouchiren am jenseitigen Ufer, wo die Türken volle Zeit gehabt hatten, sich auf dem dominirenden Thalrand zweckmäßig zu verschanzen. Die unmittelbare Nähe einer türkischen Festung, die Anwesenheit eines beträchtlichen feindlichen Corps, die verdeckte Aufstellung von 15 schweren Geschützen, welche das, längs des linken Ufers geführte Ende des Dammes und den Strom in wirksamster Schußweite beherrschten, mußten bei nur einigem Widerstand der Vertheidiger einen Brückenbau hier geradezu unmöglich machen. Daß aber 10,000 Mann vor einer Handvoll gelandeter Kosaken und Jäger ohne Weiteres davon laufen würden, konnte man schwerlich erwarten.

Das Ueberschreiten der Donau durch das IIIte Corps bildet daher dem Erfolge nach ein glänzend gelungenes Wagstück. Aber durfte wohl das erste wichtige Unternehmen des Feldzugs auf ein solches begründet werden? Wäre es nicht natürlicher gewesen, statt des so überaus mißlichen Brückenbaues eine Landung auf Kähnen und Flößen zu versuchen? Das Material zu einer solchen Unternehmung, welche freilich im großen Styl ausgeführt werden mußte, konnte leicht und in hinreichender Menge aus dem Pruth herbei und an Isaltschi vorüber geführt werden, da dieser Platz den Hauptarm der Donau durchaus nicht beherrscht. Die Landung konnte von Reni oder jedem andern Punkt zu einer Zeit schon unternommen werden, wo die Türken keineswegs wie bei Satunowo darauf vorbereitet waren, derselben mit Nachdruck entgegen zu treten. Auf 70 Prahmen und einer verhältniß= mäßigen Anzahl Flößen war eine Brigade Infanterie nebst einer leichten Batterie binnen 10 Minuten auf das rechte Ufer überzuführen und demnächst zu verstärken. Eine Täu= schung des Gegners durch Demonstrationen war möglich, und in der Ueberraschung lag die Wahrscheinlichkeit des Erfolgs. Gelang doch das Unternehmen bei Satunowo auch eben nur durch eine Landung auf den Kähnen der Saporoger Kosaken. Hatte aber eine Russische Heeres=Abtheilung erst auf dem rechten Donauufer festen Fuß gefaßt, und war Isaktschi berennt, so konnte der Bau einer Schiffbrücke zur leichtern und sicherern Communication dann nachträglich noch immer ins Werk ge= richtet werden. Von der größten Wichtigkeit aber ist, daß auf diese Weise der Uebergang über die Donau gleichzeitig mit dem Uebergang über den Pruth stattfinden konnte, statt daß derselbe durch den Brückenbau um mehr als 4 Wochen verzögert worden ist. Denn wie sehr die Türken in ihren Vertheidigungs=Anstalten während des Frühjahrs noch zurück waren, haben wir in der Einleitung gesehen.

Wollte man aber nicht anders als auf einer Brücke über die Donau gehen, so drängt sich vom militairischen Stand= punkte doch immer noch die Frage auf, weshalb wurden die Veranstalten zum Bau derselben nicht früher getroffen? Daß die Donau ihre niedrigen Ufer alljährlich bis tief in den Monat Juni hinein überschwemmt, wußte man vorher, und konnte nicht bis zur Mitte des Sommers warten wollen, da= mit diese Wasser sich verliefen. Bleiben wir auch dabei stehen, daß politische Rücksichten es nicht gestatteten, den Krieg früher als Ende April zu erklären, so konnte doch Niemand den Russen wehren, auf ihren eigenen, vom Eise längst be=

freiten Strömen eine Anzahl Fahrzeuge zu versammeln, auf ihrem eigenen Grund und Boden einen Faschinendamm an das russische Ufer der Donau zu führen. Diese Vorbereitungen konnten in aller Stille getroffen sein, und dann unmittelbar zum Brückenbau geschritten werden. Das Einrücken in die Wallachei, die Berennung von Brailow und das Vorgehen in der Dobrudscha wurden dann gleichzeitige Maaßregeln, welche sich gegenseitig unterstützten. Einzeln hingegen und zu verschiedenen Zeitpunkten ausgeführt, reizten sie die Eifersucht Europas, weckten die Türken aus ihrem Schlummer und gewährten ihnen eine unschätzbare Zeit, ihre Rüstungen zu vollenden.

Vierter Abschnitt.

Die festen Plätze der Dobrudscha.

Nachdem das russische Heer das rechte Ufer der Donau betreten, und während noch Brailow dem Angriffe des VIIten Corps widerstand, kamen nun die festen Plätze der Dobrudscha in Betracht, zwischen welchen hindurch der Marsch in der Richtung auf den Trajanswall genommen werden mußte; zunächst das Verhalten von Isaktschi, welcher Platz nur 4000 Schritt von dem Uebergangspunkte entfernt lag. Die Beschaffenheit dieser kleinen Festung ist aus dem Plan Nr. 1 ersichtlich, wobei nur bemerkt werden muß, daß die Vorstadt damals abgebrannt war.

Isaktschi liegt auf einem Hügel an der Donau, welcher in Entfernung eines Gewehrschusses durch 2 von der Festung aus nicht eingesehene Thäler umfaßt wird. Das Terrain ist daher sehr fehlerhaft benutzt, und man vermißt hier gänzlich den richtigen Instinkt, welcher die Türken meist bei Anlage ihrer Linien leitet. Der Graben war 10' tief, an Escarpe und Contrescarpe mit guten Mauern aus dem Kalkstein des linken Donauufers bekleidet, fehlte aber vor den nördlichen, niedrig gelegenen Fronten ganz. Im Graben fand sich eine schlechte Palissadirung aus sehr dünnen Stangen. Außenwerke und bedeckter Weg waren wie gewöhnlich nicht vorhanden, sondern nur ein schmaler Rundengang hinter dem 3' hohen Glacis. Der Wallgang war so schmal, daß das Geschütz nur in den ziemlich geräumigen Bastionen Platz fand. Die innere Böschung des Wallgangs war senkrecht mit Flechtwerk aufgesetzt, eine Maaßregel, welche 1810 bei Rustschuk die Stürmenden in so große Verlegenheit gesetzt hatte. Die innere Böschung der Brustwehr hatte man zum Theil mit Palissaden und bei den Bastionen die äußern Brustwehrböschungen und die Scharten mit Schanzkörben bekleidet.

Der steife Lehmboden gestattete, Höhlen ohne alle Holzunterstützung unter den Wallgang einzuschneiden, ebenso waren die Baracken der Truppen bloße Löcher in der Erde, welche mit starken Bohlen und einer Lehmschicht eingedeckt, der Besatzung bombensichere Räume gewährten. Das Pulver war in Privatkellern untergebracht, das Zeughaus ein schlechter Holzschuppen.

Die Abneigung der Türken gegen alle Außenwerke und detachirte Posten hatte sie auch hier bestimmt, die nur 200 Schritt entfernte, gegenüberliegende Insel ganz unbesetzt zu lassen. Um den Strom dennoch unter Feuer zu erhalten, war in dem nördlichen Bastion ein Cavalier angelegt, welcher für den beabsichtigten Zweck so wenig genügte, daß schon vor Beendigung des Ueberganges bei Satunowo eine Abtheilung der russischen Flußflottille zur Unterstützung des Angriffs auf Brailow ungehindert hinaufsegeln konnte.

Die Angriffsfront der Festung lag auf den beiden nörd=
lichsten Polygonseiten, welche von den südlich gelegenen Hö=
hen ihrer ganzen Länge nach enfilirt werden konnten. Es
war ohne alle weiteren Belagerungsarbeiten möglich, in der
Entfernung von 5 bis 600 Schritten und nahe am Flußufer
eine Batterie zu errichten, und, durch Truppenabtheilungen
gegen Ueberfälle gesichert, Bresche in die ganz frei stehende
Escarpenmauer zu legen, welche dort keinen Graben vor
sich hat.

Ein nachhaltiger Widerstand war demnach freilich hier
nicht, jedoch auch keineswegs das zu erwarten, was wirklich
geschah, nämlich daß die Festung im ersten panischen Schrek=
ken über den gelungenen Uebergang der Russen sich noch am
nämlichen Tage ergab.

Außer einem bedeutenden Vorrath an blanken Waffen,
Säbeln, Handscharen, Hacken (diese, um die Stürmenden
im Graben zu fassen), Spießen und Gewehren enthielt der
Platz 85 Geschütze meist schweren Calibers, auf plumpen
Laffetten mit Blockrädern, und großen Ueberfluß an losem
Pulver.

Von großer Bedeutung war ferner Matschin, insofern Matschin.
es gewissermaaßen den Brückenkopf von Brailow bildet, und
beide Festungen sich gegenseitig unterstützen und verstärken, be=
sonders so lange eine Flottille auf der Donau ihre Verbin=
dung sicher stellt.

Die damalige Festung Matschin*) zählte ungefähr 1000
bis 1500 Einwohner und lag auf einem, gegen die Donau
vorspringenden, und unmittelbar gegen den Fluß steil abfal=
lenden Höhenrücken, welcher westlich durch eine sumpfige un=

---

*) Die Zeichnungen von Matschin, Hirsowa und Küstendsche auf
dem Uebersichtsblatt sind erst im Jahre 1836 mit dem Meßtisch aufge=
nommen, lassen aber den Zustand dieser Plätze zur Zeit des Feldzugs
leicht erkennen.

gangbare Niederung gedeckt wird. Die sehr bedeutenden Berge, welche sich südöstlich von dem Platz in zackigen Spitzen erheben, sind zu entfernt, um demselben schädlich zu sein. Das Terrain senkt sich von ihnen her sanft gegen die Festung und bildet gegen Osten eine völlige Ebene. Die Stadt war durch 7 kurze Polygonseiten umschlossen, welche von 6 engen Bastionen vertheidigt wurden. Der Graben war trocken, die Escarpe überall, die Contrescarpe zum Theil revetirt. An dem hohen nördlichen Absturz zur Donau erhob sich die Citadelle A auf einem Granitblock. Dieselbe beherrschte die Stadt mit ihren Wällen, das vorliegende Terrain und die Donau mit den Inseln im Bereiche des wirksamen Kanonenschusses. Obgleich die Citadelle keinen Graben besaß, zeigte sie doch ein sehr formidables Relief von 40 bis 50' hohen Revetements, so die Stadt-Enceinte um 20 bis 25' überragend. Bei der geringen Ausdehnung dieser letzteren war selbige von dem hohen Cavalier überall, nicht nur mit der Wallflinte, sondern selbst mit dem gewöhnlichen Infanterie-Gewehr beherrscht, so daß es dem Angreifer fast unmöglich geworden wäre, sich dort Angesichts der Citadelle zu logiren, während andererseits nichts gegen diese unternommen werden konnte, bevor die Stadt-Enceinte erobert war. In der That durfte man gegen die Citadelle nur von einem sehr wohl gezielten und heftigen Wurffeuer einigen Erfolg wider eine entschlossene Besatzung, aber deßhalb noch keinesweges die Uebergabe des Platzes erwarten.

Hirsowa.   Hirsowa ist ein an dem günstigsten Uebergangspunkt über die Donau von der Natur selbst gegen die Türken angelegter Brückenkopf. Die Stadt, welche damals 4000 Einwohner zählte (gegenwärtig aber nur 40 Familien umschließt), hat die Form eines unregelmäßigen Vierecks, welches an 3 Seiten an einer felsigen, nach außen steil, nach innen sanft abfallenden Höhe, an der vierten Seite aber durch die Donau geschlossen ist. Da, wo jene Höhe sich in senkrechtem, etwa 80' hohem Absturz an den obern Strom anschließt, erhob sich schon vor Alters ein burgähnliches Kastell, dessen die Russen sich 1809 bemächtigten. Sie befestigten die Stadt mit Feld= verschanzungen, schlugen eine Schiffbrücke und gingen zu Ende des Jahres dort über die Donau zurück, so wie zu Anfang des folgenden ebendaselbst wieder über dieselbe vor. Hier= durch aufmerksam gemacht, hatten die Türken im Jahr 1822 Hirsowa durch eine leichte Nachhülfe der natürlichen Oertlich= keit in eine Festung umgeschaffen.

Die Enceinte bestand aus fünf bastionirten kurzen Fron= ten ohne Außenwerke. Der trockene Graben war 14' tief mit gemauerter Escarpe und Contrescarpe, die Bastione mit 10 Geschützen armirt. Die Innere Brustwehrböschung war zum Theil mit Palissaden bekleidet.

Mehrere Umstände vereinigten sich, um die Vertheidi= gungsfähigkeit von Hirsowa, so wie es die Türken befestigt, wesentlich zu schwächen. Mit der Enceinte war man nicht nahe genug an den Abhang herangegangen, welcher das na= türliche Glacis der Festung bildete, so daß am Fuß desselben ein ziemlich beträchtlicher Raum gegen das Feuer des Platzes vollkommen geschützt war. Eben so wenig hatten die türkischen Baumeister verstanden, den Wallgang gegen die zunächst ge= legenen Höhen zu defiliren. Sie hatten diesem Uebelstand mit sehr großer Anstrengung durch zum Theil 40' hohe Pa= rados, aber ohne Erfolg, aufzuhelfen gestrebt. Endlich hatten sie, wie überall, die der Festung gegenüberliegende Insel ganz außer Acht gelassen. Zwar richtete die Plateforme des Schlosses und das am untern Anschluß an die Donau liegende hohe Bastion einige Geschütze gegen dieselbe, aber der jenseitige Arm des Stroms war gar nicht eingesehen und die russische Donauflottille durfte ungestraft auf demselben nach Silistria hinaufgehen. Wenn die Russen sich auf der Insel etablirten, so konnten sie die, amphitheatralisch gegen dieselbe geneigte Stadt gänzlich in Asche legen. Dabei war die Flußseite der Stadt nur mittelst einer 700 Schritt langen Erdbrustwehr mit einem unbedeutenden Graben und hinter welcher 10 Kanonen aufgestellt waren, geschützt, was keinesweges gegen einen gewaltsamen Angriff sicherte. Dem Angriff von der Dobrudscha her vermochte dagegen auch Hirsowa bei entschlossener Vertheidigung einen kräftigen Widerstand zu leisten.

So wie Matschin und Hirsowa auf der rechten, lagen Tuldscha und Küstendsche auf der linken Flanke des Marsches der russischen Armee.

Tuldscha. Erstere Festung bildete früher den Brückenkopf von Jsmail. Seit dem Verlust jenes Platzes hatte Tuldscha den Nutzen für die Türken, daß ein russisches Corps von Jsmail aus nicht wohl Brückengeräth den Hauptarm der Donau hinaufschaffen konnte, ohne zuvor den Platz genommen zu haben.

Derselbe liegt auf einem breiten Höhenrücken, welcher nach der Donau zu steil abfällt, aber von dem Strom selbst durch eine 400 Schritt breite sumpfige Niederung getrennt wird. Von Westen her fällt das Terrain sanft gegen die Festung zu.

Die Enceinte des Platzes bildete ein nicht ganz regelmäßiges bastionirtes Sechseck ohne Außenwerke. Die Länge der Polygonseiten beträgt 360 Schritte und das Profil scheint dem der bisher beschriebenen Festungen ganz ähnlich gewesen zu sein. Das westliche Bastion, ein Theil der angrenzenden Courtine und ein dort gegen die Stadt geschlossener Wall bildeten eine Art Citadelle. Von der nördlichen Seite her konnte man sich der Festung bis auf 400 Schritt nähern, ohne gesehen oder direkt beschossen zu werden, weßhalb sich auch hier auf einem isolirten Hügel die Spuren einer detachirten Verschanzung vorfinden. — Die Ueberbleibsel einer älteren Befestigung oder Angriffslinie bilden an der Westseite eine

bereits fertige Parallele für den Belagerer. — Es fehlt an
näheren Nachrichten über den damaligen Zustand des Platzes;
gegenwärtig ist die alte Lage der Stadt gänzlich verlassen,
die Werke sind von den Russen durch großartige Minensprengungen völlig zerstört, und der innere Raum der Umwallung
liegt mit Schutt und Trümmern erfüllt. Die neue Stadt
Tuldscha ist ¼ Meile weiter unterhalb an der Donau an
einer Stelle erbaut, welche ganz besonders geeignet ist, die
Schiffahrt auf der hier nicht 400 Schritt breiten Sulina zu
beherrschen. Die jetzige Ausdehnung von Tuldscha ist zur Befestigung ungeeignet, dagegen könnte man, mit Aufopferung
des südlichen Theils, den nördlichen zwischen der Donau,
einem morastigen Sumpf, einem See und einem dominirenden
Hügel mit großem Vortheil in eine kleine Festung verwandeln,
welche geringe Besatzung erfordern würde. Indeß wäre dazu
nöthig, ein Werk auf die Südspitze der nahe gegenüber liegenden Donauinsel zu legen, welche hier, wie überall, im letzten
Frieden an Rußland abgetreten worden ist.

Küstendsche liegt auf einer in die See vorspringenden **Küstendsche.**
Landspitze, so daß diese Stadt von 3 Seiten durch das Meer
und meist unersteigliche, 100' hohe Felsabstürze von Muschel-
kalk geschützt und nur von der Westseite her zugänglich ist.
Bei dem gänzlichen Mangel an guten geschützten Häfen auf
der Westküste des Schwarzen Meeres erlangt der freilich auch
sehr schlechte Hafen von Küstendsche einige Wichtigkeit, vorzüglich für ein gegen Varna operirendes Heer. Derselbe ist
nicht über 7' tief und den Südstürmen ganz ausgesetzt. Nur
wenige kleine Schiffe können in demselben vor Anker gehen,
Kriegsschiffe hingegen vermögen sich dem Platz auf wirksame
Schußweiten nicht ohne große Gefahr zu nähern. Die Stadt,
in welcher gegenwärtig nur 40 Häuser bewohnt sind, mochte
damals etwa 2000 Einwohner zählen. Die Türken hatten die
Landfronte, welche nur 500 Schritt lang ist, durch 3 Boll-

werke und kurze Courtinen geschlossen. Der Graben war revetirt. Der alte römische Wall, mit welchem die Trajans-mauer hier sich dem Meere anschließt, und der jetzt eine fertige Approche gegen die Festung abgiebt, hätte den Türken ein Fingerzeig sein können, wie sie ihre Linien anzulegen hatten, um das vorliegende Terrain zu beherrschen*), jedenfalls mußten die an der nördlichen Ecke sich erhebenden 3 Hügel in die Befestigung hineingezogen werden. Wirklich hatte man auch dort ein detachirtes, hinten offenes Werk A angelegt, welches aber von der Festung aus gar nicht unterstützt werden konnte.

Was nun das zu durchziehende Land, zwischen den ge-nannten Festungen inne, betrifft, so ist selbiges oben geschil-dert worden.

Um gegen Basardschik vorzurücken, wäre es bei Weitem vorzuziehen gewesen, längs des rechten Donauufers hinauf und über Rußgun zu marschiren, auf welcher Route es weder an Ortschaften, noch an Wasser und Grünfutter fehlt. Allein dann traf man auf die festen Plätze Matschin und Hirsowa und auf die sehr starke, leicht zu vertheidigende Stellung von Tschernawoda, hinter der Sumpf- und Seenreihe von Ka-rasu**), welche nur in einer Entfernung von 4 Meilen östlich

*) Wenngleich auf ihrer weiteren Ausdehnung diese römische Anlage auffallender Weise die Ueberhöhung des Terrains vollkommen außer Acht läßt.

**) Dieselbe, welche irrthümlich für einen versumpften Arm der Donau angesehen worden ist und zum Theil noch angesehen wird, worauf sich denn das Projekt eines Canals nach Küstendsche gründet. Nach der von dem Major Freiherrn von Vincke, vom Königl. Preuß. Generalstab, 1837 ausgeführten Nivellirung liegt der niedrigste Punkt der Einsenkung des Terrains unweit Küstendsche, und der Ursprung des Karasu-Thals noch 164 Fuß über dem Schwarzen Meer. Da sich auf der Höhe auch nicht das kleinste Wasser zur Speisung eines Canals vorfindet, so müßte dieser auf mehr als 2 Meilen um die angeführte Tiefe in ein Terrain eingeschnitten werden, dessen Fundament ein Kalkfels ist, woraus die Un-möglichkeit der Ausführung einleuchtet.

zu umgehen ist. Um endlich längs des Meerufers zu operiren und die Ernährung der Colonne auf eine Flotte zu basiren, wäre vor Allem erforderlich gewesen, im Besitz der Küsten= plätze Küstendsche, Mangalia, Kawarna und Baltschik zu sein.

Wenn es daher unter den gegebenen Verhältnissen aller= dings unvermeidlich war, mitten durch die Dobrudscha über Kasimze und Karasu vorzugehen, so kam es darauf an, die Stärke des dazu bestimmten Corps dergestalt abzupassen, daß es, so klein wie möglich, um subsistiren zu können, dennoch nicht schwächer war, als es dem vorgesetzten kriegerischen Zweck, nämlich im nördlichen Bulgarien der feindlichen Armee noch mit einer hinreichenden Macht zu begegnen, entsprechen konnte.

Das russische Corps, welches bei Satunowo die Donau überschritten, bestand, nachdem die 1. Jäger=Division zu Pferde zu demselben gestoßen war, aus 48 Bataillons, 32 Es= cadrons, 2 Kosaken=Regimentern und 128 Feldgeschützen, der Kopfzahl nach aber kaum aus mehr als 24,000 Mann In= fanterie, 5000 Pferden oder überhaupt gegen 30,000 Mann. Von diesen blieben in Isaktschi zurück 2 Bat.

und wurden detachirt:

gegen Tuldscha General Uschalow mit 4 „ 2 Esc.

„ Matschin Oberst Ragofski . . 2 „ — „

„ Hirsowa Gen.=Lieutenant Fürst
Madatof . . . . 4 „ 2 „

„ Küstendsche General Rüdiger . 4 „ 8 „ 30 Gesch.

„ Basardschik als Avantgarde . . 4 „ 7 „

überhaupt 20 Bat. 19 Esc. 30 Gesch.
oder etwa 14,000 Mann.

Das Gros, mit welchem der Kaiser gegen Karatai (am Trajanswalle östlich von Karasu) vorrückte, und welches durch einige von Brailow herbeigerufene Escadrons Bugscher Ulanen verstärkt wurde, betrug demnach kaum mehr als 16000 Mann, wobei nicht zu übersehen ist, daß die gegen die festen Plätze entsendeten Detachements von durchschnittlich 2000 Mann bei einiger Entschlossenheit der Vertheidigung um so weniger ihren Zweck zu erreichen hoffen durften, als sie nur von Feldgeschütz begleitet waren, und der einzige russische Belagerungstrain noch vor Brailow engagirt war.

Wir müssen jetzt unsere Aufmerksamkeit auf diese Belagerung richten, mit welcher das VIIte Corps des Generals Woinow unter oberer Leitung des Großfürsten Michael während der bisher geschilderten Vorgänge beschäftigt gewesen war.

Fünfter Abschnitt.

Belagerung von Brailow im Mai und Juni.

Brailow (Ibrail) zählte etwa 24,000 Einwohner und stellte 7 bis 8000 wehrhafte Männer zu seiner Vertheidigung auf. Der Platz liegt auf einem ebenen Plateau, welches sich sanft und offen gegen die Festung zu neigt, dann mit fast senkrechten Lehmwänden von 80′ Höhe zur Donau abfällt. Auf dem rechten Stromufer breiten sich die ausgedehnten zum Theil sumpfigen Wiesen bis Matschin aus. Die Festung war demnach nirgends überhöht, wie die mehrsten andern türkischen Plätze.

Die Trace der Umwallung (vergl. Plan Nr. 2) bildete auf der Höhe einen Halbkreis von 8 Polygonseiten und fügte sich durch das geschlossene Werk B dem untern Strom an. Die 9 Bastione waren ungewöhnlich geräumig, ihre Flanken 20 bis 30, die Facen 50 bis 60 Schritt lang. Auf jeder der ersteren standen 2, auf den letzteren 3 Piecen auf hölzernen Bettungen. Sämmtliche Geschütze feuerten durch Scharten, die, mit Holz- und Flechtwerk verkleidet, in dem ganzen Wall, auch auf den nicht angegriffenen Fronten, im Voraus eingeschnitten waren. Auf der um einige Fuß niedrigern Courtine befand sich das Wurfgeschütz.

Bei dem Profil der Befestigung dieses Platzes ist besonders zu bemerken, daß die 20′ hohe Escarpenmauer sich über den natürlichen Boden erhob, wodurch der Hauptwall einiges Commandement über das vorliegende Terrain erlangte, welches sonst fast allen türkischen Plätzen abgeht; das Relief zeigte sich überhaupt bedeutender, als bei irgend einer andern Festung Rum- oder Bulgar-Ilis.

Die innere Böschung des Wallganges war mit Flechtwerk bekleidet und bei der natürlichen Festigkeit des Erdreichs senkrecht, die innere Böschung der Brustwehr hingegen mit Palissaden besetzt, welche um einige Zoll über die Crete hervorstanden, eine fehlerhafte Verwendung derselben, welche bei den Türken sehr üblich ist, und auch in Rustschuk, Silistria, Hirsowa, Isaktschi und Varna gefunden wurde. Die Stärke der Brustwehr betrug 16′, die Breite des Grabens vor den Facen 5 bis 6, vor der Courtine 8 bis 10 Ruthen. Die Futtermauern waren im Jahre 1821 erst erbaut und im besten Stande, Außenwerke aber auch hier nirgends vorhanden.

Die Citadelle A im Innern der Festung zeigte, mit Ausnahme eines etwas schwächern Grabens, dasselbe Profil, wie das oben geschilderte. Statt der Bastione war sie mit Rondelen versehen, dabei mit Geschützen reichlich armirt.

Das Werk B war vorzüglich bestimmt, die Donau zu beherrschen: Ein Terrassenfeuer von 3 Etagen erfüllte diesen Zweck.

Die Straßen der Stadt waren ganz unregelmäßig und statt der Pflasterung mit Bohlen belegt, die Häuser sehr leicht, oft ganz aus Lehm und Strauchwerk erbaut. Dagegen verschafften die Türken sich bombensichere Räume, indem sie sich hinter den Courtinen eingruben. Die Stände dieser Wohnungen wurden bis an die Holme eingesenkt, die Dächer aus

6*

6zölligen Bohlen mit 1 Fuß hoher Erdschicht bedeckt. Die Getreide-Vorräthe befanden sich in flaschenförmigen Eingrabungen in dem festen, trockenen Lehmboden, ähnlich den Silohs der Araber, aufbewahrt. — Die überreichliche Verproviantirung des Platzes konnte nöthigenfalls von Matschin aus ergänzt werden, so lange die türkische Flottille den Strom beherrschte. Die Armirung des Platzes bestand aus 278 Kanonen und Wurfgeschützen.

So erscheint Brailow als der bei weitem stärkste Platz an der ganzen untern Donau, Widdin nicht ausgenommen, vertheidigt durch eine zahlreiche, mit allem Nöthigen wohlversehene Besatzung, und zuversichtlich konnte man sich hier auf einen kräftigen Widerstand gefaßt machen.

Das VIIte Corps, nebst einem angemessenen Ingenieur- und Artilleriepark, so wie einem Sappeur- und zwei Pionier-Bataillons, war zur Ausführung der Belagerung von Brailow unter dem Befehl des Großfürsten Michael bestimmt. Das Belagerungs-Corps zählte, alle Waffengattungen zusammen gerechnet, 16 bis 18,000 Mann.

Als Chef des Generalstabes bei dem Großfürsten fungirte General Suchasaniet, und der Ingenieur-Parthie standen die Generale Gerois und Truffon II. speciell vor.

11. Mai. Am 11. Mai waren die ersten Truppen des VIIten Corps vor Brailow angekommen, und am 21. traf das Gros desselben nebst dem Belagerungstrain von 100 Geschützen dort ein.

Die Arbeiten wurden mit der Erbauung der Redoute Nr. 1 und der Batterien Nr. 2 und 3 eröffnet. 100 Sappeure und 400 Arbeiter vollendeten sie ohne allen Verlust in der **19. Mai** Nacht auf den 19. Mai. Der Zweck dieser Anlage war, die türkische Donauflottille sowohl als die Batterien in B zu beschießen, zugleich die Belagerten im Zweifel über die wirkliche Angriffsfronte zu erhalten.

Bei einer Entfernung von 3000 Schritt von den feindlichen Linien äußerte jedoch das russische Geschütz hier so gut wie gar keine Wirkung und man entschloß sich, diese Schanzen zu verlassen, um in Nr. 4 und 5 zwei besser gelegene 12pfündige Batterien, jede für 6 Piecen zu erbauen.

Diese wirkten später besonders kräftig zu dem Siege mit, welchen die russische Donauflottille über die türkische erfocht.

Es ist nothwendig vorauszuschicken, daß die Belagerer sowohl über die Stärke der Besatzung als die Gestaltung der Festungswerke sehr unsichere Nachrichten hatten, und z. B. die mit a d e f bezeichnete Umwallungslinie auf Grund einer aus St. Petersburg von dem Ingenieur-Departement zugeschickten Aufnahme vom Jahr 1810, für die eigentliche Trace der Stadt-Enceinte hielten. Die Zahl der Vertheidiger schätzte man eben so irrig auf 3 bis 4000 Mann.

Oberhalb an der Donau gewährten die Trümmer der abgebrochnen Vorstadt ein leichteres Decken der Trancheen, während man auf allen anderen Seiten genöthigt war, auf kahlem Felde vorzugehen. Dieser Umstand entschied die Wahl der Angriffsfronte. Man schritt am 21. Mai zur Erbauung 21. Mai. der Batterie Nr. 6. Diese Arbeit dauerte 2 Nächte, und um die Aufmerksamkeit der Vertheidiger abzulenken, unterhielt man während dieser Zeit aus den Batterien Nr. 4 und 5 ein sehr lebhaftes Feuer gegen die Festung, welches in gleicher Heftigkeit und mit gleich geringer Wirkung erwiedert wurde. Auch später versäumten die Türken einen Ausfall gegen die im Bau begriffene Batterie Nr. 6, als dieselbe schon bemerkt werden konnte, aber doch zur Vertheidigung noch nicht fertig war. Selbige wurde mit 24 Stück, theils 24-, theils 12pfündern, armirt, um das Geschütz der Angriffsfronte zu demontiren.

Von dieser Zeit aber bis zum 25. beschäftigte man sich 25. Mai. lediglich damit, die Schanzkörbe und Faschinen anzufertigen, welche zu den Belagerungsarbeiten und Batterien erforderlich waren, wobei dem großen Mangel an Strauchwerk in diesen

Gegenden glücklich dadurch abgeholfen wurde, daß man aus Schilfrohr Schanzkörbe sowohl als Faschinen flocht, die sich bei großer Leichtigkeit später vollkommen haltbar und sicherungs= fähig zeigten.

Auf diese Weise war man so weit gekommen, in der 26. Mai. Nacht vom 25. zum 26. die erste Parallele zu eröffnen, welche die Lage der Vorstädte benutzend, auf dem linken Flügel g 8 bis 900 und auf dem rechten h nur 5 bis 600 Schritt von der Contrescarpe der Festung entfernt lag. — Diese ganze Strecke der Parallele wurde durch 3725 Arbeiter in einer Nacht bis zur Erweiterung fertig gemacht, und von 14 bis zu 18 Fuß reiner Breite ausgehoben. Die verschiedene Ent= fernung der beiden Flügel gab Anlaß, das Stück von g bis Batterie Nr. 7 die erste, und den andern Theil von da bis h, wo sich die Tranchee an Batterie Nr. 6, deren schon Erwäh= nung geschehen ist, anschloß, die zweite Parallele zu nennen.

Bei der Ausführung dieser Arbeit wurden alle Vorsichts= maaßregeln angewandt, die größte Stille herrschte und es er= folgte türkischer Seits keine Störung, so daß auch noch eine Wurfbatterie, Nr. 10, angelegt werden konnte. Erst als gegen Morgen der Mond aufging, bemerkten die Belagerten den Bau der Mortier=Batterie und richteten ihr Feuer dorthin, jedoch ohne den Russen irgend Verlust zuzufügen. Außerdem wurden in derselben Nacht noch zwei geräumige Communi= cationen rückwärts nach den Materialien=Depots ausgeführt.

Vom 26. bis 29. und zwar lediglich bei Nachtzeit, sowohl der größeren Sicherheit, als der Hitze wegen, beschäftigte man sich mit Erbauung der Demontir=Batterien Nr. 8 und 9, und vollendete diese, so wie alle rückwärts liegenden schon genannten 29. Mai. Arbeiten.

Die Belagerten richteten ihr Feuer hauptsächlich auf die Batterie Nr. 6, woselbst sie die Scharten sehr beschädigten und 2 Geschütze demontirten. Dagegen wurde von eben dieser

Batterie aus das Bastion II. stark beschossen; das Thor des Hauptwalles war so durchlöchert, daß man in die Stadt hineinsehen konnte, und durch das Auffliegen eines Vorraths von Granaten entstand eine Feuersbrunst, welche meist durch eintretenden Regen gelöscht wurde.

Während dieser Zeit hatten die Türken bei Nacht durch große Feuer auf den Werken gesucht, sich Kenntniß von dem Fortgange der Arbeiten zu verschaffen, diese aber nicht auf energische Weise gestört. Dagegen feuerten sie viel, und zwar mit Geschütz auf einzelne Leute, die sich außerhalb oder selbst in den Trancheen blicken ließen. Ihre beste Vertheidigung bestand in dem zweckmäßigen und richtig dirigirten Wurffeuer auf die zweite Parallele, welches einen täglichen Verlust von 10 bis 15 Mann in den Trancheen bewirkte und mehrere Offiziere tödtete und verwundete. Kleine Ausfälle geschahen mit großer Heftigkeit, aber immer mit geringer Wirkung.

In der Nacht auf den 1. Juni legte man die Batterie Nr. 7 an, um das zweite Bastion vom linken Flügel der Festung, dessen Vorhandensein man bisher nicht gekannt und nun erst entdeckt hatte, zu demontiren. Noch war man nicht darüber im Klaren, ob die Festung wirkliche Bastione mit Facen und Flanken, oder nur Rondele, wie die Citadelle, habe, weil die Schartenmerlons außerhalb abgerundet und in den Schulterpunkten Scharten eingeschnitten waren, welche von außen den Bastionen das Ansehen von Rondelen gaben. Wegen dieses Umstandes und wegen der geringen Ausdehnung der Bastione unterließ man die Anlage von Ricochettbatterien, welche man auch gegen die Courtine nicht für nöthig hielt. Nachträglich wurde für die 1ste Parallele noch die Flügelredoute Nr. 11 erbaut. Es arbeiteten alle Nacht 2 bis 300 Mann, und man vollendete bis zum 3. Juni die Zickzacks bis zur dritten Parallele c. Die Arbeiten waren bisher mit Faschinen tracirt worden, und bestanden aus einer Tranchee-Erdarbeit

1. Juni.

3. Juni.

ohne Schanzkörbe, nach Art der flüchtigen Sappe hergestellt. Jetzt aber ging man mit der vollen Sappe und abwechselnd mit halben und ganzen Würfeln vor, weil ein überaus lebhaftes und gut gezieltes kleines Gewehrfeuer nunmehr anfing viel Schaden zu thun.

Zur Vertheidigung der in der Nacht erbauten Laufgräben placirte man an den Teten derselben einige leichte Einhörner, welche während des Tages zur Abweisung der Ausfälle sehr gute Dienste leisteten und in den Unebenheiten der abgebrochenen Vorstadt, über welche man die Belagerungsarbeiten führen mußte, vortheilhaft placirt werden konnten.

6. Juni. Auf diese Weise war vom 4. bis 6. Juni die dritte Parallele, in der Entfernung von 120 bis 150 Schritt von der Contrescarpe, vollendet, und die beiden Branchen der Würfelsappe bis auf einige Ruthen nahe an die Crete des glacisförmigen Aufwurfs geführt worden, als man, immer noch nicht mit der Wirkung der bereits angelegten, aus 12- und 24pfündern bestehenden, Demontir-Batterie zufrieden, in der 3. Parallele die Batterien 12 und 13, so wie die Kessel-Batterie Nr. 14 einrichtete, endlich aber auch die früher gebaute Batterie Nr. 6 noch erhöhte, um mit 24 Stück Geschütz über die vorliegenden Arbeiten weg feuern zu können.

Sämmtliche Tranchéen wurden so tief gehalten, daß man selbst zu Pferde überall hinlängliche Deckung erhielt. Dabei hatten auch diese Arbeiten in den Parallelen 18 bis 20, in den Zickzacks 12 Fuß Breite erhalten, um mit Bequemlichkeit Geschütze durch dieselben transportiren zu können. Hierdurch war es natürlich möglich geworden, sehr starke Brustwehren zu bekommen, aber der Kraft- und Zeitaufwand hatte auch bedeutend und ohne verhältnißmäßigen Gewinn zugenommen. In den Parallelen wie in den Zickzacks waren Banquets mit Stufen, und von Zeit zu Zeit, besonders in der Nähe der Festung, für Schützen Schießscharten aus Sand-

säcken auf den Schanzkörben angelegt werden. Ein Couronnement der Schanzkörbe fand durchschnittlich nur in so weit
statt, daß quer über dieselben eine Faschine gelegt worden
war, womit das Umwerfen und Herausdrängen einzelner Körbe
durch den Erddruck verhindert werden sollte. Die große Tiefe
der Trancheen machte die Deckung durch eine vollständige
Faschinenkrönung unnütz, auch brauchte man das Material beim
Batteriebau am nothwendigsten.

Die Schanzkörbe, deren sich die Russen zu den Sappen
sowohl als zu dem Batteriebau bedienten, waren 4' hoch, 2
bis 2¹⁄₄' weit. Bei so bedeutenden Dimensionen würde es
einem einzelnen Mann schwer gefallen sein, einen Schanzkorb
zu handhaben, der aus frischem Strauchwerk geflochten gewesen
wäre, und nur die geringe specifische Schwere des dazu verwendeten Schilfrohrs machte die Manipulation möglich. —
Die Faschinen erhielten stets eine Länge von 18' und mußten
durch 2 Mann getragen werden. Das Traciren geschah theils
mittels solcher Faschinen, theils mittels successiven Einstellens
von Schanzkörben in das beabsichtigte Alignement, durch Auf-
laufen der Mannschaften. Bei der Tranchee-Arbeit rechnete
man 1 Mann auf den Korb, von dieser Zahl von Arbeitern
wurde aber die eine Hälfte zur Ablösung zurückgezogen.

Bei allen Erdarbeiten vor Braïlow mußten wegen des
strengen Lehmbodens besonders viel Hacken verwendet werden,
womit man die Arbeiter neben den Spaten noch zum dritten
Theil ihrer Stärke versah.

Zur Deckung beim Vorgehen mit der doppelten vollen
Sappe bediente man sich dreier Wälzkörbe, von denen der
vorderste vor der Lücke der beiden anderen vorgerollt wurde.
Sie waren mit Baumwolle gefüllt, 6' lang und hatten 4' im
Durchmesser. Diese waren nicht, wie die übrigen Schanzkörbe,
von Rohr, sondern von Strauch geflochten.

Eine besondere Schwierigkeit bot die Würfelsappe gegen

das Bastion II. auf dem linken Flügel des Angriffs dar, in dem sie über einen Gottesacker geführt werden mußte. .Die Türken setzen nämlich große Steine auf die Gräber ihrer Beerdigungsplätze, und da es ihnen nicht an Raum fehlt, die Gräber auch nie umgegraben werden, so entstehen Leichenfelder von ungeheurer Ausdehnung. Bei der Sappenarbeit nun war das Ausbringen der Steine äußerst beschwerlich und mehrere ausgegrabene, in Verwesung begriffene Leichen verpesteten die Luft in den Tranchéen dergestalt, daß dies bei der großen Hitze Ursache zu Krankheiten wurde.

Mit der Würfelsappe vor der Crete des Glacis angekommen, logirte man sich dicht an derselben in zwei halbkreisförmigen, mit der Sappe gearbeiteten Nestern, und legte noch eine Batterie, Nr. 15, theilweise gegen die Face des vorlie=genden, und theilweise gegen die Flanken des Anschluß-Bastions gerichtet, an. Hier erst soll man, nach Versicherung von Augenzeugen, eine genaue Kenntniß der vorliegenden Fronte erhalten haben, welche zu dem Entschlusse führte, aus den beiden Logements mit Minen vorzugehen, um Bresche zu legen, so daß **7. Juni.** vom 7. Juni der Anfang des Minenkrieges zu rechnen ist.

Was die Vertheidigung betrifft, so ging sie in der vorbeschriebenen Art fort. Das Wurffeuer wurde immer wirksamer, je näher der Angriff rückte. Die Türken warfen mit sehr hoher Elevation äußerst richtig; dazu kam, daß die Projectile meist schon in der Luft krepirten, was mehr Schaden verursacht haben soll, als wenn dies erst nach dem Niederschlag geschah. Eben so nahm das Kleingewehrfeuer an Heftigkeit zu, wobei sich die Türken besonders langer Wallflinten mit außerordentlicher Sicherheit bedienten. Die Ausfälle fanden häufig in Schwärmen von 50 bis 100 Mann statt, größtentheils zur selben Stunde gegen Morgen, hatten aber keinen Zweck und blieben meist ohne Erfolg, obgleich die Einzelnen, ein Pistol in jeder Hand und den Dolch zwischen den

Zähnen, wüthend vorstürzten und mit größter Tapferkeit fochten.

Was nun den Minenangriff betrifft, so waren angelegt:

1) Eine Druckkugel A (Plan Fig. 2), welche sowohl die Contrescarpe umwerfen als auch die Escarpe öffnen sollte, sie war mit 300 Pud, d. h. über 100 Centner Pulver geladen.

2) Vier Minenkammern in B, jede mit 37 Pud oder zusammen mit fast 50 Centnern, und eine Druckkugel C mit mehr als 100 Centnern geladen, von welcher man hoffte, daß sie die zunächst liegende Flanke und Courtine öffnen werde.

3) Vier Minenkammern in D hinter der Contrescarpe und vier andere in E hinter der Escarpe, jede zu 37 Pud.

Aus der Zeichnung, Fig. 4 und 5, ersieht man, wie die Belagerer zuerst appareillenartig und dann mittelst Erbauung einer Treppe von 14 Stufen zu dem Minenauge gelangten, dessen Schwelle 14' unter der Sohle des halbkreisförmigen Sappennestes lag, welches hier das Logement der Russen auf dem Kamm des Glacis bildete. Eine 6' breite und 5½' hohe Gallerie c f (Fig. 4) führte bis unter die Grabensohle. Diesseits der Contrescarpe wurde die Hauptgallerie senkrecht von der horizontalen Gallerie g h durchschnitten, aus der man 4 Kammern D, D', D', D abtrieb. Von f aus ging eine nur 3' breite und 4' hohe Gallerie bis b vor, wo man unvermuthet, aber glücklicherweise unbemerkt, in eine von den Türken angelegte, 10' tiefe Beobachtungs-Cünette gelangte und hierdurch veranlaßt wurde, die beiden Felder zwischen c und b einzuwerfen. Der Mineur senkte sich demnächst mit der Gallerie 4', von c aus dann noch einen Fuß tiefer und stieg, hierauf wieder bis zu der horizontalen Gallerie o p hinter der Escarpe, nach deren Seite außerhalb der gedachten Gallerie 4 Kammern E, E', E', E angebracht wurden. Hiernach lagen

die Mittelpunkte der Minenkammern D und E etwa 24' senkrecht, resp. unter dem Glacis, oder unter der Brustwehrkrone,
und von dem nächsten Punkte der äußeren Fläche, resp. der
Contre- und Escarpe, 18' und 15' entfernt, welches bei doppelter Rechnung der betreffenden Mauerstärken von 3' und 6'
in der Richtung von $\alpha\beta$ und $\gamma\delta$ eine Widerstandslinie von
21' ergiebt. Ueber dem Eingange in die Gallerie vor dem
Minenauge war eine Holzblendung zum Schutz gegen Wurffeuer angebracht.

Bei der Gallerie e f, welche als Haupteingang in alle
anderen und zur Bequemlichkeit die große Breite von 6' erhielt, hatte man in einer regelmäßigen Entfernung von 3½'
Thürgerüste (bois de chassis) gesetzt, jedoch bloß über den
Kappen Firstpfähle eingetrieben, die Seitenpfähle aber ganz
weggelassen, auch die ersteren nicht immer dicht einen neben
den anderen gelegt, was die starke Cohäsion des Bodens gestattete. Ingleichen war eine Befestigung vor dem Orte durch
Bretter und dergl. gar nicht nöthig geworden.

Die Thürstöcke, Schwellen und Kappen bestanden aus
eichenem Kreuzholz von 3 bis 6 Zoll im Gevierte. Ganz in
derselben Art wurden die Gallerien f b, k l und m n gearbeitet, nur daß sie, wie schon erwähnt, nicht so breit und hoch
waren, wie e f, wo 2 Mineure neben einander vor Ort arbeiteten. Nur die Gallerie o p machte eine Ausnahme, weil hier
der Boden nicht dieselbe Cohäsion zeigte; sie war mit holländischen Rahmen ausgesetzt, ganz in der Art, wie solche auch
bei uns angewendet werden. Die Kammern D, D', D', D
waren bloß in Erde ausgehöhlt, ohne alle Zimmerung, bei
E, E', E', E aber hatte man die Kammern so ausgesetzt, wie
die Gallerie o p.

Durchschnittlich wurden von der Galleriearbeit mit chassis,
die eigentlich nach dem Vorstehenden eine abgekürzte genannt
werden könnte, in 24 Stunden 35 bis 38½' fertig, also 10

bis 11 Felder. Mit holländischen Rahmen wurde in gleicher Zeit nicht mehr geleistet, weil die damit ausgesetzten Gallerien immer noch von zu großen Dimensionen waren und den Russen diese Art zu arbeiten auch nicht recht geläufig war. — Die Gallerien der Minen bei A, B und C waren ganz so, wie die vorstehend beschriebenen, gearbeitet und ist daher der Kürze wegen von denselben hier nicht weiter die Rede.

Wie schon erwähnt, hatte man zu

$\alpha\beta = 18'$. Die untere Mauerstärke der Contrescarpe mit

$$\underline{\quad = \quad 3' \text{ zugesetzt, also hier}}$$
$$= 21' \text{ Widerstandslinie; ferner}$$

$\gamma\delta = 15'$. Die untere Mauerstärke der Escarpe mit

$$\underline{\quad = \quad 6' \text{ zugesetzt, also}}$$
$$= 21' \text{ Widerstandslinie erhalten,}$$

und auf dieses Maaß, als kürzeste Widerstandslinie, die Ladungen von 27 Pud berechnet, denen demnächst noch 10 Pud zugesetzt wurden. Die sämmtlichen, zur gleichzeitigen Sprengung bestimmten Minen waren demnach mit der ungeheuren Ladung von fast 350 Centnern Pulver versehen.

Bei D, D', D', D war, so wie auch bei B, das Pulver in Kasten in die Kammern gebracht worden, wobei noch bemerkt wird, daß die Minenkammern nicht unter die Sohle der Gallerien versenkt waren. Die Pulverkasten hatten keine kubische, sondern eine platte Form, so daß nach dem Belldorschen Vorschlage die Grundflächen größer als die Seiten waren. Sie wurden in den Kammern fest verspreizt, dann die Gallerie g h und o p ganz, und die Gallerien e f und f b von der Gallerie g h ab nach e und b zu, auf die Entfernung von 35' verdämmt, was mittelst Erde und von Zeit zu Zeit angebrachter Holzstreifen geschah. Die Ladung der Minenkammern bei E, E', E', E war nicht mittelst Pulverkasten geschehen, sondern man hatte das Pulver bloß in Fässern in die Kammern aufgestellt und in Verbindung gebracht.

Zur Leitung bedienten sich die Russen einer Zündwurst von Leinwand mit F Pulver gefüllt, welche in einer viereckigen hölzernen Leitrinne lag, die Zündung aber erfolgte mittelst eines Granatenbranders, der durch die Deckel der Leitrinne durchging und in der Zündwurst festgebunden wurde.

15. Juni. Am 15. Juni waren alle Minen geladen. In der Absicht, den vorzunehmenden Sturm durch die Breschen zu führen, welche die Minen machen würden, rückten die Truppen in die Tranchéen, jedoch bei Tage, so daß die Türken diese Bewegung beobachtet und ihre Gegenmaaßregeln getroffen haben sollen.

Um 9 Uhr Morgens wollte man das Zeichen zur Sprengung durch 3 Raketen geben und beim Aufsteigen der letzten sollten die Minen gezündet werden. Die Truppen hatten den Befehl, dann sofort zum Sturm gegen die Breschen vorzurücken, denn man hielt sich versichert, daß diese prakticabel ausfallen müßten, da die Ladungen so bedeutend stärker gemacht worden waren, als nach der Berechnung nöthig schien.

Demnach wurden die Truppen in zwei Colonnen und jede wieder in zwei Abtheilungen aufgestellt. Eine der Abtheilungen bestand aus Arbeitern, welche die Bestimmung hatten, nach Besetzung der beiden im Hauptwalle vorausgesetzten Breschen Logements auf denselben zu erbauen, und dies sollte lediglich durch eine Reihe gefüllter Schanzkörbe geschehen, mittelst deren man die Kehlen der beiden angegriffenen, kleinen und vollen Bastione zu schließen beabsichtigte. Zwei andere der gedachten Abtheilungen sollten weiter in die Stadt vordringen und die letzte als Reserve dienen.

Zur bestimmten Stunde waren alle Vorbereitungen zum Angriff vollendet. Die drei Raketen sollten mit Zwischenräumen von 10 Minuten eine nach der andern steigen. Der mit der Zündung der Druckkugel bei A beauftragte Offizier hatte die Uhr in der Hand und sah die erste Rakete. Es verstrichen 10 Minuten und die zweite folgte nicht. Mit der größten Ungeduld wartete er 20 Minuten, und erst nach dieser Zeit bemerkte er das Aufsteigen einer andern Rakete. Die Bestimmung der Zeit machte ihn irre, und er hielt diese Rakete für die dritte, in der Voraussetzung, daß die zweite seiner Aufmerksamkeit entgangen sei. Hierdurch wurde der Offizier veranlaßt, zu zünden. Da die zuletzt von ihm bemerkte Rakete aber wirklich erst die zweite war, und nur das Abbrennen derselben sich durch Zufall um 10 Minuten verzögert hatte, so erfolgte natürlich das Spiel der Druckkugel bei A zu frühe. Ein Stück Holz, das bei dieser Gelegenheit rückwärts auf die Belagerungsarbeiten geschleudert wurde, traf den Offizier, welcher die Mine bei B und C zünden sollte, und warf ihn betäubt zu Boden. Da er auffallender Weise ganz allein war, so mußte seine Verwundung unbemerkt bleiben, und als 10 Minuten darauf die dritte Rakete stieg, konnten nur noch die Minen D und E gezündet werden, welche auch spielten. B und C dagegen sprangen natürlich nicht.

Die Mine A warf nur die Contrescarpe ein, D und E erfüllten ihren Zweck und öffneten eine gangbare Descente in den Graben, so wie eine 30 bis 40 Schritt breite Bresche in den Hauptwall.

Der Disposition gemäß rückten sogleich und ohne weitere Recognoscirung die Truppen zum Sturm vor. Der Pulverdampf und die in die Luft umhergeschleuderte Erde entzogen den Angreifenden jede Aussicht auf die Escarpe. Zwei verschiedene Abtheilungen der Sturm-Colonnen stürzten sich, 120 Freiwillige an ihrer Spitze, nichts destoweniger durch die bei A und D entstandenen Descenten von der Contrescarpe in den Graben. Beide wurden von Generalen und Offizieren geführt. Wir folgen zuvörderst der ersten Abtheilung, die zunächst der Donau bei A in den Graben gelangte.

Vergebens suchten die Freiwilligen, welche dieser Abtheilung vorangingen, eine Bresche in der Escarpe, da wo ihnen eine solche angedeutet worden war, vergebens versuchten sie an dem Revêtement der wohlerhaltenen Escarpe bei den Schießscharten den Wall zu ersteigen. Die Türken empfingen sie mit langen Spießen, mit einem wohlgezielten Gewehrfeuer aus den Schießscharten und von der Krone der Brustwehr. Dessenungeachtet standen die Russen nicht vom Kampfe ab, und setzten denselben mit solcher verzweifelten Hartnäckigkeit fort, daß von diesen Freiwilligen nur ein einziger Unteroffizier am Leben blieb, der nach der Donau herunter gestürzt wurde und sich durch Schwimmen rettete.

Als jedoch jede Hoffnung verschwand, hier den Wall zu ersteigen, wandten sich die Stürmenden im Graben links, um vielleicht durch die Bresche bei E mit einzubringen. Zweckmäßiger wäre es jedoch gewesen, sich rechts zu wenden, wo es möglich geworden sein würde, das Anschlußbastion zur Donau, welches man vergebens zu ersteigen versucht hatte, zu umgehen und von der Flußseite aus auf dem zwar steilen, aber doch ersteigbaren Abhange in die schwach verwahrte Kehle der Festung einzudringen. Ein solcher Angriff hätte überdies den Vortheil geboten, die Türken zu theilen und in den Rücken zu nehmen. Man kannte jedoch die Localität zu wenig, um diesen Weg für möglich zu halten.

Inzwischen war die Sturmabtheilung des linken Flügels wenig glücklicher gewesen, denn obgleich die Mine E wirklich eine gangbare Bresche in den Hauptwall gebildet hatte, so hinderte doch der aufgelockerte Boden des Minentrichters die Stürmenden ungemein, besonders weil die eigentliche Sturm-Colonne den vorausgesandten Freiwilligen und wenigen Arbeitern zu schnell gefolgt war, hierdurch aber ein nachtheiliges Stopfen und Drängen auf dem schwierigen Boden entstand.

Die Türken müssen durch das etwas zu frühe Sprengen der einen Mine, durch die bei Tage leicht bemerkbaren Bewegungen, welche die Vorbereitungen zum Sturm in den

Trancheen verursachten, aufmerksam gemacht worden sein. Man fand also auf der Bresche einen hartnäckigen Wider= stand. — Der Türke ist besser zum Handgemenge ausgerüstet als der europäische Soldat, und überhaupt befindet sich ja der, welcher die Bresche vertheidigt, im offenbaren Vortheil gegen den Stürmenden, wenn er im Augenblick der Gefahr muthvoll bleibt.

Die Garnison von Brailow hielt sich während des Sturmes vortrefflich. So kam es, daß die linke Sturm=Co= lonne der Russen sich noch im nachtheiligsten Kampfe gegen die Türken befand, als auch die rechte nach der engen Bresche drängte. Dadurch wurde dort die Menge der Menschen, nicht aber die Anzahl der Fechtenden vermehrt, und da die Türken einige leichte Geschütze in der Flanke des Anschlußbastions I placirt hatten, auch mit dem Kleingewehrfeuer, Schleudern von Steinen, Handgranaten und Holzstücken in den Graben lebhaft fortfuhren, so gewahrte man bald, daß der Sturm noth= wendig mißlingen müsse. Die Truppen konnten nicht vorwärts und wollten nicht zurück, ihnen gebührt das Lob der hartnäckig= sten Tapferkeit. Generale und Offiziere zeichneten sich nicht minder aus; der General Woinow, Commandeur des VII. Corps, selbst wollte sich in den Kampf stürzen und konnte nur mit Mühe zurückgehalten werden.

Endlich befahl der Großfürst Michael, nachdem fast Al= les, bis auf die Reserve, engagirt gewesen war, den Rückzug.

Das Infanterie=Regiment Kasann hatte die beiden, dicht an der Crete des Glacis mit der flüchtigen Sappe erbauten, halbkreisförmigen Logements, so wie die Batterie Nr. 15 be= setzt und deckte nun den Abzug der nach dem Graben hinab= gestiegenen Colonnen, welche durch die Würfelsappe wieder nach der dritten Parallele zurück gingen.

Hierbei verloren die Russen sehr bedeutend, indem die Türken ein allgemeines und überaus wirksames Gewehrfeuer unterhielten. Mehrere kurz auf einander folgende Ausfälle wurden jedoch von dem genannten Regiment zurückgewiesen. Um ½ 12 Mittags war dieser furchtbare Kampf beendet; die Russen hatten nicht einmal die Trichter in der Contrescarpe couronniren und sich darin behaupten können, sondern mußten in ihre Trancheen zurück. Von diesen jedoch gelang es den Türken eben so wenig nur das Geringste zu zerstören, auch setzten sie sich nicht auf der Contrescarpe fest, sondern gingen durch die Bresche in die Festung zurück, zu deren Schließung nichts von ihnen geschah.

Die Russen geben ihren Verlust beim Sturm folgender-maaßen an:

Die Generale Wolf und Timrod waren geblieben:

1 General, 3 Regiments-Commandeure, 16 Stabs- und 15 Subaltern-Offiziere blessirt;

640 Unteroffiziere und Gemeine geblieben, und 1340 Unteroffiziere und Gemeine blessirt.

Soliman Pascha, welcher in der Festung kommandirte, wies eine Aufforderung zur Uebergabe des Platzes mit stolzen Worten zurück.

Von großem Einfluß auf die Belagerung von Brailow war indeß die Ankunft der russischen Donauflottille unter dem Vice-Admiral Zawadowsky, welcher schon in der Nacht nach dem Uebergange von Satunowo, also vom 8. auf den 9. Juni, bei der Festung anlangte und die türkische Flottille, die aus 32 Kanonenschaluppen bestand, mit nur 18 dergleichen um Mitternacht angriff. Der Wind war ungünstig, die türkische Flottille sperrte die Donau und den Arm derselben, welcher nach Matschin führt. Dennoch rückte der Vice-Admiral bis auf Kartätschenschußweite im feindlichen Kanonenfeuer an die türkische Flottille heran, ohne zu schießen. Hier begann er plötzlich mit allen Geschützen ein Kartätschenfeuer, welches mörderisch wirkte. Die Türken wichen, verloren 13 Kanonenböte,

mehrere andere wurden in den Grund gebohrt und der Ueber-
rest verließ bald die Stellung bei Brailow, um nach Silistria
zurück zu gehen.

Eben so wichtig wurde die Uebergabe von Matschin, welche
gleich nach dem abgeschlagenen Sturm von Brailow erfolgte.
Eine regelmäßige Belagerung war gegen diesen sehr haltbaren
Platz von den Russen nicht geführt worden. Derselbe wurde
bloß bombardirt und capitulirte ohne Bresche und ohne besondere Veranlassung, nur weil die Besatzung fürchten mochte,
nach dem drohenden Fall von Brailow keine günstigen Bedingungen mehr erlangen zu können. Diese schlechte Vertheidigung war daher nicht militairischen oder örtlichen, sondern
nur persönlichen Verhältnissen beizumessen.

Die Vertreibung der türkischen Flottille, die Uebergabe
von Matschin und die ausgezeichnete Tapferkeit der Russen
bei dem, zwar mißglückten Sturm, hatten die Standhaftigkeit
Soliman Paschas bereits erschüttert. Am 16. Juni sprangen
nun auch noch die beiden Minen B und C. Die erstere warf
die Contrescarpe um, die andere aber hob nur einen großen
Trichter im Graben aus.

Unter diesen Umständen bot der Pascha am 17. Juni 17. Juni.
die Uebergabe der Festung mit der Bedingung freien Abzuges
der Garnison nach Silistria an. Er, sowie die Türken in
Brailow überhaupt, hegte die Furcht, die ganze Festung werde
nach und nach in die Luft gesprengt werden, eine Ansicht,
welche die um sämmtliche Bastionsfacen geführten Horch-Cünetten
andeuteten, und später die Aussage der Besatzung bestätigte.

Nächst den Minen, die freilich etwas verschwenderisch
und nicht immer ganz angemessen angelegt waren, ist es den
Türken besonders imponirend gewesen, daß die Russen sich
gedeckt, Schritt vor Schritt der Festung näherten, und eben so
gute Wirkung haben einige, gegen die Festung abgebrannte
Congrevsche Raketen geäußert.

Sollman Pascha ließ die Capitulation durch zwei seiner Unterbefehlshaber, Tschübuktschü Oglu und Mustapha Aga abschließen, fand sich jedoch selbst bei den Unterhandlungen ein, welche vor der Festung in einem eigends dazu aufgeschlagenen Zelte gepflogen wurden. Dieselben dauerten 16 Stunden und der Pascha erklärte vor Abschluß noch eine Mahlzeit halten zu müssen, was ihm nachgegeben wurde. Unter den Unterhändlern russischer Seits befand sich der General Graf Suchtelen, welcher, aus dem persischen Kriege mit den Sitten der Morgenländer sehr bekannt, entschiedenen Einfluß auf die glückliche Beendigung der Verhandlung hatte.

Es ward der Besatzung von Brailew verstattet, mit Hab und Gut die Festung zu verlassen und auch in diesem Kriege ferner gegen Rußland zu fechten, weßhalb die Meisten sich nach Silistria begaben. Die in der Festung vorgefundenen Vorräthe an Lebensmitteln wären hinreichend für eine fernere mehrmonatige Vertheidigung gewesen. Sie fielen nebst 17,000 Pud losen Pulvers und nahe an 300 Geschützen den Siegern in die Hände. Jene Geschütze, theils türkische von sehr alter Construction, theils österreichische, englische und französische, sowohl eiserne als bronzene, waren von den verschiedensten, doch meist schweren Calibern, bis zum 36pfünder. Es befanden sich unter denselben einige Haubitzen und Mörser, welche bis zu 150- und 200pfündige Bomben warfen. Die meiste Wirkung hatten jedoch die kleinen, leicht transportabeln 7pfündigen Mörser gehabt, mit welchen die Türken noch auf sehr nahe Entfernungen bei schwacher Ladung und in hohem Bogen zu werfen verstanden. Die Kugeln waren sehr schlecht und selten sphärisch (auch die Gewehrkugeln wurden mit den Gußhälsen geschossen). Wie mit regelloser Willkür alle Caliber durch einander aufgestellt waren, so lagen auch die Kugeln aller Größen, hohle und volle, in bunten Haufen durch einander. Die Türken halfen sich bei zu kleinen Kugeln durch Umwickeln den Schaffell. Das Pulver war theils in Privathäusern, theils in Höhlen unter dem Wall, ja sogar in bloßen Bretter-schuppen untergebracht. Von calibermäßigen Kartuschen war keine Spur, sondern alle Geschütze wurden mit der Ladeschaufel geladen. Trotz dieser Mängel hatte die türkische Festungs-Artillerie im Allgemeinen sehr gut geschossen und besonders geworfen. Eine 12pfündige Kugel drang durch die 19′ starke Brustwehr einer 600 Schritt entfernt liegenden Batterie, welche aus dem zähesten Lehmboden erbaut war. Die sehr starken Ladungen, welche die Türken zu nehmen pflegen, erklären diese Erscheinung.

Dagegen fehlte ihnen ganz die Kenntniß von dem Gange eines regelmäßigen Angriffs, und so ließen sie ungenutzt die-jenigen Momente vorübergehen, wo das Geschütz des Ver-theidigers die meiste Wirkung äußern kann. Statt auf die in Bau begriffenen Batterien und auf die Sappenteten, feuerten sie nutzlos auf einzelne Personen. Zu bewundern ist dagegen, daß sie bis zum Augenblick des Sturms noch Geschütz auf den nächstliegenden Flanken in Thätigkeit haben konnten.

Sehr wirksam zeigte sich auch in Brailow die Anwen-dung der Wallflinte, sowie des kleinen Gewehrs. Jeder Türke, Soldat oder Bürger besitzt ein solches und sorgt für seine eigene Munition. Da der Aufenthalt in den Häusern ohnehin wenig Schutz gewährt, so liegt die ganze männliche Hälfte der Bevölkerung Tags über hinter den Brustwehren der Wälle zerstreut, wo er gemächlich die Gelegenheit erwartet, um einen Feind niederzustrecken. Dies giebt der Vertheidigung, namentlich in den letzten Stadien des Angriffs, eine große Lebhaftigkeit.

Im Allgemeinen kann man sagen, daß die Türken zu Brailow unter günstigen Verhältnissen einen ehrenvollen und kräftigen Widerstand geleistet haben. Der Platz ohne Außen-werke hielt sich gegen den regelmäßigen Angriff 27 Tage nach

Eröffnung der Tranchéen, aber nur 2 Tage, nachdem eine gangbare Bresche in den Hauptwall gelegt war.

Was den Angriff betrifft, so muß zunächst bemerkt werden, daß die russische Artillerie an Zahl und Calibern sehr viel schwächer war, als die der Festung. Außer dem Feldgeschütz des VIIten Corps bestand sie aus

12 Stück 24pfündern,
48 „ 18= und 12pfündern,
30 „ schwerer und einer Anzahl kleinerer Mörser.

Die russischen Batterien wurden immer erst 24 Stunden nach den Tranchéen fertig, und niemals mit diesen zugleich angefangen, weil beide Arbeiten von denselben Sappeuren ausgeführt wurden. Sie lagen zum Theil auf sehr weiten Entfernungen von 12 bis 1800 Schritt. Ihre Wirkung war daher nur gering und trotz ihrer großen Zahl fanden sich nach der Einnahme von Brailow die meisten Scharten der Angriffsfront noch in brauchbarem Stande, was um so auf= fallender ist, als selbige nur unvollkommen bekleidet waren. Ferner hatte man ganz versäumt, die Angriffs=Courtine, welche sehr wohl zu fassen war, zu ricochettiren, wodurch sowohl das Wurf= als das Kleingewehrfeuer ungemein geschwächt worden wäre.

Die Zahl der während der ganzen Belagerung gestellten täglichen Arbeiter beträgt 46,260 und es kämen hiernach auf jeden Tag 1700 Mann.

Was den Munitions=Verbrauch betrifft, so waren über= haupt 14,789 Schuß gegen die Festung gerichtet gewesen, und die enormen Labungen der Minen hatten eine sehr große Menge Pulver erheischt.

Ihren Verlust vor Brailow geben die Russen selbst auf 4 Generale, 18 Stabsoffiziere, über 100 Offiziere und 2251 Gemeine an. In dieser Summe können aber die Kranken und Verwundeten nicht mitbegriffen sein, da ja allein der Sturm am 15. Juni mehr als 2000 Mann außer Gefecht gesetzt hatte. Es darf wohl angenommen werden, daß die Eroberung von Brailow das VIIte Corps um mindestens 4000 Combattanten schwächte.

Als Folge der Einnahme von Brailow fielen außer Jsaktschi und Matschin auch alle übrigen Plätze der Dobrudscha. Hirsowa, Tuldscha und Küstendsche waren durch die Russen eingeschlossen und aus einigen sehr weit entlegenen, schwachen Batterien beschossen worden, welche wenig gegen diese Plätze ausrichten konnten. Sie waren in ihren Werken unversehrt und mit allen Bedürfnissen reichlich versehen, als sie auf die Nachricht von der Uebergabe Brailows zu capituliren verlangten. Küstendsche schickte Abgesandte ab, um sich von der Richtigkeit jener Thatsache an Ort und Stelle zu überzeugen. Allein schon in Baba-dagh erhielten diese Herren durch die drückende Hitze und die Beschwerlichkeit des Rittes hinlängliche Ueberzeugung, und kehrten mit der Bestätigung der Nachricht zu den Ihrigen zurück. Von Tuldscha aus kam jedoch ein türkischer Offizier wirklich nach Brailow und hielt seine Rücksprache mit dem dortigen Pascha, in Folge deren die Besatzung von Tuldscha ihren Commandanten zwang, unter Bedingung freien Abzugs nach Varna und Silistria, zu capituliren.

Bis zum 5. Juli waren alle Festungen an der Donau von Silistria abwärts in der Gewalt der Russen und diese Herren des ganzen Landes bis zu dem trajanischen Wall. Eine Transportflotte von 26 Segeln, mit Lebensmitteln und Kriegsbedarf beladen, lief, von Odessa kommend, in den eben erst eroberten Hafen von Küstendsche ein.

Die auffallend schlechte Vertheidigung der zuletzt erwähnten 5 Plätze der guten von Brailow gegenüber, darf nicht befremden. Kleine Festungen in der Türkei werden immer nicht lange widerstehen, wie haltbar sie auch durch ihre Lage oder ihre Werke sein mögen. Die Pforte ist nicht in der

Verfassung, einen beträchtlichen Theil ihres Heeres zur Besetzung der Festungen verwenden zu können, und die Vertheidigung bleibt den Einwohnern meist selbst überlassen. Eine
größere Bevölkerung der Städte ist daher wesentliche Bedingung
für die nachhaltige Behauptung ihrer Wälle, wie sich das an
Ismail, Rustschuk, Brailow und Varna bewährt hat.

In Brailow und Isaktschi allein hatten die Russen an
8000 Centner losen Pulvers vorgefunden. Die in sämmtlichen Plätzen und von der Flottille eroberte Zahl der Geschütze betrug nahe an 800 Piecen, von denen freilich schon
wegen der ungeschickten Affütirung die wenigsten zum Feld-
gebrauch geeignet waren. Außerdem fielen eine Menge von
Vorräthen den Siegern in die Hände, vor Allem aber war
nun endlich das VIIte Corps für die weitere Fortsetzung der
Operationen disponibel geworden.

Die Russen waren bisher in allen ihren Unternehmungen
siegreich gewesen und das Kriegsglück hatte ihnen überall ge-
lächelt. Sie hatten einen fast unmöglich scheinenden Uebergang über die Donau erzwungen und in 6 Wochen waren
6 türkische Festungen in ihre Hände gefallen. Der Glaube
an die Unwiderstehlichkeit ihrer Waffen ging vor den russischen
Fahnen einher, und konnte von unberechenbarem Einfluß auf
einen Gegner wie die Türken werden, wenn dieser Zauber
nicht in den zunächst folgenden Gefechten zerstört wurde.

Sechster Abschnitt.

Vorgehen der Russen in Bulgarien. Die Gefechte bei Basardschik,
Kösludscha und vor Varna.

Wir haben die Russen am 8. Juni den Uebergang über
die Donau bei Satunowo erzwingen sehen. Am 11. hatte

das ganze IIIte Corps die Brücke paſſirt, aber erſt am 25. 25. Juni.
langte daſſelbe in Karaſu am Trajanswalle an. Es hatte
alſo 14 Tage zu dieſem nur 16 Meilen langen Marſch verwendet. Wie ſpät nun auch jener Uebergang ſtattgefunden,
und wie langſam das darauf folgende Vorrücken geweſen,
ſo kam General Rudjewitſch doch noch zu früh auf ſeinem
Rendezvous an, wenn ſeine ferneren Operationen in Verbindung mit den übrigen Armee-Corps bleiben ſollten.

Die Linie Siliſtria-Küſtendſche war der erſte ſtrategiſche
Aufmarſch des ruſſiſchen Heeres, und mußte die Baſis zu
einem weitern Vorſchreiten werden. Nun war aber Siliſtria
weder genommen, noch ſelbſt nur eingeſchloſſen, weil das
VIte Corps, welchem dieſe Aufgabe zugetheilt geweſen zu ſein
ſcheint, wie oben erwähnt, den Uebergang bei Turtokai nicht
hatte bewerkſtelligen können. Das VIIte Corps ferner war
noch bis Ende des Monats Juni in Brailow feſtgehalten,
denn obgleich der Platz am 18. gefallen, ſo war doch in der
Capitulation eine 10tägige Friſt zur Räumung derſelben zu-
geſtanden, auch mußte die Beſatzung nach Siliſtria begleitet
werden. Das IIIte Corps konnte daher vereinzelt, Siliſtria,
Ruſtſchuk und Schumla im Rücken und Flanken laſſend, unmöglich gegen Varna weiter operiren. Schon am Trajanswall mußte man nur zu deutlich erkennen, daß es einer ſolchen
Aufgabe nicht gewachſen war. Es entſtand daher die Frage,
was nun zunächſt zu beginnen ſei.

Zu verkennen iſt wohl nicht, daß das IIIte Corps, als
dasjenige, welches die eigentliche Entſcheidung herbeiführen
ſollte, von Hauſe aus, ſelbſt im Verhältniß der überhaupt
nur geringen Streitmittel, viel zu ſchwach war. Wenn man
bedenkt, daß das ruſſiſche Heer zur See mit allem Nöthigen
aus dem ſüdlichen Rußland verſorgt werden konnte, und daher
der Hülfsquellen der Wallachei und Moldau, wenigſtens zu
Anfang des Feldzuges, nicht unbedingt bedurfte, ſo ſcheint

wohl, daß man besser gethan hätte, die Besetzung jener Fürstenthümer überhaupt zu unterlassen, bis die Einnahme von
Brailow einen Theil des VIIten Corps dazu disponibel gemacht hätte. Die Besitznahme der Fürstenthümer alarmirte ganz
Europa, gab den Türken Zeit, sich zu rüsten und schwächte die
Hauptarmee dergestalt, daß sie zu einer kräftigen Offensive unfähig
wurde, welche durch Ueberraschung auf die unvorbereiteten Türken
wirken und den Feldzug beenden konnte, bevor die europäischen
Mächte in dieser Angelegenheit einzuschreiten Zeit gewannen.

Das ganze VIte Corps, fast ¼ der Armee, zur Besetzung
der Fürstenthümer, also auf einen untergeordneten Zweck, zu
verwenden, dürfte kaum gerechtfertigt erscheinen. Man hatte
in der Wallachei durchaus auf keinen Widerstand zu rechnen.
Die möglichen Streifzüge der Türken aus den Donauplätzen
waren für die Bewohner des Landes ein Uebel, aber sie
konnten nie entscheidend auf den Gang des Feldzugs einwirken, da die Verbindungen des russischen Heeres sowohl
durch die Dobrudscha, als auf dem Meere vollkommen gesichert
waren. In der Wallachei, wie überall, durften die Russen
darauf rechnen, im freien Felde, selbst bei bedeutender Minder-
macht, jeden Angriff der Türken zurückzuweisen, wie denn der
General Geismar diese Aufgabe nachmals glänzend gelöst hat.
Im Fall einer Kriegserklärung Oesterreichs aber mußten ohnehin ganz andere Mittel in Wirksamkeit gesetzt werden, als die,
worüber General Roth verfügte.

Wollte man daher durchaus die Fürstenthümer und zwar
früher besetzen, als das Hauptcorps seine Operationen begann,
so konnte man sich hier mit geringeren Mitteln behelfen. Die
Hälfte des VIten Corps, welche man später doch zur Verstärkung des IIIten heranzuziehen genöthigt war, wäre wohl
zweckmäßiger gleich dem letztern zugetheilt worden, um mit
demselben bei Satunowo die Donau zu passiren, anstatt die
Vereinigung der zur Offensive bestimmten Streitkräfte auf

einen nachmals nicht zu bewerkstelligenden besondern Uebergang, zwischen zwei feindlichen Hauptfestungen inne, zu basiren, der, wenn er wirklich ausgeführt wurde, diese schwache Heeresabtheilung bei weiterem Vordringen in die größte Gefahr bringen mußte.

Nehmen wir indeß die Verhältnisse, wie sie nun einmal lagen, so bleibt zu erwägen, ob es nicht gerathen gewesen wäre, vorerst allen weitern Offensiv-Operationen zu entsagen und mit dem IIIten Corps geradezu nach Silistria zu marschiren. Diese Festung ist, wie wir weiter unten sehen werden, von so schlechter Beschaffenheit, daß das Gelingen eines Hand= streichs gegen dieselbe, bevor die tapfern Vertheidiger von Brailow dort eintrafen, keineswegs unmöglich erscheint. Jeden= falls konnte das IIIte Corps die Einschließung mit 12,000 Mann und 80 Geschützen ausführen und zum Schutz dieser Unternehmung gegen Schumla und Rustschuk den Rest des Corps, 20,000 Mann mit 48 Geschützen, disponibel behalten. Diese zeitige Einschließung mußte die etwa nöthig werdende spätere förmliche Belagerung wesentlich vorbereiten und ihren Erfolg beschleunigen. Da die Entfernung vom Uebergangs= punkt bei Satunowo bis Silistria nur 28 Meilen beträgt, so konnte die Einschließung unstreitig schon um dieselbe Zeit angefangen haben, wo das IIIte Corps jetzt erst bei Karasu anlangte. Es ist hierbei auf die, wegen der weitern Entfernung des Corps etwa nöthig werdende Verstärkung der Detachements von den Plätzen der Dobrudscha Bedacht genommen worden, auch war die Ernährung des Corps, eben durch seine Theilung, in Bulgarien nicht mehr als am Trajanswall gefährdet. Durch Detachirung auf das nur 5 Meilen entfernte Turtokai wäre dann dem VIten Corps der Uebergang geöffnet und die Vereinigung mit demselben bewirkt worden, denn das ge= nannte Städtchen, in welchem die Türken sich festgesetzt, liegt am Fuß des steilen Thalrandes der Donau und ist gegen einen Angriff von Süden her nicht eine Stunde lang zu be=

haupten. — Wenngleich die hier vorgeschlagene Bewegung räumlich von dem Hauptoperationsobject, Varna, ablenkte, so führte sie dem Erfolge nach doch darauf hin. Denn es kam eben darauf an, dem IIIten Corps für die Offensive e i n e B a s i s zu schaffen und es der Zahl nach zu v e r s t ä r k e n, was durch die Einschließung von Silistria und Vereinigung mit dem VIIten und einem Theil des VIten Corps dort auf dem kürzesten Wege erreicht worden wäre.

Dies geschah indeß nicht. Das Hauptquartier verweilte 7. Juli. 8 Tage lang, bis zum 7. Juli, unthätig zu Karasu, und rückte dann langsam in der Richtung von Varna gegen Basardschik an. Um diesen Vormarsch einigermaaßen zu sichern, war der Generaladjutant v. Benckendorff II. mit 4 Bataillons und einigen Ulanen in der Richtung auf Kusgun entsendet worden. Ihm war Fürst Madalow von Hirsowa her mit 4 Bataillons, 2 Escadrons Ulanen gefolgt.

Auf dem Marsche des Gros nach Basardschik, welche Stadt man, ein übles Vorzeichen, von ihren Bewohnern gänzlich verlassen fand, kamen die russischen Vortruppen zum ersten Male in diesem Feldzuge zum Gefecht im freien Felde. Während nämlich General Rüdiger mit 12 Escadrons Husaren, 200 Kosaken und 4 Bataillonen zur Linken von Küstendsche über Mangalia vorging, rückte die Avantgarde des Corps unter General Akinfief, bestehend aus 4 Escadrons Husaren, 3 Escadrons Ulanen, 4 Bataillons und 100 Kosaken auf der graden Straße von Karasu gegen Basardschik an. Der Seraskier Hussein Pascha hatte von Schumla aus 8000 Mann, meist Cavallerie, unter Jussuf Aga, mit dem Zunamen Kara dschehenna („schwarze Hölle"), dorthin vorgeschoben, welche die Stadt beim Anrücken der Russen freiwillig räumten. General Akinfief glaubte den Feind angreifen zu dürfen, ohne den General Rüdiger, welcher von Mangalia her in Anmarsch war, abzuwarten. Aber kaum waren seine Vortruppen auf der Höhe rechts jenseits der Stadt angekommen, als sie den Feind unmittelbar hinter derselben erblickten. Sie wurden geworfen und die Türken besetzten jetzt die Stadt. Der vom Kaiser abgeschickte Flügeladjutant, Oberst Read, stürzte sich mit 2 Escadrons Bugscher Ulanen auf den Feind, wurde aber von der Uebermacht mit Verlust zurückgetrieben. 2 Escadrons Husaren, welche zu seiner Aufnahme vorgingen, wurden ebenfalls geworfen, wobei man fast ein Geschütz verloren hätte. Erst als die Jäger-Brigade der 10ten Division die Höhe erstiegen hatte, brachte diese das Gefecht zum Stehen und verursachte durch ihr Feuer dem Feinde beträchtlichen Verlust. Nachdem endlich auch die Artillerie herangebracht worden, entzog der Feind sich ihrem Kartätschfeuer durch die Flucht und ließ 200 Todte zurück. Der russische Verlust wird zu 40 Mann angegeben. Der über dies Gefecht Bericht erstattende Augenzeuge bemerkt, daß man hier zum ersten Male eine auffallende Ordnung in den Bewegungen der türkischen Reiterei bemerkte. Sie schloß sich in Massen, entfaltete sich geregelt, und wenngleich der eigentliche Angriff nach hergebrachter, ungestümer Weise vereinzelt oder in Schwärmen stattfand, so sammelte sich der Gegner nach demselben wieder, und man erkannte, daß der Wille der Anführer die Bewegungen der Menge leitete. Bemerkenswerth ist, daß türkische Reiter sich mit blinder Todesverachtung auf die Fußbatterie zwischen den Jäger-Quarrees warfen, wie denn ein Mohr, auf dem Geschützrohr sitzend, mit dem Bayonnet erstochen wurde. Die unerschütterliche Ruhe der russischen Infanterie hatte die Ehre des Tages gerettet, die Cavallerie hingegen war mehrmals geworfen worden und fühlte sich ohne die Verstärkung des Generals Rüdiger viel zu schwach zum Verfolgen.

In Basardschik erfolgte nun endlich am 11. Juli die Vereinigung des Gros mit dem VIIten Corps, welches von Brailow herangekommen war. Von dem VIten Corps hingegen waren die 4te Ulanen-Division des Generals Kreuß, 16 Escadrons, und die 16te Infanterie-Division, 12 Bataillons stark, nebst 2 Kosaken-Regimentern auf dem 60 Meilen langen Umweg über Hirsowa und dann am rechten Donauufer entlang nach Silistria dirigirt worden, woselbst das etwa 10,000 Mann starke Corps, jedoch ohne Belagerungsgeschütz, erst am 21. Juli eintraf und die Detachements der Generale Benckendorff und Madatow ablösete. Diese kehrten dann nach Basardschik zu ihrem Corps zurück. — General Geismar hingegen blieb mit der 4ten Dragoner-, der 17ten Infanterie-Division und 4 Kosaken-Regimentern in der Wallachei.

Nunmehr war das Hauptheer mit Allem verstärkt worden, was es ohne Nachschub aus dem Innern Rußlands im Laufe des Feldzugs nur möglicherweise an sich ziehen konnte. Es zählte 68 Bataillone, 52 Escadrons und 4 Kosaken-Regimenter, immer aber nur 40,000 Mann mit 194 Geschützen. Von dieser Stärke gingen an Detachirungen ab:

Die Avantgarde des Gen.
  Rüdiger . . . . 8 Bat. der 9. Div. 16 Esc. Husaren.
  und einige Kosaken ging
  nach Koslubscha vor.
General-Adjutant Graf
  Suchtelen marschirte mit 4 „ d. 10. Div. 4 „ Bug. Ulan.
  und einigen Kosaken
  nach Varna.
Gen. Uschakof führte von
  Tulbscha nach Varna 4 „ do. 6 „ do.
Zur Escorte der Besatzung
  von Brailow nach Si-
  listria . . . . — „ 8 „ do.
Rückwärts auf Etappen 6 „ d. 7. Div. — „
Auf der Donauflottille 2 „ d. 19. Div. — „
      überhaupt 24 Bataillons 34 Escadrons.

Das Hauptheer zu Basardschik bestand daher noch aus 44 Bataillons 20 Escadrons.

Der Kopfzahl nach war die Vertheilung sämmtlicher Streitkräfte um die Mitte des Monats Juli folgende:

In der Wallachei ungefähr . . . . 11,750 Mann.
Vor Silistria . . . . 10,750 „
Auf Escorte, auf der Flotte und auf Etap-
pen rückwärts . . . . 5500 „
Vor Varna . . . . 5100 „
Avantgarde in Koslubscha . . . . 6000 „
Vor Anapa . . . . 2000 „
Ueberhaupt an Detachirungen 41,100 Mann.

Das Corps von Basardschik zählte demnach nur ungefähr 24,000 Mann, worunter an Cavallerie kaum mehr als 2500, so sehr war eben diese Waffe schon in Anspruch genommen. Dabei ist noch zu bemerken, daß die Einschließung von Silistria nur unvollkommen, daß zur Beobachtung von Rustschuk und Widdin auf dem rechten Donauufer gar keine Kräfte mehr übrig waren, daß eine neue Detachirung auf Pravady nöthig geworden, und daß die von Basardschik aus gegen Koslubscha und Varna vorgeschickten beiden Avantgarden, wie wir gleich sehen werden, zu schwach waren.

General-Lieutenant Rüdiger fand nämlich bei seinem Eintreffen in Koslubscha am 12. Juli auch diesen Ort ver- 12. Juli. lassen und den Feind etwa 1 Stunde jenseits desselben auf der Straße von Jenibasar aufgestellt. Abermals stießen hier 2 russische Husaren-Escadrons auf 8000 feindliche Reiter mit 5 Geschützen und wurden diesmal noch härter mitgenommen, als kurz zuvor bei Basardschik. General Rüdiger selbst, welcher den lebhaft verfolgten Escadrons zu Hülfe eilte, kam dabei stark ins Gedränge. Die geworfene russische Reiterei wurde mehrere Werste weit von der türkischen getragen, bis das mit einer reitenden Batterie aufgestellte Achtirsche Husaren-Regiment dieser Verfolgung Grenze setzte, und den Feind veranlaßte bis hinter Jenibasar sich zurückzuziehen.

Noch schlimmer war der Empfang des Generaladjutanten 14. Juli. Graf Suchtelen vor Varna am 14. Derselbe war, ehe noch General Uschakof angelangt, mit seiner nur 2500 Mann starken Abtheilung sehr entschlossen gegen den Platz vorgerückt, dessen Besatzung aber sogleich einen heftigen Ausfall gegen ihn unternahm. Der Verlust in diesem blutigen Gefecht wird russischer Seits auf 300 Mann angegeben, und das Corps mußte sich in gemessene Entfernung auf die Höhen nördlich von Varna zurückziehen, von welchen es am folgenden Tage mehrere tausend Mann Verstärkung von der Seite von Burgas her in die Festung einrücken sah. Die Ausfälle dauerten 15. Juli. am 15. fort und die Russen behaupteten sich nur vertheidigungsweise in ihren eiligst aufgeworfenen Redouten. Da die türkische Garnison jetzt auf 12 bis 15,000 Mann angewachsen war, so konnte von einer Einschließung des Platzes nicht mehr die Rede sein.

Die Türken hatten in den bisherigen Gefechten mit eben so viel Vorsicht als Entschlossenheit gefochten, und nach ihrer Ansicht überall den Sieg über die Russen davon getragen. Gewiß hatten sie auf große Kraftmaßregeln von Seiten ihrer Gegner gerechnet, und mußten erstaunen, daß von den unermeßlichen Streitmitteln des russischen Reichs bislang nur ein paar Husaren-Schwadronen und eine Handvoll Infanterie gegen sie ins Gefecht hatten gebracht werden können. Wenn zwar die materiellen Resultate dieser Detailgefechte für beide Theile gering, so war doch der moralische Eindruck für die Türken günstig und das Selbstvertrauen des russischen Cavalleristen schwand in eben dem Maaße, als die Kraft seines schweren Prachtpferdes abnahm.

Die Bemerkung, „daß, wo man einen Turban sieht, auch gleich 1000 daneben sich befinden", ist immer noch rich-

tig. Die Türken laffen fich auf eine künftliche Sicherung
durch Detachirungen, Vorpoften und Avantgarden nicht ein,
fondern bleiben in Maffen beifammen. Diefe Eigenthümlich-
feit geftattet dem Gegner ein gleiches Verfahren, ja zwingt
ihn dazu, wenn er fich nicht ähnlichen Echecs ausfetzen will,
wie die eben gefchilderten. Die Kriegsweife der Türken
gleicht dem Verhalten eines wilden Ebers, welcher den Gegner nicht auffucht, fondern ihn im Dickicht feiner Wälder
erwartet, dann aber, wenn er vor ihm erfcheint, mit blinder
Wuth auf ihn einftürzt. Eben nur diefes erfte ungeftüme
Anrennen, nicht aber eine dauernde, zähe Vertheidigung fteht
zu erwarten. Man wird den Orientalen gegenüber daher im
Gefecht überhaupt wenig Truppen und befonders wenig Artillerie in Referve ftellen, fondern „feine beften Trumpfe gleich
ausfpielen". Denn wenige Stunden entfcheiden ftets über
den Ausfall eines Engagements, und von Schlachten, wie die
des Abendlandes, welche am frühen Morgen anfingen, bis in
die Nacht dauerten und zuweilen am folgenden Tage wieder
aufgenommen wurden, liefert die türkifche Kriegsgefchichte kein
Beifpiel.

Alle bisherigen Bewegungen des ruffifchen Heeres ließen
deutlich erkennen, daß man von vorn herein Varna als das
Hauptobject des Feldzuges erkannt hatte. Am 16. Juli aber 16. Juli.
lenkte die Hauptarmee von der Straße dorthin ab, und vereinte fich mit der Avantgarde des General Rüdiger zu Kos-
lubfcha. Zugleich wurde von hier aus General Benckendorff II.
mit 4 Bataillons der 10ten Divifion und 3 Escabrons Bug-
fcher Ulanen nebft einigen Kofaken nach Pravady entfendet.
Diefer General bemächtigte fich des genannten Poftens und
fchicte den Oberft Delingshaufen auf der Straße nach Aibos
vor, welcher dabei die Bedeckung eines türkifchen Convois
aus einander fprengte. Der Transport felbft fteckte in einem
Hohlweg, konnte nicht mitgeführt werden, wurde aber vernichtet.

Wir erkennen in dem Marsch der Hauptarmee nach Koe-
lubscha einen Wendepunkt in dem diesjährigen Feldzug, bei
welchem wir einen Augenblick verweilen müssen.

Von den bei einer russischen Invasion in Betracht kommenden drei Straßen, welche von Schumla, Pravady und
Varna aus über den Balkan führen, ist die letztere die wichtigste, als die kürzeste Linie von der russischen Grenze zur
türkischen Hauptstadt, und weil nur auf ihr ein größeres
Heer seinen Bedarf durch die Zufuhr zur See sicher stellen
kann. Varna gewinnt eine doppelte Bedeutung als Sperrpunkt eben dieser wichtigsten Straße und als Hafenplatz. Gegen Varna mußte die ganze Thätigkeit und Anstrengung der
Offensive gerichtet sein, wenn man auch genöthigt war, vielleicht den größten Theil der disponibeln Streitkräfte defensiv
dazu zu verwenden, eben diesen Angriff zu decken. Nun war
die Belagerung der genannten Festung keineswegs ein leicht
auszuführendes Unternehmen, indem selbige mit der wichtigen
strategischen, auch eine sehr günstige örtliche Lage verbindet.
Im Osten vom Meer, im Westen von dem 2 Meilen langen
Devnosee berührt, erfordert Varna, um eingeschlossen zu werden,
2 besondere Corps, eins im Norden, das andere im Süden
des Platzes, welche mit Rücksicht auf die zahlreiche Garnison
beide nicht schwach sein dürfen. Denn da ihre nächste Verbindung durch die Furth von Gebedsche immer noch 5 Meilen
oder über einen Tagemarsch beträgt, so ist auf eine gegen-
seitige Unterstützung derselben nicht zu rechnen.

Man durfte daher nicht weniger als 12,000 Mann zur
Einschließung von Varna bestimmen, wo dann immer noch
die Ausfälle der eben so starken, aber versammelten türkischen
Besatzung gegen die getrennten Hälften des russischen An-
griffs-Corps zu fürchten waren. In diesem Fall, und nach
Abzug der Benkendorffschen Detachements in Pravady, blieben überhaupt kaum noch 10,000 Mann übrig, um etwani-

gen Unternehmungen des Feindes von außen her zu begegnen, und namentlich von Jenibasar aus das in Schumla versammelte Heer in der Nähe zu beobachten.

Das war nun freilich sehr wenig, aber man hatte schon viel früher empfunden, daß die Mittel, welche man für diesen Feldzug in Wirksamkeit gesetzt, nicht ausreichten. Die Russen waren bei allen Gelegenheiten, bei den kleinsten wie bei den größten, zu schwach. Zwar erhielten schon, als die ersten Truppen den Pruth überschritten, die Garden den Befehl zum Aufbruch von Petersburg, und das näherstehende II te Corps wurde unmittelbar nach dem mißlungenen Sturm auf Brailow heranbeordert, aber daß diese Verstärkung nicht schon früher vorgesehen war, blieb immer ein großer Fehler, dessen Schuld die Politik zu tragen hat. — Die Feldzüge von 1809 bis 11 hatten neben einer warnenden Expedition auf Schumla gezeigt, wie ein 70,000 Mann starkes Corps in Bulgarien durch die Donaulinie dergestalt beschäftigt wird, daß zu einem Stoß über den Balkan hinaus keine Kräfte mehr übrig bleiben. Dennoch hatte man sich 1828 in denselben Fall gesetzt, denn die Garden konnten erst Ende August vor Varna, das II te Corps erst im September an der Donau eintreffen, also erst dann, wenn die Zeit der Operationen vorbei war.

Nicht minder muß es der ursprünglichen Einleitung zu diesem Kriege zur Last gelegt werden, wenn bei einer am Meer gelegenen Festung 3 Monate nach Eröffnung der Feindseligkeiten die Mittel zur Belagerung noch nicht angelangt und wenn derselbe Park für Anapa und Varna zu dienen bestimmt war.

Alle diese Mängel mögen den Entschluß hervorgerufen haben, Varna einstweilen aufzugeben und sich dahin zu wenden, von wo die größte Gefahr drohte. Das russische Heer in Bajardschik sah sich gegen seinen Willen und gleichsam magnetisch von dem türkischen in Schumla angezogen. Dennoch können wir in dieser Abänderung des ursprünglichen Operationsplanes nur einen großen strategischen Fehler erkennen. Denn wie unzureichend auch die Angriffsmittel waren, welche man gegen Varna verwenden konnte, so mußte doch eine zeitige und vollständige Einschließung die förmliche Belagerung, wie sie später möglich wurde, vorbereiten. Und wie klein auch das Corps, welches man zur Sicherung dieses Unternehmens aufzustellen vermochte, immer durfte man mit mehr Recht erwarten, den aus Schumla zum Entsatz von Varna verrückenden Feind mit 10,000 Mann im freien Felde zu schlagen, als mit der doppelten oder dreifachen Zahl ihn hinter den Wällen seines verschanzten Lagers mit Erfolg anzugreifen. Gelang es, was ohne große Opfer nie ausführbar war, Hussein Pascha aus Schumla zu vertreiben, so war der Besitz dieses ausgedehnten Lagers nur ein negativer Vortheil, nur ein hinweggeräumtes Hinderniß, während Varna in den Händen der Russen ein positiver Erwerb und die Basis für ein weiteres Fortschreiten werden mußte. Was aber das russische Heer gegen Schumla wirklich auszurichten vermochte und welche Chancen es dabei lief, werden wir demnächst darzulegen haben.

Siebenter Abschnitt.

Gefecht von Jenibasar. Beschreibung von Schumla. Unternehmungen der Russen gegen diesen Platz.

Wir haben gesehen, wie das russische Hauptheer nur schwache Abtheilungen unter Suchtelen und Benckendorff gegen Varna und Pravady vorschob, selbst aber über Koslubscha rechts gegen Schumla aufbrach. Nach Abzug der Detachirungen aber vereint mit der Avantgarde des Generals Rüdiger betrug die Stärke des Corps jetzt 48 Bataillons 36 Escadrons oder gegen 30,000 Mann. Es marschirte am 17. Juli von Kos-lubſcha nach Jaſhtepe, von wo bis Jenibaſar recognoscirt wurde. Am 18. erreichte das Hauptquartier das in einer fruchtbaren Gegend liegende Turk-arnautlar und am folgenden Tage Jenibaſar. General Sisciew wurde mit einem De-tachement abgeschickt, um die von Silliſtria und Ruſtſchuk nach Schumla führende Straße zu beobachten. Von Jenibaſar rückte am 20. Juli der Kaiſer an der Spitze ſeines Heeres in Colonnen gegen Schumla an. Das IIIte Corps bildete die rechte, das VIIte, geführt durch den Chef des General-ſtabes des Kaiſers, Grafen Diebitſch, die linke Flügel-Colonne. Die Avantgarde des 26 Bataillons 28 Escadrons ſtarken IIIten Corps wurde durch die 12 Bataillone und 24 Geſchütze der 9. Diviſion unter General Rudjewitſch ſelbſt gebildet. Beim Gros befand ſich der Kaiſer.

Die Infanterie marſchirte ſo, daß jede Brigade in 2 Treffen formirt, zwiſchen den beiden Bataillons-Quarrees des erſten Treffens 12 Geſchütze hatte, die beiden Quarrees des zweiten Treffens aber rechts und links um etwa 100 Schritt debordirten. Den rechten Flügel bildeten die dritte Huſaren-Diviſion (mit Ausnahme des Regiments Oranski), 12 Es-cabrons mit 24 reitenden Geſchützen. In Reſerve blieben noch die 1ſte Jäger-Diviſion zu Pferd und 48 reitende Geſchütze zur beſondern Dispoſition des Kaiſers.

Das zur Linken marſchirende VIIte Corps des Generals Woinow zählte 22 Bataillons, 3 Escadrons und war durch das Huſaren-Regiment Oranien verſtärkt, da die demſelben zugehörige Bugſche Ulanen-Diviſion, wie erwähnt, in lauter einzelne Detachements aufgelöst war. Die reitende Artillerie dieſer Diviſion befand ſich beim Gros der Cavallerie auf dem rechten Flügel.

17. Juli

18. Juli

20. Juli

Nachdem man in dieser Schlachtordnung bis Jenibasar vorgerückt war, zeigte sich dasselbe Cavallerie-Corps, welches bei Basardschik und Koslubscha der russischen Avantgarde mit einigem Erfolg entgegengetreten war, verstärkt durch 4 Bataillons regulairer Infanterie und 18 Geschütze, auf der flachen Anhöhe hinter Bulanlik. Die Stärke dieser türkischen Vorhut mochte daher etwa 10,000 Mann betragen. Diesmal jedoch hatte sie es nicht mit einer schwachen Spitze, sondern mit der Masse des russischen Heeres zu thun. Die türkische Stellung wurde durch den Anmarsch des feindlichen Heeres auf ihrem rechten Flügel überragt, dagegen bedorbirte sie selbst mit ihrem linken. Die 1ste reitende Jäger-Division rückte daher sogleich rechts in die erste Linie ein. Gleichzeitig ging das VIIte Corps zur Linken über den Bach von Bulanlik vor, um in die rechte Flanke des Feindes zu operiren. Kaum war es diesem auf dem Plateau sichtbar geworden, als die türkische Reiterei auf dasselbe einhieb, vor dem Feuer der Artillerie jedoch bald zurückprallte. Nicht minder kehrten aber auch die Oranischen Husaren vor einer türkischen Batterie von 18 Kanonen um. Das Feuer derselben war lebhaft, aber schlecht gerichtet und kostete nur 7 Mann, worunter jedoch der allgemein bedauerte Oberst Read sich befand. Man glaubte Anfangs hier auf ein vorgeschobenes Werk des verschanzten Lagers gestoßen zu sein.

Die Türken hatten ihrerseits den Bach von Bulanlik auf dem rechten Flügel des IIIten Corps überschritten und mit den Kosaken angebunden. Graf Orloff ging ihnen mit der ganzen reitenden Jäger-Division entgegen, konnte aber bei dem schlechten Zustand der Pferde die leichten feindlichen Reiter mit dem Schwert nicht erreichen, und man beschränkte sich daher hier auf eine Kanonade, welche türkischer Seits erwidert wurde.

Nachdem auch General Rudjewitsch den Bach mit der

Infanterie überschritten haben würde, sollte ein allgemeiner
Angriff der Cavallerie erfolgen. Allein die Türken, welche die
dreifache Ueberlegenheit ihrer Gegner erkannt haben mochten,
ließen es dazu nicht kommen, sondern zogen sich schnell und
mit Ordnung auf ihr verschanztes Lager zurück. Der Verlust
der Russen wird auf 150 Mann, der der Türken etwas größer
angegeben. Das IIIte Corps nahm hierauf seine Stellung
auf der Höhe von Matak und Bulanlik, das VIIte die seinige
rechts von Kassaplar, zwischen den von Kablkjol in den Pravady,
und den von Schumla in den Kamtschik fließenden Bächen.

Wie wünschenswerth es auch gewesen wäre, einen entscheidenden Schlag gegen die Türken hier zu führen, wo man
endlich auf eine größere Abtheilung derselben im freien Felde
stieß, so blieb doch trotz der großen numerischen Ueberlegenheit
der Russen das Gefecht vom 20. Juli ohne Resultat. Die
offene Beschaffenheit der Gegend, die Nähe des verschanzten
Lagers, das vorsichtige Verhalten der Führer und der gute
Zustand der türkischen Pferde vereitelten diese Hoffnung.

Von den flachen, mit versengtem Grase bestandenen Hügeln von Bulanlik erblickten nun die Russen die Baumgipfel
und Minarehs der nie von einem feindlichen Heer betretenen
Stadt Schumla vor sich. Die berühmten Linien*) zogen sich
ihnen gegenüber in der Ebene hin und stiegen an den steilen
Höhen empor, bis wo sie sich an der senkrechten Felsmauer
anschlossen. Einzelne vorgeschobene Schanzen drohten mit
zahlreichen Feuerschlünden, die Stadt selbst aber verbarg sich
hinter den flachen Erdrücken, und nur oben auf der Höhe erblickte man die grünen Zelte türkischer Posten.

Schumla liegt am östlichen Fuß einer, durch die Thäler
des Kamtschik von dem Hauptstock des Balkan völlig getrennten Gebirgsgruppe, deren ganz flaches oberes Plateau sich um

*) Plan Nr. 3.

etwa 6 bis 800 Fuß über die vorliegende bulgarische Ebene
erhebt. Rings umher stürzt dasselbe mit mauerähnlichen, nur
an wenigen Punkten ersteigbaren Felswänden von sehr verschiedener Höhe ab, und senkt sich dann mit Anfangs großer,
dann abnehmender Steilheit, von Wein- und Obstgärten bedeckt, zur Ebene herunter. Die Stadt selbst ist in ein kurzes,
fast wagerechtes, dann in steilen Schluchten endendes Thal
hineingebaut. Die derselben östlich vorliegenden Hügel fallen
nach der Stadt zu steil, böschen sich aber nach außen glacis-
artig flach ab, so daß man zwar von fern die Häuser von
Schumla erblickt, selbige aber gänzlich aus dem Auge verliert,
wenn man auf ¼ Meile nahe gerückt ist. Der Ort selbst ist
ganz offen und von keiner Mauer umgeben, dagegen ziehen
sich in der Entfernung von 1000 bis 1500 Schritten vor
derselben die zusammenhängenden Linien des verschanzten Lagers
längs der Crete des Hügelglacis hin, links an die schroffe
Höhe von Strandscha, rechts an die von Tschengell lehnend,
welche Schumla im Norden und Süden umfassen. Die Türken
haben geglaubt, diese Linien auch im Rücken fortführen zu
müssen und haben sie daher dort zum Theil mitten an dem
steilsten Abhang hingeleitet, wo sie gar keinen Nutzen haben
können und einer Wasserleitung ähnlich sehen. Uebrigens bestanden diese Linien einfach aus einem Erdwall ohne alles
Mauerwerk*) und aus einem schmalen, aber in dem festen
Erdboden tief und mit geringer Anlage eingeschnittenen Graben.
Die Ausdehnung der Linie von Strandscha bis zum Anschluß
an die Höhe von Tschengell beträgt reichlich 8000 Schritte.
Auf der nördlichen Strecke unterhalb Strandscha war sie dop-

---

*) Von gemauerten Thürmen, über welche die Reisenden berichten,
hat Referent nirgends eine Spur gefunden. Da Schumla auch 18²⁸/₂₉
von keinem feindlichen Corps betreten worden, so ist nicht anzunehmen,
daß eine solche Befestigung ganz verschwunden sein sollte, wenn sie überhaupt je existirte.

pelt und umfaßte das Infanterie-Lager, das der Cavallerie stand in dem von 2 kleinen Bächen durchschnittenen Thal. So befanden diese Truppen sich völlig gedeckt. Die Stadt zählte unter 40,000 Einwohnern mindestens $^3/_4$ Muselmänner. Sie besaß eine Menge von Fontainen, 5 Moscheen, 3 Bäder und reiche Vorräthe unmittelbar im Rücken des Lagers. Die Werke Tschally-, Sultan- und Tschengell-Tablassi waren bei dem ersten Anrücken der Russen noch nicht vorhanden, sondern entstanden erst nach und nach. Es waren enge Erdwerke ohne gemauerte Graben-Escarpen, welche jedoch von dem nur 1000 Schritt entfernten Lager leicht und kräftig unterstützt werden konnten, und treffliche Anlehnungspunkte für die Ausfälle der Türken gewährten. Dagegen existirte gleich Anfangs auf der Straße nach Konstantinopel, noch aus dem letzten Kriege her, die Schanze Ibrahim Nasiri (jetzt Jebbal-Tablassi) und die Türken arbeiteten an zwei großen Redouten bei dem Dorfe Tschingell, welchen die Russen den Namen Matschin gaben, weil sie irriger Weise dort den Pascha von Matschin vermutheten.

Die große Straße von Rustschuk und Silistria nach Constantinopel überschreitet das Gebirge nicht, sondern zieht dicht östlich an Strandscha, Schumla und Tschengell vorüber. Dagegen steigen, außer dem nur für Reiter zugänglichen Pfad von Tschengell, die fahrbaren Straßen von Trubscha, Kjötesch, Novosil, Bular, Grabeschti und Dormus auf das Plateau hinauf. Auf allen diesen Straßen konnte dem türkischen Heere Entsatz und Zufuhr aus Gegenden zugehen, welche von den Russen nicht besetzt waren. Einen Angriff von diesen Seiten her hatte es dagegen gar nicht zu fürchten, denn die obere Fläche des Plateaus ist mit Jungholz von solcher Dichtigkeit bestanden, daß es einem einzelnen Reiter grade zu unmöglich wird, außerhalb der schmalen, einspurigen Wege fortzukommen, und daß selbst Tiralleurs große Mühe haben würden durchzubringen. Die wenigen Wege bilden also meilenlange Defilees, auf welchen weder eine Wechselwirkung der verschiedenen Waffen, noch überhaupt irgend eine Entfaltung von Massen möglich ist.

Der verwundbarste Fleck dieses an sich so starken Platzes war und ist noch heute da, wo er am imposantesten aussieht, nämlich auf dem nach Süden schroff abstürzenden, von Norden aber leicht ersteigbaren Höhenrücken von Strandscha. Das dort belegene Fort ist zwar revetirt, aber von sehr schwachem Profil und gegen eine Ersteigung keineswegs gesichert. Die Höhe ist von Gradeschti und Dormus aus durch das nicht wohl unter Feuer zu haltende Thal Kurt-boghas (Wolfsschlucht) von Norden her zu gewinnen. General Kaminski hatte im Jahre 1810 die spitzen Waldkuppen nördlich von Strandscha bereits besetzt, und es ist allerdings überraschend, daß dieser Vortheil hier so leicht aufgegeben wurde, da man sich von der eroberten Höhe längs des Abhangs hinter Schumla hinziehen konnte. Sobald man aber im Besitz dieser, die Stadt gänzlich beherrschenden Crete ist, kann der Ort durchaus nicht mehr behauptet werden. Jetzt hingegen war Strandscha mit in die Vertheidigungslinien gezogen. Das Vorgehen eines Detachements durch den Kurt-boghas würde in dem, der Fechtart der Türken so günstigen Berg- und Waldterrain starken Widerstand gefunden haben, ein allgemeiner Angriff von Norden her aber, und um so mehr als Silistria und Rustschuk noch nicht genommen waren, alle Communicationen des Heeres aufs Spiel gesetzt haben.

Nach zuverlässigen Nachrichten befanden sich innerhalb der Verschanzungen des noch Anfangs Juni von Truppen fast ganz entblößten Schumlas jetzt unter Befehl des türkischen Seraskiers, Hussein Pascha, 40,000 Mann, worunter 12 Regimenter oder etwa 10,000 Mann regulaire Infanterie, 3 bis 4000 Mann regulaire Cavallerie mit 30 Feldgeschützen, und 10,000 Arnauten unter Omer Brione.

Dieser überlegenen Truppenzahl und der imposanten Oertlichkeit gegenüber, eingedenk des Sturmes von Brailow und der Vertheidigung der Türken auf der Bresche, mußte jeder Gedanke an einen gewaltsamen Angriff schwinden. Ansprechender erschien der Plan, eine Stellung Schumla gegenüber zu nehmen. Dies konnte allerdings ohne allzu große Gefahr geschehen, wenn man seine Kräfte beisammenhielt. Aber welches Resultat war von einer solchen Maaßregel zu erwarten? Im günstigsten Falle verhinderte man den Seraskier, aus Schumla vorzugehen und Varna zu entsetzen. Varna war aber noch gar nicht belagert und konnte auch in nächster Zukunft nicht belagert werden, da man ja alle dazu nöthigen Streitmittel mit vor Schumla genommen hatte und der aus Rußland nachrückende Ersatz binnen 4 Wochen noch nicht herangekommen sein konnte.

Es blieb also die engere Einschließung des verschanzten Lagers noch übrig. Nun tritt Schumla hinsichtlich seiner Verproviantirung in das Verhältniß einer Festung am Meer, welche auf der einen Seite zwar belagert, auf der andern aber nur aus der Ferne blokirt werden kann. Der Umfang des hohen Plateaus, an dessen Fuß Schumla liegt, beträgt 4 bis 5 Meilen. Weil man sich aber nicht dicht unter der Höhe aufstellen kann, so müssen die wesentlichsten Zugänge auch auf einem noch größeren Umkreise beobachtet werden. Sollte die Einschließung daher wirksam werden, so erforderte sie zahlreiche und ausgedehnte Detachirungen, welche sämmtlich nicht schwach sein durften, weil der Feind in dem bedeckten und coupirten Terrain sich ihnen ganz ungesehen nähern und mit großer Uebermacht auf sie fallen konnte, ohne die Front seines Lagers von Vertheidigern allzu sehr zu entblößen. Russischer Seits hingegen mußte man nach allen diesen Detachirungen immer noch in der offenen Ebene stark genug bleiben, um einem allgemeinen Vorrücken des Feindes entgegentreten zu können. Da nun das Einschließungs-Corps, auch wenn es beisammen blieb, schon schwächer war, als das einzuschließende, so setzte man sich bei dieser Maaßregel augenscheinlich der Gefahr aus, en détail geschlagen zu werden.

Gelang es aber wirklich, durch Hunger die Besatzung zum Abzug zu bewegen, und dieser konnte ihr aus den verschiedenen, meilenweit entfernten Thoren ihrer Bergfestung nie verwehrt werden, so war der Besitz von Schumla für die Russen werthlos, weil dieser Posten mit der strategischen Fronte gegen Norden kehrt und nur durch ein zahlreiches Heer behauptet werden kann, welches ihnen für diesen Zweck nicht zu Gebot stand. Schumla eröffnete den Russen auch noch nicht einmal einen Paß durch den Balkan, die Subsistenz des Heeres war dort nicht gesichert, und man mußte immer wieder auf Varna zurückkommen.

Dennoch wählte man in der falschen Stellung, in welche man sich einmal gesetzt, die engere Einschließung als diejenige Maaßregel, welche, minder unausführbar als die Erstürmung, doch immer noch eher ein Resultat versprach, als die bloße entfernte Beobachtung. Diese letztere wäre aber unstreitig die einzig richtige Maaßregel gewesen, wenn zugleich Varna belagert worden wäre. Dann konnte den Russen nichts erwünschter sein, als daß die bedrohte Lage jener Festung den Seraskier vermochte, aus seinem Lager vor Schumla hervorzutreten, und ein Sieg im freien Felde mußte den Ausgang des Feldzugs entscheiden.

Im Gefühl ihrer Schwäche fingen die Russen sogleich an, den feindlichen Verschanzungen gegenüber sich selbst zu verschanzen. Eine Reihe von Redouten entstand in einer solchen Entfernung vom türkischen Lager, daß sie von dem Wallgeschütz desselben zwar erreicht wurden, dagegen nicht nahe genug waren, um durch Feldgeschütz jenes Feuer mit Erfolg zu erwidern. Die Redoutenlinie sollte sich nach und nach den

Bergen nähern, und dann, so wollten wenigstens Einige, sollte man sein Heil gegen diese versuchen. Die Türken stellten dem jedoch bald neue Hindernisse entgegen, indem sie selbst den ihnen zunächst liegenden Redouten gegenüber die früher genannten Außenwerke errichteten. Eine heftige Kanonade, welche dies Beginnen verhindern sollte, führte nicht zum Ziel.

Am 27. Juli bemächtigte das IIIte Corps sich der niedrigen, damals bewaldeten Höhe nördlich vom Dorfe Strandscha, und am Fuß des steilen Abfalls des Berges, auf welchem das Fort gleiches Namens liegt. Dies gab Veranlassung zu sehr heftigen Ausfällen der Türken an diesem und am folgenden Tage. Trotz des bergigen und bedeckten Terrains brachte der Seraskier meist nur Reiterei ins Gefecht, welche in den Gesträuchen unter andern ein russisches Bataillon des 16ten Jäger-Regiments umzingelte, und von den Pferden herab ein Bataillenfeuer gegen dasselbe unterhielt. Die russische Artillerie, wahrscheinlich die zahlreichen Einhörner, verursachten dagegen den Türken beträchtlichen Verlust, und das IIIte Corps behauptete den Besitz der Höhe, woselbst es sich sofort verschanzte. Dieser Punkt konnte eine Anlehnung für die russische verschanzte Stellung bilden, indem er die freie Ebene vor dem türkischen Lager sehr vortheilhaft beherrscht und das Vorgehen bei Tschally Tabia flankirt. Er war aber selbst außerordentlich exponirt, und es wäre sehr viel gewonnen gewesen, hätte man sich des Felskopfes nördlich des Fort Strandscha bemächtigen können, welcher in gleicher Höhe und nur 1000 Schritt entfernt liegt. Dies gelang aber nicht.

Auf dem linken Flügel hatte das VIIte Corps ebenfalls eine Reihe von Redouten ausgeführt und selbige bis gegen= über der Matschin=Schanze bei Tschengell ausgedehnt. Die Zahl der Redouten betrug schon damals 19 und wuchs bald bis auf 27 an, deren Besatzungen auf einer Ausdehnung von 2 Meilen Länge vertheilt standen. Immer aber war dadurch nur die Front des Lagers umstellt, und man sah täglich lange Reihen von Kamelen den steilen Abhang hinter Schumla hinabsteigen, welche dem türkischen Corps über Rasgrad, Eski-Dschumna und Eski-Stambul Lebensmittel und Kriegsbedürfnisse zutrugen. Es kam daher jetzt darauf an, auch diese Zugänge zu sperren.

Nachdem Rasgrad bereits durch den Kosaken-General 30. Juli. Schirow besetzt werden, brach am 30. Juli General Rüdiger zu dem obigen Zweck mit 8 Bataillons der 19. Infanterie-Division und 8 Escadrons der 3. Husaren-Division gegen die Südseite des Gebirgs auf. Bei dem Dorfe Tschiflik, unweit des von der Höhe von Schumla nach Trudscha führenden Hohlwegs, ließ derselbe zur Sicherung seiner Verbindungen den General Tarbejef mit 4 Bataillons und 4 Escadrons stehen, und rückte selbst, um nicht den gefährlichen Marsch längs des Fußes der vom Feind besetzten Höhe zu machen, mit dem Rest seines Detachements auf dem Umweg über Eski-Stambul zur Recognoscirung des Passes von Kjötesch vor, welcher für die Verbindungen des türkischen Heeres der wichtigste war.

31. Juli. Schon am folgenden Tage wurde General Tarbejef in zwei Richtungen auf den Straßen von Trudscha und Tschengell lebhaft angefallen. Obgleich nun dieser Angriff von den Russen ohne erheblichen Verlust zurückgeschlagen wurde, so vermochte derselbe doch den General Rüdiger zur unverzüglichen Rückkehr, weil er, wenn das Unternehmen des Feindes gegen Tschiflik gelang, in die bedenklichste Stellung gekommen wäre. Er ließ bei dem genannten Dorf den General Iwanow mit 4 Bataillons, 2 Escadrons und einigen Kosaken zurück, und schloß sich mit dem Rest an das VIIte Corps gegenüber der Matschiner Redoute, wieder an. Das Detachement in Tschiflik warf eiligst eine Redoute vor dem Dorfe auf und suchte seine Verbindung mit dem Gros über Marasch mittelst einer Furth durch den Kamtschik zu unterhalten.

Man konnte sich schon jetzt nicht länger verhehlen, daß
selbst bei der großen Passivität des türkischen Seraskiers, und
vielleicht eben wegen derselben, vor Schumla keine Art von
Erfolg zu erwarten sei. Aber auch für das schwache Corps
vor Varna mußte nothwendig etwas geschehen. Der Kaiser
verließ, in der Absicht, die Belagerung von Varna selbst zu
betreiben, Schumla am 3. August, begleitet von einem reitenden ₃. Aug.
und einem Fuß-Jäger-Regiment nebst 12 Geschützen. Zuvor
ernannte der Kaiser den General Wolnow zum Befehlshaber
der gesammten Cavallerie der Armee, und den Prinzen Eugen
von Würtemberg zum Chef des VIIten Armee-Corps. Bei
dem kommandirenden General Graf Wittgenstein verblieb der
Chef des Generalstabes der Armee, Graf Diebitsch, welcher
ihn (genauer mit dem Willen des Kaisers bekannt) zu Ab-
weichungen von dem bisherigen System hätte ermächtigen
können. Graf Diebitsch aber war erkrankt und nahm keinen
Theil an den Geschäften.

So blieb es denn bei dem bisherigen Verfahren, nur
daß dasselbe noch weiter ausgedehnt wurde. Das IIIte Corps
sollte nämlich vor Schumla allein stehen bleiben, das VIIte
hingegen offensive im Rücken des Feindes auftreten. Indeß
reichte die Stärke des erstgenannten Corps nicht einmal aus,
die zahlreichen Redouten vollständig zu besetzen, sondern es
mußte darin durch das VIIte unterstützt werden. Von diesem
wurde nun General Rüdiger abermals gegen Kjötesch vorgeschoben, während der schwache Rest des Corps die Verbindung
zwischen dem defensiven und offensiven Theil des Heeres unterhalten sollte.

Am 7. August unternahm General Rüdiger abermals ₇. Aug.
die ihm anbefohlene Recognoscirung gegen Kjötesch, woselbst
er den feindlichen Posten vertrieb und 1 Kanone eroberte.
Er kehrte sodann aber gleich über Trutscha und Tschiflik
wieder in die Centralstellung des VIIten Corps Angesichts

der Matschinschen Redoute zurück; — denn Prinz Eugen von Würtemberg, der in Uebereinstimmung mit General Rüdiger jede Linksziehung mit geringen Mitteln für unzweckmäßig hielt, hat dringend darum diesen General theils nicht zu compromittiren, theils den Feind nicht auf seine empfindlichen Stellen aufmerksam zu machen. Diese Ansicht fand sich dadurch nur zu früh bestätigt, daß sich die Türken bei Rjötesch und Trudscha verschanzten, wodurch jedes fernere ernstliche Unternehmen auf jene Stellen bedeutend erschwert wurde.

Mittlerweile schritt die Erbauung neuer Redouten vor der Front des IIIten und vor dem rechten Flügel des VIIten Armee-Corps immer weiter vor, und auch die Türken, welche sich vor einem Angriff in der Richtung des Ibrahim-Nasiri fürchten mochten, erbauten zwischen diesem und den Schanzen von Matschin, auf dem Abhange der Höhe an der Straße nach Constantinopel ein neues Werk, Sultan Tablassi genannt.

8. Aug. Am 8. überfiel ein türkisches Streifcorps unter Alisch-Pascha aus Schumla den russischen Troß bei Jenibasar und nahm demselben eine beträchtliche Menge Schlachtvieh ab.

Um diese Zeit unternahm vom rechten Flügel aus auch General Woinow mit einer Abtheilung Reiterei eine Expedition in der Richtung nach Eski-Dschumna, um dem Feinde nach dieser Stelle hin Besorgnisse einzuflößen, kehrte aber sehr bald wieder nach der Stellung des IIIten Corps zurück. — In der Mitte August erhielt General Rüdiger aufs Neue Befehl, nach Eski-Stambul zu marschiren, und mußte von dort aus, ohne Unterstützung durch den Rest des VIIten Corps, dessen Gegenwart man auf den besetzten Stellen nicht wohl entbehren zu können glaubte, nach Rjötesch vorgehen, mit dem Auftrage, sich dort womöglich zu verschanzen, und dem Feinde den Ausweg zu sperren. General Rüdiger überraschte wirk-
15. Aug. lich am Morgen des 15. August 3000 Türken, trieb sie in die Flucht und nahm ihnen 1 Kanone und 165 Gefangene

ab, wurde aber bald darauf selbst von beträchtlicher Uebermacht angegriffen, gegen die er in nachtheiliger Aufstellung
und in coupirtem Terrain nicht Stand halten konnte. Auf
dem Rückzuge durch enge Schluchten und dichten Wald sah
er sich hierauf von allen Seiten umringt, und vermochte bei
dem hitzigen Schützengefecht den Verlust einer Kanone, deren
Räder brachen, und den von einigen hundert Todten und
Blessirten nicht zu vermeiden. Der Chef der 19ten Division,
General Iwanow, einer der geschätztesten Männer des russischen Heeres, wurde an der Spitze eines Bataillons vom
Asowschen Regimente in dem Augenblick tödtlich verwundet,
als er es lebhaft anfeuerte. General Rüdiger nahm hierauf
seine frühere Stellung von Eski-Stambul wieder ein, und
es wurde ihm befohlen, dort zu verbleiben. — Prinz Eugen
mußte sich zwar mit 8 Bataillons der 18ten Division nach
Marasch begeben, um zur Unterstützung mehr in der Nähe
zu sein, wurde aber gleich darauf wieder nach rechts hinbe-
rufen, weil die Türken sich plötzlich ganz in der Nähe von
zwei der wichtigsten russischen Redouten logirt hatten, und
von dort aus mit einem Angriff auf dieselben drohten. Doch
hatte daselbst General Rudjewitsch schon die nöthigen Vor-
kehrungsmaaßregeln getroffen, und die 18te Division kehrte
bald darauf wieder in das Lager von Marasch zurück, welches
der Prinz mit einer Enceinte zur Sicherung gegen Ueberfälle
umgeben ließ.

Daß der Seraskier endlich anfing, die mißliche Lage der
Russen vor Schumla zu begreifen, davon zeugten die Begebenheiten des 26. August. Obwohl ein nächtlicher Ueberfall 26. Aug.
ein Phänomen in der türkischen Kriegsgeschichte ist, so erschien diesmal um 12 Uhr Mitternachts plötzlich eine Colonne
türkischen Fußvolks, geführt durch Alisch-Pascha, vor der Schanze
Nr. 5, welche die Russen auf der Waldhöhe nördlich des Dorfes
Strandscha erbaut hatten. Ueberläufer mochten von der Sorg-

losigkeit der dortigen Besatzung berichtet und den Gedanken an dies Unternehmen hervorgerufen haben. Die Türken erstiegen die Brustwehr, tödteten mehre 100 Mann vom 15ten Jäger-Regiment, und bemächtigten sich der dort aufgestellten 6 Geschütze. Auch der Befehlshaber, der brave General Wrede büßte seine sorglose Zuversicht mit dem Leben. Ein gleichzeitiger Angriff auf die östlich zunächst liegende Redoute Nr. 23 wurde abgeschlagen, weil man dort aufmerksam geworden war. Dagegen erforderte die Wiedereinnahme von Nr. 5 bedeutende Anstrengungen. General Rudjewitsch ließ die wenige Infanterie seines Corps, welche er noch erübrigen konnte, d. h. Theile des 15ten, 16ten Jäger- und des Tambowschen Infanterie-Regiments mehrere Male vergeblich stürmen, und man verdankte vorzüglich dem Feuer einer mächtigen Batterie, daß die Türken sich mit der Abführung der erbeuteten Kanonen begnügten und dem letzten russischen Angriff keinen neuen Widerstand entgegensetzten. Es soll der Chef des Generalstabes des Grafen Wittgenstein, Generaladjutant Kisselef, bei der Wiedereroberung der verlornen Schanze sehr thätig gewesen sein. Beim ersten Versuch blieb zum allgemeinen Bedauern der tapfere Oberst Jefremjew vom 15ten Jäger-Regiment.

Dennoch war dies glückliche Gefecht nur ein Scheinangriff, um die Aufmerksamkeit der Russen von einer noch wesentlicheren Unternehmung abzulenken. Prinz Eugen stand nach so vielen Detachirungen mit nur 3800 Mann, nämlich 8 Bataillons der 18ten Division und 6 Escadrons Husaren bei Marasch, und der Serasker beabsichtigte nichts Geringeres, als dies schwache Corps durch die Ueberzahl zu erdrücken und sich demnächst auf den General Rüdiger zu werfen, welcher eben so schwach und ohne Rückzug dann kaum zu retten gewesen wäre. Letzterem hatten bereits seit einigen Tagen Bulgarische Spione die übereinstimmendsten Nachrichten gegeben, daß auf ihn die ganze Last des Feindes fallen solle, und er war deshalb auch von Eski-Stambul über den großen Kamtschik zurückgegangen, auf diese Weise aber immer noch nicht in die gehörige nahe Verbindung mit dem Posten von Tschiflik, welchen General Durnowo mit 2 Bataillons besetzt hielt, und mit dem Prinzen Eugen bei Marasch getreten.

Auf diesen letztern stürzte sich nun um 2 Uhr Morgens unter Essaad-Pascha der Feind, und warf die Kosakenposten zurück. Seine Reiterei kam fast mit ihnen zugleich an das Lager heran, wo jedoch die ersten entfernten Pistolenschüsse schon alle Truppen in Bereitschaft versetzt hatten. Die Türken zogen fürs Erste unverrichteter Sache ab, kaum graute jedoch der Morgen, als man die Ebene vor dem Lager mit bedeutenden feindlichen Truppenmassen bedeckt sah, wovon auch sogleich zwei geschlossene Colonnen regulairer Infanterie, (blau gekleidet und mit Bajonnetten versehen) mit großem Geschrei gegen den rechten Flügel des russischen Lagers anstürmten. Ein wohl angebrachtes Kartätsch- und Kleingewehrfeuer veranlaßte sie zu einem schnellen Aufmarsch im Laufen, um das Feuer erwidern zu können, welches Manöver, nach Aussage der Augenzeugen, mit vieler Ordnung ausgeführt wurde. Drei Escadrons des Husaren-Regiments Graf Wittgenstein rüsteten sich hier auf die bloßgegebene Flanke des Feindes einen Angriff zu machen. Ihr Erscheinen brachte die Türken in Verwirrung und Flucht, wobei aber die durch die Anstrengung des Tages in Mann und Roß ermüdeten Escadrons die leichtfüßigen Muselmänner kaum einzuholen vermochten, und in Verbindung mit den Kosaken nur 100 Mann niedermachten.

Während dieser ersten Versuche des Feindes hatte sich eine andere türkische Colonne, ebenfalls mit einigen Bataillons regulairer Infanterie an der Spitze, dahinter aber viel unregulaires Fußvolk und Reiterei mit 4 Kanonen, im Ganzen

auf etwa 15000 Mann geschätzt, durch das Thal des Kamtschik
gegen den linken Flügel des russischen Lagers in Bewegung
gesetzt, und bedrohte daselbst das Dorf Marasch, worin sich
noch das Corps-Hospital mit 600 Kranken und die Wagenburg befanden, welche eben an diesem Tage hatten fortgeschafft
werden sollen. Zwei Bataillons vom Regiment Ufa und eins
von Perm waren zur Deckung des Dorfes abgeschickt worden,
und hatten, da der Rest des Detachements bereits im Feuer
stand und ihnen nicht zu Hülfe kommen konnte, einen furchtbaren Kampf zu bestehen. Vorzüglich litt das erste Bataillon
von Ufa, das, von allen Seiten umringt, fast 300 Todte und
Verwundete verlor und nur zwei Offiziere übrig behielt. Eine
Colonne türkischer regulairer Infanterie benutzte hier eine
augenblickliche Verwirrung dieses Bataillons, warf sich ihm
mit dem Bajonnet entgegen, und nöthigte es wirklich einige
Schritte zu weichen. Unterdeß waren aber 3 Bataillons
russischen Fußvolks und 3 Escadrons Husaren von Oranien
durch das Dorf dem Feinde in die Flanke gefallen, und warfen
ihn glücklich in sein verschanztes Lager zurück. Auch bei diesem
Gefechte war den Türken eine Trophäe in die Hände gefallen, nämlich 1 Kanone bei dem ersten Bataillon des Regiments Ufa, deren Bespannung, nachdem der Führer erschossen
war, scheu wurde, eine Face des Quarrees auseinander sprengte
und dadurch Verwirrung erzeugte. Dieser Vorfall gab Gelegenheit, den Nachtheil des Trosses im Innern der kleinen
Quarrees zu würdigen. General Rüdiger und General
Durnowo konnten erst nach beendigter Sache in Marasch eintreffen, während ihre Ankunft zur Zeit des Treffens entscheidend
gewesen wäre. In der That zeigten sich die Türken, trotz
ausnehmender Tapferkeit, doch noch nicht reif dazu, ihren
Gegnern im freien Felde die Stirn zu bieten. Bei ihrer so
bedeutenden Uebermacht, vorzüglich an Reiterei auf offenem
Terrain, hätten sie, nachdem das Feuer ihres Fußvolks bereits

empfindlich gewirkt, bei größerer Kraftanstrengung, einer kleinen Abtheilung Meister werden müssen, welche obendrein durch die gezwungene Deckung des Lagers und der Wagenburg in ihrem Wirken nicht freie Hände hatte.

Russischer Seits schien man endlich die Nothwendigkeit einer engern Concentrirung zu erkennen. Man hatte durch die sogenannte Einschließung von Schumla nicht nur keine Resultate erzielt, sondern in den einzelnen Gefechten empfind- liche Verluste erlitten, wie denn die Zahl der Todten während der Ueberfälle am 26. auf 1500 Mann berechnet wurde. Vor Allem aber konnte man sich der Ueberzeugung nicht erwehren, daß der nunmehr aufmerksam und kecker gewordene Feind, bei neuen und in größerem Maaßstabe ausgeführten Unter- nehmungen ähnlicher Art, auch wohl noch entscheidendere Vor- theile davon tragen könne.

Sechs Wochen hatten nun schon die russischen Truppen auf einer schutz- und baumlosen Fläche, Angesichts Schumla, und bei einer Sommerhitze zugebracht, welche sich Mittags in der Sonne zu 40 bis 46° Reaum. erhob. Die Entbehrungen in dieser gänzlich erschöpften Gegend, die Anstrengungen des Schanzenbaues und des täglichen Dienstes hatten den physischen, die sichtbare Erfolglosigkeit des langen Harrens, der üble Ausgang der meisten kleinen Gefechte, den moralischen Zustand des Heeres wesentlich erschüttert. Die Armee lebte nur von Zwieback und Fleisch, letzteres aber war sehr schlecht, da die mitgeführten Ochsen durch den Transport abgemagert und krank waren. Schwieriger noch als die Beschaffung der Lebensmittel war bei so anhaltendem Verweilen auf demselben Fleck die des Futters für die Pferde. Die Fouragirungen mußten, nachdem die nächste Umgegend völlig verwüstet, auf Entfernungen von mehr als 3 Meilen ausgedehnt werden. In einer concentrirten Aufstellung hätte man besondere Commandos zu diesem Zweck absenden können. Bei der

Zersplitterung in einzelne Detachements hingegen mußte jede Abtheilung die Fouragirung auf eigene Hand ausführen, und so kam es, daß täglich fast die ganze Reiterei sich in Fourageurs auflöste. Grade ihre geringe Zahl war die Ursache, daß sie sich nicht ernähren konnte, wäre sie zahlreicher und besonders stärker an Kosaken gewesen, so würde die Beschaffung, selbst einer größern Masse von Fourage, weit eher ausführbar gewesen sein.

Unter solchen Umständen war der Abgang an Pferden ungeheuer; man verlor von der überhaupt nur noch etwa 3000 Mann starken Cavallerie täglich 100, und später bis zu 150 Pferde. Mit der immer zunehmenden Mattigkeit der Thiere schwand auch die Zuversicht der Reiter. Zwei Drittel der Cavalleristen waren bereits zu Fuß und man konnte auf die Cavallerie weder in der Schlacht, noch selbst beim Vorpostendienst sonderlich mehr rechnen.

Dieser fiel demnach auch wesentlich der Infanterie noch zur Last, welche auf Kosten ihrer Ruhe die Aufmerksamkeit verdoppeln mußte. Die mangelhafte Ernährung, das schlechte kalkhaltige Wasser, die Anstrengung der Arbeiten und Wachen, endlich die Hitze der Tage und die verhältnißmäßige Kälte der Nächte erzeugten zahlreiche Krankheiten, welche die Hospitäler übermäßig füllten. Namentlich griffen Scorbut und Krätze um sich, denn es fehlte an Wasser zum Waschen, da man kaum zum Trinken genug hatte. Dabei war die Lage der Kranken wahrhaft beklagenswerth, denn bis auf 20 Meilen rückwärts besaß man nirgends einen Punkt, welcher auch nur gegen einen Handstreich sicher gewesen wäre.

Die türkische Cavallerie, welcher die nördlichen Ausgänge aus dem Lager stets offen geblieben, konnte im Grunde unternehmen, was sie wollte, denn die schweren Pferde ihrer Gegner vermochten sie bei ihrer Hinfälligkeit im Gefecht mit der blanken Waffe gar nicht mehr zu ereilen. Auch streiften die

Moslem im Rücken der russischen Stellung bis Jenibasar
umher, wo die Depots waren, sie fanden in den langen Zügen
von beladenen Wagen und Saumpferden eine willkommene
und sichere Beute für ihre Raublust, und täglich wurden sie
in ihren Neckereien kühner und lästiger. Vor Allem aber
drohte eine von Strandscha bis Kjötesch fünf Meilen lange
Aufstellung Angesichts eines an Zahl selbst dem concentrirten
russischen Corps überlegenen Feindes, welcher zu jeder Stunde
und an jedem Punkt unerwartet und mit gesammelten Kräften
über die einzelnen Posten herfallen konnte, mit der augenscheinlichsten Gefahr, nachdem der Seraskier das Vortheilhafte
seiner Lage begriffen zu haben schien.

Dies waren die Gründe, welche den Commandirenden
bestimmten, das VIIte Corps näher an das IIIte heranzuziehen. Um den Schein zu retten, behauptete man die Redouten
des linken Flügels noch einige Tage nach den unglücklichen
Gefechten am 26. August und gab sodann 6 derselben gänzlich
preis, was freilich die Türken nicht hindern konnte, diese
längst durch die Verhältnisse gebotene Concentrirung als eine
Folge ihres Sieges zu betrachten. Auch rückten schon am
29. August Truppenverstärkungen und lange Züge von Kamelen
mit Lebensmitteln auf der freigewordenen Straße über Eski-
Stambul und Kjötesch in Schumla ein.

Unterdessen rüstete sich der Seraskier zu größeren Unternehmungen. Am Abend des 9. September brachten zuver- 9. Sept.
lässige Bulgaren die bestimmte Nachricht, daß der Angriff des
Feindes auf die folgende Nacht festgesetzt sei. Man war also
nicht unvorbereitet, als 8000 Mann türkischer Infanterie kurz
vor Tagesanbruch die Redouten Nr. 11, 12 und 27 stürmten,
welche vor dem linken Flügel des Corps des General Rudjewitsch
lagen. Der Angriff wurde mit starkem Verlust zurückgeworfen.
Auch auf dem äußersten linken Flügel des Prinzen Eugen
zeigte sich der Feind. Mit 3000 Mann Reiterei und einiger

Infanterie ging derselbe über das Dorf Kaffaplar vor. General Rüdiger mußte sogleich mit seiner Division angreifen, und zwang den Feind in wenig Minuten zur eiligsten Flucht. Es konnten jedoch auch hier die matten Husarenpferde, trotz dem besten Willen ihrer Führer, die Masse des fliehenden Feindes nicht erreichen, und von der einen Husaren-Brigade allein sanken 16 Pferde während der Attake aus bloßer Erschöpfung todt nieder.

Endlich entschloß sich der General Graf Wittgenstein, seine Truppen auf Jenibasar zu concentriren, und die Einschließung völlig in eine Beobachtung zu verwandeln. Diese auf den 10. September festgesetzte Vereinigung unterblieb jedoch auf Grund von Varna eingegangenen Befehls und Alles verharrte im statu quo, nur daß abermals 4 Redouten auf dem linken Flügel des Prinzen Eugen als unhaltbar aufgegeben werden mußten.

Die feindliche Reiterei warf sich bei einem Streifzug auf die russische Wagenburg bei Jenibasar, ein anderer Schwarm überfiel die Fourageurs der 3. Husaren-Division und nahm 5 Offiziere und 200 Mann gefangen. Ebenso wurde ein russischer Ulanen-Major, der Depeschen von Silistria überbrachte, mit seiner Bedeckung von 100 Pferden aufgehoben, bei Prawady stürzte sich ein Schwarm türkischer Reiter unter Halil Paschas Anführung auf die dortigen Verschanzungen und einige 1000 Mann gingen zum Ersatz von Silistria ab. Zugleich regte sich nun endlich der Großvezier, welcher von Adrianopel gegen Aidos vorrückte, und 14000 Mann brachen aus Schumla auf, um sich mit ihm zu vereinigen.

So war der Zustand der Dinge vor Schumla. Um eben diese Zeit hegte man in der Wallachei die lebhaftesten Besorgnisse wegen eines Einbruchs der Garnisonen von Widdin, Nicopolis und Rustschuk, da die Verstärkung durch Reserve-Bataillone, welche bei Eröffnung des Feldzugs nur aus Cadres beftanden, noch immer nicht in den bedrohten Fürftenthümern eingetroffen waren. Von Silistria aus berichtete General Roth über die Unzulänglichkeit feiner Hülfsmittel, auch war die bloße Einfchließung des Platzes nur fo unvollftändig bewirkt, daß man felbft die aus Schumla entfendete Reiterei nicht abzuhalten vermochte, in Silistria einzurücken. Die Belagerung von Varna endlich, deren Deckung das wichtigfte Refultat der ungeheuren Opfer an Material und Zeit vor Schumla gewefen wäre, follte jetzt eben erft anfangen, da bislang dort nur ein Corps aufgeftellt gewefen war, welches kaum halb fo ftark, als die Befatzung des Platzes.

Faßt man alle diefe Verhältniffe zufammen, fo kann man wohl nicht in Abrede ftellen, daß das ruffifche Heer während des ganzen Monats Auguft und September fich in einer äußerft kritifchen Lage befand.

Achter Abfchnitt.

Belagerung von Varna.

Varna liegt am Ausfluß der Devna und ihrer Seen in das Meer, in einer breiten Thalebene, deren fanfthügeliger Boden mit Obftgärten und Weinbergen bedeckt ift. Der nördliche Thalrand jenes Flüßchens erhebt fich über 1000' und zeigt ganz ähnliche Formationen wie die Vorberge von Schumla, indem auch hier die flache bulgarifche Ebene plötzlich fenkrecht und felfig abftürzt, und dann mit ftets abnehmender Steilheit fich verflacht. Der Abftand diefer Höhen von Varna beträgt an ¾ Meile. Der füdliche Thalrand rückt dem Platze näher, fteigt fogleich ftetig auf und zeigt die Kuppenbildung und die schönen Waldungen des eigentlichen Balkan. Indeß bleiben auch hier die nächsten, die Festung einsehenden Höhen, noch über 3000 Schritt von derselben entfernt. Aus der näheren Umgebung ist der Platz daher nirgends dominirt, beherrscht aber auch selbst nicht überall vollständig das Terrain im Bereich der Schußweite.

Die Festung, wie sie im Jahr 1828 war *), hatte einen Umfang von genau ¼ Meile. Von dem umfaßten Raum war jedoch die westliche Hälfte auf der Höhe unbebaut und nur mit den Gräbern der Moslem bedeckt. Die Stadt selbst mit 25,000 Einwohnern, nach Art aller türkischen, aus hölzernen Häusern und mit engen Gassen erbaut, dehnte sich längs des Meeresufers und im Thal der Devna aus. Obwohl die Leitungen, welche die Fontainen speisen, leicht unterbrochen werden können, so wird es der Stadt doch nie an Wasser fehlen, da die Brunnen sowohl als der Devnafluß dieselbe mit diesem Bedürfniß hinreichend versehen. An dem tiefliegendsten Ort und dicht umgeben von Wohnungen, erhebt sich ein altes Kastell mit Mauern und Thürmen, dessen Substruktionen byzantinischen Ursprungs zu sein scheinen, welches jedoch zu eng und unbedeutend ist, um zur Vertheidigung beitragen zu können. Dasselbe dient nur als Pulvermagazin.

Die Haupt-Enceinte schloß sich bei dem Thurm T an den etwa 40′ hohen Felsabhang an, welcher schroff zum Meere abstürzt, und zog dann nördlich und westlich um Varna herum bis zum Devnafluß. Dieselbe bestand aus einem Erdwall von geringem Commandement und war durch 10 enge Bastione vertheidigt, deren Facen für 6 Geschütze, die sehr kurzen Flanken aber nur für 1 Geschütz Platz gewährten. Ueberhaupt war Varna mit 162 Geschützen armirt, welche sämmtlich durch Scharten feuerten, deren Wände mit Horden von starkem Flechtwerk aufgesetzt waren. Die innere Böschung der Brust-

*) Plan Nr. 4.

mehr war in den Bastionen mit starken Bohlen, die äußere mit Flechtwerk bekleidet. Die langen Courtinen hatten so schmale Wallgänge, daß man dort gar keine Geschütze aufstellen konnte. Ihre Brustwehr war nach innen mit einer Palissadenreihe besetzt, deren Spitzen etwas über die Crete hervorstanden und so dem Schützen Deckung gegen das Kleingewehrfeuer des Angriffs gewährten. Der Graben war schmal und mit gemauerter Escarpe und Contrescarpe, in seinem östlichen Ende von einem kleinen Bach durchflossen, sonst aber trocken. Vor dem Hauptwall waren permanente Außenwerke nirgends vorhanden, es fehlte sogar an einem bedeckten Weg. Dagegen hatten die Türken drei Lünetten, f, g, h, 500 Schritt vor der westlichen Front, und eine Schanze P, welche 1500 Schritt nördlich des Platzes lag, aufgeworfen. Obgleich diese Werke nur aus Erde flüchtig erbaut und, wie es scheint, in der Kehle sogar offen geblieben waren, P auch von den Geschützen der Festung fast gar nicht mehr unterstützt werden konnte, so werden wir doch die Türken sich in denselben noch zu einer Zeit behaupten sehen, wo der regelmäßige Angriff bereits bis zum Couronnement des Grabens vorgeschritten war. Außerdem entstand im Laufe der Belagerung ein förmliches Labyrinth von türkischen Logements rings um die Festung, indem die Vertheidiger jede kleine Terrainfalte benutzten, um sich darin festzusetzen. Wie meisterhaft die Türken ihren trockenen Graben zur Vertheidigung zu nützen wußten, werden wir weiter unten schildern. Auf der Südfront lag ein enger Brückenkopf vor der steinernen Brücke über die Devna und hinter demselben vom Bastion 10 bis zu der steilen Felswand am Meer war die Kehle der Festung nur durch eine freistehende Mauer geschlossen.

Die Niederung zwischen dem untern Devnasee und dem Meere ist zu allen Zeiten sumpfig und nur da zu passiren, wo sie längs der Küste durch den Wellenschlag mit Sand bedeckt worden ist. Ebenso hat auch die Devna morastigen Grund, so daß sie oberhalb der Mühle nirgends ohne Brücken passirt werden kann. Dagegen ist sie aus dem oben genannten Grunde von dem Brückenkopf an bis zur Mündung überall mit Leichtigkeit zu durchfurthen. — Es war daher an und für sich kein unausführbares Unternehmen, bei den Dünen, etwa in der Gegend des Grabmals, zu landen, unterstützt durch das Feuer bewaffneter Fahrzeuge die Kehlmauer niederzuwerfen, und an dem engen Brückenkopf vorüber in die Stadt einzubringen. Ein solcher Handstreich hätte im Mai und selbst noch im Juni, als Varna unvorbereitet und mit schwacher Garnison versehen war, gelingen können. Allein damals baute man noch an dem Damm von Satunowo und die Flottille kreuzte vor Anapa. Als später der Platz eine Besatzung von 15,000 Mann, worunter 7000 Arnauten, erhalten hatte, verbot sich so etwas von selbst.

Für den förmlichen Angriff wäre die natürlichste Angriffsfront des Platzes wohl die westliche gewesen. Auf der kleinen Straße von Pravady konnte man längs des Devnasees bis auf 500 Schritt Entfernung an die detachirten Werke herankommen, ohne von dort gesehen zu werden, und eine Gruppe kleiner Hügel (den Hünengräbern ähnlich) gewährte eine Deckung bis dicht vor g. Ueberdies war die Linie Bastion 7 bis 9 von dem Hügel, über welchen die Straße von Baltschik herabführt, vortheilhaft zu enfiliren. Die Türken mochten auch wohl hier den Angriff vermuthet haben, da dies vorzugsweise die Seite war, welche sie durch vorgeschobene Werke zu decken versuchten. Wir werden indeß sehen, daß nachmals, um mit ihrer Flotte in der nächsten Verbindung zu bleiben, die Russen längs dem Meere die nordöstliche Front der Festung angriffen. Bei ihrer geringen Zahl, einer starken und unternehmenden Besatzung gegenüber, mußte es ihnen freilich sehr wünschenswerth sein, wenigstens einen Flügel ihrer Aufstellung sicher

anlehnen zu können. Auch hier gewährte eine kleine Wiesen-
senkung k, 1200 Schritt von dem Hauptwall entfernt, Schutz
gegen das direkte Feuer desselben, mehrere von Regenwassern
gespülte Ravins bildeten natürliche Approchen, und da der
Graben vor der Anschlußfront an das Meer durch ein natür-
liches und breites Thal gebildet wurde, so war fast die halbe
Höhe der gemauerten Escarpe vom Felde aus zu sehen und
zu beschießen. Dagegen konnte der Hauptwall von Bastion 4
bis 1 nirgends mit Vortheil enfilirt oder ricochettirt werden,
denn die einzige Höhe, von welcher aus dies hätte geschehen
können, war über 2000 Schritt entfernt und auch ohnehin
durch die Schanze P besetzt. Ueberdies senkte sich der Wall
mit dem Terrain von Bastion 4 nach 1 so bedeutend, daß
wenig Wirkung vom Ricochettschuß zu erwarten gewesen wäre.
Endlich zeigte eben auf dieser Strecke der Hauptwall das be-
deutendste Profil, da der Graben, in welchem der kleine Bach
dem Meere zufließt, gegen seine Mündung an 40 Fuß Tiefe
erlangt.

Es wurde schon oben erwähnt, wie am 14. Juli General-
Adjutant Graf Suchtelen mit einer schwachen Abtheilung gegen
Varna vorging, und selbst nach Ankunft des von Tuldscha
heranrückenden Generals Uschakof sich nur auf eine ganz ent-
fernte Beobachtung einlassen konnte. — Am 17. rückte der
Kapudan-Pascha mit 5000 Mann, zum Theil regulairer Truppen,
von Konstantinopel kommend, Angesichts der Russen auf der
Südseite in die Festung ein, und am folgenden Tage mußte
Graf Suchtelen mit seinen 4 Bataillons 4 Escadrons nach
Koslubscha abrücken und das nur 4 Bataillons 5 Escadrons
starke Corps des Generals Uschakof dem jetzt mehrfach überlegenen Feind gegenüber lassen.

Kaum hatten die Türken diesen Abmarsch bemerkt, als
sie am 20. früh einen Ausfall gegen den russischen rechten
Flügel machten. Der bereits abmarschirte General-Adjutant

Suchtelen schickte 1 Bataillon 2 Escadrons zur Hülfe, welche auch glücklich eine über die Furth von Gebedsche in die rechte Flanke des Generals Uschakof andringende Abtheilung zurück-schlugen. Die Russen leisteten hartnäckigen Widerstand, wobei sich das Regiment Nisofsky vorzugsweise hervorthat. Indeß konnte General Uschakof sich nicht verhehlen, daß es unklug sein würde, in so großer Nähe vor dem weit überlegenen Gegner stehen zu bleiben. Das Beobachtungscorps zog sich daher bis zum Dorfe Derbent („Paß"), 2 Meilen von Varna entfernt, zurück, woselbst man sich verschanzte und die Ankunft des General-Adjutanten Benckendorf mit der 1. Brigade der 10. Division abwartend, 14 Tage unthätig stehen blei-ben mußte.

Die Flotte unter Befehl des Admiral Greigh, aus 8 Li-nienschiffen, 5 Fregatten, einigen Kuttern und Kanonenböten und vielen Transportfahrzeugen bestehend, traf, von Anapa kommend, erst Ende Juli, und nachdem sie lange mit widri-gem Winde gekämpft, auf der Rhede von Kavarna, Anfangs August aber vor Varna ein, wo sie 1½ Meile von der Festung vor Anker ging. Sie hatte die 3te Brigade der 7ten Division, welche bisher bei der Wegnahme des Platzes Anapa siegreich mitgekämpft hatte, an Bord. Der Vice-Admiral Fürst Mentschi-kof, welcher jetzt den Oberbefehl über die Belagerungstruppen übernahm, benutzte, mit richtiger Würdigung des Augenblicks, 3. August. das Erscheinen der imposanten Flotte, um am 3. August von Derbent aufzubrechen und gegen Varna wieder vorzugehen. Die Türken hatten ½ Meile diesseits Varna eine vortheilhafte Aufstellung genommen, sie wurden durch das schnelle Vor-dringen eines Bataillons vom Regiment Simbirski geworfen und mit Verlust in die Festung getrieben. Die Russen nahmen hierauf ihre Stellung ein. Da das Kloster St. Constantin, 1½ Meile von Varna, von den Türken verlassen worden war, 4. August. so legte man dort am 4. eine Landebrücke an und ebnete Auffahrten über das steinige, aber nicht sehr hohe Meeresufer. Ein zweiter Landeplatz wurde näher an der Festung vorbereitet und durch eine Redoute geschützt, welche 400 Schritt Front hatte und mit dem Rücken an dem steilen Abhang lag. Diese Anlagen wurden durch 283 Mann, meist Mariniers, ausgeführt, welche überhaupt in der ersten Zeit der Belagerung zu den mehrsten Erdarbeiten verwendet wurden. Diese gingen aber langsam von Statten und man brauchte zur Vollendung der Redoute 4 Tage, da es an Werkzeugen fehlte und die Leute oft abberufen wurden, um Vorrathsgegenstände auszuladen. Indeß war die Verbindung mit der Flotte hergestellt. Man hatte die Infanterie-Brigade bereits bei Kavarna ausgeschifft, und diese traf nun am 5. August, eben so wie auch 5. August. der Kaiser mit dem 19ten Jäger-Regiment zu Fuß, dem reitenden Jäger-Regiment Seversk, 50 Mann Attamanscher Kosaken und 12 Geschützen von Schumla her, vor Varna ein, wodurch das Einschließungs-Corps auf gegen 9000 Mann gebracht wurde.

Es befanden sich nämlich jetzt daselbst

						Bat.		Esc.
vom	IIIten	Corps	von der	7. Div.	...	8 Bat.	—	Esc.
„	„	„	„	„ 10.	...	6 „	—	„
„	„	„	„	„ reit. Jäg.-Div.	—	„	4	„
„	VIIten	„	„	„ 18. Div.	...	4 „	—	„
von der Bugschen Ulanen-Div.				......	—	„	5	„
						18 Bat.		9 Esc.

Nachdem der Kaiser diese Truppen und die Flotte gemustert hatte, gab derselbe den Befehl zur Eröffnung der Belagerung.

Indeß waren die Mittel, um diese mit Nachdruck zu betreiben, keineswegs ausreichend, die Garden noch nicht einmal an der Donau angelangt, und eine Einschließung des Platzes auf beiden Seiten des Devnasees bei der Stärke der Besatzung unausführbar. Immer noch fehlte es gänzlich an Belagerungsgeschütz, und man half sich nur nothbürftig mit Kanonen von der Flotte, welche durch Schiffs-Artilleristen und Matrosen bedient wurden.

Um nun nicht Zeuge einer zweiten erfolglosen Unter- nehmung sein zu müssen, schiffte sich der Kaiser, gefolgt von dem ganzen diplomatischen Corps, nach Odessa ein, wo der- selbe vom 8. August bis 2. September, als dem Zeitpunkt, wo die sehnlichst erwarteten Verstärkungen anlangen konnten, verblieb.

Fürst Mentschikof fing damit an, seine 2000 Schritt von der Festung entfernte und vom Meer bis zum Devnasee fast 1 Meile lange Aufstellung durch eine Reihe von Redouten zu 6. August. verschanzen. Die Reboute Nr. 2, mit welcher man am 6. August begann, wurde durch 150 Arbeiter und 1 Pionier-Compagnie in der folgenden Nacht vollendet. 1 Bataillon des Mohilew- schen Infanterie-Regiments deckte die Arbeit und erlitt einigen Verlust durch das Feuer des Platzes, welches auch den ganzen folgenden Tag anhielt. Die Entfernung betrug jedoch 2000 Schritt. 150 Mann und 1 Pionier-Compagnie vollen- beten die Reboute Nr. 1, welche mit 3 Geschützen sogleich armirt wurde. Ferner wurde mit 3 Compagnien die Re- boute Nr. 3, diese zu 5 Geschützen, angefangen, am folgenden Tage vollendet und mit Feldgeschützen armirt. Bei einem Ausfall der Besatzung der türkischen Schanzen verloren die Russen 1 Offizier und einige Mann.

6. August. Zugleich wurde in der Entfernung von 1000 Schritt an dem nicht von der Festung eingesehenen Orte k eine Art erster Parallele angefangen.

7. August. Der Feind versuchte abermals, sich der Reboute Nr. 3 durch einen Ausfall zu bemächtigen. Wiederholte Angriffe wurden zurückgeschlagen, und das Gefecht dauerte bis 9 Uhr Abends. Russischer Seits waren der Commandeur des Risof- schen Regiments, 3 Offiziere und 37 Mann verwundet, 23 Mann getödtet oder vermißt. Eine Fregatte und 1 Bom-

barbierschiff beschossen die Stadt, und in der folgenden Nacht
überfiel eine Abtheilung Ruderfahrzeuge unter Capitain Mi-
chelow die türkische Flotille in dem allerdings sehr offenen
Hafen. Die Türken verloren, troß des Feuers der Festung,
16 Fahrzeuge mit 5 Kanonen, von den Russen waren 3 Offiziere 37 Mann verwundet oder getödtet. Den Türken verblieben nur noch 2 Barkassen, welche auf den Strand gezogen waren.

Die Redoute Nr. 4 wurde angefangen, in der folgenden Nacht beendet und mit 3 Geschützen armirt, von welchen
2 gegen die türkische Schanze I' gerichtet waren.

Am 9. wurde die Redoute Nr. 5 durch 150 Jäger und 9. Aug.
1 Pionier-Compagnie erbaut, am folgenden Morgen armirt,
und das Feuer derselben eröffnet. Die Türken machten aus
ihren Schanzen sogleich wieder Angriffe auf die Arbeiten, und
es wurden bei diesem Gefecht 2 Stabsoffiziere, 8 Offiziere
und 190 Mann russischer Seits verwundet oder getödtet. An
eben diesem Tage wurde, 2000 Schritt von der Festung entfernt, durch 440 Arbeiter, zunächst der Redoute am Lande-
punkt, ein 500 Schritt langes Retranchement für die Schützen,
und auf dessen rechtem Flügel die Redoute Nr. 6 für 3 Geschütze angefangen, am folgenden Tage armirt, und das Ge-
hölz rings umher fortgeschafft.

Während der nächsten Tage war man beschäftigt, das
Retranchement am Landeplatz zu vollenden und letzteren aus-
zubessern, da derselbe durch den Wellenschlag sehr gelitten
hatte.

In der Nacht zum 13. erbauten 320 Arbeiter die Re- 13. Aug.
doute Nr. 7, etwa 1100 Schritt vom Graben entfernt. Das
Feuer, welches der Feind gegen die Arbeit richtete, war erfolglos.

Noch immer hielten die Türken sich in ihrer Schanze P,
welche nunmehr die ganze russische verschanzte Aufstellung in

der Mitte durchschnitt. Da man nicht zu stürmen wünschte, so wurde in der Nacht auf den 13. die Redoute Nr. 8 zu 3 Geschützen erbaut, welche den Türken Besorgniß für ihren Rückzug einflößen sollte.

Ferner führte man in dieser Nacht eine 600 Schritt lange Tranchee für Schützen, von der Schanze Nr. 7 bis zum Meere, welche am folgenden Tage vollendet war. In derselben wurde eine Batterie für 2 Mortiere angelegt.

Um wo möglich Varna auch auf der Südseite einzuschließen, ging an diesem Tage ein Cavallerie-Detachement, bestehend aus dem Severskischen reitenden Jäger-Regiment, 1 Escadron Bugscher Ulanen und ½ Sotnje (50 Mann) Attamanscher Kosaken, nebst 2 Geschützen der Donischen Kosaken-Artillerie, unter Anführung des Donischen Kosaken-Oberst Kirpitschef gegen Gebedsche vor. Dasselbe stieß aber dort auf überlegene Streitkräfte und konnte den Uebergang nicht forciren. Einige Tage später wurde 1 Bataillon des 19ten Jäger-Regiments zur Verstärkung dieses Detachements abgeschickt, und General Akinfief übernahm das Commando der ganzen Abtheilung, deren Verproviantirung durch 2 kleine bewaffnete Barkassen bewerkstelligt wurde, welche man über Land an den Devnasee herangebracht, und auf denselben herabgelassen hatte. Das schwache Corps konnte sich aber in der Nähe der Festung nicht behaupten, sondern mußte sich darauf beschränken, aus der Ferne zu beobachten, wie ein sehr starker Transport unter Bedeckung von 3000 Mann Infanterie und 2000 Mann Cavallerie mit 20 Fahnen in den Platz einrückte. Bald folgte ein zweiter Transport mit 3000 Mann Bedeckung dem ersten.

15. Aug. In der Nacht auf den 15. wurden die Tranchéen von Nr. 7 bis Nr. 8 verlängert, und an ihrem Anschluß D unten am Meere die erste Demontir-Batterie (auf 1000 Schritt Entfernung) aus 11—24pfündigen Schiffskanonen bestehend,

angelegt. Ihr Feuer war gegen das Bastion zunächst am Strand, gegen einen dort mit einem Falkonet armirten Thurm T, und gegen 2 kleine Flanken der Uferbefestigung gerichtet, aus denen die Türken die Angriffsarbeiten mit 2 Geschützen beschossen. Zugleich sollte dadurch eine größere Annäherung der Flotte möglich gemacht werden. Diese führte ungefähr 800 Geschütze, und man hatte gehofft, mit selbigen ein ver= heerendes Feuer gegen die Stadt selbst zu richten. Es fand sich aber, daß der Grund der Bucht so flach war, daß die größern Schiffe sich dem Ufer gar nicht nähern konnten. Als daher die Flotte am 19. an der Festung vorüber segelte, und sie aus der Entfernung von 2000 Schritt beschoß, zeigte sich die Wirkung sehr gering. Später waren zu diesem Zweck immer 1 Kriegsschiff und einige Kanonenböte in Thätigkeit, welche von Zeit zu Zeit abgelöset wurden.

(Plan 4. Figur 2.) Endlich in der Nacht auf den 19. wurde die eigentliche erste Parallele in einer Entfernung von nur etwa 300 Schritt von der Festung eröffnet. Das Erd= reich war ein fester, stellenweise sandiger Boden, allein außer den Bedeckungstruppen waren nur 430 Arbeiter angestellt, welche denn auch nicht mehr, als eine 300 Schritt lange Strecke a b zu Stande brachten. Kaum hatten die Belagerten bei Tagesanbruch den Bau bemerkt, als sie ein lebhaftes Wurf= und Kleingewehrfeuer gegen dasselbe richteten, unter dessen Einwirkung von. nun an alle folgenden Arbeiten fortgesetzt werden mußten.

Indeß langte man mit der Parallele am 21. bei c am Meeresufer an. Eine Kesselbatterie für 2 Schiffsmortiere wurde in b erbaut.

In der Absicht, das Fortschreiten der Angriffsarbeiten zu unterbrechen, unternahmen die Türken einen größern Aus= fall. Während eines lebhaften Feuers ihrer Geschütze warfen sie sich auf den linken Flügel des 13ten Jäger-Regiments am

19. Aug.

21. Aug.

10*

Meer, und suchten zugleich den rechten des 14., welcher an die, durch 2 Compagnien des Simbirskischen Regiments besetzte Redoute Nr. 8 lehnte, zu umgehen. Die 7te Jäger-Brigade wies diesen Angriff zurück und nahm sogar 2 Fahnen. Die Russen verloren jedoch 72 Mann und unter den Verwundeten befand sich der Fürst Mentschikof, welcher von einer Kanonenkugel an beiden Lenden schwer verwundet wurde. An seiner Stelle übernahm der General Perowsky einstweilen das Kommando des Belagerungs-Corps, bis der General Woronzow am 27. aus Odessa eintraf, welchem der Kaiser die obere Leitung des Angriffs übertragen hatte. Der Verlust der Türken wird auf 500 Mann angegeben.

Hatte man nun zwar die erste Parallele gleich in großer Nähe, nämlich auf 300 Schritt von der Festung eröffnet, so war ihre Ausdehnung um so geringer und betrug kaum mehr als 600 Schritt. Die Ursache, weshalb der Angriff eine solche Spitze gegen den Platz bildete, ist in dem Umstande zu suchen, daß die Türken sich nicht nur noch immer in dem Besitz ihrer Redoute P und der Lünetten f, g, h behaupteten, sondern sich auch in unmittelbarer Nähe der russischen Linien auf dem Begräbnißplatze R, nördlich und östlich des Bastions IV außerhalb des Grabens festgesetzt hatten. Dort benutzten sie jeden kleinen Vortheil des Terrains, um sich mit einem Labyrinth von Logements zu umgeben, und standen durch die Poterne in der Front III, IV in Verbindung mit der Besatzung der Festung. Wenn daher der russische Angriff zwar zur Linken vollkommen durch das Meer und die Flotte gedeckt wurde, so war derselbe auf der rechten Flanke aufs Aeußerste bedroht, um so mehr, als die feindlichen Logements hier kaum 150 Schritt von dem rechten Flügel der ersten ²³·ᴬᵘᵍ· Parallele entfernt lagen. Es wurde daher in a eine Batterie von leichtem Feldgeschütz erbaut, um das Terrain zu säubern. Einige Compagnien Jäger erhielten den Auftrag, den Feind aus seinen Verschanzungen zwischen diesem Punkt und d zu vertreiben, was auch auf den ersten Anlauf gelang; allein sehr bald setzten die Belagerten sich wieder in Besitz ihrer Stellung, und behaupteten dieselbe noch ferner.

Gegen die türkische Schanze wußte man nichts Besseres zu unternehmen, als eine neue Redoute, Nr. 9 (Fig. I), derselben gegenüber aufzuwerfen, welche, durch Erweiterung der Wasserrisse mit Nr. 8 in Verbindung gesetzt wurde.

Neben der in der ersten Parallele in b (Fig. 2) angelegten Kesselbatterie von 2 Schiffsmortieren wurde eine Demontir-Batterie e gegen das Bastion III eingerichtet, welche man jedoch nur mit 2 schweren Schiffskanonen armirte. Diese sollten zugleich das Thor in der Courtine III, IV einschleßen. Ferner wurde in f eine Demontir-Batterie gegen das Bastion II erbaut und mit 4 Schiffskanonen und 1 Mortier armirt. Alle diese Arbeiten erschwerte nicht allein das Granat-, sondern auch das nahe und wohlgezielte Gewehrfeuer der Türken ungemein. Man griff daher die feindlichen Logements in d auf der rechten Flanke der ersten Parallele abermals an. Die Jäger der 7ten Brigade und eine Abtheilung des Simbirskischen Regiments drangen mit dem Bayonnet in dieselben ein und stießen die gesammte Besatzung von etwa 100 Mann nieder. Nur 2 Verwundete wurden zu Gefangenen gemacht. Die Russen verloren 31 Mann. Indeß behaupteten sich die Türken noch auf dem Begräbnißplatz R und in g, und weil man befürchtete, daß sie von dort aus unterirdisch gegen die anzulegenden Approchen vorgehen könnten, wurden bei e und f zwei Minenschachte mit Horchgängen angelegt. Die erste Parallele wurde zugleich über n bis d fortgeführt. In e wurde eine Barbette für 2 Geschütze erbaut, welche gegen das Bastion IV gerichtet waren.

In der Nacht zum 28. erbauten die Russen noch 2 Demontir-Batterien, und zwar die erste für ein Geschütz in h,

26. Aug.

28. Aug.

und die zweite für 5 Geschütze in e. Von letzteren waren
4 gegen das Bastion I und eins gegen die rechten Flanken
von II und III gerichtet. In h wurde ein Minenschacht mit
Horchgängen angefangen und in d eine Redoute für 3 Feldgeschütze erbaut, um den rechten Flügel der Arbeiten gegen
die Ausfälle der Türken zu sichern und um letztere in ihren
Logements zu beschießen. Ferner ging man bei k aus der
Parallele mit der vollen Sappe gegen das Bastion I vor.

30. Aug.   In der Nacht auf den 30. August griffen die Belagerten
die Redoute Nr. 1 lebhaft an, drangen zum Theil durch die
Schießscharten in dieselbe ein und tödteten oder verwundeten
dort 24 Mann. Ein stärkeres Unternehmen wurde am folgen-
31. Aug. den Tage gegen diese Redoute beabsichtigt. Eine Menge
kleiner Abtheilungen Infanterie und Cavallerie kam aus dem
nordwestlichen Thor der Festung hervor und sammelte sich
hinter den Lünetten und kleinen Hügeln. Während des lebhaften Feuers der gegenüberliegenden Bastione zogen sich die
türkischen Tirailleurschwärme links, längs des Devnasees hin,
um den russischen rechten Flügel zu umgehen. Die Cavallerie
hielt sich möglichst verdeckt bereit, die Erfolge der Infanterie
sogleich zu benutzen. Der am Tage zuvor angelangte General
Graf Woronzow war persönlich in der Schanze 1 anwesend,
und da dort nur 30 Rotten aufgestellt werden konnten, so
ließ derselbe den Rest der Mannschaften des Regiments
Wellington zu beiden Seiten und unter dem Schutz der Schanze
antreten. Es waren dort nur noch 3 Kartätschenschuß vorräthig,
und die nöthigste Munition mußte eilig aus dem Park herbeigeholt werden. Bereits hatten die Türken die russischen
Tirailleurs aus ihren Gruben und Einschnitten zurückgedrängt,
als 3 Compagnien des Mohilewschen Regiments und 2 Geschütze
der Donischen Kosaken das Gefecht wiederherstellten. Nachdem
auch eine der bewaffneten Barkassen auf dem Devnasee herbeigeeilt war und die Türken hinter dem Abhang im Rücken

beschoß, gaben diese den Angriff zwar für den Augenblick auf, blieben aber den ganzen Tag hindurch außerhalb der Festung stehen, indem sie ihre Fahnen vor ihrer Front aufpflanzten. Russischer Seits wagte man nicht, diese Stellung bei Tage anzugreifen; dagegen rückte der Capitain Pawlow mit einer Abtheilung des Regiments Mohilew in der folgenden Nacht vor und setzte sich sogar in Besitz der türkischen Lünetten, welche jedoch mit Tagesanbruch wieder verlassen wurden, weil man glaubte, bei der großen Nähe der Festung und der Entfernung von dem Punkte, wo die Hauptkräfte der Russen verwendet werden mußten, dieselben nicht behaupten zu können.

In Folge dieser Vorgänge wurde die Anlegung von 2 neuen Redouten, Nr. 10 und 11, beschlossen, um diesen Theil der Einschließungslinie besser zu sichern. Namentlich bestrich Nr. 11 die Niederung am Devnasee und verhinderte die verdeckte Annäherung des Gegners an Nr. 1.

In der Nacht zum 3. September war die Sappe k in l auf ein feindliches Logement gestoßen. Die Türken hatten sich nämlich diesseits der Contrescarpe am Rande des, den Graben bildenden Thals festgesetzt, und hinderten die Sappeurs am Weiterarbeiten. Um 9 Uhr Abends ging daher eine Abtheilung Freiwilliger zum Sturm aus der Sappentete vor, und vertrieb den Gegner mit einem Verlust von 38 Mann. Die Pioniere und Arbeiter schritten sogleich zum Couronnement der genommenen Logements mittelst der flüchtigen Sappe, und machten so den Anfang zur 2ten Parallele. Diese, wegen der verwirrten Lage der feindlichen Logements und des heftigen Kanonen-, Mortier- und Kleingewehrfeuers der Festung, sehr schwierige Arbeit wurde in einer Ausdehnung von über 300 Schritt bis Tagesanbruch so weit vollendet, daß die Tranchee-wache und die Arbeiter gegen Morgen schon gehörig gedeckt waren. Der linke Flügel des Angriffs war nun gegen Ausfälle geschützt und die Belagerten, auf dieser Front bis in ben Graben zurückgewichen, vermochten das Couronnement

nicht mehr zu hindern. Die 2te Parallele wurde zum 5. September bis in die Verlängerung der Capitale des Bastions II fortgeführt, von der ersten Sappe aus brach man mit der Schlangen-Sappe durch und in dem Vereinigungspunkt wurde ein Schiffskanon gegen die Flanke des Bastions II aufgestellt.

Das Stück der ersten Parallele zwischen a und d war mittlerweile von n nach m verlegt, und dort eine Demontir-Batterie m von 3 30pfündigen Schiffskanonen gegen das Bastion IV erbaut worden.

Eine im Schwarzen Meer kreuzende Fregatte hatte zwei türkische Schiffe aufgebracht, ein drittes in Grund gebohrt. Admiral Greigh machte eine Landung bei Iniada, südlich des Balkan, nahm 12 Geschütze fort, schiffte sich dann aber wieder ein.

Am 8. September langte der Kaiser vor Varna an und nahm sein Hauptquartier an Bord des Linienschiffs „Paris". Derselbe hatte sich schon am 2. von Odessa eingeschifft, kam aber, widriger Winde wegen, am 5. dahin zurück, und machte sodann die Reise zu Lande über Satunowo, Küstendsche und Kavarna. Dort musterte der Kaiser die zur Verstärkung der Belagerungs-Armee anrückenden Garde-Abtheilungen, welche am 8. und 9. vor der Festung anlangten. Sie bestanden aus 2 Infanterie- und 1 Cavallerie-Division oder 16 Bataillons und 16 Escadrons nebst zugehöriger Feldartillerie. Schon früher waren 4 Reserve-Compagnien der 7ten Division und das Leib-Garde-Sappeur-Bataillon vor Varna eingetroffen; das ganze Belagerungs-Corps bestand demnach jetzt aus 34 Bataillons, 25 Escadrons und mochte nach Abzug der Verluste in den verschiedenen Gefechten und der Kranken höchstens 18 bis 20,000 Mann stark sein.

Um diese Zeit hatte man das Geschützfeuer der Bastione I, II, III und IV zum Schweigen gebracht, den Thurm T start beschädigt und die Häuser, welche jenseit der Front I, II auf dem Thalabhang lagen, in Trümmer geschossen. Es war eine Durchsicht auf das niedrig gelegene Bastion I geöffnet, die Escarpe desselben beschädigt und die Angriffsarbeit bis auf 50 Schritt von der Contrescarpe fortgeführt. Dagegen befand sich das Wurf- und Kleingewehrfeuer der Belagerten noch in voller Wirksamkeit. Freilich waren die Granaten, deren die Türken gewöhnlich 4 und 5 auf einmal warfen, so schlecht gegossen, daß sie nur in wenig Stücke platzten und oft schon dicht vor dem Geschütze liegen blieben. Um so besser wurde das Kleingewehr gehandhabt. Die Türken behaupteten sich keck und in unmittelbarster Nähe neben den feindlichen Angriffsarbeiten, sowohl in ihren Lünetten und der Schanze P, als auch noch immer diesseits der Contrescarpe vor dem Bastion IV und im Graben der angegriffenen Front. Die Verbindung der Festung mit dem Lande war an der Südseite noch keinen Augenblick unterbrochen gewesen; Zufuhren von Lebensmitteln, Verstärkungen von Truppen gingen hinein, Transporte von Verwundeten und Kranken eben so ungehindert hinaus, und die zahlreichen Ausfälle bewiesen, daß die Besatzung moralisch noch keineswegs erschüttert sei. Numerisch aber war sie noch immer nicht viel schwächer, als der Belagerer, ja sie mußte sogar stärker als er werden von dem Augenblick an, wo man sich zur Einschließung der Südfront theilte. Bedenkt man endlich, daß in sämmtlichen Demontir-Batterien nur 27 Stück Schiffskanonen und 3 Mörser aufgestellt waren, und daß die Türken, nachdem die Angriffsfront jetzt ganz bestimmt entschieden war, durch eine einfache Correction des zu schmalen Wallgangs der Courtine, dort sehr wohl hundert Piecen hätten aufstellen können, um selbst im Geschützkampf wieder die Herrschaft zu gewinnen, so muß man gestehen, daß bei einer Festung ohne permanente Außenwerke und ohne Minensystem die Resultate einer 2monatlichen Ein-

schließung und 3wöchentlichen Belagerung nicht glänzend er=
scheinen. Erwägt man dagegen die gänzliche Unzugänglichkeit
der verwendeten Mittel, so muß man bewundern, daß der An=
griff überhaupt noch so weit gedeihen konnte.

Sobald die Verstärkungen im russischen Lager eingetroffen,
schritt man zur Einschließung der Festung auf der Südseite
(wo noch am 10. September 500 Mann Verstärkungen ein=
rückten) und zur Vervollständigung der Einschließung vor der
Nordfront, welche noch immer durch die türkische Schanze P
unterbrochen war, die vollständig im Rücken der Belagerungs=
arbeiten lag. Für den ersteren Zweck stieß der General=
Adjutant Gollowin mit der Garde=Jäger=Brigade, 4 Geschützen
und einer Mineur=Compagnie zum Detachement des Generals
Akinsief. Dies Corps wurde ferner verstärkt durch 1 Bataillon
des Regiments Mohilew, 1 Bataillon Wellington und 3 Ge=
schütze, und ging nunmehr in der Stärke von 5 Escabrons
und 50 Kosaken, 7 Bataillons und 9 Feldgeschützen, über=
haupt etwa 5000 Mann stark, durch die Furth von Gebedsche
vor, welcher wichtige Communicationspunkt durch eine drei=
seitige bastionirte Schanze gesichert wurde. Die Lage einer so
schwachen Abtheilung zwischen einer Festung mit dreimal
stärkerer Besatzung und den türkischen Verstärkungen, welche
von Aibos und Burgas erwartet wurden, in einem waldigen
Bergterrain und durch den Devnasee auf 2 Märsche von ihrer
Unterstützung getrennt, war in der That nicht beneidenswerth.
Um die ihm geworbene Aufgabe zu lösen, ohne seine eigene
Sicherheit allzusehr aufs Spiel zu setzen, nahm der russische
Befehlshaber eine Flankenstellung auf der Landzunge von
Galata, den Rücken nach dem Vorgebirge Galata Burnu
11. Sept. (Plan 4 Fig. 1). In dieser Stellung lehnte er seine Flügel
an tiefe, ziemlich schwer zu passirende Waldschluchten; die
Front wurde sofort verschanzt, man war gegen Angriffe in
Flanken und Rücken gesichert und die Ernährung des Corps,

so wie die Armirung der Werke, konnten dort von der Flotte bewirkt werden. Dagegen gab man freilich allen und jeden Rückzug auf, und es ist nicht zu verkennen, daß der Zweck, dem Platze Varna seine Unterstützung zu entziehen, nur sehr unvollständig erreicht wurde. Die Hauptstraße von Derwisch-Jowann nach Varna zog meist außerhalb des Kanonenschusses vor der Stellung vorbei, und wenn auch wirklich einige Redouten gegen dieselbe vorgeschoben waren, so blieb von der Stellung bis zum östlichen Ufer des Devnasees ein Raum von fast $\frac{1}{2}$ Meile frei, durch welchen mehrere fahrbare Wege aus dem Waldgebirge nach der Festung herabführten. Zwar wurden noch 3 Redouten am Saum der Ebene und unmittelbar am Fuß der Höhen zwischen dem Meere und dem Devnasee erbaut, allein diese konnten von der Hauptstellung aus gar nicht unterstützt werden und waren selbst einem feindlichen Ueberfall vom Walde her sehr exponirt. — Hierauf beschränkte sich die Einschließung Varnas von der Südseite. — Wäre das dazu bestimmte Corps hinreichend stark gewesen, so würde es wohl unstreitig zweckmäßiger da aufgestellt gewesen sein, wo nachmals das zum Ersatz der Festung abgeschickte türkische Corps Posto faßte, nämlich auf dem Kurttepe (Wolfsberg), einer Anhöhe, über welche die Hauptstraße führt und von der alle Schluchten der Umgegend sich zum Meer, zur Niederung und zum Devnasee strahlenförmig herabsenken.

Behufs Wegnahme der türkischen Schanze P wurden in der Redoute Nr. 4 noch 8 und in Nr. 3 noch 2 Feldgeschütze in Batterien gestellt, welche ein heftiges Feuer gegen das feindliche Werk unterhielten. Die Angriffsbatterien verdoppelten ihre Thätigkeit, und selbst General Gollowin rückte aus seiner Stellung bis zur Niederung vor, um die Belagerten zu einer Detachirung dorthin zu verleiten, welche jedoch keine Kenntniß hiervon nahmen.

General Woronzow gab das Signal zum Sturm auf P,

300 Freiwillige des Regiments Simbirsk unter dem Hauptmann Sulschuk umgingen die Schanze und drangen, trotz
eines heftigen Kleingewehrfeuers, in die Kehle ein. Der Feind
wurde vertrieben und verfolgt. Zwei Compagnien des Ni-
soffschen Regiments besetzten die nördlichen Facen des Werks,
gegen welche nunmehr die Festung ihr Feuer richtete.

Durch die Wegnahme der Schanze P war die Einschließung des Platzes auf der Nordseite vervollständigt und beträchtlich abgekürzt. Es wurde vorwärts derselben noch die
Redoute 12 erbaut und die Vorpostenketten in Verbindung
gebracht. Zur Sicherung gegen die Ausfälle wurde das
1ste Bataillon des Paulowschen Leib-Garde-Regiments mit
2 Geschützen als Reserve der Redouten Nr. 1 und 11 auf
dem rechten Flügel, das 2te Bataillon mit 2 Geschützen der
Redoute Nr. 2 zugetheilt. Ebenso wurde das Ismailowsche
Garde-Regiment zur Unterstützung zwischen der Redoute 4
und 5 aufgestellt, und Nr. 9 durch 2 Compagnien der 7ten
Division verstärkt. Endlich wurden 3 Batterien für Con-
grevesche Raketen zur Beschleßung der Stadt, nämlich neben
Nr. 11 zwischen 2 und 10, und auf dem rechten Flügel der
Trancheen erbaut.

Unterdeß hatte General-Major Trousson II. die Belagerungsarbeiten weiter fortgeführt. Aus der 2ten Parallele
war man mit der doppelten Sappe gegen die Spitzen der
Bollwerke I und II vorgegangen und hatte die Contrescarpe
couronnirt. Um die feindlichen Schützen von dem ersten
Bastion und der Courtine zu vertreiben, legte man in der
2ten Parallele die Batterie s für 2 Mörtlere und 4 Feldgeschütze an.

13. Sept. In der Nacht zum 13. wurden, im Couronnement o der
Contrescarpe des Bastion I, 5 Minenschächte, welche 44 Fuß
von einander entfernt waren, vollendet.

Um 4 Uhr Nachmittags machten die Türken in großer

Anzahl einen schnellen Ausfall auf die Sappentete der 2ten Parallele und hierauf mit erneuten Kräften auf das Centrum und den rechten Flügel der Angriffslinie. Nach einem von beiden Seiten lebhaft unterhaltenen Feuer, welches bis gegen 7 Uhr Abends fortdauerte, wurde der Feind endlich zurückgedrängt und sein Logement g rechts zunächst der 2ten Parallele besetzt. In dem Gefecht jedoch erhielt General Perowski durch eine Flintenkugel eine schwere Verwundung in der Brust. Der Verlust dieses Generals, welcher von der Eröffnung der Tranchee an mit der unermüdlichsten Thätigkeit jede Nacht in derselben zugebracht hatte, war höchst empfindlich. An seine Stelle trat der General-Adjutant Schenschin, welcher die Funktionen als Chef des Stabes des Belagerungs-Corps übernahm und nebst dem General-Lieutenant Uschakof fortwährend bei den Belagerungs-Arbeiten zugegen war. Der Oberst Fürst Labanow Rostowski übernahm den Befehl über die 3te Brigade der 7ten Infanterie-Division, welche vom Beginn der Arbeiten an unabgelöst die Deckung der Trancheen besorgt hatte. Der Oberbefehlshaber des Belagerungs-Corps, General-Adjutant Woronzow, fuhr fort, nach seiner bisherigen Gewohnheit die Arbeiten durch seine fortwährende Gegenwart in den Trancheen aufzumuntern.

In der folgenden Nacht wurde die 2te Parallele mittelst der flüchtigen Sappe durch die jetzt in Besitz genommenen Logements bis g ausgedehnt, dort eine Batterie für 4 Feldgeschütze erbaut und zugleich die Minen in o mit 90½ Centner Pulver geladen, welches von der Flotte entnommen, durch Marine-Artilleristen herbeigetragen wurde. Mit Tagesanbruch erfolgte die Sprengung. Die Hauptwirkung hatte sich auf den Graben geäußert, so daß mehrere Steine sogar über den Hauptwall in die Festung hineingeschleudert wurden, und hier, so wie im Graben dem Feinde bedeutenden Verlust an Menschen verursachten. Zur Bildung eines allgemeinen Trichters für sämmtliche 5 Minen zeigte sich die Entfernung von 44' zwischen denselben jedoch als zu groß, denn jede Kammer hatte einen besondern Trichter gebildet. Aus Vorsicht waren alle Artilleristen, Arbeiter und Bedeckungsmannschaften bis nach erfolgter Sprengung der Minen aus den zunächst liegenden Tranchéen zurückgezogen worden.

Die ungeheure Wirkung dieser Minen schien aber hier wie bei Bratow die Belagerten nicht im Geringsten in Verwirrung zu bringen, sie wurde im Gegentheil für die Türken das Signal zu einem heftigen Bombardement und Kleingewehrfeuer, welches sie nicht eher einstellten, bis sie sich von dem Ende und den Folgen der Explosion überzeugt hatten.

Den Vorschlag, die Festung zu übergeben, wies am folgenden Tage zwar Jussuf Pascha nicht unbedingt zurück, benutzte aber den Waffenstillstand, Behufs der Unterhandlungen nur um seine Schließscharten ausbessern zu lassen, weßhalb derselbe am 15. wieder gekündigt wurde.

<small>13. Sept.</small>

Unterdeß war die Escarpe der Face des halben Bastions I zum Theil niedergeschossen, und bildete eine 50 Schritt breite sturmrechte Bresche. Man beschloß aber, noch eine zweite Bresche in die Courtine I, II, da wo sie an das Bastion II anschließt, zu legen.

Jetzt erst war Belagerungsgeschütz vor Varna eingetroffen*). Da die nöthigsten Batterien schon durch Schiffskanonen besetzt waren, der enge Raum des schmalen Angriffs längs der See überhaupt nur wenig Artillerie-Aufstellungen gestattete, so beschloß man, die Anfangs so sehnlichst gewünschten Geschütze zum Enfiliren der angegriffenen Courtinen zu benutzen. Bei genauer Recognoscirung des Terrains fand sich jedoch, daß der Raum, von wo aus dies und wie schon gesagt, wegen des Fallens des Terrains auch nur mit geringem

---

*) Wieviel ist nicht angegeben.

Erfolg möglich gewesen wäre, nämlich der Begräbnißplatz R (Fig. 1) immer noch im Besitz der Vertheidiger war. Man mußte daher keinen bessern Nutzen von den Belagerungsgeschützen zu ziehen, als sie neben der Redoute Nr. 1 in Batterien zu stellen, um von da aus die Stadt zu belästigen. Da aber die eigentlichen Wohnungen im östlichen Theil der Enceinte lagen, die Entfernung demnächst fast ¼ Meile betrug, so konnte die Wirkung nur sehr gering sein. Nur die hochliegende Wohnung des Pascha wurde zerstört, und die Feldgeschütze, welche die Türken in ihre Logements außerhalb des Platzes gestellt hatten, zum Schweigen gebracht.

Die Contrescarpen-Mauer vor dem Bastion I war längs des Strands in einer geraden Linie v auf den Thurm T zurückgeführt. Sie bildete gewissermaaßen ein Batardeau des Grabens, dessen Sohle sich hier fast bis zum Niveau des Meeres herabsenkte. Um nun an den Thurm selbst zu gelangen, hatte man einen durch Traversen gedeckten Weg von der Demontir-Batterie c längs des Abhanges nach q geführt, und war von o aus ebenfalls mit einer Communication dort hinabgestiegen. Zum Enfiliren der Küste und zur Bestreichung der Flanke der Uferbefestigung wurde bei q eine Batterie für 3 12pfündige Geschütze angelegt. Die Erbauung derselben hatte wegen des zum Defilement nöthigen tiefen Einschneidens derselben in den leichten Sand des niedrigen Meeresufers große Schwierigkeiten. Zugleich wurde ein Gang nach dem Graben durch die freistehende Mauer (oder den Bâtard d'eau) v gebrochen. Durch das Feuer eines bei o aufgestellten 12pfünders gerieth der Thurm in Flammen und brannte im Innern aus; die Flanke wurde stark beschädigt und die Türken zogen ihr Geschütz von dort zurück, wahrscheinlich um es für den Fall eines Sturmes aufzubewahren.

Auf dem rechten Flügel des Angriffs ward die Sappe bis zur Contrescarpe von Bastion II vollendet, was wegen des nach dem Graben zu abschüssigen Terrains große Anstrengung kostete. Dort wurde sie rechts und links geführt und eine Bresch=Batterie r für 8 schwere Schiffsgeschütze und 2 Steinmörtiere erbaut.

20. Sept. Am Morgen des 20. eröffnete die Bresch=Batterie r ihr Feuer. Die Escarpe hatte nur eine geringe Höhe und bald wurde vor der Courtine und selbst der Flanke des Bastions II von dem herabrollenden Erdreich eine Rampe von 45° Böschung angeschüttet. Ein fortgesetztes Feuer führte zu keinem andern Resultat.

22. Sept. In der Nacht zum 22. erreichte die gegen den Thurm T geführte Sappe beinahe den Fuß desselben. Je nachdem man fortschritt, waren Oeffnungen in die freistehende Mauer gebrochen, um durch Schützenfeuer den Graben zu reinigen. Wie klein diese Oeffnungen auch gemacht waren, so wurde doch eine große Zahl russischer Schützen durch dieselben verwundet. Zur kräftigern Bestreichung des Grabens wurden daher Scharten für 2 Feldgeschütze durch die Mauer gebrochen.

Die Kühnheit und Hartnäckigkeit der Belagerten in der Vertheidigung des Bastions I schien täglich zu wachsen, eben so behaupteten sie sich in dem ausgebrannten Thurm, und richteten von dort ein höchst mörderisches, wohlgezieltes Klein=gewehrfeuer auf die zunächst liegenden Arbeiten. Von dem Gedanken, in den Thurm selbst einzubringen oder ihn zu umgehen, stand man daher um so mehr ganz ab, als die Unterstützung der Flotte sehr viel geringer war, wie man erwartet hatte. Diese Sappe wurde daher auch nicht weiter bis an den Thurm herangeführt. Zur Bestreichung des Grabens vor Bastion I waren noch 2, und um mit bedeutender Elevation die Courtine I, II zu enfiliren, andere 2 Feldgeschütze hinter die freistehende Mauer gestellt worden. Es war aber nicht möglich gewesen, sie durch Traversen genügend gegen den dominirenden Hauptwall zu sichern. Das unermüdliche Klein=

gewehrfeuer des Thurms, Handgranaten und brennende Körper
nöthigten das Feuer dieser Geschütze wieder einzustellen. Un=
geachtet der Cöhornschen kleinen, so wie 20pfündigen Mörtiere,
welche in dem Minentrichter o aufgestellt waren, nahm die
Thätigkeit der Vertheidiger in dem gegenüberliegenden Bastion I
nur zu, es fehlte dem Angriff schon an Munition, dabei flogen
die Stücke der Granaten in die Tranchéen zurück, und über=
haupt warfen die Türken mehr Bomben und Granaten zur
Festung hinaus, als die Russen hinein. Dazu kam die Dürre
des Bodens, aus welchem die Angriffswerke erbaut werden
mußten, und nicht selten warf eine einzige Bombe ein, was
mit Mühe und Zeitaufwand durch mehrere Stunden errichtet
worden war.

Man hatte nunmehr 2 gangbare Breschen, nämlich in dem
Bastion Nr. I und in der Courtine zunächst Bastion II. Die
täglichen Verluste des Belagerungs=Corps in Folge des feind=
lichen Feuers sowie durch Anstrengung und Entbehrungen
waren sehr groß, gefährliche Krankheiten, nach einigen Angaben
selbst die Pest, rissen unter den Truppen ein, die Jahreszeit
war vorgerückt, die Stellung der Hauptarmee vor Schumla kritisch
und ein türkisches Heer zum Entsatz von Varna in Anmarsch.
Man konnte daher nur dringend wünschen, diese Lage der
Dinge durch die entscheidende Wegnahme von Varna zu be=
enden. Ein Sturm wäre unter diesen Umständen ganz im
Styl der russischen Infanterie gewesen. — Als materielles
Hinderniß wird angegeben, daß vor den Breschen im Gra=
ben sich noch ein Wasserriß befand, dessen Tiefe auf keine
Weise zu ermitteln war, da der Feind sich mit unerhörter
Keckheit noch immer im Graben behauptete und auf der Sohle
desselben einige kleine Verschanzungen angelegt hatte. Freilich
konnte dies im Augenblick des Sturms einen bedenklichen
Aufenthalt geben. Das Selbstvertrauen der Belagerten war
durch den glücklichen Widerstand gehoben, ihr Muth in fast

täglichen Ausfällen gestählt. Schon erblickten sie die Roß=
schweife Omer Briones auf den Waldhöhen hinter der Festung
und von Schumla gingen ihnen Siegesbotschaften zu. Zwar
lagen ihre Bollwerke in Trümmer, aber wohlgenährt, mit
Munition reichlich versehen, war der türkische Soldat ohne
Zweifel fest entschlossen, Weib, Kind, Heimath und Glauben
auf der Bresche nachdrücklich zu vertheidigen. Das Verhalten
der Türken bei so vielen Ausfällen hatte den Angreifern imponirt, welche Brallow noch nicht vergessen haben konnten.
Ein abgeschlagener Sturm unter solchen Verhältnissen aber,
wie die des Spätsommers 1828, konnte nicht nur die Belagerung vereiteln, sondern unstreitig den Erfolg des ganzen
Feldzugs in Frage stellen.

Um den Faden unserer Erzählung nicht zu unterbrechen,
wollen wir, was sich nunmehr auf der Südseite von Varna
zutrug, später im Zusammenhange darstellen, um so mehr,
als die Begebenheiten sich dort so gestalteten, daß sie auf den
Gang der Belagerungsarbeiten nicht unmittelbar einwirkten.

Da man den Sturm selbst nicht wagte, so ging das Be-
streben der Belagerung jetzt im Allgemeinen dahin, die angegriffene Front durch Minensprengung noch mehr zu zerstören,
die Breschen zu couronniren, und durch die immer drohender
werdende Gefahr eines Sturmes die Besatzung zur Capitulation zu vermögen. Die Schwierigkeit war, durch den vom
Feinde noch immer hartnäckig vertheidigten Graben bis an
die Escarpe zu gelangen. Dies sollte durch bedeckte Gallerien
erreicht werden, und durch Geschützwirkung wollte man die
Stellen in den Escarpen-Mauern einschießen, wo Minen-
gallerien anzulegen waren.

Zu dem Ende wurden 3 Graben-Descenten unternommen,
die erste auf dem linken Flügel vor dem, dem Meere zunächst liegenden Trichter bei o, von welchem man auf die
Grabensohle hinabstieg und mit der bedeckten Sappe quer

durch den Graben ging. Die Blendungen wurden mittelst Stricke durch die Mauer herabgelassen, aber wegen des ungemessenen Verlustes an Sappeuren bedurfte man dort 3mal 24 Stunden, um nur bis in die Mitte des Grabens zu gelangen.

Die beiden andern Descenten wurden auf beiden Flügeln der Demontirbatterie r ausgeführt. Man ging mit der bedeckten Sappe vor, linker Hand war man aber kaum 6' weit vorgedrungen, als das Mantelet an den steil abfallenden Hang des Wasserrisses im Graben gelangte. Am folgenden Tage stieß auch die Sappe rechts, nachdem sie 12 Schritt fortgeführt war, auf dasselbe Hinderniß, dessen Bewältigung um so schwieriger war, als eine Abtheilung von 400 Türken mit unglaublicher Hartnäckigkeit noch immer im Graben vor der Front I II ausharrte. Diese Tapfern hatten sich so gut als möglich auf der Grabensohle durch Einschnitte und Logements gedeckt. Sie waren bisher durch die Poterne in der dritten Front in Verbindung mit der Garnison gewesen, durch das Fortschreiten der Angriffsarbeit war ihnen dieser Rückzug jetzt jedoch abgeschnitten und es blieben ihnen im äußersten Fall nur die dem ganzen Feuer des Angriffs ausgesetzten Breschen. Dessen ungeachtet und obwohl ihre Zahl durch das enfilirende Feuer von der frei stehenden Mauer v her schon um die Hälfte vermindert war, hielten sie unerschütterlich aus und erschwerten das Vorrücken der bedeckten Sappe durch ein äußerst wohlgezieltes Gewehrfeuer, wie sie denn auch jeden unbemerkten nächtlichen Ueberfall der Bresche geradezu unmöglich machten.

Die Fortführung der zweiten Parallele, so wie des Couronnements rechts der Batterie r, mußte einstweilen aufgegeben werden, theils wegen des Rückenfeuers aus den feindlichen Logements auf dem Glacis vor Bastion IV, theils aus Mangel an Arbeitern. Auch gegen Bastion IV mußten wie-

11*

der Geschütze gerichtet werden, weil die Belagerten dort ihr
26. Sept. Feuer erneuerten. In der Nacht auf den 26. wurden die
Lünetten g und h (Plan 4 Fig. 1) durch den Obersten Fürst
Poserowski erstürmt und dort ein türkisches Feldgeschütz ge=
27. Sept. nommen. In der folgenden Nacht wurden, links der De=
montir=Batterie r und der Descente, hinter der Contrescarpe
4 Minenschachte, u, welche 33 Fuß von einander entfernt
waren, ausgehoben, mit 127 Centner Pulver geladen und gegen
Anbruch des Tages gesprengt. Die Contrescarpenmauer vor
den Schachten wurde umgeworfen, dagegen erfolgte die ge=
hoffte Zuschüttung des Wasserrisses durch die ausgeworfene
Erde nicht. Die Türken beantworteten die Minen=Explosion
durch ein mehrere Stunden anbauerndes Kleingewehrfeuer von
der gegenüberliegenden Courtine, welche das Wiedereinbringen
der einstweilen zurückgezogenen Geschütze in ihre Scharten sehr
erschwerte. Die Descente links von r war nicht wesentlich
beschädigt worden; der vordere und der höhere hintere Rand
des Trichters wurde couronnirt und von Schützen besetzt,
ferner wurden aus demselben 2 bedeckte Sappen in den Graben
geführt, von welchen die eine sich rechts nach dem Bastion II
wenden sollte. Um den Wasserriß wenigstens trocken zu legen,
wurde eine Oeffnung ganz unten in den Bâtard d'eau v
angebracht, durch welche das angestaute Wasser abfließen
konnte.

Wir haben gesagt, daß die bedeckte Sappe und der Mi=
nentrichter des linken Flügels o nur bis in die Mitte des
Grabens gelangt war. Die Fortsetzung bot sehr große Schwie=
rigkeiten dar. Man versuchte eine unterirdische Gallerie bis
zum Fuß des Bastion I zu führen, aber der Boden bestand
aus einem festen Kalksteingeschiebe, in welches die Mineure
in 48 Stunden kaum 6' eindringen konnten. Diese Arbeit
wurde daher aufgegeben und die bedeckte Sappe fortgeführt.
Am Fuß der Escarpenmauer angelangt, wurde unter Leitung

des Obersten Burmeister eine Minengallerie unter die Spitze n. Sept. des Bastions I geführt.

Die Angriffsarbeiten auf Bastion II waren dem Oberst Schilder vom Leib-Garde-Sappeur-Bataillon übertragen. Es ist angeführt worden, wie dort die bedeckten Sappen bis zum Wasserriß vorgedrungen waren, dessen Tiefe man auf etwa 10' schätzte. Man senkte daher am 27. die Sappe, welche 27. Sept. rechts der Batterie r in den Graben führte, treppenartig um eben so viel Fuß und ging sodann mit geringer Neigung weiter vor. Um 4 Uhr Nachmittags den 28. schimmerte das Tageslicht durch eine kleine, in dem stehenden Erdreich ge= machte Oeffnung, und man entdeckte mit Erstaunen, daß man keineswegs auf die Sohle des Erdrisses gekommen war, son= dern daß diese noch um 12' tiefer lag. Der jenseitige Ab= hang war eine zwar ebene, aber steil abgeböschte Erdwand von 22' Höhe. Zugleich entdeckte man hier den Feind, welcher in großer Zahl sich durch den Erdriß nach den Logements vor Bastion I und von da zurück bewegte. Unter diesen Umstän= den, die um so schwieriger waren, als der Feind bereits seine Aufmerksamkeit auf die Arbeiten gerichtet hatte, und wie es schien, auch schon seine Maaßregeln dagegen nahm, blieb nur noch das einzige, zur Durchführung geeignete Mittel übrig, die unterirdische Gallerie so weit fortzuführen, daß nur noch eine sehr dünne Schicht Erde stehen blieb, welche man augenblick= lich durchstoßen konnte, sobald die zur Descente in den Wasserriß nothwendigen Materialien bereit sein würden. Bis dahin wurden zwei bewaffnete Sappeure nebst zwei Jägern mit dem strengen Befehl an die Oeffnung gestellt, die Be= wegungen des Feindes zu beobachten, jedoch nur im äußersten Nothfalle sich ihrer Schießwaffen zu bedienen. Die Türken aber, welche die gemachte kleine Oeffnung schon bemerkt hatten, zogen bereits verstohlener Weise die Sachen, womit dieselbe verstopft war, heraus. Man beobachtete indessen von 7 Uhr

Abends bis Mitternacht die tiefste Stille, so daß der Feind endlich beruhigt zu sein schien und schon seltener heranschlich, um zu horchen. Um Mitternacht aber, nachdem die nöthigen Materialien in Bereitschaft gesetzt waren, schlugen zwei Sappeure in dem Augenblick, wo sie bemerkten, daß die im Wasserriß auf- und abgehende türkische Schildwacht sich von der Gallerie entfernte, die dünne, vor dem Durchbruch stehen gebliebene Erdschicht durch. Kaum hatten sie dies ausgeführt, als sich auch sogleich mehrere Türken aus dem am Wasserriß erbauten Logement zeigten. Die Sappeure zogen sich eilig zurück, während zwei andere die Oeffnung mit dazu in Bereitschaft gehaltenen Schilden blendeten. Nachdem die Absicht auf diese Weise kund gegeben war, blieb nur übrig, offensiv und mit Entschlossenheit die Nachlässigkeit des Feindes zu benutzen, der die Oeffnung des unterirdischen Ganges gestattet hatte.

Nach Verlauf von einigen Minuten versammelte sich eine Anzahl Türken, welche mit Gewehrschüssen aus den in die gedachten Schilde eingeschnittenen Schießscharten und mit Hand= granaten, die man über diese Schilde hinwegwarf, bewill= kommnet wurden. Sie flohen nach den Seiten, um verstoh= lener Weise sich dem Durchbruche der Gallerie zu nähern, wobei sie jedoch aus der gesicherten Stellung hinter dem Schild jedesmal durch schräges Feuer erreicht wurden. Dies für die Türken höchst blutige Gefecht dauerte nichts desto weniger 2 Stunden lang, worauf sie sich endlich in ihre nächstgelegenen Verschanzungen zurückzogen und aus diesen ein heftiges Feuer gegen die Gallerie unterhielten. Man schritt sogleich zum Bau der Descente, und zwar wurden hierzu zwei 12 Fuß lange und 3 Fuß hohe Schilde, ein jeder aus 2 über ein= ander genagelten 1½ Zoll starken Brettern bestehend, mit der möglichsten Geschwindigkeit in schräger Richtung von beiden Seitenwänden der Gallerie in den Wasserriß bis zur Wasser= rinne hinabgelassen. Die Türken hatten kaum diese ihnen

neue Erscheinung bemerkt, als sie sich auch schon wieder den
Arbeiten näherten und die in den Wasserriß hinabgelassenen
Schilde zu zerstören suchten. Obwohl mit dem zweiten Rahmen,
vom Durchbruch der Gallerie an sehr fest verbunden, wurden
die Schilde beinahe gänzlich umgestürzt. Nachdem sie wieder
aufgerichtet und gehörig befestigt, bereits auch einige Fuß
Erde abgeteuft waren, placirte man dahinter 4 Schützen,
welche durch eingeschnittene Schießscharten den Graben bestrichen
und durch ihr Feuer den Feind verhinderten, sich der Arbeit
zu nahen. Unterdessen wurden noch zwei 6 Fuß lange Schilde
aufgestellt und befestigt, so daß man mittelst derselben bis an
die Wasserrinne gelangte. Um 10 Uhr Morgens am 28. war 28. Sept.
diese Arbeit gethan, sie wurde aber im Laufe des Tages nicht
weiter fortgesetzt, weil man erst die nöthigen Materialien zum
Uebergang über die Wasserrinne und zum Aufgang nach dem
Bastion vorbereiten wollte. Zum Schutz des gedachten Vorhabens war das Logement der Contrescarpe rechts der Batterie r
und die zweite Parallele in der Richtung über g hinaus mit
großer Schwierigkeit fortgesetzt worden. Auch waren Löcher
in die Contrescarpen-Mauer geschlagen worden, um dort
Tirailleurs gegen die feindlichen Schützen auf den Hauptwall
verdeckt aufzustellen.

Um 8 Uhr Abends fing der Uebergang über die Wasserrinne an, und zwar wurde, nachdem dieselbe mit Faschinen
ausgefüllt worden war, auf jeder Seite eine doppelte Reihe
mit Reisig angefüllter Schanzkörbe neben einander, und auf
diese noch eine einfache Reihe aufgestellt, mit Pfählen und
mit 2 Reihen der Länge nach gestreckter Faschinen befestigt.
Auf dem jenseitigen Ufer der Wasserrinne waren Ausgänge
in der Gallerie gelassen und außerhalb derselben Logements
für Schützen erbaut, welche den Feind zeitig entdecken und
dadurch üble Folgen abwehren konnten. Durch diesen Uebergang aber wurden die in den Logements von der linken Seite

desselben bis zum Bastion I befindlichen Türken völlig abgeschnitten. Obgleich dadurch das Kleingewehrfeuer auf dieser
Seite allmählig abnahm, so wurde dasselbe doch aus den Verschanzungen auf der rechten Seite des Grabenüberganges un=
unterbrochen fortgesetzt. Die Schnelligkeit, mit welcher die
Arbeit vorschritt und der fast unerwartete Erfolg derselben
gaben dem Feinde weder Gelegenheit noch Zeit, einen ent=
scheidenden Angriff in dieser Nacht vorzubereiten. Alle Kräfte
wurden in Bewegung gesetzt, um die Gallerie so schnell als
möglich vorwärts zu treiben und dieselbe, wo möglich noch
vor Tagesanbruch, bis unter das Bastion selbst zu führen.

29. Sept. Um einen von oben bedeckten Aufgang auf die Escarpe
des Wasserrisses herzustellen, wurden mit Faschinen und Reisig
gefüllte Schanzkörbe an den Abhang der Escarpe auf jeder
Seite in zwei Reihen und auf diese noch eine dritte Reihe
hingestreckt. Nachdem die Schanzkörbe mit Pfählen befestigt
worden, wurde der ganze Gang mit Faschinen überdeckt, um
die Arbeiter gegen Stein- und Handgranaten zu schützen.
Außerdem aber wurde nach Maaßgabe des Vorrückens der
Gallerie, des bequemen Aufganges wegen, auch noch eine Leiter
angebracht. Die Arbeit rückte mit so ungewöhnlicher Schnellig=
keit vor, daß die Gallerie mit Tagesanbruch bis unter die
30. Sept. Mauer des Bastions geführt war, wo sogleich eine zweite
Gallerie aus derselben rechts heraus gegen die Bastionsspitze
zu und von dieser längs der linken Face des Bastions II
fortgeführt wurde.

Um 7 Uhr Morgens schlug der erste Mineur in der
rechten Face des Bastions in eine durch die Geschütze fast
schon fertige Oeffnung ein, und zwei Stunden später der
zweite neben der Spitze des Bastions. Das Couronnement
der Contrescarpe war unterdeß immer noch nicht über den
eingehenden Winkel vor Bastion III vorgerückt, jenseits welches sich daher die Türken ungehindert sammelten und auch

bald im Graben ein Geschütz aufstellten, mit dem sie, die linke Face des Bastions II der Länge nach bestreichend, den in demselben noch nicht gehörig eingedeckten Gang ruinirten. Außerdem nöthigte hier auch das heftige Kleingewehrfeuer aus den Logements im Graben die Mineure, für einige Zeit die von ihnen angefangenen Arbeiten einzustellen und sich zu entfernen. Der Gang zur zweiten Minengallerie war jedoch bald wiederhergestellt und die Minenarbeit von Neuem angefangen, so daß gegen Abend die erste Gallerie bereits 12′, die zweite 4′ tief eingetrieben war.

Gegen Abend nahm man ein starkes Gedränge der Türken im Graben vor Bastion III und unter ihnen, der großen Suite nach zu urtheilen, auch einen Pascha wahr, welcher, nachdem er wohl eine Viertelstunde sich unterhalten und viel nach den Arbeiten hingewiesen hatte, sich nach der Festung zurückbegab, wohin ihm dann auch bald ein Theil der versammelten Türken folgte. Aus allem dem mußte man schließen, daß der Feind einen entscheidenden Angriff machen wolle, und ergriff deshalb jede nur mögliche Vorsichtsmaaßregel.

Um 2 Uhr nach Mitternacht war endlich der Gang um die linke Face des Bastions zu Stande gebracht, so daß die Mineure wieder zu den letzten beiden Oeffnungen in der Escarpenmauer gelangen konnten. Zu dieser Zeit aber war die erste Gallerie schon 14 Fuß vorgerückt, so daß die Mineure anfingen, den Brunnen auszuheben, welcher im äußersten Fall in eine bloße Kammer verwandelt werden sollte, um doch wenigstens eine der vier Minen sogleich laden zu können.

Am 1. Oktober 3 Uhr Morgens erhob sich ein dicker 1. Oct. Nebel, welcher verhinderte, den Feind aus der Ferne zu beobachten; schon um 4 Uhr aber entstand Lärm. Ein angreifender Haufe Türken, über 1000 Mann stark, hatte sich heimlich längs der Mauer der Contrescarpe und im Wasserriß fortgeschlichen und sich dem Grabenübergang zu nähern

gefucht. Die Schützen thaten nur einige Schuß auf den Feind
und zogen sich dann mit den Arbeitern durch die Gallerie auf
das Glacis zurück; ein Theil der Mineure und Schützen aber
rettete sich bei dem heftigen Anbrange des Feindes und der
Enge der Gallerie nur noch durch die Schließscharten der
Breschbatterie.

Der Feind, welcher sich mit ungeheurem Geschrei auf
die Gallerie stürzte, fing nun mit unglaublicher Heftigkeit und
wüthendem Fanatismus an, alle Materialien herunterzureißen
und anzuzünden, indem er sich vom Anfang der Gallerie bis
zu den Minenhallen ausbreitete, ohne weder auf das Kartätsch=
feuer von 6 auf der Contrescarpe und von 4 am Meere
stehenden, den Graben enfilirenden Geschützen, noch auf das
hartnäckige Kleingewehrfeuer aus den Schließscharten der Contres=
carpenmauer zu achten. Die mit der Zerstörung der Arbeiten
noch nicht zufriedenen Türken versuchten sogar durch die Schieß=
scharten jener beiden Batterien zu bringen, wurden jedoch mit
großem Verlust zurückgewiesen. Ohne Rücksicht auf das so
offene Verderben fingen sie doch erst um 6 Uhr Morgens an
zurückzugehen, wobei sie außer ihren Todten und Verwundeten,
die Köpfe mehrerer Feinde und ein russisches Falkonet mit sich
nahmen, welches jenseits des bretternen Mantelets am Ende
der Sappe an der linken Face des Bastions II zur Bestreichung
des Grabens vor Bastion III an einem Punkt aufgestellt war,
wohin 4 Geschütze von der Contrescarpe ihr Feuer zu richten
vermochten. Nach dem Abzug des Feindes ging man sogleich
daran, den ganzen Gang zum Bastion II wiederherzustellen,
und nur wenig Zeit kostete die Construction und der Aufbau
der von den Türken verbrannten bretternen Wände, welche
zur Deckung der zur Wasserrinne führenden Descente dienten.
Mit geringem Aufwand von neuem Material ward der be=
deckte Gang bis um 10 Uhr Vormittags so weit wiederher=
gestellt, daß die Mineure um diese Zeit schon wieder zur ersten

Gallerie und um 2 Uhr Mittags auch zur zweiten gelangen und die verlassene Arbeit fortsetzen konnten. Die übrigen Gallerien wurden aus dem Grunde aufgegeben, weil es nicht mehr möglich war, dieselben gleichzeitig mit den ersten zu beendigen. Der Gang längs und hinter der Mauer der Contrescarpe wurde um diese Zeit bis jenseits des eingehenden Winkels vor Bastion III fortgeführt und an den in die Mauer schräg eingeschlagenen Schleßscharten eine Abtheilung Schützen aufgestellt, wodurch die Türken, welche sich hinter diesem Winkel der Contrescarpe verborgen gehalten hatten, genöthigt wurden, sich zurückzuziehen und das Geschütz, welches den Graben vor der linken Face des Bastions bestrich, weiter zurückzunehmen.

Am 2. Vormittags 11 Uhr hörte man plötzlich in beiden 2. Sep. Minengallerien, unter Bastion I sowohl als II, die sich nähernden Contre-Mineure und suchte daher sogleich dieselben durch ein falsches Schlagen an der Wand der Gallerie von der wahren Richtung abzuziehen. Obgleich dieser unangenehme Umstand den Gang der Arbeiten sehr verzögert hatte, so war gegen Abend die erste Gallerie unter Bastion I doch schon 10' tief abgetrieben und die Kammer zu einer überladenen Mine bereits angefangen. Die zweite Gallerie war zu derselben Zeit erst 9' tief, und konnte daher in derselben nur die Kammer für eine gewöhnliche Mine angefangen werden, um die Arbeit hier mit der der ersten Mine gleichzeitig zu beendigen, damit beide ohne Aufschub mit Anbruch des Tages geladen werden könnten.

Da man zur Nacht wieder einen Angriff von Seiten der Türken erwartete, so wurden alle nothwendigen Vorsichtsmaaßregeln getroffen. Wirklich entstand auch schon um 10 Uhr Abends abermals Lärm; der auf der Courtine sich zeigende Feind stieg durch die Bresche zu den Arbeiten hinab, warf sich auf den zum Bastion II führenden bedeckten Gang, wobei er abermals die Materialien desselben aus einander zu reißen und zu verschleppen begann, ohne jedoch den Mineuren den geringsten Schaden zuzufügen, indem sich dieselben noch zur rechten Zeit gerettet hatten. Als aber die Türken eine Zeitlang die mörderische Wirkung der Geschütze und ein heftiges Kleingewehrfeuer ausgehalten hatten, zogen sie sich allmählig wieder in die Festung zurück, nachdem sie zuvor noch die Sappenkörbe und Faschinen angezündet und das Feuer auch an den bedeckten Gang in der Nähe des Bastions gelegt hatten, welches jedoch nur bis zum Wasserriß gelangte und dort erlosch.

In der folgenden Nacht wurde in der Gallerie unter Bastion I der feindliche Contre-Mineur so hörbar, daß, obwohl die Mine erst eine Länge von 30 Fuß erreicht, und ihre weitere Fortsetzung sehr zu wünschen gewesen wäre, man sich sogleich zur Sprengung zu schreiten entschloß. Die Ladung betrug $75\frac{1}{2}$ Centner Pulver.

2. Oct. Am 3. Morgens 9 Uhr wurde der Gang zum Bastion II abermals so weit völlig wiederhergestellt, daß nur noch den Mineuren übrig blieb, ihre verlassenen Plätze wieder einzunehmen. Um zu ermitteln, ob nicht ein Hinterhalt gelegt, fanden sich sogleich mehrere Freiwillige. Ein Sappeur von der Leib-Compagnie des Kaisers und ein Mineur von der 2ten Mineur-Compagnie stürzten sich in die Gallerien hinein und kehrten mit Jubel aus denselben zurück, indem sie meldeten, daß die Gallerien noch unversehrt seien, daß sie aber an den Eingängen derselben mehrere feindliche Leichen und in der ersten Gallerie einen erschossenen türkischen Offizier gefunden hätten. Hierauf gingen die braven Mineure sogleich wieder an ihre Plätze und beendigten auch ihre Arbeit gegen 10 Uhr. Obgleich man nun auch hier sofort hätte zum Laden der Minen schreiten können, mußte dies bis zum andern Morgen aufgeschoben werden, da der Befehl erging, die unter dem Bastion I fertige Mine zu sprengen und bis nach erfolgter Explosion

derselben alle Arbeiter aus den Trancheen zu entfernen. Hierdurch wurde der Erfolg der Minen unter Bastion II sehr
zweifelhaft, indem der Contre-Mineur sich schon so sehr genähert hatte, daß man sehr deutlich seine Gespräche hören
konnte, und überdies abermals ein nächtlicher Angriff mit
allen seinen Folgen zu gewärtigen war. In dieser schwierigen
Lage blieb nichts weiter übrig, als nach Beendigung der
Minenkammern den Contre-Mineur durch bis zum Abend
fortgesetztes falsches Schlagen gegen die Wände der Gallerie zu
beschäftigen und zur Nacht die Eingänge der letzteren zu blenden.
Zu dieser Zeit war auch die zweite Descente zur Wasserrinne
vermittelst unterirdischer Gallerien 40' weit vorgeschritten.

Um 10 Uhr Abends stiegen die Türken zum dritten Mal
die Bresche hinab und stürzten sich mit erneuerter Wuth auf
die zu den Minen im Bastion II führenden Gänge, wo sie
über ¼ Stunde lang die fürchterlichste Wirkung des Geschütz-
und Kleingewehrfeuers aushielten, indem sie wahrscheinlich
beabsichtigten, die Minen-Gallerien aufzufinden, deren Eingänge
indessen glücklicherweise geblendet waren.

Um 8 Uhr Morgens am 3. Oktober wurde die Mine 3. Oct.
unter Bastion I gezündet. Der auffliegende Staub und Rauch
ließ vermuthen, daß der größte Theil der Wirkung sich gegen
die nach dem Meere zu gelegene Contrescarpe geäußert habe,
auch war in der That sehr viel Erde in dieser Richtung fortgeschleudert worden. Der Trichter der aufgeflogenen Mine
hatte zwar eine Oeffnung von 8 Schritt Weite in der inneren
Böschung der Brustwehr des Bastions erzeugt, doch war dadurch dieses Bastion immer noch nicht geöffnet worden, indem
die Belagerten hinter der ersten Brustwehr bereits eine zweite
und zwar weit breitere angeschüttet hatten.

Nach erfolgter Explosion traten alle Truppen an die ihnen
angewiesenen Plätze, und da alle Geschütze geladen waren,
wurde sehr bald ein heftiges Feuer eröffnet.

Noch stand der, durch die Explosion erzeugte Staub als
Wolke über dem Bastion I und wurde von da nach allen
Seiten verweht, als auch schon die Türken das Feuer eben
so erwiderten und gleichzeitig die Beschädigung der zum
Thurm T führenden Sappe benützten, um die daselbst befindlichen Artilleristen zu beschießen. Die liegen gebliebene Sappe,
bis zu welcher sich der Trichter erstreckte, wurde nun benützt,
um mit derselben zum Couronnement des linken Randes des
letzteren vorzugehen, zur besseren Deckung dieser Arbeit aber
im Logement o über den ersten Minentrichter, rechts von dem
Steinmörtler, noch ein Feldgeschütz aufgestellt.

4. Ott. Vor Bastion II wurde der vom Feinde nur wenig be-
schädigte bedeckte Gang ausgebessert, worauf um 9 Uhr Morgens schon die Mineure die Gallerie-Eingänge wieder eröffneten und sogleich zum Laden der Minen schritten, während sie
durch fortwährendes falsches Geräusch das bereits erreichte Ziel
der unternommenen Arbeiten verbargen. Die überladene Mine
wurde mit 41 Ctr. geladen, die zweite Mine nur mit 14 Ctr.
Pulver. Es war ursprünglich diesen Minen eine fast doppelt
so starke Ladung zugedacht, aber die Besorgniß, der Gegner
möchte der Sprengung durch eine Quetschmine zuvorkommen
(was an eben diesem Tage von den Türken wirklich beabsichtigt
gewesen sein soll) vielleicht auch die große Schwierigkeit und
Gefahr beim Transport des Pulvers machte, daß man sich
mit einer geringern, aber sichern Wirkung begnügen wollte.

Das Pulver wurde zwar mit Fellen bedeckt herangebracht,
dennoch war der Transport vor Ort ein sehr mißliches Unternehmen, da es von dem Grund des Wasserrisses bis zur Escarpe durch die steil ansteigende offene Sappe getragen werden
mußte, welche dem feindlichen Reversfeuer von jenseit der
Contrescarpe vor Bastion III ausgesetzt war, wo die Türken
auch in diesem Zeitabschnitt der weit vorgeschrittenen Belagerung sich noch immer behaupteten. Um nun das Bomben-

und Granatfeuer abzuleiten, bediente man sich folgenden Mittels:

Die Sappe rechts von g, welche die erwähnten feindlichen Logements auf dem Glacis nun fast erreicht hatte, schritt sehr langsam vorwärts. Man bediente sich statt des Mantelets eines großen, nach der Sappentete zu offenen 12' langen Kastens, aus 3¼ Zoll starken Bohlen, in dessen Wänden Schießscharten für die Schützen eingeschnitten, so wie der größeren Sicherheit wegen in der Mitte noch dünne Faschinen aufgelegt waren, und der durch Hebebäume vorwärts geschoben wurde. Bei der geringsten Bewegung dieser Blendung richtete der Feind stets alle seine Bomben und Granaten nach diesem ihm Furcht erregenden Gegenstande. Man verschob daher die Fortsetzung der Sappe bis zu der Zeit, wo die Minen geladen werden sollten, und stellte hierauf 10 Schützen hinter die gedachte Blendung mit dem Befehl, ein heftiges Feuer gegen den Feind zu unterhalten, während die Arbeiter eiligst die Erde hinter dem Kasten auswerfen mußten. Kaum waren aber die Schützen und Sappeure ans Werk gegangen, als der Feind auch sogleich anfing, Bomben und Granaten in großer Menge zu werfen und ein heftiges Kleingewehrfeuer gegen das Mantelet zu eröffnen, indem er seine ganze Kraft und zwar mit solcher Heftigkeit allein gegen diesen einen Gegenstand zu wenden schien, daß fast zu gleicher Zeit 17 Bomben dicht neben, die 18te aber in den Kasten selbst einschlugen, wodurch 1 Jäger getödtet und 3 verwundet wurden. Ungeachtet der damit verbundenen Gefahr wurde aber dieses Scheinmanöver während der ganzen Zeit, in welcher die Minen geladen wurden, fortgesetzt.

Um 3 Uhr Nachmittags wurden die Minen endlich mit vielem Erfolg gesprengt und durch dieselben nach der Aussage gefangener Türken mehrere hundert Mann getödtet und verwundet. Einer der Contre-Mineure wurde sogar bis in die

Breschbatterie geschleudert. Ungeachtet dieser verderblichen Wirkung eröffnete der Feind, gleichsam als wenn er sich förmlich darauf vorbereitet hätte, sogleich nach der Explosion ein anhaltendes, heftiges Kleingewehrfeuer vom jenseitigen Rande des Trichters, so wie von dem noch stehen gebliebenen Theile des Bastions und der übrigen Festung, indem er außerdem auch noch Bomben, Handgranaten und Steine in den Minentrichter hinabwarf. 7 russische Geschütze, welche ungehindert den Rand des Trichters bestreichen konnten, kämmten nun sehr bald die herausgeschleuderten Palissaden, Horden ꝛc. herunter, hinter welchen gedeckt die Türken sie beschossen, so daß das feindliche Feuer gegen Abend nur noch selten sich hören ließ.

Die Wirkung der Minen war sehr befriedigend. Die ganze Brustwehr der rechten Face und ein Theil derselben auf der rechten Flanke war herabgeworfen, der Wasserriß 6' hoch überschüttet worden. Die Bresche war ohne weitere Vorbereitung gangbar, wenn man den Sturm hätte versuchen wollen.

Die Verbindung durch Sappen mit dem ausgeworfenen Trichter wurde sogleich hergestellt. Um jetzt zu erfahren, was der Feind thue, entschloß sich der Seconde-Lieutenant Bem vom Leib-Garde-Sappeur-Bataillon auf den Kamm des Trichters hinaufzulaufen, was derselbe auch glücklich ausführte. Nachdem er sich daselbst gehörig umgesehen, kehrte er mit der Meldung zurück, daß der Feind auch noch nicht die geringsten Anstalten zu seiner Vertheidigung treffe. Der obere Rand des Trichters wurde nun durch mit Faschinen gefüllte Schanzkörbe und Erdsäcke couronnirt. Man verfuhr mit möglichster Stille, da bei jedem Geräusch die Türken eine Menge Bomben, Granaten, Steine und Handgranaten in den Trichter warfen. Außerdem schossen sie mit elevirten Kanonen über den Hauptwall hinweg.

Die Schanzkörbe wurden unter dem Rande aufgestellt,

um nur im Anfange dem Feinde die unternommene Arbeit zu verbergen und die hinter diese Schanzkörbe anzuschüttende Erde von dem nach dem Feinde zu liegenden Rande des Trichters mit krummen, an langen Stangen befestigten Schaufeln herübergekämmt. In der Folge ersparten die Türken ihren Gegnern jedoch selbst diese Mühe, indem sie hinter dem Trichter eine Bohlenwand aufrichteten und zu dem Ende einen großen Theil der Erde herüberwarfen, wodurch sie die so unumgänglich nothwendige Arbeit sehr beschleunigen halfen. Um aber den schnellen Aufgang zur Krone des ganzen Trichters zu erleichtern, wurden Faschinen auf dem ganzen Abhange bis oben zum Couronnement hinauf treppenartig gelegt. An zwei Punkten wurden Hochgallerien aufgehauen.

Obgleich der Feind gegen 10 Uhr Abends noch zu verschiedenen Malen versuchte, das Material des Couronnements des Trichters herunterzureißen und anzuzünden, ohne dabei den Verlust zu beachten, den ihm die hinter demselben aufgestellten Schützen verursachten, verzog er sich doch endlich und versuchte keine weiteren Angriffe.

Von dem Trichter aus wurden nun Sappen in verschiedenen Richtungen vorgetrieben, eine rechts längs der Crete der Brustwehr der linken Face, eine links längs der Flanke, eine dritte führte nach der Bresche neben dem Bastion und eine vierte zurück nach dem Minentrichter und der von dort vorgetriebenen Sappe w entgegen. Auf dem Glacis bei x wurden drei Minenschachte ausgehoben, um dort die Contrescarpe umzuwerfen. Rechts von dem Grabenübergang und zwar zu Deckung dieser wichtigen Communication wurden Logements angefangen, deren Bau jedoch, obgleich derselbe mehrere Tage lang betrieben, nicht recht fortschreiten wollte, da die Türken noch immer im Graben vor Bastion III waren und selbst Artillerie dort hatten.

Weniger glücklich als auf dem rechten Flügel war man

vor dem Baſtion I geweſen. Dort gelang es nur, den dies-
ſeitigen Rand des Trichters zu couronniren. Der linke Aufgang zur Breſche hingegen, welcher faſt ſchon bis zur Bruſtwehr vollendet geweſen war, mußte aufgegeben werden, weil
man den Türken nicht zu wehren vermochte, die Blendungen und
die ihnen zunächſt befindlichen Sappenkörbe herunterzureißen.

6. Oct.   Es wurde daher beſchloſſen, das Baſtion I am 6. Oktober zu ſtürmen. Schon früher waren mehrere breite Communicationen angelegt worden, in welchen Colonnen mit Zug-
front vorrücken konnten.

Die Dispoſition war folgende:

„Vor Tagesanbruch nehmen die Freiwilligen und die
„übrigen hierzu beſtimmten Mannſchaften der Infanterie,
„in Summa 400 Mann, unter dem Befehl des Capitain
„Dokudowski das Baſtion I und hierauf die Ruinen der
„jenſeits deſſelben liegenden Häuſer, welche ihrer domini-
„renden Lage wegen das Logement im Baſtion erſchweren.
„Hinter dieſen Mannſchaften folgen ſogleich 200 Pioniere
„und Matroſen, um das Logement im Baſtion zu etabliren.“

Die Arbeiter wurden in 4 Sectionen getheilt und ihnen
befohlen, ſich, nachdem man das Innere des Baſtions würde
ſehen können, längs der projektirten Linie des zu erbauenden
Logements ſo zu vertheilen, daß ein Theil derſelben im Centrum, einer auf dem rechten und einer auf dem linken Flügel
der Linie, der vierte als Reſerve dahinter zu ſtehen käme.

Die Freiwilligen, meiſt vom Ismailoffſchen Regiment
und Matroſen, beſetzten die Sappe vom Trichter des Baſtion I
ſchon lange vor Tagesanbruch; hinter ihnen ſtanden die Arbeiter mit Schanzkörben verſehen unter Anführung des Ma-
rine-Lieutenant Zailſchefski; die Reſerve aber ſtellte ſich in
der Tranchee hinter dem bâtard-d'eau auf. Die andere zur
Beſetzung des Baſtions beſtimmte Abtheilung wurde in der
2ten Parallele zunächſt u aufgeſtellt.

Auf das vor Tagesanbruch gegebene Signal stürzten sich die Schützen mit ihrer Reserve auf das Bastion, sie fanden die Bresche vollkommen praktikabel, nur waren die durch den Einsturz der Erde herabgerissenen Palissaden der inneren Brust= wehrböschung etwas hinderlich. Das neben der Batterie u in der 2ten Parallele stehende Infanterie=Detachement erreichte ebenfalls in sehr kurzer Zeit die Crete der Brustwehr gerade in der Bastionsspitze. Ohne einen Schuß zu thun, warfen die Truppen die im Bastion befindlichen Türken aus dem= selben und vertheilten sich hierauf in den Ruinen der Häuser, bei welcher Gelegenheit sich einige christliche Einwohner durch die Bresche herausflüchteten.

Unterdessen war auch eine andere abgesonderte Abthei= lung Infanterie, welche aus dem Trichter bei der Breschbat= terie gegen das Bastion II geführt wurde, über die immer noch im Graben der ersten Front befindlichen Türken herge= fallen, so daß diesen kein anderer Ausweg übrig blieb, als sich unter dem Kartätschfeuer der Breschbatterie durch die Bresche in der Courtine neben dem Bastion II zurückzuziehen. Der Fuß der Bresche wurde mit den Leichen dieser Tapfern bedeckt.

Die Arbeiter gingen unterdeß der erhaltenen Instruktion gemäß sogleich ans Werk und fingen schon an, das Loge= ment aufzuwerfen, indem sie hierzu die in der Kehle des Ba= stions befindliche Defensionsmauer benutzten, doch konnten sie das Innere des Bastions gegen die demselben gegenüberlie= gende mit Ruinen von Häusern besetzte Anhöhe nicht decken. Sehr bald wichen auch die vorgeschickten Abtheilungen vor den mit verstärkten Kräften anrückenden Türken in das Bastion und von da, ungeachtet einer ihnen entgegen kommenden Ver= stärkung, und nachdem sie noch vergebliche Anstrengungen ge= macht hatten, sich in dem Logement zu halten, mit den Arbei= tern zugleich in die Trancheen zurück.

12*

In diesem Gefecht wurden nach russischen Angaben 200 Mann außer Gefecht gesetzt, unter denen sich fast alle Offiziere der Bedeckung befanden, namentlich der tapfere Oberstlieutenant Lissezki, welcher zur Aufnahme der letzteren vorgegangen war. Nach anderen Angaben verloren die Belagerer 80 Todte und 300 Verwundete, also fast ¼ der zu dieser Unternehmung verwendeten Mannschaft.

7. Oct. Am folgenden Tage versuchte man eben so vergeblich die Höhe der Brustwehr mittelst Fortführung der Sappe zu erreichen. Die Türken verhinderten dies durch einen Regen von Handgranaten, welchen die russische Feld-Artillerie nur schwach beantwortete.

Die von den Türken endlich verlassenen Logements im Graben vor der ersten Front, deren Vertheidigung unstreitig eine höchst glänzende genannt werden muß, besetzten nunmehr die Russen. Eine Sappe wurde von dort gegen die Escarpe geführt, und da die vorhandenen drei großen Breschen noch nicht hinreichend erschienen, in y vier neue Minen angelegt, welche die Escarpe der Courtine vollends umwerfen sollten. In der zweiten Parallele stellte man eine Batterie von Feldgeschütz bei z auf, um das Bastion I zu beschießen. Die Sappe vor dem Minentrichter in Bastion II, welche nach der nebenliegenden Bresche in der Courtine gerichtet worden war, hatte diese erreicht, und die Abgrabung des Walles war schon auf 45 Schritt fortgesetzt, bevor der Feind dies gewahrte. Ein Regen von Handgranaten nöthigte jedoch die Russen, das Beginnen einstweilen aufzugeben.

Um 1 Uhr Nachmittags nahmen sie ihre Arbeit wieder auf, die untere Erde wurde weggestochen, die obere nachstürzende in den Wasserriß geschafft, so daß man endlich der Palissaden-Bekleidung der inneren Brustwehrböschung nahe kam. Die Belagerten waren genöthigt gewesen, das Bollwerk II zu verlassen und sich auch an der Ufer-Befestigung

bis zum Thurm T zurückzuziehen; sie hielten aber die Trümmer der Häuser hinter diesen Punkten besetzt.

Am 8. wurde der Gouverneur des Platzes aufgefordert *. Dh.
zu capituliren, da schon das gestern mit so geringen Kräften
ausgeführte Unternehmen, ihn von dem Erfolge eines allgemeinen Sturmes überzeugen müsse. Wiefern es gelang, dem
Pascha diese Meinung beizubringen, wollen wir dahin gestellt
sein lassen; zu bezweifeln ist aber nicht, daß der durch die
vielen Minensprengungen vielleicht erschütterte Muth der Moslem
durch einen unlängst von Omer Vrione unter ihren Mauern
erfochtenen Sieg, von welchem wir gleich berichten werden,
mächtig wieder gehoben werden mußte. Die Beharrlichkeit
und Thatkraft, mit welchen die Russen, bei völlig unzulänglichen Mitteln, gegen die hartnäckige Vertheidigung der Türken
langsam, aber andauernd Fortschritte gemacht hatten, verdient
volle Anerkennung. Aber hohe Zeit war es, die lange Belagerung durch eine äußerste Anstrengung zu enden. Denn
wenn man auch mit neuen Mauersprengungen die ganze
Courtinenwand der 1sten Front umwarf, so mußte es, falls
die Garnison ihre Schuldigkeit wie bisher that, doch immer
noch zum Sturm kommen. Daß die Unternehmung Omer
Vrione's, so wie es geschah, enden, und daß derselbe Pascha,
unter welchem Varna sich so lange und glorreich vertheidigte,
zum Verräther werden würde, konnte niemand vorhersehen.

Um zur Beurtheilung dieser Verhältnisse den richtigen
Standpunkt zu gewinnen, ist es nöthig, jetzt nachzuholen, was
sich in den letzten 4 Wochen auf der Südseite Varnas zuge-
tragen, seitdem der Generaladjutant Gollowin am 11. September die Flankenstellung auf der Höhe von Galata genommen hatte.

Neunter Abschnitt.

Während die Russen bei Schumla, Silistria und Varna mit ihrer ganzen Streitmacht engagirt standen, war das eigentliche türkische Hauptheer noch gar nicht auf dem Kampfplatz erschienen.

Die Pforte mochte fühlen, daß jetzt der Augenblick gekommen sei, wo irgend ein Sieg am Fuße des Balkan den ganzen Feldzug zu ihren Gunsten entscheiden konnte. — Im August hatte sich denn auch endlich der Groß=Vezier Mehemet Selim Pascha mit seiner Heeresmacht gegen Aidos in Bewegung gesetzt, in welcher Richtung um die Mitte September ebenfalls ein etwa 14,000 Mann starkes Corps unter Omer Vrione von Schumla aus über Tschalikawak abging.

Wie stark das türkische Heer gewesen, welches nach so langen Rüstungen der Groß=Vezier gegen den Balkan führte, darüber sind leider nirgends Nachrichten vorhanden. Auffallend ist es, daß dasselbe, nachdem man so lange Zeit gebraucht hatte es zu versammeln, zu der Expedition auf Varna erst Truppen aus Schumla an sich zog, da man viel mehr hätte erwarten dürfen, daß es Verstärkungen dorthin senden werde. Wahrscheinlich bestand aber jenes Hauptheer zum großen Theil aus asiatischem Gesindel von geringem Verlaß. Omer Vrione hingegen befehligte meist nur Arnauten, eine wilde, schwer zu bändigende, aber äußerst tapfere Soldateska. Auch in Varna waren es vorzugsweise Arnauten gewesen, welche namentlich durch die glänzende Vertheidigung des Grabens die Fortschritte der Belagerung so sehr gehemmt hatten.

Nachdem Omer Priene sich am Kamtschik auf 25 bis 30,000 Mann verstärkt, ging er gegen Varna vor. Noch stand die Avantgarde des Generals Gollewin bei Petrikjoi *) auf der Hauptstraße nach dem Kamtschik, als am 24. der 24. Sept. Pascha auf einem Nebenwege bei Hassanlar eintraf, wo derselbe sich sogleich mitten im Walde zu verschanzen anfing.

Als die Annäherung des Feindes bekannt wurde, bekam 26. Sept. Generaladjutant Gollewin den Auftrag, dem Flügeladjutanten Obersten Salutzky, der mit 2 Escadrons Jäger zu Pferde und 2 reitenden Kanonen eine Recognoscirung machen sollte, ein Detachement Infanterie beizugeben. Er wählte hierzu das Garde-Jäger-Regiment unter dem Generalmajor Hartung. Dies Detachement setzte sich durch dicke Wälder in Bewegung und langte in völliger Unkenntniß der Gegend plötzlich dicht vor der Verschanzung von Hassanlar an. Nach dem zu urtheilen, was über diesen Vorfall bekannt wurde, stutzten im Anfang beide Theile. Oberst Salutzky ließ kanoniren, die Türken erwiderten dies und schickten sich bald selbst zum Angriff an. — Hierauf beschloß der russische Führer den Rückzug, begann ihn mit seiner reitenden Artillerie und den 2 Escadrons, und überließ den Fußjägern im Walde die Deckung desselben, wie dies denn auch ganz in der Ordnung gewesen zu sein scheint. Von dem ferneren Verlauf erhielt man keine Details; thatsächlich kehrten aber von dem etwa 1500 Mann starken Regimente kaum 800 zurück. Unter den Gebliebenen befanden sich der General Hartung, die Obersten Sager und Busse, so wie 10 Offiziere. Es ist zu vermuthen, daß, von der ganzen feindlichen Macht im Walde angegriffen, das Regiment noch obendrein die rechte Straße verfehlte und durch einen unglücklicher Weise eingeschlagenen Querweg wieder in der Nähe des türkischen Lagers auf einer Ebene herauskam,

---

*) Uebersichtskarte.

wo die ganze Masse der feindlichen Reiterei auf dasselbe ein=
hieb. Für dieses Verhalten der Sache zeugten später wenigstens
die entdeckten Spuren und Leichname. — General Hartung
wurde schwer verwundet gefangen und das Regiment verlor
fast alle seine Offiziere.

27. Sept.   Nach diesem Vorfall wurden neue Truppen nach der
Stellung von Galata=Burnu gesendet und dem General=
adjutanten Biftrom das Ober-Commando über dieselben ge=
geben, welcher sein nunmehr 9 Bataillons 6 Escadrons oder
etwa 6000 Mann starkes Corps in der von General Gollowin
gewählten Flankenstellung aufstellte.

28. Sept.   Omer Vrione rückte am 28. vor, der Großvezier hingegen
stellte sich mit einigen tausend Mann bei Derwischtjöi jenseit
des Kamtschik auf, beobachtete die Ufer dieses Flusses durch
mehrere Posten, unter andern bei Kiöpriköi vor Pravady,
und sendete Omer Vrione alle Verstärkungen zu, welche von
jenseit des Balkan her ihm nach und nach zukamen. Feld=
marschall Graf Wittgenstein, dessen Ansicht schon früher ge=
wesen sein soll, sich bei Jenibasar zu concentriren und 20
Bataillons nebst ebensoviel Escadrons nach Varna zu ent=
senden, erhielt nunmehr Befehl, alle zu erübrigenden Truppen
in dieser Richtung abzusenden. Schon hatte derselbe das
Infanterie-Regiment Ukraine dem Grafen Diebitsch zur Escorte
nach Varna mitgegeben. Mit dem 20sten Jäger=Regimente
folgte Generalmajor Simansky in derselben Richtung. Prinz
Eugen von Würtemberg wurde hierauf mit der schwachen
1sten Brigade, General Durnowo, der 19ten Division nach=
geschickt. Diese Brigade zählte nur noch 1700 Bajonnette,
dem Prinzen wurde jedoch die Weisung gegeben, den Fürsten
Madatof (General Benckendorf II. war gestorben) mit 4
Bataillons der 10ten Division und 3 Escadrons Bugscher
Ulanen von Pravady, ferner 2 Bataillons des Regiments
Krementschuk der 9ten Division von Koslubscha, endlich alle

von Varna her erwarteten Hülfsmittel an sich zu ziehen.
Die 3te Brigade der 19. Division glaubte dagegen der Feld-
marschall bei Schumla nicht missen zu können und hielt sie
daselbst zurück.

Schon vor dem Eintreffen des Prinzen von Würtemberg
erhielt Generaladjutant Suchosanet den Befehl, mit der 1sten
Garde-Cavallerie-Brigade, 10 Escadrons stark, über Gebedsche
nach Hassanlar in den Rücken des Feindes vorzugehen und,
von Dewno her über Alendschi, den Generalmajor Baron
Delingshausen mit den beiden Infanterie-Regimentern Ukraine
und Odessa, nebst einigen Ulanen und reitenden Pionieren an
sich zu ziehen. Diese Abtheilung überfiel am 27. einen feind- 27. Sept.
lichen, in Hassanlar zurückgelassenen Posten, nebst einem Haufen
von Arbeitern, und vertrieb ihn von dort. Der türkische, nur
mit halbvollendeten Werken versehene Lagerplatz war von be-
deutendem Umfange und schien für die Aufnahme einer ganzen
Armee bestimmt gewesen zu sein, woraus man die Absicht
wahrzunehmen glaubte, daß der Großvezier diesen Punkt zuerst
zu seinem Hauptlager ausersehen hatte, später aber bei dem
ferneren Vorschreiten Omer Briones daselbst eine kleinere Verschanzung für ein Deckungs-Corps anlegen wollte.

Gleich darauf stieß auch General Simansky zum General Delingshausen. Ersterer hatte mit dem 20sten Jäger-
Regiment im Walde zwischen Akindsche und dem Pravady-
Fluß den Angriff einiger tausend Türken mit Verlust zurückgeschlagen.

Am 28. Abends unternahm Generaladjutant Suchosanet 28. Sept.
eine Recognoscirung des großen türkischen Lagers auf der
Höhe von Kurt-tepe, er vermochte davon nur eine Seite zu
erkennen und glaubte des Gegners Stärke auf 6000 Mann
schätzen zu können. Allein an eben diesem Tage hatte der
Pascha, wie wir gleich hören werden, gegen den General
Bistrom 15,000 Mann ins Gefecht gebracht. Dieser General

hatte versucht, sich einer türkischen Schanze zu bemächtigen, und war mit erheblichem Verlust zurückgewiesen worden. Dagegen schlug derselbe 3 Angriffe auf die linke Flanke, das Centrum und die rechte Flanke seiner verschanzten Stellung zurück. Während 4 Stunden wurde das Gefecht mit großer Erbitterung geführt, das russische Artilleriefeuer und ein Bajonettangriff von 2 Grenadier-Bataillonen entschieden. Der Verlust auf beiden Seiten war beträchtlich und Generalmajor Freitag blieb bei dieser Gelegenheit an der Spitze des Leib-Grenadier-Regiments. Der Pascha zog sich nach dem abgeschlagenen Angriff auf die Stellung des Generals Bistrom nach dem Kurt-tepe ("Wolfsberg") zurück, woselbst die Türken sogleich anfingen sich in 3 abgesonderten Lagern sorgfältig zu verschanzen.

Prinz Eugen rückte mittlerweile über Jasytepe und Derwno herbei. Die Brigade des Fürsten Madatof war den Instruktionen des Chefs des Generalstabes zufolge nicht unter seinen Befehl gestellt worden und blieb in Pravadh zurück. Dagegen vereinigte er noch am 28. September Abends zu Hassanlar die 1ste Brigade der 19ten Division mit der Abtheilung des Generaladjutanten Suchosanet und übernahm über dieses Corps von 10 Bataillons und 14 Escadrens den Oberbefehl. Dasselbe zählte etwa 4500 Feuergewehre, 12 bis 1400 Mann Cavallerie, überhaupt also kaum 6000 Combattanten mit 46 Geschützen. In Hassanlar erhielt er von Parna aus die Weisung, den Feind in Verbindung mit dem Generaladjutanten Bistrom über den Kamtschik hinüber zu werfen. Am 29. früh trafen bulgarische Abgeordnete und aus den Verschanzungen entwichene christliche Landbewohner ein, welche die Zahl der Türken auf 50,000 schätzten. Bedenklicher als diese zweifelhafte Angabe war ihre Auskunft über die Beschaffenheit des Terrains diesseits der Aufstellung des Feindes. Die anwesenden Truppenführer und der Commandant der Vorposten waren sämmtlich

29. Sept.

der Ansicht, daß bei der weit größeren Macht des Feindes, als man vermuthet hatte und bei den lokalen Vortheilen seiner Aufstellung kein Angriff ohne vorherige genaue Prüfung der Umstände zu rathen sei. Ueberdies war eine Verabredung mit Generaladjutant Bistrom der gehörigen Uebereinstimmung halber unbedingt nothwendig und hierzu Zeit erforderlich. Es wurde daher für diesen Tag der Angriff noch ausgesetzt, General Bistrom hiervon benachrichtigt, General Suchosanet hingegen an den Kaiser abgesendet, um den Grund der Zögerung darzulegen. Um etwas Tüchtiges und Entscheidendes nicht mit halben Mitteln zu unternehmen, forderte der Prinz Verstärkungen, nämlich die Brigade des Fürsten Madatof aus Pravadh, welche durch Truppen von Schumla her einstweilen abgelöset werden konnte, und die erste Garde-Brigade aus Varna, ferner daß General Bistrom unter seinen Befehl trete.

Gleich darauf wurde eine Recognoscirung der feindlichen Stellung unternommen. Von einer Höhe auf der Straße von Misirplar erkannte man die feindlichen Linien auf der nach Südwest gerichteten Front. Sie erschienen dem unbewaffneten Auge ziemlich unbedeutend, durch ein gutes Fernglas aber entdeckte man ihre beträchtliche Ausdehnung. Es war klar, daß Omer Brione hier 20 bis 30,000 Mann beisammen habe. Das Innere der Schanzen war mit Laubhütten dicht angefüllt und zwischen und zu beiden Seiten der ersteren erhob sich der Rauch der Wachtfeuer von solchen Schwärmen, welche, wahrscheinlich später angekommen, innerhalb der Linien keinen Platz gefunden hatten. Der Prinz hielt sich von der Unmöglichkeit des Erfolgs eines Angriffs auf dieser Stelle ohne gehörige Vorbereitungen überzeugt, nicht sowohl der Stärke des Feindes, als vielmehr der Beschaffenheit des Terrains wegen, das hier nur durch dichte Wälder und schroffe Schluchten hindurch schmale Zugänge gegen ein auf das Vortheilhafteste gelegenes, verschanztes Lager gewährte, und weder Aufstellung der Artillerie, noch Aufmarsch der Truppen in der Nähe des Feindes gestattete. Nur von der Südseite, auf der Straße von Burgas her, war die feindliche Stellung mit einiger Aussicht auf Erfolg anzufassen. Der russische Angriff führte dann auf die einzige Rückzugslinie der Türken, man mußte daher auf einen verzweifelten Widerstand derselben rechnen. Diesen zu überwinden und um sich auf solche Weise aus seiner eigenen Hauptrichtung rechts herauszuwinden, durfte man sich nicht aufs Ungewisse einlassen. Ein zurückgeschlagener Angriff konnte, wenn der Gegner seinen Vortheil verfolgte, das Schicksal der Armee compromittiren. Das ganze Gewicht dieser Gründe schilderte der Prinz in einem zweiten Bericht an den Kaiser. Seine Absicht soll gewesen sein, zunächst nur das, gegen 2000 Schritt westlich von der feindlichen Linie gelegene waldfreie Plateau (vergl. den Plan von Varna) zu nehmen, auf welchem die Türken an einer Redoute arbeiteten. Von dort aus sollte eine zweite genauere Recognoscirung ausgeführt und die Axt zur Vorbereitung des Angriffs-Terrains zu Hülfe genommen werden. Denn der dichte Wald gestattete die Aufstellung der Artillerie entweder nur in einer Entfernung, welche ihr Feuer unwirksam gemacht hätte, oder, wenn man den Gegner, nach welchem man schoß, sehen wollte, in solcher Nähe, daß sie durch die feindlichen Ausfälle und Schützen gefährdet gewesen wäre. Ein gemeinsamer und gleichzeitiger Angriff durch die Infanterie des Prinzen und des General Bistrom sollte erst erfolgen, wenn das Geschützfeuer auf die dichten feindlichen Massen gehörig gewirkt hätte, also wahrscheinlich erst einen Tag später, und es ist sehr wohl möglich, daß die Türken durch die Gefahr ihrer Stellung vermocht worden wären, ihren Rückzug früher anzutreten, als der ernstliche Angriff erfolgte und ihre letzte Verbindung durchschnitten war.

30. Sept. Sehr früh am Morgen des 30. traf jedoch ein Adjutant

des General Diebitsch mit der Weisung ein, es sei der ausdrückliche Wille des Kaisers, daß unverzüglich angegriffen
werde. Zugleich sollte bestimmt angegeben werden, wann die
Colonnen vor der feindlichen Stellung ankommen würden.
Der Prinz ertheilte nun die Versicherung, daß dies um 2 Uhr
Nachmittags stattfinden solle. Gleich darauf traf General
Suchosanet ein und berichtete, daß alle nachgesuchte Verstärkung
abgeschlagen sei. Der Prinz konnte nun nur noch gehorchen
und mit aller Energie ein Unternehmen durchführen, welches
gegen seine Ueberzeugung stritt. Mündlich ließ er durch den
Adjutanten noch bestellen: „Die Gnade Gottes und der Muth
der Truppen ließen zwar hoffen, was man bei genauer Kenntniß der Umstände an Ort und Stelle nicht versprechen könne,
doch erwarteten Alle, Seine Majestät würden in keinem Falle
an ihrem Gehorsam und Eifer zweifeln."

Am Morgen des 30. September brach der Prinz in 2
Colonnen auf. Der größte Theil der Cavallerie (10 Escadrons)
marschirte von Missiplar, 10 Bat. 4 Esc. und die Artillerie hingegen unter General Suchosanet von Hassanlar ab.
Beide Colonnen vereinigten sich jedoch schon um 2 Uhr, auf
dem flachen Sattel, auf welchem die Türken (seit dem 28. auf
den wahrscheinlichen Angriffspunkt aufmerksam gemacht) die
Verschanzung N vorgeschoben hatten. Die Generale Simansky
und Delingshausen nahmen mit der Avantgarde, 2 Bataillons
des Regiments Ukraine, diese von türkischer Infanterie besetzte
Verschanzung, welche noch unvollendet und von dem Plateau
aus dominirt war, ohne erheblichen Verlust. Die Reiterei,
mehr nach rechts hin vereinigt, eilte zu derselben Zeit herbei
und marschirte auf der einzigen kleinen Fläche, welche die Gegend
darbietet, hinter der Infanterie auf. b. b. In dieser ge-
drängten Stellung nun wurde das Corps alsbald von allen
Seiten angegriffen. Die türkischen Schwärme, worunter auch
reguläre Infanterie, hielten sich im Walde verdeckt und feuerten

von ihrer gesicherten Lage aus in die russischen Massen hinein. Um sich Luft zu verschaffen, warf der Prinz einige Bataillone rechts in den Wald. Das eine vom Regiment Dnjepr verschwand bald aus dem Gesichtskreis, aber ein anhaltendes, sich immer weiter entfernendes Feuer ließ den Rückzug des Feindes auf dieser Seite vermuthen. Das Ukrainesche Regiment warf vorn bei der Schanze alle gegen dasselbe gerichteten Angriffe zurück, allein zur Linken hatte ein starker Schwarm türkischen Fußvolks eine tiefe Thalschlucht (tt) besetzt, in welche man, um sie zu vertreiben, erst hätte hinabsteigen müssen. Man beschränkte sich daher darauf, weiter rückwärts einige Geschütze (a) gegen sie aufzufahren, welche sie in Zaum hielten. Zwischen der Schanze N und dem türkischen Lager war dichter, hoher Wald, welcher erst unmittelbar vor letzterm sich lichtete. Sobald man von dem Rande des Thals, an welchem die eroberte Schanze lag, herabstieg, verlor man alle Umsicht und an eine Aufstellung der Artillerie war dort nicht zu denken. Es wurden daher 10 12pfünder zu beiden Seiten von N aufgefahren, mehr gestattete der Raum nicht zu placiren. Ihre Kugeln erreichten bei der Entfernung von 1500 Schritt zwar das feindliche Lager, sowie die türkischen in der russischen Aufstellung niederfielen, aber die Wirkung konnte von beiden Seiten nur sehr gering sein. Der Rest der russischen Geschütze vermochte während des ganzen Gefechts nirgends eine Wirksamkeit zu finden und wurde unter Bedeckung zurückgelassen. Auch die Cavallerie konnte nur in ganz kleinen Abtheilungen wirken.

Um wo möglich ein besseres Emplacement für die Artillerie aufzufinden, befahl der Prinz, welcher bei dem vorhergehenden hitzigen Gefecht durch einen Streifschuß am Arm verwundet worden war, dem General Durnowo, sich mit den beiden Bataillons Asof nach einer Stelle zu begeben, welche von dem Plateau aus als eine Erhabenheit des Terrains

sich darstellte. Es war dies aber in der That nur eine Gruppe
höherer Bäume gewesen, und General Durnowo, der im Walde
bald wieder den Feind, nicht aber die gesuchte Anhöhe fand,
drang den erhaltenen Befehlen zuwider unaufhaltsam immer
weiter ein, die türkischen Schützen rasch vor sich hertreibend.
Dies Vordringen war aber um so gefährlicher, als er noch
immer die feindlichen Schwärme in t im Rücken hatte, gegen
welche ein Bataillon des 20sten Jäger-Regiments abgeschickt
wurde.

Um diese Zeit überbrachte der Flügel-Adjutant Kuschelow
ein mit Bleistift geschriebenes Billet des Kaisers, in welchem
dieser zum kräftigen Angriff ermunternd, die thätigste Mitwirkung durch den General Bistrom verhieß. Den Truppen
machte man bekannt, Seine Majestät habe eine tapfere
Schaar zu einer Heldenthat bestimmt, was mit ungetheiltem
Enthusiasmus aufgenommen wurde. Alles verlangte vorwärts und man wartete nur noch auf eine Meldung vom
General Durnowo, dessen Bewegung im Walde verborgen
geblieben war, um mit der Artillerie so weit wie thunlich
vor, mit der Infanterie aber an den Feind heran zu gehen.
Denn wie mißlich auch dies Unternehmen war, so durfte man
jetzt um so weniger zaudern, als man den General Bistrom
bereits engagirt glaubte, und natürlich die Begeisterung der
Truppen nicht erst erkalten lassen wollte.

Plötzlich erblickte man am Rande des Waldes dicht vor
dem feindlichen Hauptlager eine feurige Linie von Infanterie-
Schüssen. Einzelne Türken flohen in der Richtung auf die
Verschanzungen, und unordentliche Haufen von russischen
Soldaten stürzten ihnen nach. — Es war das Regiment Asof,
welches vereinzelt und tollkühn das türkische Lager angriff.

Das Regiment hatte in dem Gefecht bei Kjötesch einige
Unentschlossenheit gezeigt. Ein Soldat, den man gefragt, ob
er vom Regiment Asof sei, hatte geantwortet: „Gott bewahre."

Das Regiment brannte daher vor Ungeduld, die Scharte aus-
zuwetzen, und General Durnowo hatte es, in der Nähe des
Feindes angekommen, nicht zurückzuhalten vermocht. Er hatte
sich in dem dichten Wald plötzlich der feindlichen Stellung
gegenüber gefunden und gerieth sogleich in ein sehr heftiges
Feuer. Ein Stillstehen in diesem Feuer würde ohne Nutzen
viel Menschen gekostet haben, das Zurückkehren aber ist den
Türken gegenüber immer die allergefährlichste Maaßregel;
General Durnowo ging also darauf, allein die Entfernung
aller Soutiens raubte diesem Unternehmen jede Möglichkeit
des Gelingens. Zwei an den General Durnowo abgeschickte
Adjutanten, welche den Befehl brachten, von dem partiellen
Gefecht abzustehen, fanden ihn nicht mehr. Von einer Flintenkugel getroffen, fiel dieser Offizier, das Bild eines Helden,
in der vordersten Reihe seiner allzu verwegenen Soldaten.
Zwar hatte der Prinz sofort ein Bataillon des Regiments
Ukraine und eins vom Regiment Dnjepr entsendet, allein sie
konnten nur den Rückzug des Regiments Asof decken, welches
von einem Schwarm von Feinden verfolgt, aus den Verschanzungen zurückkam.

Die Hoffnung, geeignete Geschütz-Aufstellungen zu finden,
war verschwunden, die Cavallerie hatte keine Wirksamkeit und
es blieb also jetzt nur übrig, mit der Infanterie in Masse
vorzugehen; dies geschah.

General Simansky hatte das zersprengte Regiment Asof
wieder gesammelt und es den ersten Bataillonen von Dnjepr
und Ukraine angeschlossen. Zu diesen stieß jetzt auch das bisher vergeblich gesuchte 2te Bataillon Dnjepr, welches, wie
erwähnt, zu Anfang des Gefechts die Türken im Walde verfolgt hatte. Das 2te Bataillon Ukraine folgte rückwärts als
Soutien. Zur Linken ging General Nostiz mit dem 20sten
Jäger-Regiment und einigen Escadrons Garde-Ulanen vor,
um die türkischen Schwärme in t, welche durch bedeutende

Massen aus den Verschanzungen verstärkt worden waren, in Schach zu halten, so daß jetzt nur 2 Bataillons Odessa zur Deckung der 36 Geschütze auf dem Plateau zurückblieben.

Jetzt gingen die 5 Bataillone des rechten Flügels aber= mals zum Angriff vor, und es entbrannte ein fürchterlicher Kampf. Die Verschanzungen boten an sich kein erhebliches Hinderniß dar, und ein Bataillon Ukraine drang wirklich in dieselben ein, konnte sich aber den vereinigten Kräften eines im Handgemenge nicht zu verachtenden Feindes gegenüber nicht behaupten. Ein mächtiger Ausfall packte die schwache russische Abtheilung im Rücken und nöthigte sie, sich an die übrigen Bataillone anzuschließen, welche ihrerseits von der türkischen Reiterei angegriffen wurden, selbige jedoch in die Flucht schlugen. General = Major Graf Nostiz bahnte sich mit den Garde=Ulanen einen Weg durch die Büsche und hielt im Verein mit dem 20sten Jäger=Regiment einen feindlichen Ausfall zur Linken auf. Rechts brachen die Garde=Dragoner und Kosaken ebenfalls durch die Büsche vor.

Mit dem Vordringen in der türkischen Verschanzung wollte es jedoch nicht gehen, und der Schweif der Colonne stand wohl eine Stunde lang in dem fürchterlichsten Kartät= schenfeuer. Auch General Simansky starb den Heldentod.

Wenige Reserven und ein kräftiger Angriff von Galata her hätten hier vielleicht das Wagstück zum Vortheil entschie= den. Der General Bistrom stand in einer zwar verschanzten, aber 4000 Schritt langen Aufstellung ohne Rückzug mit nur 9 Bataillons und 6 Escadrons. Von diesen befanden sich in den Schanzen an der Devna=Niederung 2 Bataillons, so daß dem General nur etwa 4000 Mann übrig blieben, mit wel= chen er seine ausgedehnte Linie behaupten und den Angriff des Prinzen unterstützen sollte. Beide Zwecke mit so geringen Mitteln zu verbinden, war offenbar unmöglich. Schon früher, bevor der gewaltige Kampf der Regimenter Asof und Ukraine an dem südlichen*) Theil der türkischen Verschanzung stattfand, waren 2 Bataillone Leibgrenadiere auf das nördliche Lager vorgegangen; sie wurden aber nach fruchtlosen Versuchen und mit einem Verlust von 500 Mann zurückgeschlagen. Es fehlte also auch hier nicht an Energie der Truppen. Später erblickte man das Getümmel im feindlichen Lager, welches die Kühnheit des Regiments Asof hervorrief. Unter diesen Umständen scheint es allerdings, daß man die Defensive ganz hätte verlassen und zu einem Angriff mit allen Truppen auch von dieser Seite hätte vorgehen müssen. Die russischen Schanzen lagen nur etwa 1500 Schritt von dem nördlichen Lager der Türken entfernt und die Gegend zwischen innc war frei und eben, so daß das Terrain keine Schwierigkeiten entgegenstellte. Die Deckung Varnas wurde, wie schon gesagt, durch die Aufstellung bei Galata nur sehr mangelhaft erreicht; sie konnte aber nicht vollständiger erzielt werden, als wenn man Omer Brione schlug. Die Gegenwart des Chefs des Generalstabes des Kaisers konnte zu einer solchen Unternehmung ermächtigen, und im unglücklichsten Fall blieb der Rückzug des General Bistrom über Gebedsche und seine Vereinigung mit dem Prinzen von Würtemberg möglich. Da aber von der Seite von Galata-Burnu her kein übereinstimmender allgemeiner Angriff gegen das türkische Hauptlager mehr stattfand, und der Prinz über keine Reserven disponirte, so mußte durch Abbrechen des Gefechts dem gänzlichen Untergang der Truppen vorgebeugt werden. Dies war eine schwierige Maaßregel, da man sich, so zu sagen, mit dem Feinde ganz verbissen hatte; doch erfolgte der Abmarsch so geschlossen, als es nur das Terrain gestatten konnte, und die ganze Abtheilung concen-

---

*) Bei der Lage, in welcher Omer Brione sich befand, ist es schwer zu sagen, welches sein rechter und welches sein linker Flügel war, da er nach drei Seiten, gegen Varna, gegen Galata und Hassanlar Front zu machen hatte.

trirte sich wieder auf der früher erwähnten kleinen Ebene (c) bei der eroberten Redoute. Die Türken, die selbst in großer Besorgniß schwebten und bedeutenden Verlust erlitten hatten, wagten sich nicht aus ihren Schanzen heraus, bis sie sich von dem Einhalten des russischen Angriffs ganz versichert hatten, dann folgten einzelne Reiter, die sich jedoch bald abweisen ließen.

Der Verlust der russischen Truppen belief sich hier auf ohngefähr 1400 Mann. Der Commandirende war verwundet, zwei Generale getödtet. Der Brigadechef, der Regimentschef, 2 Bataillons-Commandeurs und 2 Compagnieführer des Regiments Asof wurden in dasselbe Grab gelegt. Ueberhaupt hatte sich der russische Soldat bei dieser Gelegenheit mit Ruhm bedeckt.

Prinz Eugen marschirte mit seinem Detachement in der Nacht wieder nach Hassanlar, weil sich der Posten im Angesicht des Feindes mitten im Walde, vorzüglich wegen gänzlichen Wassermangels, nicht zu einer zu behauptenden Aufstellung eignete. Von Hassanlar aus wurden 6 Bataillons und 4 Escadrons an General Bistrom abgeschickt, welche sich ohne Zweifel längs des Devnasees und der Niederung hin mit demselben vereinten. Diesem General, dessen Stellung allerdings zu großer Besorgniß Veranlassung gab, schickte man nun von Varna aus neue Verstärkung, so wie von Schumla die 3te Brigade der 19ten Division, um welche Prinz Eugen vergeblich gebeten hatte.

Der Prinz selbst nahm mit 4 schwachen Bataillons und einigen Escadrons den Posten von Osmandschi zwischen Hassanlar und Gebedsche ein, um von hier aus im Nothfall General Bistrom noch ferner unterstützen zu können. Auch nach dem Gefecht bat er nur um Verstärkung, um den Angriff zu erneuern, worauf man jetzt jedoch aus guten Gründen nicht mehr eingehen konnte, da alle disponibeln Mittel dem Ge

13*

neral Bistrom zugeschickt waren. Die Garde-Kosaken unter
General Jefreimow bei Hassanlar zurückbleibend, demonstrir-
ten dagegen täglich in des Feindes Rücken.

Der Angriff auf Kurtepe erscheint als eine der glän-
zendsten Waffenhandlungen dieser Campagne, und obwohl
derselbe scheiterte, trug er durch den moralischen Eindruck,
welchen die Bravour der russischen Truppen auf ihren Gegner machte, in seinen Folgen doch wesentlich zum Gelingen
des Feldzugs bei, so einen neuen Beweis liefernd, daß strenger Gehorsam selbst in den mißlichsten Lagen eine der ersten
militairischen Tugenden bildet. Wider seinen Willen zu einer
Unternehmung gezwungen, deren Erfolg er bezweifeln mußte,
führte der Prinz, als ihm nur das blinde Gehorchen übrig
blieb, die gegebenen Befehle mit allem Nachdruck aus. Nur
2 Bataillone blieben in Reserve, alle übrigen bestanden ein
blutiges Gefecht, wobei die Infanterie der Unterstützung der
Cavallerie und Artillerie fast gänzlich entbehrend und gleichsam im Blinden tappend, mit wahrem Löwenmuthe focht.

Höhern Orts scheint man allerdings den Zweck ohne die
Mittel gewollt zu haben. — Wenn man erinnert, daß um
diese Zeit im Hauptquartier zu Varna mit jedem Tage der
Fall der Festung erwartet wurde, so begreift sich, wie unwill-
kommen die Annäherung eines türkischen Entsatzcorps sein
mußte, welche den Erfolg der ganzen mühseligen Belagerung,
ja den Ausgang des Feldzugs aufs Neue in Frage stellte.
Die Nachrichten von der Schwäche des Corps, welche General Suchosanet mittheilte, waren daher sehr beruhigend,
vielleicht glaubte man sie, weil man sie wünschte, und legte
aus dem entgegengesetzten Grunde den Vorstellungen des
Prinzen von Würtemberg weniger Gewicht bei. Man wußte,
daß der Großvezier 12 bis 16,000 Mann zur Verstärkung
Omer Brione's bestimmt hatte, während er selbst am Kamtschik stehen bleiben wollte. Der kaiserliche Generalstab machte

daher die dringende Nothwendigkeit geltend, anzugreifen, ehe dieser neue Zuwachs von Streitern im feindlichen Lager eintreffe. Der Prinz von Würtemberg hingegen behauptete, daß die Verstärkung dem Omer Vrione bereits zugegangen sei. Der Umfang der türkischen Verschanzungen und der Bivouacqs zwischen denselben betrug fast ¼ Meile, und die Schwäche des Veziers zu Derwisch-jowann bestätigt die Ansicht, die der Prinz an Ort und Stelle gefaßt hatte, im Widerspruch mit der, welche man an Bord des „Paris" hegte. Ferner versprach man sich von dem Zusammenwirken des Generals Bistrom mit dem Prinzen ein günstiges Resultat, und wirklich konnte dadurch die feindliche Stellung von den entgegengesetzten und eigentlich von allen Seiten angegriffen werden. Wie bei allen getrennten Unternehmungen lag aber auch hier der Keim des Mißlingens darin, daß die Ausführung nicht durch denselben Willen geleitet wurde. Bedenkt man, wie die Stellung des Generals Bistrom den Zugang zur Festung keineswegs absolut sperrte und daß er in derselben gar keinen Rückzug hatte, so drängt sich die Frage auf, ob es nicht besser gewesen wäre, die ganze Abtheilung dieses Generals von Galata fortzuziehen und selbige vor dem Angriff auf das türkische Lager zu Kurtepe mit dem Prinzen Eugen zu vereinen. Es konnte dies auf eben dem Wege geschehen, auf welchem nach dem Gefecht die Verstärkungen vom Prinzen nach Galata gelangten. Erwägt man endlich, daß der Angriff auf Omer Vrione aller Wahrscheinlichkeit nach den Ausgang des Feldzugs entscheiden mußte, so scheint es, daß man für einen so großen Zweck auch wohl selbst Pravady von einem Theil seiner Besatzung entblößen, oder dieselbe von Schumla aus, soweit durchaus erforderlich, ersetzen mußte. Vereint mit der Brigade Madatof, dem Corps des Generals Bistrom, der 3ten Brigade der 19ten Division und den übrigen Verstärkungen, welche man letzterm nach dem

Gefecht von Kurtepe doch von Varna aus gewähren mußte, hätte Prinz Eugen über 15,000 Mann verfügt, welche unter dem Befehl eines einzigen Führers der schwierigen Aufgabe vielleicht gewachsen waren. Daß, im Fall eines gelungenen Angriffs von Westen und Süden her, ein großer Theil der versprengten Türken sich nach Varna hineingeworfen haben würde, halten wir für keinen Nachtheil. Es konnte dies auch durch die Stellung in Galata nicht verhindert werden. Die Anwesenheit einer geschlagenen und dadurch zuchtlosen Menge in dem hartbedrängten Platz würde nur den schnellern Sturz desselben herbeigeführt haben.

Was nun die türkischen Strategen und ihre Operationen betrifft, so scheint der Großvezier in dem ganzen kriegerischen Drama eine Nebenperson gewesen zu sein; er würde sonst in einer so wichtigen Angelegenheit, wie der Entsatz von Varna, nicht den Omer geschickt haben, sondern selbst gegangen sein. Jetzt war es nicht mehr Zeit, die Streitkräfte der Pforte in Reserve zu halten, die Jahreszeit der Operationen nahte ihrem Ende, eine Entscheidung des Feldzuges mußte in kürzester Zeit erfolgen, und der Augenblick war gekommen, wo der letzte Soldat, über den der Großherr noch in Rumelien verfügte, dazu hätte verwendet werden sollen, daß diese Entscheidung günstig ausfalle.

Unstreitig hatte der Vezier das Meiste und das Beste seines Heeres dem Unterfeldherrn überlassen, und war selbst nur mit einem nominellen Heere noch an den Kamtschick gerückt, wo er bei Derwisch-jowann eine schlechte Verschanzung anlegen ließ*). Aber an einem Tage, wie der 30. September, hätte das bloße Erscheinen, selbst nur von ein paar Tausend Spahis im Rücken des vom Prinzen von Würtemberg befehligten kleinen Corps von Wichtigkeit sein müssen. Omer

*) Siehe den Plan von Derwisch-jowann.

Brione ging ganz einfach grade auf seinen Gegenstand los. Wenn er bei einer rein offensiven Unternehmung in jedem Nachtquartier sich verschanzte, so lag das zwar in der herge= brachten Art der Türken und in dem Gefühl, daß sie im freien Felde den Russen nicht gewachsen sein würden. Ihre große Mehrzahl und der Zweck ihrer Unternehmung hätte den Pascha indeß wohl von dieser Regel entbinden sollen. Nach dem glücklichen Rencontre vom 26. und bevor noch der Prinz von Würtemberg sein kleines Corps versammelt hatte, rückte der Pascha gegen die Stellung von Galata vor und griff sie an. Es war dies die am nächsten liegende und für ein tür= kisches Corps wohl auch die zweckmäßigste Maaßregel. Gelang es, in der Front oder auf dem rechten Flügel der Russen durchzudringen, so war die Abtheilung des Generals Bistrom völlig verloren und die Verbindung mit Varna am vollstän= digsten hergestellt. Je mehr das aber der Fall war, um so sicherer konnte der Pascha auf den hartnäckigsten Widerstand der Russen rechnen. Für einen solchen Zweck war durch das 4stündige Gefecht am 28. nicht genug; für eine bloße Re= cognoscirung hingegen zu viel geschehen. Der Verlust an Menschen war bedeutend und der verfehlte Zweck mußte die Truppen entmuthigen.

Die Stellung von Kurtepe erscheint den Umständen an= gemessen und glücklich gewählt. Von dort aus war Omer Brione in der Lage, den Angriff auf die Stellung von Ga= lata zu erneuern, er konnte nach Belieben gegen Gebedsche, Dewno oder Pravadh vorgehen, oder endlich sich bis zur Landzunge zwischen dem Devnasee und dem Meere ausdehnen. Alles dies mußte aber schnell geschehen, und so vortheilhaft der Punkt, um die Offensive fortzusetzen, so wenig war er geeignet, mitten im Walde und mit einer durchaus gefährdeten und bereits durchschnittenen Rückzugslinie lange zu verweilen. Die vollständige Verschanzung des Kurtepe war um so mehr

ein strategischer Unsinn, als die von dieser Höhe strahlenförmig auslaufenden Ravins für den Fall eines Angriffs ohnehin Flügelanlehnungen nach allen Richtungen gewährten. Indeß geschah für die Türken am 30. das Glücklichste, was ihnen
begegnen konnte. Man that ihnen den Gefallen, sie in ihrer
starken Verschanzung anzugreifen.

Nachdem an diesem Tage die Arnauten den kühnen Anlauf der Russen zurückgewiesen, war die Lage Omer Paschas
eine glänzende. Es war der entscheidendste Moment des
ganzen Feldzuges. Was aber von jetzt an geschah oder
vielmehr was nicht geschah, entzieht sich jeder wissenschaftlichen
Kritik.

Nach dem Rückzug des Prinzen und auch schon am 27.
konnte Omer Prione unstreitig ohne Weiteres mit dem belagerten Platz in Verbindung treten. Die 3 Redouten, welche
General Gollowin auf der Landzunge zwischen dem Devnasee
und dem Meere unmittelbar am Fuß der Waldhöhe angelegt
hatte, waren gegen einen Ausfall von der Festung ganz vortheilhaft, gegen einen Angriff von Süden her hingegen durchaus ungünstig gelegen. Beschäftigte der Pascha den General
Bistrom in der Front durch einen Scheinangriff und warf
sich mit den Schwärmen seiner leichten Truppen auf die Redouten, wie denn namentlich die am Devnasee ohne jede mögliche Unterstützung war, so vermochten diese kaum lange zu
widerstehen. Jedenfalls konnten sie nicht hindern, daß ein
Entsatz sich zur Festung durchschlug, wovon man auch im
russischen Hauptquartier überzeugt gewesen zu sein scheint.

Eine andere Frage ist, ob für die Erhaltung Varnas
mit einem solchen Entsatz etwas ausgerichtet wurde. Dort
fehlte es weder an Munition, an Lebensmitteln, noch an Vertheidigern. Der Muth der Besatzung war nicht gebrochen
und der Platz noch keineswegs aufs Aeußerste gebracht, Jussuf
Pascha hatte, um seine Breschen zu vertheidigen, Streiter

genug, nur nicht so viele, daß er völlig aus der Festung hinaus-
gehen und den Feind auf der Nordseite derselben angreifen und
vertreiben konnte. Mit einem schwachen Entsatz war ihm daher
nicht gedient, sondern Omer Prione mußte sich dann mit seinem
ganzen Corps nach Varna hineinwerfen, um an der Nordseite
wieder zu debouchiren. Das erstere halten wir trotz der Stellung
des General Bistrom nicht für unmöglich, und das Letztere
wird als vollkommen ausführbar erscheinen, wenn man bedenkt,
daß die Türken damals in Varna keineswegs auf ihre Mauern
beschränkt waren, vielmehr immer noch die Logements außerhalb
des Grabens unmittelbar in der Flanke der russischen Angriffslinie behaupteten. Das Richtigste, was Omer Prione thun
konnte, war indeß wohl unstreitig, wenn er dem, durch die
Verluste im Gefecht und durch Detachirung der größern
Hälfte seiner Truppen so sehr geschwächten Corps des Prinzen von Würtemberg am 1. Oktober nach Osmandschik folgte,
ihn mit zehnfacher Ueberlegenheit erdrückte oder zurücktrieb,
dann über Gebedsche vor oder nöthigenfalls um den kleinen
Devnasee herumging, wo er dann am 2. oder 3. Oktober im
Rücken des russischen Einschließungscorps stehen konnte. Dieses
wird zu jener Zeit nach den ungeheuren Verlusten während der
Belagerung und seit der Detachirung nach Galata-Burnu
und über Gebedsche kaum noch mehr als 10000 Combattanten gezählt haben. Wir wollen ganz ungesagt lassen, ob es
dem Pascha selbst bei einer Ueberlegenheit um das Dreifache
gelungen wäre, den Gegner im offenen Felde zu schlagen.
Jedenfalls mußten aber doch die Russen Front gegen ihn
machen, und es darf wohl mit einiger Gewißheit angenommen
werden, daß es der Besatzung unter solchen Umständen bei
einem allgemeinen Ausfall gelungen sein würde, die Angriffs-
linien und die Minen zu zerstören und vielleicht sich der Geschütze in den Batterien zu bemächtigen, wodurch dann das
Ende der Belagerung ganz aufs Unbestimmte hinausgeschoben

wurde. Vorausgesetzt muß hierbei freilich werden, daß der Seraskier in Schumla die Fühlung an der Klinge behielt und im Fall des Abmarsches der Russen von dort ihnen nachfolgte.

Von den 72 Bat. 52 Esc. des IIIten und VIIten Corps, mit welchen Graf Wittgenstein Schumla bezwingen sollte, waren nach und nach entsendet:

	Bat.	Esc.
nach Varna von der 7ten Div.......	8 Bat.	— Esc.
„ „ „ „ 10ten „	6 „	— „
„ „ „ „ 18ten „	4 „	— „
„ „ „ „ reit. Jäger-Div. ...	— „	4 „
„ „ „ den Bugschen Ulanen .	— „	5 „
rückwärts auf Etappe von den Bug. Ulanen	— „	5 „
nach Pravady unter Fürst Madatof v. 10. D.	4 „	— „
do. do. Bug. Ulanen	— „	5 „
nach Devno unter General Delingshausen von der 9ten Div.	2 „	— „
„ „ 19ten „	2 „	— „
„ den Bugschen Ulanen	— „	5 „
abmarschirt waren mit General Diebitsch von der 19ten Div.	2 „	— „
mit dem Gen. Simansky von der 10ten Div.	2 „	— „
„ „ Prinzen Eugen „ „ 19ten „	4 „	— „
zum General Bistrom „ „ 19ten „	4 „	— „
abwesend überhaupt	38 Bat.	24 Esc.

mithin befanden sich vor Schumla um diese Zeit nur 34 Bataillons 28 Escabrons, welche durch den großen Verlust in Gefechten und durch Krankheit kaum mehr als 10,000 Mann gezählt haben können. Hussein Pascha mochte hingegen nach dem Abmarsch Omer Vrione's immer noch doppelt so stark sein.

Gelang das Unternehmen Omer Vrione's, so war der Feldzug entschieden, die Russen mußten über die Donau zurück, und das Resultat nach all den ungeheuren Opfern war der Besitz eines einzigen Platzes am linken Stromufer.

Omer Brione that aber von Allem gar nichts. Elf Tage blieb er unthätig in seinen Verschanzungen im Walde, hörte eine Mine nach der andern vor Varna springen, sah dem Fortschreiten der Belagerung und dem Sturm der Russen theilnahmlos zu, und erst als die feindlichen Fahnen auf den Trümmern der Festung wehten, machte er einen übereilten Rückzug, als ob das Ereigniß, welches er selbst herbeigeführt, ihn aufs Aeußerste überrascht hätte. Das Verhältniß eines Pascha von Albanien zur Ottomanischen Pforte ist freilich nicht das eines europäischen Feldherrn zu seinem Könige und Vaterland, und ganz andere Gründe als strategische mögen das Verfahren Omer Brione's damals bestimmt · haben.

In Varna hatte man durch fortwährende Minensprengungen und Abgrabungen eine ganze Front der Festung trotz aller Gegenwehr fast vernichtet. Seit 14 Tagen schon stand das türkische Entsatzcorps nur eine Meile von dem Platze entfernt, ohne daß es der bedrängten Garnison zu Hülfe kam. Die Kühnsten unter den Vertheidigern waren in zahlreichen Ausfällen und in der heldenmüthigen Behauptung des Grabens Opfer ihres Muthes geworden, und indem nun auch die letzte Hoffnung auf Hülfe von Außen her schwand, mußte das Beispiel eines hochstehenden Befehlshabers vom entscheidendsten Einfluß sein·

Am Nachmittag des 10. Oktober kam Jussuf Pascha, 10. Okt. begleitet von einem Theil der Garnison, in das russische Lager und ergab sich der Gnade des Kaisers. Welche Unterhandlungen diesem Schritt vorangegangen waren, und welche Mittel angewendet worden, um ihn herbeizuführen, ist nicht bekannt. Gewiß ist, daß eine absolute Unmöglichkeit, den Platz länger zu halten, nicht vorlag, auch war Isset Mehmet, der Capudan-Pascha, nicht zu bewegen, einer Capitulation beizutreten. Er zog sich in das Castell im Innern der Stadt zurück und drohte sich dort mit einer kleinen Schaar von Getreuen in die Luft zu sprengen. Ein heftiges Feuer aus allen Batterien und von der Flotte, welches bald nach Juſſufs Ankunft und auf seinen Antrieb eröffnet wurde, bestimmte den Rest der Besaßung und viele Einwohner, mit ihren Familien aus der Stadt herauszukommen. Endlich am folgenden Tage, und nachdem dem Capudan-Pascha mit 300 Mann freier Abzug bewilligt worden, wurde die Festung den Russen übergeben. Der Platz hatte sich 89 Tage seit der ersten Einschließung, 70 Tage seit Beginn der Belagerung und 27 seit Oeffnung der ersten sturmrechten Bresche gehalten. Die Vertheidigung dauerte also dreimal so lange, als die von Brailow.

Die Besaßung war mit Einschluß der nach und nach eingetroffenen Verstärkungen 20,000 Mann, mithin nicht viel stärker, als die von Brailow gewesen. Zu Ende der Belagerung war dieselbe aber auf ⅓ zusammengeschmolzen. 7000 Mann gingen mit Juſſuf Pascha in russische Kriegsgefangenschaft über die Donau. Ohne den Verrath Juſſufs*) und die Starrsucht Omer Brione's würde es der tapferen Besaßung Varnas wohl troß der Stellung des General Bistrom möglich gewesen sein, sich zu dem Osmanischen Heere auf dem Kurtepe durchzuschlagen und mit demselben vereint den Rückzug über den Kamtschik auszuführen.

Es waren von den Angreifern während der ganzen Dauer der Belagerung über 2500 Ctr. Pulver verwendet, wovon die ungeheuren Minenladungen einen bedeutenden Theil erforderi hatten. Ohne die etwas spärlich vorhandene Munition der zahlreichen Feld-Artillerie zu rechnen, waren 37,000 Vollkugeln, 2500 Kartätschschüsse und 8600 Hohlkugeln, überhaupt fast 50,000 Schuß gegen die Festung verbraucht, also mehr als

---

*) Die Beweggründe für das Verfahren Juſſufs sind in einer Palast-Intrigue zu suchen. Seine Absezung und die Einziehung seines ausgedehnten Grundbesißes in Rumelien war bereits beschlossen, als er Varna heldenmüthig vertheidigte.

3 mal so viel wie gegen Brailow. Auch war in der Stadt
kein Haus unbeschädigt geblieben, und das Viertel der Christen,
welches der Angriffsfront zunächst lag, bildete einen Trümmer-
haufen. Es fanden sich in der Festung nur 162 Geschütze,
während Brailow mit 300 armirt gewesen war. Die Russen hatten
überhaupt nur 65 Geschütze in Batterie gestellt, darunter 8 Stein-
mörser, 23 schwere Schiffskanonen und 34 Feldgeschütze. Das
eigentliche Belagerungsgeschütz kam erst, als man es nicht mehr
gebrauchte. An Arbeitern waren von dem schwachen Belagerungs-Corps im Ganzen 55,000 Mann, täglich also etwa
700, oder halb so viel wie bei Brailow, gestellt. Der Verlust der Angreifenden ist nicht angegeben, kann aber kaum auf
weniger als 5 bis 6000 Mann berechnet werden.

Die Marine-Artillerie hatte in den Batterien, die 3te
Brigade der 7ten Division zur Deckung im Felde und die
Matrosen bei der Ausführung der Arbeiten die wesentlichsten
Dienste geleistet.

Die Türken hatten auch hier bewiesen, daß ihnen die
Kenntniß von dem Gange einer regelmäßigen Belagerung
fehlte. Sie versäumten, ihr Geschütz auf der angegriffenen
Front zu verstärken, bevor die feindlichen Batterien erbaut
waren, und zersplitterten das Feuer derselben. Ebensowenig
wußten sie von den Contreminen einen richtigen Gebrauch zu
machen. Aber sie zeigten die unerschütterlichste Tapferkeit
hinter den schwachen Verschanzungen, welche, ohne System
und regellos angelegt, von ihnen bis zum letzten Augenblick
behauptet wurden. Ihr Widerstand im Graben ist über
alles Lob erhaben, und das Aushalten der Garnison noch drei
Wochen, nachdem zwei gangbare Sturmlücken in den Hauptwall gelegt, gewiß ein selten eintretender Fall. Die Vertheidigung von Varna verdient wohl unter den ruhmwürdigsten
genannt zu werden, welche die Kriegsgeschichte kennt, und gewinnt einen ganz eigenthümlichen Charakter durch die Art, wie

die Belagerten dem Gegner das Angriffsterrain von außen her streitig machten. Aber nicht weniger rühmlich erscheint die Ausdauer und Geschicklichkeit, welche mit so ganz unzulänglichen Mitteln alle entgegenstehende Schwierigkeit zu besiegen wußte. Die höchste Anerkennung gebührt deshalb den Generalen Menschikof und Woronzow, den Ingenieur-Generalen Trousson und Schilder, den tapfern Soldaten der Marine und des Landheeres. Die persönliche Anwesenheit des Kaisers, der früher lange selbst dem Geniewesen vorgestanden hatte, war hier unstreitig von großem und heilsamem Einfluß.

Omer Brione hatte von Kurtepe aus Alles, was in Varna vorging, vollständig übersehen können. Nachdem der Platz übergeben, und gleichsam als ob damit seine Aufgabe gelöst gewesen wäre, zog er sich eiligst hinter den Kamtschik zurück. Prinz Eugen hatte mit nur 4 Bataillons und 10 Escadrons natürlich der Verbindungslinie des Feindes nicht ganz nahe treten können und war noch viel weniger in der Verfassung, ihm den Rückzug völlig abzuschneiden. Dagegen setzte er mit der Cavallerie sogleich dem abziehenden Pascha nach und die Generale Jefreimow und Nostitz ereilten ihn mit den Garde-Kosaken und 2 Escadrons Garde-Dragonern unweit des Uebergangs über den Kamtschik. Es kam zu einem Cavallerie-Gefecht mitten im Walde, bei welchem beide Generale verwundet und 40 Russen getödtet wurden.

Auch der Vortrab des General Bistrom erreichte unter General Poleschko noch einen Theil des Feindes und nahm ihm eine Fahne ab. So vereinte der Prinz am Abend des 11. Oktober zu Petrisoi 14 Bataillons und 16 Escadrons. Da Omer versuchte, sich auf dem linken Ufer des Kamtschik zu behaupten, so griff der Prinz ihn am 15. Oktober mit den Brigaden Delingshausen und Sumarakoff und einem Theil der Garde-Cavallerie unter General Tschitscherin an. Das 37ste und 38ste Jäger-Regiment hatten ein hitziges Gefecht, die Türken wurden aber mit erheblichem Verlust über den Kamtschik in die Verschanzungen von Derwisch-jowann zurückgeworfen. Diese räumte der Pascha freiwillig am folgenden Tage und zog sich, in den dortigen Blockhäusern nur eine schwache Besatzung zurücklassend, nach Aidos zurück.

Zehnter Abschnitt.

Einschließung von Silistria.

Die strategische Lage von Silistria ist eben so wichtig, als die Oertlichkeit fortificatorisch ungünstig. Diese Festung, welche nach der Eroberung von 1810 geschleift wurde, war bald aus ihren Trümmern wieder erstanden, und zählte bei der Belagerung durch die Russen im Jahre 1828 gegen 24,000 Einwohner*). Silistria**) (Plan Nr. 5) bildet ziemlich genau die Hälfte eines Kreises, dessen Durchmesser

---

*) Gegenwärtig liegen ³/₄ des von den Wällen umschlossenen Raumes wüst. Es bildet sich zwar eine neue Stadt, sie zählt aber bis jetzt kaum 4000 Einwohner. Diese haben sich größtentheils in der von den Russen östlich der Festung am Flusse angelegten Vorstadt Wolna angesiedelt. Im Innern des Platzes sind außer zerstreut liegenden kleinen Häusern und den von den Russen erbauten Baracken längs den Courtinen erst einige wenige Straßen wieder erstanden Uebrigens sind die Festungswerke noch heute ganz so geblieben, wie sie gewesen, — die Russen hätten auch Unrecht gehabt, etwas daran zu ändern. Bei der Anwesenheit Sultan Mahmuds im Jahre 1836 waren die 4 Breschen in den Bastionen Ordu- und Müstiereh-Tabiassi und der zwischenliegenden Courtine noch nicht wiederhergestellt, sondern nur mit Flechtwerk aufgesetzt, selbst die Spuren des Angriffs von 1810 waren noch vollkommen sichtbar.

**) Wenn in russischen Berichten die Tracen und Profil des Platzes anders und z. B. die Tiefen der Gräben zu mehr als 24' angegeben werden, so können wir nur auf unsere Aufnahme verweisen

von 2000 Schritt nach der Donau zugekehrt ist. Der Platz wird von 10 Fortificationsfronten, jede 550 Schritt lang, umschlossen, hatte außer den beiden engen Schanzen Liman- und Tschengell-Tabiassi, welche den Anschluß an die Donau bilden und hauptsächlich zur Bestreichung des Flusses bestimmt sind, weder permanente Außenwerke, noch gedeckten Weg, sondern nur einige leicht aufgeworfene Logements vor den Thoren der Festung, welche sonst vom Felde aus direkt gesehen und eingeschossen werden konnten. Das Glacis war 2 bis 4 Fuß hoch, der Graben, wie das beigefügte Profil zeigt, nur 8 bis höchstens 10 Fuß tief eingeschnitten. Escarpe und Contrescarpe waren in dieser Höhe mit Kalksteinen revetirt. Auf der ersten erhob sich die 8' hohe, 20' starke Brustwehr, welche an der inneren Böschung mit einer Palissadenreihe besetzt war. Die sehr steile äußere Böschung der Brustwehr der Bastione war mit Flechtwerk aufgesetzt, die der Courtine mit Rasen bekleidet. Die Bastione faßten 10 Geschütze, welche durch Scharten schossen, von denen auf jeder Face 4, in der Flanke aber nur 1 standen. Die Bestreichung der ohnehin so kurzen Grabenlinien war daher sehr schwach. Nach der Wasserseite führten 2, nach der Landseite ebensoviel Thore *). Der Graben war auf keine Weise unter Wasser zu setzen, da die Sohle desselben über dem Donauspiegel liegt und nirgends ein Bach in denselben einmündet. Aus Besorgniß vor den russischen Minen war rings um die Landfront auf der Grabensohle eine bis 9' tiefe, dennoch aber trockene Cünette ausgehoben.

Bei dem geringen Commandement von nur 8 bis 9 Fuß werden die nahe gelegenen bedeutenden Höhen um so nachtheiliger. Das bulgarische Plateau tritt 200 Fuß hoch und vollkommen eben bis nahe an die Donau heran und senkt

---

*) Im gegenwärtigen Zustande nur eines, das „Stambull-Kapu".

sich, in der Entfernung von durchschnittlich 1500 Schritt vom Hauptwall der Festung, nicht schroffer zu derselben herab, als daß man überall auf der Böschung sich noch mit Artillerie etabliren kann. Selbst dann noch, wenn man bis auf 800 Schritt nach dem südlichsten Bastion (Müßlereh) herabsteigt, übersieht man vollkommen das ganze Innere dieser Festung bis zum Fuß der gegenüberliegenden, nach der Donau zuge= wendeten Kehlseite. Eine Batterie an diesem Punkt beschließt die drei östlichen Fronten im Rücken, und ebenso werden die beiden südwestlichen Fronten von D aus gesehen und enfilirt. Auf jenen Abhängen, deren Fuß nur 600 Schritt vom Haupt= wall entfernt ist, könnte der Angreifende seine Batterien so hoch und so nahe etabliren, wie es ihm gerade convenirte, um sie bis zu Ende der Belagerung wirken zu lassen. Bei der Breite der Donau von noch nicht ganz 1000 Schritten muß natürlich auch das Feuer vom jenseitigen Ufer dem Platz sehr lästig werden.

Silistria kann nur dann zu einer guten Festung umge= schaffen werden, wenn in A, B, C und D vier starke, selbst= ständige Werke erbaut und ein Brückenkopf auf dem linken Donauufer der Stadt gegenüber angelegt würde*).

Wir haben schon erwähnt, daß von dem Corps des Generals Roth, welches seit Anfang Mai unthätig in der Wallachei gestanden, auf dem Umweg über Hirsowa die 4te Ulanen= und die 16te Infanterie=Division (16 Esca= drons 12 Bataillons mit etwa 36 Feldgeschützen) überhaupt 10,000 Mann gegen Silistria herangezogen wurden. Vor diesem Platz erschien General Roth am 21. Juli, um eben 21. Juli. die Zeit, wo die Hauptarmee vor Schumla und das Corps

---

*) Letzterem Unternehmen widerstreiten jetzt die bestehenden Tractate; es könnte nur im Fall eines Krieges durch provisorische Werke erreicht werden. Die Erbauung der Forts dagegen lag wirklich in der Absicht des verstorbenen Großherrn, die Sache scheiterte aber am Kostenpunkt.

des Generals Uschakof vor Varna eintrafen, jedoch ebenso wie
diese mit unzulänglichen Kräften und namentlich ohne Belagerungsgeschütz, weil in einem Feldzug, welcher überhaupt
nur aus 4 voraussichtlichen Belagerungen bestand, nur ein
einziger Belagerungstrain disponibel war.

Die Besatzung von Silistria war zahlreich; sie bestand
wesentlich aus den bewaffneten Einwohnern der Stadt und
der Umgegend, und diese mochten wohl 6 bis 7000 Gewehre
gezählt haben. Außerdem hatte sich aber der größte Theil
der Besatzungen von Brailow, Tuldscha, Matschin und Hirsowa
nach Silistria begeben, und so dürften die Belagerten dort
Anfangs wahrscheinlich zahlreicher als die Belagerer gewesen
sein *). Auch kam es gleich bei der Annäherung der Russen
zu hitzigen Gefechten, in denen jedoch die Türken den Kürzeren
zogen.

Der General Roth glaubte sich vorerst auf eine rein
defensive Stellung außerhalb des Geschützbereiches des Platzes
beschränken zu müssen, welche er auf den vorerwähnten Höhen
wählte. Die Türken versuchten sich diesem Beginnen am 23.,
24. und 25. durch tägliche Ausfälle zu widersetzen, was ihnen
bei der Ungunst des Terrains natürlich nicht gelingen konnte.

Die Verschanzung des Generals Roth bestand aus einer
Kette von theils geschlossenen, theils in der Kehle offenen
Werken (Nr. I bis XIII), deren Entfernung von der Festung
durchschnittlich 2000 Schritt betrug. Mit der äußersten Redoute rechts lehnte die Linie an die untere Donau an. Weiter
links hingegen war die Höhe noch in der Gewalt der Türken.

So standen beide Partheien sich über 4 Wochen einander
gegenüber, ohne daß etwas Anderes als kleine Plänkeleien
vorfielen, welche freilich die Russen nicht zu dem ihnen vor-

*) Der russische Bericht giebt sie auf 22,000 Mann an, was offenbar
übertrieben ist.

gestedten Ziele führen konnten. Die Türken behaupteten während
deſſen die Höhen A und B, welche die Belagerer am 28. Auguſt ²⁸⁻ ᵃᵘᵍ·
endlich angriffen. Das Gefecht fing um Mitternacht an und
dauerte bis Nachmittags. Die Türken nahmen die Höhe A
dreimal wieder ein, mußten ſie jedoch endlich dem Gegner
überlaſſen. Ihr letzter Angriff geſchah durch eine Colonne
von 3000 Mann, welche durch 5 Feldgeſchütze unterſtützt
wurden. Da das Feuer der Feſtung auf das Plateau B durch=
aus nicht wirken kann, ſo geriethen die Türken dort jedesmal
in den Bereich der zahlreichen ruſſiſchen Artillerie. Auf ihrem
Rückzug zur Feſtung wurden ſie von den Ulanen=Regimentern
St. Petersburg und Charkow lebhaft attakirt und ſollen über=
haupt 600 Mann eingebüßt haben. Der Verluſt der Ruſſen
wird von ihnen ſelbſt auf 72 Todte und 312 Verwundete an=
gegeben, worunter ſich die Commandeurs beider Cavallerie=
Regimenter befanden.

Die ruſſiſche Stellung wurde hierauf durch die Werke
bis Nr. XVIII vervollſtändigt. Der linke Flügel blieb aber
gegen 4000 Schritt von der Feſtung und über ¼ Meile von
der Donau ab. Dort wurde das vorliegende ebene Terrain
durch die Feſtung und das Werk Liman=Tabiaſſi gut beherrſcht,
und daß die Einſchließung des Platzes in der wichtigſten Richtung,
auf Ruſtſchuk und Schumla zu, eine unvollſtändige geblieben
war, zeigen die Vorgänge am 11. September. An dieſem ¹¹· ˢᵉᵖᵗ·
Tage hatte ſich ein Corps von 5000 Türken von Ruſtſchuk her
genähert und trotz der ruſſiſchen Stellung ſich mit den aus
Siliſtria herausgeſendeten Truppen vereinigt. Ein Angriff
auf die Redouten und auf die Cavallerie des Generals Kreutz
blieb ohne Erfolg, indeß büßten die Ruſſen an dieſem Tage
8 Offiziere und 158 Mann ein.

Auf der Höhe B wurden die der Feſtung am nächſten
liegenden Werke, aber immer noch 1500 Schritt von derſelben
entfernt, erbaut, und von der Redoute des rechten Flügels

14*

aus vorwärts der übrigen Verschanzungen auf der halben Höhe des Thalabhangs, mit Benutzung vorhandener Gartenhecken, ein Trancheegraben aa leicht aufgeworfen, welcher den Tirailleurs Deckung gewährte.

Die russische Linie war durch die bedeutenden Höhen gegen Anfälle von der Seite der Festung her sehr gesichert. Dagegen konnte sie bei einer Ausdehnung von ¾ Meilen nur schwach besetzt werden, wurde durch zwei tiefe Thäler in sich unterbrochen, und würde bei einem ernstlichen Angriff von außerhalb her nicht leicht haben widerstehen können.

Schon am 10. August war die 2te und 3te Escadre der russischen Donauflottille, 36 Fahrzeuge stark, bei Silistria angekommen. Es wäre von der höchsten Wichtigkeit gewesen, durch eine Schiff- oder Floßbrücke die Verbindung mit dem wallachischen Ufer herzustellen. Dort befand sich ein Ueberfluß an Strauchwerk zu den Belagerungsarbeiten, welches auf dem rechten Ufer meilenweit herbeigeholt werden mußte. Ein permanenter Uebergang hätte die Verpflegung ungemein erleichtert und für den Fall eines Unglücks den Rückzug gesichert, der ohne denselben 15 Meilen weit bis Hirsowa durch ein feindliches Land ging, welches bei dem zweifelhaften Stande der Dinge vor Varna und Schumla keineswegs als unterworfen betrachtet werden durfte. Man muß glauben, daß das Material zu einer Brücke auf der Ardschisch und dem Vortesa-Arm der Donau wohl herbeizubringen gewesen wäre — alle Kräfte scheinen aber gegen Ende des Feldzugs erschlafft. Vor allen Dingen wäre nöthig gewesen, die nur 12 Fahrzeuge starke türkische Flottille zu vertreiben, was, da man das nur 1000 Schritt entfernte linke Donauufer inne hatte, mit Leichtigkeit hätte geschehen müssen. Wir erfahren jedoch nicht, daß etwas dem Aehnliches unternommen worden wäre, sondern nur, daß einige Ausfälle der Garnison, wie nicht anders zu erwarten, zurückgewiesen wurden.

Am 15. September wurden die zum VIten Corps gehörigen beiden Divisionen nach Schumla beordert und vor
Silistria durch das IIte Armee-Corps des Generals Tscherbatof abgelöset. Bei dem Abmarsch des Generals Roth fiel
Achmet Pascha, der tapfere Vertheidiger des Platzes, selbst
mit 4000 Mann aus, und das Gefecht kostete auf beiden
Seiten viel Blut.

Wenn die Stärke des IIten Corps, welches aus dem
Innern Rußlands ankam, auch nur auf 18,000 Mann veranschlagt wird, so waren nunmehr die einschließenden russischen Truppen auch an Zahl der türkischen Besatzung überlegen. Dennoch geschah in den nächsten 4 Wochen nichts
Erhebliches, um die Belagerung von Silistria einem Ende
zuzuführen. General Tscherbatof erkrankte und General
Langeron übernahm den Befehl über das Einschließungs-
Corps. Die Zahl der Belagerungsgeschütze soll angeblich auf
120 angewachsen sein, aber — jetzt fehlte es wieder an Munition! Dabei griffen die Krankheiten unter den neu ange-
kommenen Truppen immer furchtbarer um sich und ein förmlicher Mangel an Lebensmitteln stellte sich ein. Nach Zeitungs-
Nachrichten sollen in den 2 Tagen, am 4. und 5. Nov., 500
Mann innerhalb der russischen Verschanzungen gestorben sein.

In Schumla hatte Hussein Pascha seit Mitte August
wenig mehr unternommen. Eine seiner Abtheilungen bedrohte
Basardschik, wo sich die Hospitäler befanden. Man vermochte derselben nur eine schwache Compagnie entgegenzu-
stellen, welche gänzlich vernichtet wurde, indeß hatte das Unternehmen gegen die Stadt selbst keinen Erfolg. Ebensowenig
führte ein Ausfall am 11. Oktober zu einem erheblichen Resultat.

Am 16ten Oktober brach General Roth mit dem VIten
Corps von Schumla über Jenibasar und Turkarnautlar nach
Koslubscha, General Rudsjewitsch mit dem IIIten Corps hin-

gegen nach Silistria auf. Die von Schumla abziehenden Russen wurden Anfangs nur schwach verfolgt, und erst am 19. Oktober und an den folgenden Tagen kam es gegen eine 8000 Mann starke türkische Abtheilung bei Aidochda zu hitzigen Arriergarden-Gefechten. Die Russen selbst räumten den Verlust von 800 Mann ein und mußten ihre Bagage im Stich lassen. Nach dem Eintreffen vor Silistria bestand das Einschließungs-Corps nunmehr aus 2 Armee-Corps und mochte einige 30,000 Mann zählen. Es war die Absicht, die Blokade des Platzes den Winter hindurch aufrecht zu erhalten, allein man mußte bald hiervon abstehen. — Unaufhörlicher Regen hatte nicht nur die Trancheen, sondern selbst das Terrain, auf welchem sie angelegt werden sollten, überschwemmt. Bald verwandelte sich dieser Regen, bei 8 Grad Kälte, in ein Schneegestöber, welches die russischen Erdhütten und Batterien überdeckte. Die Donau führte bereits Eisschollen, und unterbrach vollends die Verbindung mit dem linken Stromufer, mithin die Zufuhr an Lebensmitteln und Munition, welche schon zu mangeln anfingen. Vor Allem aber beburfte das IIIte Corps nach den ungeheuren Anstrengungen und Verlusten dieser Campagne nothwendig ruhigerer Winterquartiere, und so wurde, als auch ein 48stündiges Bombardement sich unwirksam erzeigt hatte, 10. Nov. am 10. November die fruchtlose Einschließung von Silistria aufgehoben. Nur ein sehr geringer Theil des Einschließungs-Corps konnte auf Schiffen nach dem linken Ufer übergesetzt werden. Der Rest trat einen überaus beschwerlichen Rückzug durch das verwüstete Land, auf bodenlos aufgeweichten Wegen an, so daß oft die Mannschaft eines ganzen Bataillons zur Fortbringung eines einzigen schweren Geschützes verwendet werden mußte. Daß unter solchen Umständen ein Theil der Artillerie in den Batterien zurückgelassen werden mußte, ein anderer Theil dem lebhaft nachdringenden Feinde auf

dem Rückzuge in die Hände fiel, scheint allerdings wahr
zu sein.

Es liegen leider über die ganze Unternehmung gegen Silistria nur unvollständige Nachrichten vor, hauptsächlich freilich,
weil dort eben nichts geschah. Die Türken schreiben statt
Geschichte einen schwülstigen Bombast, aus welchem die Wahrheit nicht zu erkennen, und selbst die höher stehenden Offiziere
haben selten einen Ueberblick über die Begebenheiten. Die
Russen hingegen scheinen kein Interesse zu haben, über diesen
Theil ihres Feldzugs etwas zu veröffentlichen. Wenn wir
daher genöthigt sind, nach den dürftigen Mittheilungen,
welche bekannt geworden sind, und nach den Ergebnissen selbst
zu urtheilen, so kann die sogenannte Belagerung von Silistria
im Jahre 1828 nur als ein im Zuschnitt verdorbenes, matt
durchgeführtes und gänzlich verunglücktes Unternehmen betrachtet werden.

Von drei Armee-Corps, über welche man überhaupt zu
Anfang des Feldzugs verfügte, war eins nach der Wallachei
dirigirt worden, wo es für dasselbe wenig zu thun gab. Bei
Oltenitza (Turtokai gegenüber) sollte das VIte Corps die
Donau überschreiten. Die Aufgabe war schwierig, aber doch
nicht in dem Maaße, wie der Uebergang bei Satunowo. Sie
kam nicht zu Stande. Vorhersehen ließ sich aber, daß dies
Corps, selbst wenn der Brückenbau gelungen, nicht allein in
Bulgarien vorgehen konnte, bevor nicht das IIIte Corps wenigstens am Trajanswall ankam. Es wäre daher auch ohne
Zweifel besser gewesen, die 10,000 Mann des VIten Corps,
welche später doch noch zur Offensive jenseit der Donau bestimmt werden mußten, von Hause aus dem IIIten Corps
anzuschließen. Wie langsam dieses auch zum Trajanswall
vorrückte, so konnte General Roth dann doch immer schon am
28. Juni vor Silistria anlangen, also 4 Wochen früher, als
es wirklich geschah, und zwar zu einer Zeit, wo die Behaup-

tung des Platzes lediglich den Bewohnern überlassen war, und bevor die tapfern Vertheidiger von Brailow dort eintrafen. Gegen einen schlechten Platz, wie Silistria, mit Anfangs nur schwacher Besatzung, ließ sich vielleicht im ersten Augenblick durch 10,000 Russen mit 50 Geschützen ein gewaltsamer Angriff durchführen, dessen Gelingen von hoher Wichtigkeit gewesen wäre. Im Jahre 1809 hatte diese Festung, ebenfalls nur schwach angegriffen, nicht länger als 5 Tage zu widerstehen vermocht.

Brailow war bekanntlich am 18. Juni gefallen und von jenem Zeitpunkt an der 100 Geschütze starke Belagerungstrain disponibel. Die Geschichte dieses Trains ist aber durchaus dunkel, er fehlte nachmals überall. Wie es scheint, sind einzelne Geschütze nach Varna, Silistria und selbst nach Schumla gebracht worden. Vor Varna trafen sie jedoch erst nach Monaten, als man sie nicht mehr brauchen konnte, und vor Silistria erst ein, als man fast froh gewesen wäre, sie wieder los zu sein. Nun beträgt die Entfernung von Brailow nach Silistria 20 Meilen. Es gebrach in der Wallachei keineswegs an Transportmitteln, an Wagen, Pferden und Zugochsen, an beiden Ufern des Stromes gab es fahrbare Wege, endlich konnte die Fortschaffung zu Wasser geschehen, denn die russische Flottille war der nach Silistria zurückgewiesenen türkischen an Zahl und Tüchtigkeit so überlegen, daß an einen Widerstand der letztern nicht zu denken war. Rechnet man 14 Tage zu Ausbesserungen und Vorbereitungen, für die 20 Meilen Entfernung aber eben so viele Tage, so mußten die Geschütze immer noch zur selben Zeit, wie die Abtheilung des General Roth, vor Silistria eintreffen. Es ist daher ganz unerklärbar, weshalb es dort der Belagerung an dem Nothwendigsten, an Belagerungs-Geschütz, fehlen konnte.

Mochten die Unternehmungen des Haupt-Corps gegen

Varna oder gegen Schumla gerichtet werden, immer lag ihnen
Silistria im Rücken. Erst durch den Besitz dieses Platzes erhielt man eine einigermaaßen gesicherte, obwohl auch nur
15 Meilen breite Basis für fernere Operationen, und es
wurden dann 10,000 Mann disponibel, welche bei der großen
Schwäche der russischen Heeresmacht von entscheidendem Gewicht an andern Punkten sein konnten; Ursache genug, um
hier mit aller Energie vorzugehen.

Die Unzulänglichkeit der Angriffsmittel fand nicht allein
vor Silistria, sondern auch, und zwar in noch höherem Maaße,
vor Varna statt, dessen günstigere Lage und größere fortifi-
catorische Stärke viel bedeutendere Schwierigkeiten darbot.
Auch dort blieb bis zum 8. September die Besatzung bedeutend stärker, als das Einschließungs-Corps, und doch wurde
der Angriff mit solchem Nachdruck betrieben, daß derselbe sich
schon vor dem Eintreffen der Garden auf 50 Schritt dem
Platz genähert hatte, dessen Escarpe zu der Zeit bereits bedeutend beschädigt worden war.

Die Einschließung Silistrias war unendlich leichter als
die von Varna, dennoch blieb sie unvollständig. Bei der
Donauflottille befanden sich 16 Fahrzeuge, deren jedes mit
drei Geschützen von schwerem Caliber bewaffnet war. Diese
48 Geschütze konnten nöthigen Falls ebenso wie die Schiffskanonen bei Varna in Batterien gestellt werden, da der Rest
von 16 Fahrzeugen, jedes mit 1 Geschütz, der türkischen
Flottille noch immer gewachsen blieb. Man rückte aber in
2 Monaten dem Platze mit Geschütz nicht näher als 1500,
mit dem Tirailleur-Graben nicht näher als 700 Schritt.
Nach dem Eintreffen des IIIten Corps, Mitte Oktobers, muß
die Zahl der Feldgeschütze vor Silistria über 100 Piecen betragen haben, dazu kamen 64 auf der Flotte und angeblich
noch 120 Belagerungsgeschütze, überhaupt waren also ungefähr 300 Feuerschlünde vor dem Platze versammelt, was aber

freilich nicht helfen, sondern nur lästig werden konnte, wenn nicht zugleich für Munition gesorgt war.

Vielleicht würden nähere Aufschlüsse Manches erklären oder rechtfertigen, was jetzt als ein Mangel an Thatkraft erscheint, welchen wir bei den Russen sonst nirgends in diesem Feldzuge antreffen.

Elfter Abschnitt.

Die kriegerischen Vorgänge in der Wallachei.

Es bleibt jetzt nur noch übrig, einen Blick auf die Vor-gänge in der Wallachei zurückzuwerfen, welche stattfanden, seit-dem General Roth mit 2 Divisionen seines Corps Anfangs Juli zu den Operationen auf dem rechten Donauufer heran-gezogen wurde, und General Geismar mit der 4ten Dragoner- und der 17ten Infanterie-Division (16 Escadrons und 12 Bataillons nebst 2 Regimentern Kosaken), überhaupt etwa 10,000 Mann, auf dem linken zurückblieb.

Dem General Geismar war die schwierige Aufgabe ge-worden, mit einer geringen Macht nicht allein den ausge-dehnten Landstrich in Zaum und dessen stark in Anspruch genommene Hülfsquellen dem russischen Interesse verfügbar zu halten, sondern auch die 30 Meilen lange Grenzstrecke von Rustschuk bis Widdin, auf welcher außer den genannten türkischen Plätzen noch Silistria, Nicopolis und Rahowa feindliche Besatzungen hatten, zu bewachen. Namentlich waren Dschurdschewo und das befestigte Städtchen Kalafat Brücken-köpfe, über welche die starken Garnisonen von Rustschuk und Widdin in jedem Augenblick plötzlich in das wehrlose Land einbrechen konnten.

Wir haben schon erwähnt, wie die Ausfälle aus Dschjurb-
schewo am 2. Juni und 3. Juli zurückgewiesen wurden.
Seitdem hielt sich die Besatzung von Rustschuk ruhig. Dagegen regte sich der Pascha von Widdin, welcher über eine
bedeutende Streitmacht gebot. Nicht daß dies ein eigentliches
türkisches Heer gewesen wäre, aber zu einem Raubzuge konnte
der Pascha mit seinen regulairen Bataillonen leicht noch 10
oder 15000 bewaffnete Osmanly zusammenbringen, und wenn
zwar ein russisches Corps im freien Felde wenig von diesen
Reiterschaaren zu besorgen hatte, so war es doch äußerst
schwierig, sie von ihren Verheerungszügen zurückzuhalten.

General Geismar war daher bis dicht vor Kalafat nach
Golenz vorgerückt, um die Unternehmungen des Feindes in
der Nähe zu überwachen. Hier wurde er am 18. August mit 18. Aug.
großer Uebermacht angegriffen und genöthigt, sich 5 Meilen
weiter bis in die verschanzte Stellung von Czeroy, auf dem
halben Wege nach Crajowa zurückzuziehen. Auch dort angegriffen, behauptete der russische General sich zwar hinter seinen
Redouten, konnte aber die Verheerungen des Feindes in der
Kleinen Wallachei nicht verhindern. Die in dem Lager von
Golenz zusammengebrachten Lebensmittel und Fourage, 30,000
Pfund Zwieback und über 1000 Centner Getreide, fielen nebst
großen Vorräthen an Brücken-Bauholz den Türken in die
Hände, welche außerdem zahlreiche Ochsenheerden nach Widdin
trieben und die ganze Umgegend brandschatzten. Der Pascha
zog sich in seine Festung zurück, erschien aber schon am 27. 27. Aug.
aufs Neue und vertrieb den General Geismar bis Crajowa.
Diesmal erstreckten sich die Streifereien 20 Meilen weit
durch die ganze nördliche Kleine Wallachei. Alle Vorräthe wurden
von den Türken theils weggeführt, theils zerstört, ohne daß
man dies hindern konnte. General Geismar nahm jedoch
alle seine Streitkräfte an sich, ging an zwei Punkten über
den Schyll wieder vor, und die Türken zogen sich, mit Beute

beladen, in ihr verschanztes Lager von Kalafat zurück, wo sie sich 4 Wochen lang ausruhten.

21. Sept. Am 24. Sept. brach abermals der Seraskier von Widdin, welcher schon im Voraus zum Pascha der Kleinen Wallachei ernannt war, mit 26,000 Mann, meist Reiterei, und 30 Ge-
26. Sept. schützen aus seinem Lager auf, und marschirte am 26. nach dem Dorfe Bojeleschti in der rechten Flanke des zu Czoroy verschanzten russischen Corps, welches damals nur 4500 Mann mit 14 Geschützen stark war. 1 Bataillon und 2 Escadrons waren an der Brücke über den Schylfluß stehen geblieben *).

General Geismar fühlte die den russischen Communica= tionen drohende Gefahr, und sah ein, daß er nicht nur die Stellung von Czoroy gegen solche Ueberlegenheit nicht würde behaupten können, sondern daß hier etwas Außerordentliches, und zwar sehr schnell, geschehen müsse, wenn des Feindes Ab= sichten vereitelt und große Nachtheile von dem Lande wie von der Armee abgewendet werden sollten. Er entschloß sich da= her, die Ueberzahl nicht zu achten, sondern dem Feinde ent= gegenzugehen und ihn selbst anzugreifen. General Geismar ließ sich dabei auch durch den Umstand nicht abhalten, daß das Terrain ihm keine Vortheile bot, denn er rechnete fest auf die Tapferkeit und Ordnung seiner Truppen, sowie auf die Ueberraschung, welche ein so kühnes Wagstück bei dem Feinde hervorbringen würde, und endlich auf die Ermüdung der Türken, von welchen ein Theil erst kürzlich in Widdin eingetroffen war, während alle eben einen beschwerlichen Marsch zurückgelegt hatten. Die russische Infanterie bestand aus 16 Compagnien von dem Koliwanschen, dem Tomskischen Linien= und dem 34sten Jäger-Regimente; sie wurde von dem General-Major Eismont befehligt. Die Cavallerie aber unter dem Oberst Grabbe bestand aus dem ganzen Kargopolschen

*) Die nachstehende Schilderung ist der Oestr. Milit.-Zeitschrift entnommen.

und 3 Escadrons von dem Neurussischen Dragoner-Regimente und dem Kosaken-Regiment Solotirow. — Die Entfernung von Czorop nach Bojeleschti betrug eine Meile und das Terrain bildete ein großes Plateau mit fast unmerklicher Neigung gegen letztern Ort, nur hin und wieder von kleinen Anhöhen unterbrochen, die eine freie Aussicht in die Umgebung gewähren. Der Anmarsch der Russen konnte in einer solchen Gegend den Türken nicht verborgen bleiben, und es gehörte, nebst Entschlossenheit und Muth, wohl auch eine genaue Kenntniß und richtige Würdigung des Feindes wie der eigenen Truppen dazu, dennoch den Angriff zu wagen. Der General führte sein kleines Corps in folgender Ordnung dem Feinde entgegen:

Die Tete bildeten 2 Vierecke, jedes von 2 Compagnien von dem Tomskischen Linien- und dem 34sten Jäger-Regimente (A, B) unter dem Obersten des letztern, Gawrilenko. Zwischen beiden waren zwei 12pfünder eingetheilt *).

Von diesen rechts und links en échelon bildeten die vorbenannten Regimenter auf jedem Flügel zwei eben solche Vierecke (C, D) unter den Befehlen ihrer Commandeurs, der Obersten Sawadsky vom Koliwanschen und Giwlogadow vom Tomskischen Regimente. Sechs Kanonen des leichten Feldgeschützes waren beiden Abtheilungen gleichmäßig zugetheilt. Diesen folgte das Kargopolsche Dragoner-Regiment unter dem Oberstlieutenant von Leschern, divisionsweise hinter den Intervallen der Vierecke auf den beiden Flügeln (F), die 3 Escadrons des Neurussischen Dragoner-Regiments (G) unter dem Flügel-Adjutanten, Obersten Graf Tolstoi, nebst 4 Kanonen der reitenden Artillerie befanden sich in der Mitte hinter dem Zwischenraume der Tete und vor jenem der Reserve. Letztere, bestehend aus den Grenadier-Compagnien

---

*) Plan Nr. 6.

unter dem Major Danilowitsch, bildete ebenfalls 2 Vierecke, in deren Zwischenräumen sich 2 Kanonen leichten Feldgeschützes befanden (E).

Das Kosaken-Regiment Solotirow war zur Deckung der Flanken auf beiden Flügeln (H) vertheilt. Ungefähr um 2 Uhr Nachmittags erschien das russische Corps in dieser Ordnung dem auf einer Anhöhe bei Bojeleschti vortheilhaft postirten Feinde gegenüber, und begann selben aus den der Tete beigegebenen 12pfündern zu beschießen, welches dieser mit einem allgemeinen Feuer aus seinen überlegenen Geschützen beantwortete, ohne jedoch dadurch die Bewegung aufzuhalten.

Fast zu gleicher Zeit zeigte sich eine sehr zahlreiche Masse türkischer Cavallerie dem rechten Flügel der Russen gegenüber, als dieser eben rechts manövrirte, um die feindliche Communikation mit Widdin zu bedrohen, und obgleich dieselbe von dem Feuer des russischen Geschützes lebhaft empfangen wurde, schien sie darauf nicht zu achten. Das Kargopolsche Dragoner-Regiment aber warf sich ihr divisionsweise, vereint mit den Kosaken und mit solcher Ordnung und Entschlossenheit entgegen, daß sie nach einiger Gegenwehr umkehrte und nach Bojeleschti zurückwich.

Die russische Infanterie hatte indessen ihre Bewegung fortgesetzt und ein Theil des Geschützes wurde auf einem der Hügel (K) so placirt, daß die türkische Stellung lebhaft beschossen werden konnte. Allein die auf dem rechten Flügel zurückgeschlagene Cavallerie zog sich schnell und gedeckt durch die Zäune und Häuser von Bojeleschti hinter der Infanterie herum, und erschien plötzlich und in größerer Masse auf dem linken Flügel der Russen. Ein Theil derselben warf sich auf die Kosaken, die kaum diesem Anfalle zu widerstehen vermochten; ein anderer, gegen 5000 Pferde stark, drang auf dem Wege nach Czorop vor, wo sich das russische Spital, ein großer Vorrath von Lebensmitteln und die Wagenburg befanden.

Der General erkannte die Gefahr. Er beorderte auf der Stelle den Obersten Graf Tolstoi mit 2 Escadrons seines Regiments zum Angriff, und dieser stürzte sich mit solchem Muthe in die feindlichen Haufen, daß sie, großentheils in Unordnung gebracht, umkehrten. Die indeß herbeigeeilte 3te Escadron der neurussischen Dragoner, unterstützt von der Reserve der Grenadiere, entschied auch hier den gänzlichen Rückzug der Türken, die nicht ohne Verlust ihren Verschanzungen zueilten.

Die türkische Infanterie war, während dieses vorging, unverrückt in ihrer Stellung geblieben, welcher sich die Russen, langsam und vorsichtig manövrirend, auf 13 bis 1400 Schritte genähert hatten (K). Es war Nacht geworden und die Türken machten keine Miene mehr, das Gefecht fortzusetzen. General Geismar aber konnte sich, obgleich er das Feld nicht nur behauptet, sondern auch die feindlichen Angriffe zurückgeschlagen und Terrain gewonnen hatte, über seine Lage nicht beruhigen. Er erwog, daß in solcher Nähe des überlegenen Feindes der Rückzug wenigstens eben so bedenklich, als der Angriff sei, und daß etwas Entscheidendes geschehen müsse; er faßte darauf den Entschluß, begünstigt von der außerordentlichen Dunkelheit der Nacht und der Sorglosigkeit der Türken, das Lager derselben zu überfallen. In dieser Absicht formirte er seine ganze Infanterie in 8 Angriffscolonnen, jede von 2 Compagnien, wovon 6 zum wirklichen Angriff und zwei zur Reserve bestimmt wurden.

Zwei Colonnen unter dem Obersten Sawadsky, sowie zwei andere unter dem Obersten Giwlogadow gingen gerade auf die türkische Stellung zu. Die 3te Abtheilung, ebenfalls aus zwei Colonnen bestehend, unter dem Obersten Gawrilenko, zog sich gegen den linken Flügel des Feindes. Die 4te aber, von derselben Stärke, als Reserve unter dem Major Danilowitsch, folgte in einiger Entfernung, sich mehr gegen den rechten Flügel der Türken haltend. Das ganze Geschütz und die Cavallerie blieben in der Aufstellung zurück.

In der größten Stille näherten sich die Russen dem feindlichen Lager und stießen ohne Hinderniß auf die vor dem Fußvolke lagernde Cavallerie, welche durch einige Flintenschüsse aufgeschreckt, in der größten Unordnung nur auf ihre Pferde zu kommen trachtete und auf der Straße nach Widdin entfloh. Der Vezier selbst eilte auf einem Maulthiere, sein Seraskier, der Klaja Bei, zu Fuß davon und die vornehmsten Offiziere folgten dem Beispiele derselben. Viele Reiter fielen unter den Bajonnetten der Russen, fast ein Drittheil der Pferde war todt oder lebend im Stiche gelassen; an Widerstand dachte Niemand. — Nun stürmten die Angreifer auf die ruhig in ihrer Stellung verharrende Infanterie, welche durch die entfliehende Reiterei nicht außer Fassung gebracht, dieselben mit einem tüchtigen Gewehrfeuer empfing.

Oberst Sawadsky, von einer Kugel am Kopfe verwundet, achtete dessen nicht, sondern stürzte sich mit den Tirailleurs in den Graben und vertrieb oder vernichtete die darin befindlichen Feinde. Ihm folgten seine kleinen, aber tapfern Colonnen. Bald war die Verschanzung genommen und eine daselbst befindliche Kanone erbeutet. Die Türken aber warfen sich in die rückwärts liegenden Häuser und setzten daselbst hartnäckig ihr Feuer fort.

Zu derselben Zeit führte auch Oberst Giwlogadow seine Colonnen dem Retranchement zu und erstürmte es, obgleich vom heftigsten Feuer empfangen. Was sich widersetzte, ward niedergemacht, was entfloh, eilte ebenfalls in die rückwärts liegenden Häuser, um sich dort zu vertheidigen. Zwei Kanonen wurden bei diesem Angriffe genommen.

Der General ließ den in den Häusern wüthend fortfeuernden Türken Pardon anbieten, sie aber antworteten mit Flintenschüssen. Nun ließ er seine Grenadier-Reserve heranrücken, um links in das Dorf zu bringen, und das Gefecht zu beenden. Major Danilowitsch rückte, das ihn empfangende mörderische Feuer nicht achtend, durch den dahin führenden Hohlweg an der Spitze seiner Grenadiere, als er, von einer Kugel am Kopfe getroffen, todt niederfiel. Der im Range älteste Hauptmann Bischofski des Kollwanschen Infanterie-Regiments trat an seine Stelle und setzte den tapfer begonnenen Angriff eben so glücklich fort. Die Türken wurden überall geworfen und eine Kanone erobert.

Indessen hatte der rechts entsendete Oberst Giwlogabow eine von der türkischen regulairen Infanterie vertheidigte Verschanzung nach hartnäckigem Widerstande erstürmt, eine Kanone genommen und gegen 70 Gefangene gemacht.

Von allen Seiten war das Lager erobert. Bald stand das ganze Dorf in Flammen, und nur mit den einstürzenden Trümmern hörte die Vertheidigung der Türken auf. Was nicht todt oder gefangen war, eilte in regelloser Flucht feldeinwärts und ward von den indeß herbeigeeilten Kosaken zum Theil niedergesäbelt oder gefangen gemacht.

Es war 2 Uhr Nachts, als General Geismar auf den rauchenden Ruinen von Bojeleschti seine tapfern Krieger und die errungenen Trophäen sammelte. Außer den bereits in den Verschanzungen eroberten Kanonen brachten die Kosaken deren noch 2 ein. Es waren also im Ganzen 7 nebst ebensoviel Pulverkarren erbeutet. — In Bojeleschti allein lagen mehr als 1000 Todte, unter diesen auch einer von den fünf Paschas, welche den Zug mitgemacht. Gefangene brachte man nur 507 ein. Für mehr als 10,000 Mann Waffen lagen auf dem Schlachtfelde. Das ganze Lager, — 24 mit Kriegs-munition und 400 mit Lebensmitteln beladene Wagen, 24 Fahnen, worunter 2 von der regulairen Infanterie, und die Correspondenz des Veziers fielen dem Sieger in die Hände. In der Letzteren befand sich unter Anderem der ausdrückliche

Befehl des Sultans, das Geismar'sche Corps zu vernichten, sowie es der Vezier bei dem Abmarsche von Widdin prahlend verkündigt hatte, der nun, mit Schmach beladen, ein Flüchtling dahin zurückkehrte. Der Eindruck, den dieses Ereigniß bei den Türken hervorbrachte, war aber auch so groß, daß sie mehrere ihrer Offiziere ermordeten, welche sie hindern wollten, bei Kalafat über die Donau zu gehen. Ihren Verlust gaben sie selbst auf 3000 Mann an.

Auch die Russen hatten bedeutend verloren im Vergleiche mit ihrer geringen Zahl, doch wenig im Vergleiche zu dem Siege, den sie errungen. Eine genaue Angabe dieses Verlustes ist nicht bekannt geworden. Seitdem blieb die Wallachei von den Einbrüchen der Türken verschont, ja am 25. Oktober räumten die Türken plötzlich und ohne angegriffen zu sein, die wichtigen Verschanzungen von Kalafat, welche die Russen sofort in Besitz nahmen und mit gegen Widdin gerichteten Werken schlossen.

Im Laufe des Winters wurde auch noch der Brückenkopf von Nicopolis erobert. Dort war Tschapan-Oglu (der Tiger-sohn, von einer der größten asiatischen Familien) mit 12,000 Reitern angelangt. Er übersandte dem Grafen Langeron einen Beutel mit Taback und einen Absagebrief, in welchem er ihm zu wissen that, daß er die Russen aus den Fürstenthümern vertreiben werde. Der General antwortete durch einen Sturm auf Kaleh. Dieser Platz war mit Thürmen und Wassergräben neu befestigt; da letztere aber gefroren waren, so wurde die Stadt am 25. Januar binnen einer Stunde erstürmt. 32 Kanonen und 5 Fahnen wurden erbeutet, 250 Türken getödtet und 350 gefangen. Dasselbe Loos traf den Befehlshaber Ibrahim Pascha mit 60 Offizieren.

Sogleich ließ nun General Malinofski das ganz nahe liegende Turno angreifen. Die Vorstadt wurde genommen, die bewaffneten Einwohner niedergemacht, aber die Citadelle

hielt sich. Die Russen verloren an diesem Tage 6 Offiziere
und 330 Mann.

Am 11. Februar capitulirte auch die Citadelle. Ihre 11. Febr.
1500 Mann starke Besatzung erhielt freien Abzug mit ihrem
Gepäck, ließ aber 51 Kanonen und 3 Fahnen in den Händen
der Sieger.

Am 18. desselben Monates setzte eine Abtheilung Frei- 18. Febr.
williger des 9ten Jäger-Regiments über die Donau, und über-
rumpelte unweit Nicopolis die türkische Flottille. Die Russen
verbrannten 29 Fahrzeuge, erstiegen eine feindliche Schanze
und warfen die Kanonen derselben in den Fluß. Sie verloren
nur 2 Mann.

Wir führen diese Vorgänge, welche der Zeit nach dem
folgenden Feldzuge angehören, nur des Zusammenhangs wegen
hier schon an.

Die dem General Geismar zu Theil gewordene Aufgabe
war insofern eine undankbare, als selbst die glücklichsten Erfolge derselben nie zu entscheidenden Siegen führen oder den
Ausgang des Feldzugs bestimmen konnten. Sie war aber in
Betracht der geringen Mittel nichts destoweniger eine sehr
schwierige, welche mit ebensoviel Muth als Klugheit durchge-
führt wurde.

Zwölfter Abschnitt.
Ende des Feldzugs.

Mit Varna war der ganze östliche Theil Bulgariens in
die Gewalt der Russen gefallen. Hätten die türkischen Feldherren der Pforte dies wichtige Bollwerk zu erhalten gewußt,
so mußten ihre Feinde über die Donau zurück; jetzt durften

diese es wagen, ihre Winterquartiere zum Theil auf dem rechten Ufer des Stroms zu nehmen. Das VIte und das VIIte Corps unter Befehl des Generals Roth concentrirten sich bei Barna, dessen Werke so weit als möglich wiederhergestellt wurden, und besetzten Pravadh, Gebedsche, Koslubscha, Devno und Basardschik. Die Garden zogen nach Bessarabien und das IIte und IIIte·Corps überwinterten größtentheils in der Wallachei und Moldau. Das Hauptquartier des Gen. Gr. Wittgenstein war zu Jassy. Diese Aufstellung mit dem linken Flügel am Meer bei Barna, mit dem rechten bei Crajowa und der Schyll war 50 Meilen lang, das russische Heer durch die Donau in zwei Hälften getrennt. Silistria lag wie die Spitze eines Keils in die Winterquartiere hineingeschoben, und die zahlreiche Garnison von Rustschuk hatte in Dschjurdschewo festen Fuß auf dem wallachischen Ufer der Donau behauptet. Ein solches Verhältniß war nicht ohne Unbequemlichkeit und selbst nicht ohne Gefahr. Allein man rechnete wohl auf den geringen Unternehmungsgeist, welchen die Türken während des ganzen Sommers gezeigt, auf ihre Unfähigkeit im Manövriren und ihre Abneigung gegen Winterfeldzüge. Isseth Mehmet Pascha, welcher zum Großvezier ernannt worden war, hatte sich gewissermaßen verpflichtet, Barna während des Winters wieder zu erobern. Nachdem er den Befehl in Schumla übernommen, rückte er auch wirklich mit einigen tausend Mann am. 20. November vor Pravadh, allein nachdem diese dort 4 Tage verweilt, ohne etwas Ernstliches zu unternehmen, zogen sie sich nach Aidos und Schumla zurück. Eben so erfolglos war die Expedition Halil Paschas gegen die Communicationen des General Roth im Januar. Am 20. d. M. überfiel er mit einer starken Cavallerie-Abtheilung einen Kosakenposten bei Koslubscha, und setzte sich in Besitz dieses Ortes. Ein Versuch, Basardschik durch einen Handstreich zu nehmen, scheiterte. General Ragofélh raffte ſchnell 2 Jäger-Regimenter, einige Koſaken und 4 Geſchütze zuſammen, mit welchen er Koslubſcha wieder nahm, Pravady verſtärkte und die Türken mit Verluſt verjagte.

Die aſiatiſchen irregulairen Truppen hatten ſich nicht abhalten laſſen, während der ſtrengen Jahreszeit nach Hauſe zu gehen, wo ſie, wie ſie behaupteten, ihre Winterſtrümpfe vergeſſen hatten, und im Allgemeinen thaten die Türken, was man von ihnen erwartet hatte, — nämlich gar nichts, ſo daß die Ruſſen den Winter hindurch ungeſtört in ihren ausgedehnten Quartieren verblieben.

Dreizehnter Abſchnitt.

Schluß.

Faſſen wir den Gang des Feldzugs in ſeinen Hauptmomenten kurz zuſammen.

Das türkiſche Kriegs-Manifeſt war noch vor Ablauf des Jahres 1827 erſchienen. Dennoch beſchränkten ſich die ruſſiſchen Operationen bis Ende Mai des folgenden Jahres auf die Beſetzung der Donau-Fürſtenthümer, eine einleitende Maaßregel, bei deren Ausführung man auf feindlichen Widerſtand nicht zu rechnen hatte.

Die eigentlichen Kriegs-Unternehmungen beginnen erſt mit dem Uebergang über die Donau bei Satunowo am 8. Juni, ſo daß man von da an höchſtens nur noch auf 5 Monate rechnen konnte, während welcher die Witterung erlauben würde, das Feld zu halten.

Nun muß der Marſch auf Conſtantinopel, im Fall die

Ereignisse sich so günstig gestalten sollten, doch als letzte und entscheidende Operation bei dem ersten Entwurf zum Feldzuge vorgeschwebt haben. Es beträgt aber die Entfernung von der untern Donau bis zu jener Hauptstadt über 100 Meilen, und zur militairischen Zurücklegung einer solchen Strecke und Ueberwindung der entgegentretenden Hindernisse konnte selbst im glücklichsten Falle jene Zeitfrist kaum ausreichen. Der Feldzug, zu welchem man 7 Jahre lang gerüstet stand, wurde also offenbar zu spät eröffnet, dies um so mehr, als die Monate Mai und Juni die günstigsten von allen sind, um durch die wasser- und fouragearmen Steppen der Dobrudscha und gegen den Balkan vorzudringen. Wie unvorbereitet man aber die Türken während des Frühjahrs gefunden hätte, wurde im Vorhergehenden erwähnt. — Den Grund dieser Verspätung der russischen Offensive möge die Politik vertreten.

Noch viel entscheidender für den Gang des Feldzugs, als die späte Eröffnung, wirkte die ungenügende Streitmacht, welche der größte Militairstaat Europas für denselben in Thätigkeit gesetzt hatte. Dachte man hierbei an die Münnich, Romanzof und Suwarof, an die Tage, wo 17,000 Russen 160,000 Muselmänner geschlagen hatten, so wäre doch nicht zu übersehen gewesen, daß man im bevorstehenden Feldzuge den Gegner nicht mehr in den endlosen Steppen Bessarabiens, der Moldau und Wallachei zu bekämpfen hatte, sondern in den Wäldern des Balkan. Dort erlangt die Ueberlegenheit der europäischen Taktik ihre volle Geltung, hier bildet selbst der türkische Spahi mit dem langen Gewehr und auf dem leichten Pferde, unter die Schützenschwärme des Fußvolks gemischt, einen nicht zu verachtenden Feind. Daß man sich aber vor den festen Plätzen eines hartnäckigen Widerstandes der Moslem zu versehen haben würde, dafür sprach die Erfahrung aller früheren Kriege.

Wenn behauptet worden ist, das russische Heer sei des-

halb so schwach gewesen, weil bei einem größern und folg=
lich bedeutenderen Aufwande auch der Pforte beim Friedens=
schluß eine höhere Kriegsentschädigung hätte auferlegt werden
müssen, so ist zu bemerken, daß man vor allen Dingen erst
den Krieg gewinnen mußte, bei einem schwachen Heer aber
leicht in den Fall kommen konnte, gar keine Entschädigung
beanspruchen zu dürfen.

Schon beim Uebergang über den Pruth wurde das
Garde=Corps, und noch während der Belagerung von Brai=
low das IIte Corps zur Verstärkung der Armee herbeigeru=
fen, d. h. zu einer Zeit, wo die Kriegsoperationen noch nir=
gends eine unerwartet bedrohliche Wendung genommen hatten
und das Heer von keinem irgend erheblichen Verlust betroffen
worden war. Was man aber bei ungeänderter Sachlage im
Mai übersah, hätte sich auch schon früher übersehen lassen.
Die Folge der Säumniß war, daß die Verstärkungen anlang=
ten, als der Feldzug zu Ende.

Bei der großen Schwäche der Operationsarmee wäre es
vielleicht zweckmäßig gewesen, die Fürstenthümer vorläufig gar
nicht zu besetzen, sondern dies den nachrückenden Corps zu
überlassen. Für die ersten Operationen bedurfte man der
Hülfsquellen der Wallachei nicht, da man den Truppen An=
fangs aus Bessarabien, dann zur See alles Nöthige zufüh=
ren konnte. Die Besitznahme der Fürstenthümer erweckte die
Eifersucht Europas, regte die Türken zum Widerstand auf
und absorbirte 20,000 Mann, also nahebei ⅐ des ganzen
Heeres. Später mußte doch ein Theil dieser Detachirung
wieder zurück und zur Hauptarmee herangezogen werden.
Jedenfalls kann wohl nicht gebilligt werden, daß der Pruth
früher als die Donau überschritten wurde.

Es scheint wohl, daß man bei Brailow einen bei weitem
geringern Widerstand vermuthete, als man wirklich fand.
Ob es möglich gewesen wäre, diesen Platz ohne alle Belage=

rung durch einen Sturm zu nehmen, läßt sich nachträglich keineswegs behaupten. Die Recognoscirungen sagen aus, daß man sich längs der Donau, ohne vom Geschützfeuer des Platzes zu leiden, nähern konnte, daß derselbe in der Kehle offen und der nicht felsige Thalrand an vielen Stellen er= steigbar war. Der Sturm am 15. Juni durch die nicht re= cognoscirte Bresche, Angesichts der darauf vorbereiteten Gar= nison, war freilich ein nicht viel weniger mißliches Unter= nehmen. Zu wissen wäre aber, ob der Wasserstand über= haupt eine Annäherung im Thale gestattete und jedenfalls konnte auf den Erfolg dieses Unternehmens nicht mit Sicher= heit gerechnet werden.

Nur aus der obigen Voraussetzung eines geringen Wi= derstandes von Brailow erklärt sich die ursprüngliche Verthei= lung der Streitkräfte. Gelang es, Brailow ohne Weiteres wegzunehmen, so zog das VIIte Corps auf dem rechten Do= nauufer mit dem Belagerungstrain vor Silistria, sicherte so die rechte Flanke des IIIten und öffnete dem VIten den Weg über Turtokai gegen Schumla, dessen Besatzung dieses letztere Corps beobachtete, während die Hauptmacht Varna belagerte.

Brailow hielt aber, und nun konnte das IIIte Corps nicht vereinzelt vorgehen, das VIte die Donau nicht überschreiten. Daher der langsame Vormarsch des ersteren und die Noth= wendigkeit, die Hälfte des letzteren auf dem Umweg über Hirsowa zurück und zum IIIten Corps heranzuziehen. Das Resultat war, daß man 5 Wochen nach dem Uebergang über die Donau und 10 Wochen nach der späten Eröffnung des Feldzugs, als fast die Hälfte der den Operationen günstigen Jahreszeit verflossen, und man noch keinen Feind im freien Felde gesehen, mit dem Hauptcorps erst bis 4 Meilen diesseits des Ballan vorgedrungen war.

Nun zählte aber das Hauptcorps nicht mehr als höchstens 30,000 Streiter, und selbst diese Stärke wurde nur dadurch

erreicht, daß man sich vor Silistria und Dschurdschewo auf
eine unvollständige Einschließung beschränkte, Rustschuk hingegen
ganz unbeobachtet ließ. Mit den vorhandenen geringen Mitteln
mußte man in der That zweifelhaft sein, was eigentlich anzufangen sei.

Der Marsch der russischen Armee gegen Schumla gleicht
auf den ersten Blick einem kühnen Entschluß, den Widerstand
des Feindes in seinem Hauptsitz zu Boden zu schlagen. Wir
haben uns betreffenden Ortes schon dahin ausgesprochen, daß
wir jenen Entschluß für einen so großen strategischen Fehler
halten, daß derselbe den unbefriedigenden Ausgang des Feldzugs nothwendig bereiten mußte. Sechs Wochen früher, als
Schumla fast ganz noch von Vertheidigern entblößt, wäre ein
Handstreich gegen diesen wichtigen Punkt gerechtfertigt gewesen.
Indem man sich aber hier förmlich niederließ, that man Alles,
was die Türken nur wünschen konnten. Man gab die Initiative auf und bekämpfte den Gegner auf dem Felde seiner
Virtuosität, dem der Vertheidigung seiner Wälle und Mauern.

Das russische Heer fühlte sich aber durch das stärkere
türkische wider seinen Willen angezogen und nahm demselben
gegenüber eine deckende Stellung, welche die allein richtige
gewesen wäre, wenn es damals wirklich etwas zu decken gegeben hätte, und wenn nicht, um Varna zu belagern, es an
Belagerungstruppen, am Belagerungstrain, kurz an allem
Nöthigen gefehlt hätte. Unter diesen Umständen konnte eine
bloße Defensive vor Schumla zu gar keinem absehbaren Resultat führen; in dem Augenblick aber, wo man dort die
Offensive, wenn auch nur die der entfernten Einschließung,
ergriff, setzte man sich, bei geringer Hoffnung auf Erfolg, den
augenscheinlichsten Gefahren aus.

Vierzigtausend Moslem standen, mit allen Bedürfnissen
überreichlich versehen, in einer centralen und dabei fast un-
angreifbaren Stellung, ihnen gegenüber ein wenig mehr als

halb so starkes russisches Corps, auf der 4 Meilen langen
Peripherie eines Kreises, den der Feind an jedem Punkte
mittelst eines kurzen und verdeckten Marsches zu durchschneiden
vermochte. Ueberall konnte der Serasfier mit vielfach überlegener Zahl auftreten, und eine Vereinigung der russischen
Streitkräfte an dem bedrohten Punkt war wegen der Entfernung
sowohl als deshalb unmöglich, weil man sonst die übrigen
Theile der Einschließungslinie gänzlich von Vertheidigern entblößen mußte. Das ganze russische Heer war vor Schumla
in einen Cordon aufgelöset, eine Reserve gab es nicht, auch
würde sie, wo man sie immer aufgestellt hätte, um so mehr überall
zu spät gekommen sein, als in diesem Terrain der Scheinangriff
von dem wirklichen gar nicht vorher zu unterscheiden war.

Und abgesehen von der drohenden Gefahr, in welcher
Lage befand sich das russische Heer. Den türkischen Reiter-
schwärmen gegenüber ohne leichte Cavallerie, man möchte sagen,
ohne alle Cavallerie, während man doch aus den zahlreichen
Kosakenstämmen, über welche das russische Scepter herrscht,
eine homogene und für die Bewachung des Heeres und Her-
beischaffung der Verpflegung so unerläßliche Waffe leicht hätte
haben können; ohne einen einzigen Punkt auf 20 Meilen
rückwärts, wohin man wenigstens die Kranken und Verwundeten
hätte bringen können, ohne Rückzug, wenn die starken Besatzungen von Rustschuk, Silistria und Varna, die leichten
Fesseln der Einschließung abschüttelnd, 30,000 Mann im Rücken
der Russen vereinigten.

Gewiß war den russischen Generalen das Kritische einer
solchen Lage nicht verborgen. Aber nachdem man sich dadurch,
daß die ganze Offensivkraft des Heeres gegen Schumla gerichtet worden, einmal in eine falsche Stellung versetzt, blieb
ein Resultat wirklich nur von der immer weitern Durchführung
eines an sich fehlerhaften Systems zu hoffen. Man baute
auf die moralische Ueberlegenheit der eigenen Truppen und

die Unfähigkeit der feindlichen Heerführer. Wirklich ließ sich auch von Ende Juli an Hussein Pascha 4 Wochen lang Alles ruhig gefallen, und übersah von seinen kühlen Waldhöhen ge= lassen, wie sich die Russen unten in der versengten Ebene mit unsäglichen Entbehrungen und Anstrengungen vergeblich abmühten, ihm die Quellen seines Ueberflusses und seiner Sicherheit versiegen zu machen. Genirt durch das Ausbleiben einiger Convois und vielleicht im Gefühl, daß er doch irgend etwas thun müsse, fällt er endlich am 26. August auf beide Flügel der feindlichen Aufstellung und bringt den Russen bei Strandscha und Marasch empfindliche Schläge bei. Nur der kräftige Widerstand, welchen hier der Prinz Eugen von Würtem= berg leistete, hinderte den gänzlichen Untergang der sonst von aller Unterstützung und Verbindung abgeschnittenen Abtheilungen der Generale Rüdiger und Durnowo.

Dieses Debüt des alten Janitscharen=Erwürgers zeigte nicht sowohl die Gefahr, in welcher die Russen schwebten, als vielmehr, daß der Gegner sie endlich begriffen hatte. Mit zögerndem Widerstreben gab Graf Wittgenstein eine Stellung im Rücken der Türken, eine Schanze nach der andern auf, und zog sich vor der Fronte des feindlichen Lagers zusammen. Daß aber der Pascha, sobald man ihm nur die Lebensmittel wieder frei passiren ließ, fast gar keinen Versuch mehr machen werde, den so sehr geschwächten und immer noch viel zu aus= gedehnten Gegner ganz zurückzutreiben, war mehr als man russischer Seits zu hoffen berechtigt war.

Während des Monats August war das ganze russische Heer in 3 verschiedene Einschließungs=Corps der Schumla, Silistria und Varna aufgelöst, die Einschließung aber an allen 3 Punkten unvollständig und nirgends eine Reserve vorhanden.

Wir haben schon früher bemerklich gemacht, daß die Russen, selbst wenn sie Schumla eroberten, dennoch wenig gewonnen haben würden. Sie beraubten in diesem Falle den Gegner einer guten Stellung, gewannen dadurch selbst aber keine solche. Die locale Schwierigkeit des Balkan-Uebergangs liegt nicht bei Schumla, sondern jenseits des Kamtschik, und unmöglich konnte ein schwaches Heer daran denken, diesen zu überschreiten, wenn Schumla zwar, dagegen Silistria und Varna nicht genommen waren.

Ueber das Verhalten der Russen vor Silistria fehlen die Nachrichten. Silistria ist die schlechteste unter allen türkischen Festungen und hatte sich in dem vorhergehenden Feldzuge nur 5 Tage gehalten. Die Donau war seit dem Fall von Brailow der Strom-Flottille geöffnet, die Hülfsquellen der Wallachei zur Verfügung der Russen. Die Mittel zur Belagerung hätten also dort nicht fehlen dürfen, und wirklich war auch das Wenige, was man dorthin schaffte, im Verhältniß immer noch mehr, als worüber man vor den übrigen Plätzen verfügte. Ohne Silistria hatte die Operation der Russen nach Bulgarien hinein keine andere Basis als die See. Dies ging, so lange die Türken sich so ganz passiv verhielten, wie aber, wenn der Serakier aus Schumla gegen Basardschik vordrang?

Trotz der Schwäche Silistrias und trotz seiner Wichtigkeit wurde die Wegnahme dieses Platzes nicht erreicht. Die vollständige Einschließung Varnas fing erst an, als die von Schumla aufhörte, nämlich mit dem Eintreffen der Garden am 9. September.

Wir haben gesehen, gegen welche Schwierigkeiten und gegen welchen hartnäckigen Widerstand die Russen hier zu kämpfen hatten. Betrachtet man die gänzliche Unzulänglichkeit der Mittel, so bleibt es zweifelhaft, ob die ausdauernde Thatkraft des Angriffs oder der unerschütterliche Muth der Vertheidigung mehr zu bewundern ist.

Prüfen wir nun die Lage der Russen zu Anfang Oktober. Seit dem Tage von Brailow hatten sie über ihre Gegner nirgends einen Erfolg erfochten, der als ein Sieg zu bezeichnen gewesen wäre. Bei Basardschik, Koslubscha und vor Barna hatten ihre schwachen Abtheilungen gegen die neugeschaffenen Geschwader der Türken im freien Felde den Kürzern gezogen, bei Jenibasar ihnen keine Vortheile abgewinnen können. Vor Schumla war in Ueberfällen und Gefechten bedeutend an Mannschaften und selbst Geschütz verloren. Abgesehen von diesen Aktionen waren alle größern Unternehmungen in Stocken gerathen, und der Halbmond blitzte zu dieser Zeit auf den Zinnen von Silistria und Barna wie auf den Linien vor Schumla. Die Truppen hatten unendlich gelitten und die Cavallerie war fast vernichtet. Dazu kam, daß die Jahreszeit der Operationen zu Ende ging, und wenn Barna nicht fiel, der Rückzug über die Donau angetreten werden mußte.

Und so war die Lage der Dinge, als das türkische Hauptheer gar noch nicht im Felde erschienen war, als man es nur erst mit 4 größeren Festungs = Besatzungen zu thun gehabt hatte. Wir haben gesagt, wie der Großherr aus Besorgniß vor einer feindlichen Landung in der Nähe von Constantinopel, oder aus Furcht vor dem gährenden Zustande der Hauptstadt, dort den größten Theil seiner Truppen beisammen hielt. Erst Ende Mai rückte Hussein Pascha von Constantinopel nach Schumla, Anfangs Juli Isseth Mehmet Pascha nach Barna ab. Der Großvezier selbst verzögerte aber seinen Aufbruch nach Adrianopel bis Anfangs August, und erst nachdem alle russischen Streitkräfte abgenutzt, erschien er mit einem ganz frischen Heer auf dem Kriegsschauplatz. Sein Feldherr Omer Briene vernichtet eine russische Abtheilung bei Hassanlar und behauptet sich siegreich gegen den Angriff auf sein Lager bei Kurttepe.

Hiermit scheint der Entsatz von Barna, ja der Ausgang des Feldzugs entschieden. — Die ganze Strategie der Türken hatte bisher im Zuwarten bestanden, und mit dieser Passivität und unterstützt durch vortheilhafte örtliche Verhältnisse, hatten sie ihren Gegner an den Rand des Abgrundes gebrängt. Es bedurfte scheinbar noch eines letzten Druckes, um ihn hinabzustürzen, aber diesen zu geben, waren die osmanischen Strategen unvermögend. Hussein und Omer scheinen gefürchtet zu haben, daß die leiseste Bewegung den Lorbeer von ihren Schläfen streifen möchte, mit welchem Unthätigkeit und Glück sie bekränzt hatten.

Auch die Combinationen der russischen Strategie sind es nicht gewesen, welche die Sachen zu einem erträglichen Ausgang verhalfen.

Allein alle Fehler wurden wieder gut gemacht durch die inwohnende Tüchtigkeit der russischen Truppen. Der aufopfernde Gehorsam der Befehlshaber, die Ausdauer des Soldaten, sein Muth im Ertragen und seine unerschütterliche Tapferkeit in der Gefahr, diese Eigenschaften waren es, welche das drohende Verhängniß vor Schumla beschworen, und den Seraskier im Zaum hielten, welche alle Mängel und allen Widerstand vor Varna besiegten, und welche selbst bei einer Niederlage Omer Brione dergestalt imponirten, daß er wie angedonnert zehn Tage regungslos stehen blieb, während Varna, das Bollwerk des Reichs, unter seinen Augen zusammenbrach. Die Maaßnehmungen der Feldherren müssen sich eine Abwägung der Kritik gefallen lassen, welche nicht immer günstig ausfallen kann, aber das Verhalten beim Sturm von Brailow, das Daraufloßgehen bei Kurttepe, das Ausharren in den Laufgräben und Minen von Varna sind bei dem letzten Soldaten, wie bei dem am höchsten stehenden Offizier über jedes Lob erhaben.

Bedenkt man die ungeheuren Opfer, welche der Krieg im Jahre 1828 den Russen gekostet, so ist es in der That schwer zu sagen, ob sie oder die Türken denselben gewonnen oder verloren. So mußte der Werth dieses Feldzugs erst durch einen zweiten entschieden werden.

Zweiter Theil.

—— —— ——

Feldzug von 1829.

Einleitung.

Wenn die Kriegsereignisse des vorigen Jahres zwar mit dem Fall von Varna endeten, und ein Theil der russischen Streitmacht während des Winters in Bulgarien auf türkischem Grund und Boden stehen blieb, so durfte Sultan Mahmud den Feldzug von 1828 doch für einen nicht unbedingt verlornen halten. Immer war bei der so beispiellos bedrängten Lage seines Reichs schon viel gewonnen, wenn er ohne allen fremden Beistand und einem Gegner wie Rußland gegenüber nicht vollständig erlag.

Die Erfolge der Russen waren durch lange Anstrengungen und große Opfer erkauft. Es hatten Brallow, Schumla und Varna eine über alle Erwartung kräftige Gegenwehr geleistet, und der wichtige Platz Silistria einer 4 monatlichen Einschließung widerstanden. Am tröstlichsten aber erschien, daß die neu gebildeten Truppen des Padischah den versuchten Schaaren des Kaisers im freien Felde entgegentreten durften, und daß sie sogar bei einzelnen Gelegenheiten Vortheile erfochten hatten, welche man für wirkliche Siege zu halten sehr geneigt war.

Der Verlust an Material und an Menschen war für die Türken unstreitig nicht größer gewesen als für die Russen, in der eigenen Heimath aber leichter zu ersetzen als aus den entfernten Provinzen des Kaiserreichs. Orientalische Heere werden überhaupt nicht vernichtet, sondern nur zersprengt, und können mithin in einem folgenden Feldzug wieder gesammelt werden. Waffen und Ausrüstung gehören bei den unregel= mäßigen Truppen, also dem größern Theile des Heeres, dem der sie trägt, und werden von ihm als werthvolles Eigenthum bewahrt. Ohne daß der Staat dafür einen Aufwand zu machen hätte, wird der Spahi nie ohne Pferd und Lanze, Säbel und Pistolen erscheinen. Die türkische Reiterei hatte wenig gelitten, die russische dagegen war vernichtet. An Feldartillerie endlich hatten die Moslem nur einige wenige Piecen eingebüßt, weil nirgends eine ihrer größern Abthei= lungen geschlagen worden war. Die Garnisonen in Brailow und in den Plätzen der Dobrudscha hatten freien Abzug nach Silistria, Schumla und Varna erkämpft und die Besatzung dieses letztern Ortes war die einzige gewesen, welche nach muthigem und langem Widerstand in russische Kriegsgefangen= schaft fiel.

Der Zustand in der türkischen Hauptstadt glich im Früh= jahr 1829 dem des tiefsten Friedens und die Stimmung war im Allgemeinen gut. Das Volk weidete sich an den langen Zügen von russischen Kriegsgefangenen, welche man absicht= lich durch die Straßen von Constantinopel führte. Sie wur= den gut behandelt und mehrentheils auf den Prinzen=Inseln untergebracht. Aber selbst das unverhoffte Schauspiel einer russischen Kriegsbrigg, welche von der osmanischen Marine aufgebracht und triumphirend in den Bosporus geführt wurde, sollte den muselmännischen Stolz beleben. Den Tür= ken galt der Balkan noch immer als unübersteigliche Schutz= wehr, welche von keinem Heer der Ungläubigen je über= schritten war, noch überschritten werden konnte; Schumla als das siegreiche Bollwerk, an welchem aufs Neue alle feindlichen Anstrengungen gescheitert waren. Endlich glaubte man die völlige Erschöpfung Rußlands auch in der späten Eröffnung des neuen Feldzugs wahrnehmen zu können, da erst im Juni die ersten Nachrichten vom Kriegsschauplatz nach Stambul gelangten, Nachrichten, welche überdies günstig für die Sache des Islam lauteten. Der Padischah vermochte sich nicht davon zu überzeugen, daß die übrigen Großmächte Europas ruhig zusehen würden, wenn russische Uebermacht ihn erdrückte. Erst unlängst hatten ja die Botschafter Englands und Frankreichs, welche noch auf Corfu verweilten, es als unverträglich mit der Würde ihrer Regierungen abgelehnt, der türkischen Einladung nach Constantinopel Folge zu leisten, bevor der Großherr dem Vertrag vom 6. Juli 1827 beiträte. Dies verweigerte auch jetzt noch Sultan Mahmud beharrlich, und dennoch erschienen am 18. Juni zur feierlichen Audienz in Bujukdereh Sir Robert Gordon und Graf Guilleminot, dessen Verdienst um die Türkei von den Moslem selbst anerkannt war. Mit Jubel begrüßte das Volk ihre Erscheinung und schmeichelte sich, daß die Fregatte „Blonde", welche mit ihren Kanonen (obwohl maskirt) die Dardanellen hatte passiren dürfen, Vorläuferin einer englischen Flotte sei, welche das Schwarze Meer von der russischen Seeherrschaft befreien werde.

Dennoch waren die diplomatischen Beziehungen wesentlich ungeändert geblieben, und zu Englands Mitwirkung konnte nur durch die Annahme des Londoner Traktats Seitens der Pforte der Weg angebahnt werden. Dies war aber der allerwundeste Fleck, der Punkt, in welchem die Eigenliebe Sultan Mahmuds persönlich verletzt war. Jede Nachgiebigkeit gegen die Griechen auf Morea ließ ähnliche Anmaßung bei den übrigen Rajah in Macedonien, in Rumelien und Bulgarien befürchten. Es ist merkwürdig genug, daß Sultan Mahmud, der, wie er später zeigte, ein wärmeres Herz für seine christlichen Unterthanen hatte, als vielleicht irgend einer seiner Vorfahren, durch den Aufruhr der Griechen dahin getrieben wurde, als ihr ärgster Dränger und Verfolger zu erscheinen. Wäre aber der Großherr auch wirklich dem Traktat beigetreten, welcher die Empörung seiner christlichen Unter= thanen heiligte, so ist doch sehr zu bezweifeln, ob England jetzt noch im Stande war, den Russen die Vortheile zu ent= reißen, welche es ihnen wider seinen Willen an dem Tage von Navarin über die Türken verschafft hatte. Unstreitig war das Vorgehen einer russischen Armee auf Varna ohne Silistria, auf Adrianopel ohne Schumla zu besitzen, nur mög= lich durch die unbedingte Herrschaft auf dem Schwarzen Meere. Diese den Türken zurückzugeben, wäre von höchster Wichtig= keit gewesen, allein die russische Flotte im Euxin bestand im Jahre 1829 aus elf Linienschiffen (davon 2 Dreidecker), acht Fregatten (2 zu 60 Geschützen) und 12 Corvetten und Briggs, welche zusammen gegen 1800 Geschütze führten und ihren festen Hafen Sevastopel unmittelbar im Rücken hatten. Die russische Escadre des Admirals Heyden im mittelländischen Meer, welche die Dardanellen blokirte, zählte 8 Linienschiffe, 7 Fregatten, gegen 20 kleinere Schiffe und mehr als 1500 Geschütze. Alles, was die Türken dieser Seemacht entgegen= stellen konnten, waren 8 Linienschiffe (davon 3 Dreidecker), 2 Fregatten, 5 Corvetten und 3 Briggs mit überhaupt unge= fähr 1000 Geschützen, — denn die sehnlich erwartete egyp= tische Flotte erschien nicht. Wäre daher auch wirklich die Es= cadre des Admirals Malcolm die Dardanellen hinaufgegangen, um sich mit der türkischen zu vereinigen, so folgte daraus, ganz abgesehen von den Verwickelungen, welche ein solcher Schritt für den Frieden von Europa nach sich gezogen hätte, und unerachtet der so viel größern Tüchtigkeit der britischen Marine, noch nicht unbedingt, daß die Russen das Meer hätten räumen müssen.

Frankreich bereitete in diesem Jahre seine Expedition gegen Algier vor, und stand noch mit der Brigade des Ge= neral Schnelber zum Schutz der Griechen in Morea. Es

konnte aus dieser der Pforte feindseligen Stellung nicht un=
mittelbar in eine freundschaftliche übergehen, auch war durch
die Ordonnanzen vom 8. August der Partheigeist im Innern
des Landes dergestalt aufgeregt worden, daß die Regierung
Anstand nehmen mußte, eine allgemeine europäische Verwicke=
lung herbeizuführen.

In Wien war man von allzugroßen Befürchtungen zu
allzugroßen Hoffnungen übergegangen. Aus dem geringen
Erfolg des ersten Feldzugs schloß man, daß ein zweiter die
Kräfte Rußlands vollends erschöpfen müsse, und schmeichelte
sich, daß Oesterreich dann nur die Rolle des Vermittlers zu
übernehmen haben werde. Es scheint, daß die Pforte von
dieser Seite her selbst ermuntert wurde, den Kampf fortzu=
setzen, ohne daß man ihr irgend eine Unterstützung gewährte.

Nichts trug zu jener Zeit mehr zur Wahrung des allge=
meinen Friedens bei, als die Haltung, welche Preußen an=
nahm. In Berlin mußte man das Aufhören eines Krieges
wünschen, welcher in jedem Augenblick Europa in Flammen
zu setzen drohte, allein zugleich, daß derselbe auf eine für
Rußland ehrenvolle Art beendigt werde, mit welchem Preußen
durch Bande der Politik und Verwandtschaft nahe ver=
knüpft war.

Demnach gestalteten denn auch in diesem Jahre die po=
litischen Conjuncturen sich so, daß Rußland und die Türkei
einander allein gegenüber blieben, um ihren Handel auszufechten.

Sultan Mahmud war aus den Eingangs angeführten
Gründen wenig geneigt, nachzugeben, sondern rüstete zum kräf=
tigen Widerstand. Ein allgemeiner Wechsel in den Oberbe=
fehlshaberstellen trat ein. Die Passivität Husfein Paschas,
welche im Juli und August der vorigen Campagne so schöne
Früchte getragen, war doch im September und Oktober als
nicht ausreichend anerkannt worden. Indeß schätzte der Groß=
herr die früheren Dienste dieses Greises und seine Gewalt

über die Truppen. Ihm wurde daher der Befehl über die im Lager zu Aidos versammelten Schaaren übertragen. Omer Brione verschwand vom Kriegsschauplatz, und das nächste Jahr erblickte ihn in offener Empörung gegen die Pforte. Juffuf Pascha war — ein unerhörter Fall — zu den Ungläubigen übergegangen. Er stammte von einem der wenigen aristokratischen Geschlechter der Türkei. Als Dereh-Beg oder Thalfürst war er ein Gegenstand des Mißtrauens für den Großherrn, welcher jede erbliche Gewalt neben der seinigen zu vernichten strebte, und die Einziehung des ausgedehnten Grundbesitzes des Paschas in der Gegend von Aidos war bereits im Divan beschlossen, als er noch in Varna jedem Vordringen der Russen Halt gebot. — Wiefern der ehemalige Capudan Pascha diesen Intriguen fremd geblieben, wie sehr es ihm Ernst mit der Weigerung war, der Capitulation beizutreten, deren Folgen er mit einer Handvoll Anhänger nicht aufzuhalten vermochte; weshalb er sich mit diesen nicht zu Omer Brione den Weg bahnte, muß unentschieden bleiben. Jedenfalls erndtete er alle Vortheile und wurde auf kurze Zeit zum Groß-Vezier ernannt. Isset Mehmet hatte versprochen, Varna während des Winters wieder zu erobern, wir haben gesehen, wie wenig er im Stande war, dies Unternehmen auszuführen. Durch seine Einsetzung als Rumeli Valessi nach Rodosto verschwindet er vom Kriegsschauplatz, und sein späteres Auftreten im Feldzug von 1839 berechtigt zu der Annahme, daß die Ehre der Vertheidigung Varna's hauptsächlich Juffuf Pascha gebührt, wenngleich dieser sie durch seine endliche Capitulation verdunkelte.

Den Oberbefehl des Heeres erhielt nun Reschid Mehmet Pascha, welcher sich damals in Epirus befand. Er hatte die schwere Aufgabe gelöset, die Arnauten im Gehorsam der Pforte zu erhalten, und war bekannt wegen seiner Festigkeit, Strenge, Gerechtigkeit und persönlichen Tapferkeit.

Der neue Vezier verfügte sich nach Constantinopel, um seine Instruktionen einzuholen, und zog am 21. März, nur von einem kleinen Gefolge begleitet, in Schumla ein, wo er nicht über 10,000 Mann vorfand. Ein Theil des Corps, welches Husseïn dort versammelt, war nach Silistria, ein anderer nach Aidos entsendet, die größere Hälfte hatte sich aber während des Winters auf eigene Hand aufgelöset, und traf nun nach und nach in dem Lager am Ballan wieder ein.

So verging das Frühjahr ohne größere Kriegsunternehmungen, da beide streitende Mächte nur mit ihren Rüstungen beschäftigt waren. In Constantinopel wurde unter persönlicher Aufsicht des Großherrn fleißig exerzirt, und der Stand des regelmäßigen türkischen Militairs, angeblich wieder auf 60 Bataillone und 31 Escadrons oder etwa 50,000 Mann gebracht, von denen die mehrsten nach Schumla abgeschickt wurden. Auch diesmal konnte man für den regelmäßigen Dienst nur die schlechteste, unkriegerischste und mittelloseste Klasse der Osmanli gewinnen. Nur die eben erst dem Knabenalter Entwachsenen wollten sich dem Zwang der Disciplin fügen, alle älteren, versuchten Krieger blieben, als dem Janitscharenthum anhängend, ausgeschlossen. Die Aushebung mußte meist in Asien unter gewaltsamen Maaßregeln erfolgen. Dabei ist nicht zu verkennen, daß man zu Constantinopel in den Geist europäischer Taktik wenig eingedrungen war, und daß gewisse Aeußerlichkeiten und Details gleichsam wie magische Beschwörungsformeln galten, welche den Sieg bannen sollten. Die fremden Instrukteure bildeten immer noch eine gering geschätzte Klasse von Menschen, welche zwar unterrichten, nicht aber befehlen durften. Die Führung der Truppen blieb daher den Türken allein vorbehalten, welche von der Taktik nur das Exerzier-Reglement kannten. Manche Einrichtungen waren geradezu widersinnig. So wurde die Cavallerie gewiß nicht beffer, indem man den Reitern, welche keine Sporn tragen, statt der bisherigen kurzen Schaufelbügel, englische an langen Steigriemen gab, oder sie mit Lanzen bewaffnete, die sie nur an der Handhabung des Säbels hinderten. Sie lernte versammeltes Reiten und cadencirte Tempos, vergaß aber das Ungestüm des wilden Anrennens, und mit der neu erworbenen Duldsamkeit ging die alte fanatische Begeisterung verloren. Man hatte auf die Auskunftsmittel der Barbarei verzichtet, ohne sich die Hülfsquellen der Civilisation eröffnen zu können: die Volksvorurtheile waren erschüttert, dadurch aber auch die nationale Begeisterung erloschen, und der wesentlichste Vortheil der ganzen Dressur bestand eigentlich darin, daß die Truppen mehr als früher den Befehlen ihrer Führer gehorchten.

Wir wollen uns nicht darauf einlassen, eine Uebersicht der gesammten Streitmittel der Pforte zu geben, da eine solche nur auf sehr unverbürgten Angaben, zum Theil auf Conjecturen beruhen würde, sondern wollen die Stärke der einzelnen Abtheilungen da angeben, wo sie handelnd auftreten. Auch in diesem Jahre waren die Bosnier nicht zu bewegen, ihr Contingent zum osmanischen Heer zu stellen, ein großer Verlust für dasselbe, da dies Volk zu dem streitbarsten Theil der muselmännischen Bevölkerung gehört. Aehnlich verhielt es sich mit den kriegerischen Arnauten, welche, wegen des vorauszuzahlenden hohen Soldes für 30,000 Mann, mit der Pforte unterhandelten. Von den Serben war natürlich kein Beistand zu gewärtigen, vielmehr hätte es nur eines Antriebes von Seite Rußlands bedurft, damit sie sowohl als ein Theil der Bulgaren die Waffen gegen ihre türkischen Oberherren ergriffen. Diese Handlungsweise widersprach jedoch durchaus den Grundsätzen des Kaisers, auch hätte eine solche Maaßregel leicht viel weiter führen können, als das Cabinet von St. Petersburg zu gehen damals entschlossen war. Den größten Theil des Ersatzes mußte demnach die Pforte aus

Asien heranziehen. Im Allgemeinen darf man annehmen, daß der Großherr gegen Anfang des Sommers die Verluste an Truppen und Material aus dem letzten Feldzuge gedeckt hatte, und daß das osmanische Heer ungefähr von derselben Stärke und Beschaffenheit war, wie beim Beginn des Krieges.

Wenn behauptet worden ist, daß der Kaiser von Rußland zu Anfang des Jahres 1829 bereit gewesen sei, gegen Erstattung der Kriegskosten den Frieden mit der Pforte zu schließen, so widerstreitet das dem festen und hochherzigen Sinne jenes Monarchen, welcher öffentlich erklärt hatte, das einmal gezogene Schwert nicht eher aus der Hand zu legen, als bis der Ehre und den Ansprüchen seines Landes Genüge geleistet worden sei. Es handelte sich auch in der That für Rußland um weit wichtigere Interessen, als um einige Millionen Rubel oder selbst eine Gebiets-Erweiterung. Es handelte sich um den überwiegenden Einfluß, den Rußland nothwendig am Bosporus üben muß, und um die Ehre seiner Waffen. Denn wenn die Russen auch im Feldzug von 1828 überall mit großer Tapferkeit gefochten hatten, so waren sie doch im Ganzen nicht siegreich gewesen, und die gering geschätzten türkischen Geschwader hatten ihnen einen Widerstand geleistet, den Niemand erwartete. Alle Gegner Rußlands blickten schadenfroh auf den geringen Erfolg seiner Anstrengungen, und so mag Kaiser Nikolaus wohl fest entschlossen gewesen sein, den Kampf bis zu einem befriedigenden Ende durchzufechten.

Das russische Heer hatte bedeutende Einbußen gemacht, weniger in Gefechten, als durch das Klima, durch Krankheiten, durch Erschöpfung und Mangel in Folge des Monate langen Verharrens großer Massen an demselben Ort. Schumla namentlich hatte die schwersten Opfer gekostet, ohne daß gegen diesen Platz etwas ausgerichtet worden war, und in Varna fanden nach der Besitznahme und während der Winterruhe Tausende ihr Grab bei dem plötzlichen Uebergang von der härtesten Anstrengung zur gänzlichen Unthätigkeit. Die Strenge des folgenden Winters schuf den Truppen neue Leiden und mancher russische Soldat erlag, nachdem er 300 Meilen gegen Süden gezogen, der Kälte unter dem 42sten Breitegrad, wo er kurz zuvor alle Qualen eines glühenden Himmels ertragen hatte. Dabei wüthete die Pest in furchtbarer Ausdehnung und das Heer wird im Ganzen wohl 40,000 Mann oder mit Zurechnung der Garden und des IIten Corps gegen die Hälfte seiner Stärke verloren haben. Zu diesen Einbußen kommt ein nicht unerheblicher Theil des Materials, namentlich fast alle Pferde. Auf sehr weiten Entfernungen und bei schwierigen Communicationen mußte dies Alles aus dem Innern des Reichs ersetzt werden. Selbst die Ernährung des Heeres war zum Theil von dort aus zu bewirken, denn die Wallachei war aufs Aeußerste erschöpft und südlich der Donau lagen die meisten Dörfer von ihren Einwohnern verlassen. Die Saat war nicht bestellt, weil eine Erndte für den Landmann nicht zu hoffen stand und in Folge der von einem Kriege so schwer zu trennenden Gewaltmaaßregeln und Bedrückungen unter den Bulgaren Mancher bereit, die Waffen gegen die Russen zu ergreifen, welche er kurz zuvor als Befreier begrüßt hatte.

Obgleich in dem vorjährigen Feldzug die Stärke des Heeres sich ganz unzweifelhaft als zu gering herausgestellt hatte, so wurde dasselbe doch für den nächstfolgenden nicht allein nicht verstärkt, sondern sogar noch vermindert. Denn wenn zwar das IIte Corps bei der Armee verblieb, so wurden dagegen die Garden und die Jäger-Division zu Pferd zurückgezogen und nahmen an dem folgenden Kampfe nicht mehr Theil. Eine Aushebung von Rekruten war schon im vorigen Jahre verfügt, allein die Leute langten im Frühling erst theilweis an der Donau an. Außerdem wurde das Operationsheer nur durch Reserven der Armee und durch Kosaken vom Schwarzen Meer und vom Kaukasus verstärkt.

Der Kaiser hatte beschlossen, dem neuen Feldzug persönlich nicht beizuwohnen und vertraute den Oberbefehl seinem bisherigen Chef des Generalstabes, dem Grafen Diebitsch an. Derselbe traf am 24. Februar in Jassy ein, woselbst Graf Wittgenstein ihm den Commandostab übergab und in einer Proclamation vom Heere Abschied nahm. General Graf Toll wurde Chef des Generalstabes der Armee, General Buturlin, später General Berg, General-Quartiermeister, und sowohl im Truppen-Commando, als in der Verwaltung der Fürstenthümer fanden eine Menge Personal-Veränderungen statt.

Es ist nicht zu verkennen, daß Graf Diebitsch sich in einer viel bedeutsameren und günstigeren Stellung befand, als sein Vorgänger im Obercommando. Die Erfahrungen des vorigen Feldzugs kamen ihm und seinen Untergeneralen zu statten, kein diplomatisches Gefolge klammerte sich an seine Fersen und beschränkte ihm die Freiheit des Handelns, die Politik konnte auf seine Unternehmungen wenig Einfluß haben, und bei der ungeheuren Entfernung war er ermächtigt und angewiesen, aus rein militairischer Ueberzeugung und nach eigenem Ermessen zu handeln. Die jedesmalige Lage der Dinge mußte seine Maaßnehmungen bestimmen, ohne daß er, selbst bei den wichtigsten Entschlüssen, auf eine Instruktion seines Monarchen warten durfte, bei deren Eintreffen die Sachlage aufs Neue völlig verändert sein konnte. Daher große Verantwortlichkeit, aber auch große Freiheit und eine seltene Machtvollkommenheit.

General Diebitsch verwendete sogleich die äußerste Sorgfalt auf die Reorganisation seines Heeres. Die Behandlung der Soldaten wurde um Vieles gemildert, der unerträgliche Zwang und die widernatürlich steife Haltung in etwas nachgelassen. Dennoch blieb in dieser Beziehung Vieles zu thun übrig. So mußte z. B. bei dem Tirailliren immer noch Tritt und Richtung gehalten werden, weshalb man es auch nur in der Ebene übte. Bekleidung und Gepäck wurden dem Klima besser angepaßt und die Verpflegung des Heeres — eine für den kommenden Feldzug unendlich wichtige Rücksicht — auf neuem Fuß organisirt. Ein ungeheurer Troß war bei dem Marsch durch unangebaute oder verwüstete Gegenden unvermeidlich. Man bildete große Colonnen aus Tausenden von Karren, welche durch Ochsen gezogen wurden, so daß diese in doppelter Weise zur Ernährung der Truppen wirkten. Die Bedeckung der Colonnen, welche sogar ein paar Geschütze erhielt, war bewaffnet, um sich im Nothfall selbst vertheidigen zu können. Weil aber auch dies Fuhrwerk jenseits des Gebirgs nicht fortzubringen war, so hatte man in den asiatischen Steppen Tausende von Kamelen für den Bedarf des Heeres aufgekauft. Wirklich ist dies nützliche, geduldige und starke Thier, welches bei der dürftigsten Nahrung und selbst im tiefsten Schnee noch eine sehr schwere Last trägt, ganz besonders dazu geeignet, den Bewegungen eines Heeres zu folgen. Aller getroffenen Maaßregeln ungeachtet fiel jedoch nachmals die Ernährung nur sparsam aus. Der Soldat erhielt wöchentlich dreimal 1 Pfund Fleisch und ebenso oft ein Glas Branntwein, außerdem aber täglich nur 12 Zwiebacke und etwas Grütze.

Die Cavallerie gewährte beim Ausmarsch einen sehr schönen Anblick. Sie war freilich fast ganz erneuert worden. Das erste Glied der Husaren-Regimenter wurde mit Lanzen bewaffnet, um den Säbel der Spahi fern zu halten, und die Zahl der Kosaken war beträchtlich vermehrt. Der Infanterie sah man die überstandenen Beschwerden in den schlechten Winterquartieren nur zu sehr noch an. Nach der Schilderung eines Augenzeugen drückte die Physiognomie des gemeinen Mannes Ernst und Leiden aus. Nach Allem, was er im vorigen Feldzug erfahren, betrachtete er sich als einen Märtyrer für den Glauben und seinen Kaiser. Nirgends sah oder hörte man im russischen Lager jene Bivouacsspäße, die

bei unseren Leuten nie fehlen, sobald es ihnen nur er-
träglich geht. Gesang war der einzige Ausdruck des Froh-
sinns, aber auch dieser bewegte sich in den schwermüthigen
Weisen, welche den slavischen Völkern eigen sind. Der Soldat
hielt streng an religiösen Ceremonien und bekreuzte sich nach
jeder Mahlzeit, auch wurde in jedem Lager ein Zelt als Kirche
aufgeschlagen und täglich Messe gelesen. In taktischer Hinsicht
war ein Fortschritt die Einführung des hohlen Quarrec's
aus der geöffneten Colonne nach der Mitte, in welcher die
mittleren Züge rechts und links einschwenkten, die Queue
aber aufrückte.

Was nun die Stärke des russischen Heeres betrifft, so
verweisen wir auf die ordre de bataille des vorigen Jahres,
aus welcher nur die Garden und die Jäger-Division zu Pferde
ausscheiden. Die Organisation der Armee-Corps, der Divisionen und Brigaden war ungeändert geblieben, dagegen im
Commando mehrfacher Wechsel eingetreten. Es befehligte

das IIte Armee-Corps General Graf Pahlen,
    Chef des Generalstabes General Germann,
    2te Husaren-Division Gen.-Lieut. Budberg,
    5te Infanterie-Div. Gen.-Lieut. Fürst Lubomirski,
    6te   „   „   Sulima;

das IIIte Armee-Corps General Krassowski,
    Chef des Generalstabes General Berg,
    3te Husaren-Div. Gen.-Lieut. Fürst Madatof,
    7te Infant.-Div.   „   Uschakof,
    8te   „   „   Saß,
    9te   „   „   Bartholomä,
    10te „   nicht bekannt;

das VIte Armee-Corps General der Infanterie Roth,
    Chef des Generalstabes Generalmajor Wachten,
    4te Ulanen-Division Gen.-Lieut. Kreutz,

16te Infant.-Div. General Suchosanet,
17te   „   „   Scheltachin;
das VIIte Armee-Corps Gen.-Lieut. Rüdiger,
  Chef des Generalstabes Generalmajor Delingshausen,
  Bugsche Ulanen-Division General Reitern,
18te Infant.-Div. Generalmajor Fürst Gortschakof,
19te   „   „   Iwano.

Dazu kamen 22 Kosaken-Regimenter. Der Kopfzahl nach waren die Escadrons und namentlich die Bataillone bei Eröffnung des Feldzugs noch schwächer als im vorigen Jahre. Die Compagnien zählten durchschnittlich 32, die Escadrons 50 bis 60 Rotten. Die Kosaken-Regimenter waren nur zu 200 bis 250 Mann, viele noch schwächer.

Es bestand die Cavallerie aus 2 Husaren-,
  2 Ulanen- und 1 Dragoner-Division zu
  2 Brigaden à 2 Regimenter, überhaupt
  aus 88 Escadrons oder etwa ...... 10500 Mann.
An Kosaken .... 5500 „
                                  ————————
                                  16000 Mann.
Die Infanterie aus 10 Divis. oder 30 Brigaden à 2 Regimentern, also aus 120
  Bataillons höchstens zu .... 48000 „
Die Artillerie aus 7 reitenden
  Batterien oder ...... 60 Gesch.*)
und 30 Fuß-Batterien oder 240 „
  überhaupt 37 Batterien, 300 Gesch. — 4000 „
                                  ————————
      oder an wirklichen Combattanten 68000 Mann.

Das Heer war daher durchschnittlich eben so stark, als es während der vorigen Campagne bis zum Eintreffen der Garde und des IIten Armee-Corps gewesen, dagegen war es etwas zahlreicher an Artillerie und leichter Cavallerie.

---

*) Die reitende Batterie der Bugschen Ulanen-Division hatte 12, alle übrigen Batterien 8 Geschütze.

————

Erster Abschnitt.

Wegnahme von Sziseboliš während des Frühjahrs. Seeunternehmungen der Türken.

Je nachdem das russische Heer während des letzten Feldzugs in der Dobrudscha und in Bulgarien vorgedrungen war, hatte es sich der Küstenplätze des Schwarzen Meeres bemächtigt, dessen Häfen der Flotte geöffnet, und so durch Sicherung der Verpflegungs-Zufuhr zu Wasser ein weiteres Fortschreiten zu Lande vorbereitet. So war der Marsch nach Basardschik auf Küstendsche und Mangalia, die Belagerung von Varna auf Kawarna und Baltschik basirt gewesen. Varna endlich gewährte einen Hafen für die Kriegsflotte und einen Waffenplatz für das Heer, gleich wichtig als Bollwerk für die Winterquartiere und als Ausgangspunkt für die weitere Offensive.

Sobald diese jedoch über den Balkan hinausführen sollte, wurde es nöthig, sich eines neuen Hafenpunkts jenseits des Gebirges zu versichern, über welches der Transport von Lebensmitteln und Kriegsbedarf großen Schwierigkeiten unterlag. Dabei war es wichtig, einen solchen Punkt schon zu besitzen, bevor das Heer den Balkan überschritt, damit es nach dieser mühsamen und gefährlichen Unternehmung am südlichen Fuß des Gebirges Alles, was es zu seiner Subsistenz gebrauchte, schon vorfand, wodurch dann auch die Bewegungen der verschiedenen Abtheilungen um Vieles unabhängiger wurden, als wenn die Verbindung mit dem einzigen Punkt Varna eine Lebensbedingung für sie blieb. War daher die Flotte bislang den Bewegungen des Landheeres gefolgt, so ging sie jetzt demselben voran, so die Richtung im Voraus bezeichnend, welche man einzuschlagen beabsichtigte.

Um den weiten offenen Meerbusen südlich des Emineh-Dagh (des östlichen Vorgebirges des Ballan) gruppiren sich die Hafenplätze Missivri, Ahjolo, Burgaß und Szisebolis. Von diesen war Burgaß die bedeutendere Stadt und lag für die Verpflegung eines von Varna aus nach Rumelien operirenden Corps bei weitem am nächsten und vortheilhaftesten. Dabei war Burgaß von der See her leicht zu nehmen und dann auf der Landseite mit Vortheil zu vertheidigen *). Dagegen erforderte dies Unternehmen schon ein nicht ganz schwaches Corps, denn die große Nähe der in Aidos versammelten türkischen Heeresabtheilung machte sowohl das Gelingen eines Handstreichs gegen Burgaß, als die Behauptung dieses Punktes schwierig.

Missivri und Ahjolo konnten mit äußerst geringen Mitteln vertheidigt werden, sobald sie einmal in Besitz genommen waren, besonders der erstgenannte Ort. Allein beide lagen zu weit zurück, sobald das Heer weiter gegen Süden vordringen sollte. Man entschied sich daher für Szisebolis, welches zwar entfernter von der russischen Operationslinie lag als Burgaß, dagegen aber örtlich sehr fest war, bei weitem den besten und gesichertsten Hafen an der ganzen Westküste des Schwarzen Meeres besitzt, und von Aidos am schwersten unterstützt werden konnte **).

Der russische Contre-Admiral Kumani war es, welcher 15. Febr. schon am 15. Februar mit einer kleinen Escadre von wenigen Kriegsschiffen und Landungsfahrzeugen einen Handstreich gegen diesen Küstenpunkt unternahm. Er führte an Truppen nur 1 Infanterie-Regiment und 50 Kosaken mit sich. Die

---

*) Man vergleiche den Plan.
**) Vergl. die Pläne dieser Städte.

Vertheidigung von Szisebolis war einer Abtheilung von
1000 Albanesern übertragen gewesen, welche aber kurz zuvor
abmarschirt waren und nur ein schwaches Detachement hinter-
lassen hatten. Dieses ergab sich nach einer bloßen Kanonade
von den Schiffen aus, die Russen nahmen Besitz von der
Stadt und erbauten unverzüglich zwei gut profilirte und mit
Blockhäusern versehene Schanzen A, B auf der den Ort in
großer Nähe beherrschenden Höhe südlich desselben. Später
legten sie noch eine Strandbatterie in D und eine Schanze
auf der „kleinen Insel" (Kutschuk Ada) an, auf welcher Magazine und Depots eingerichtet wurden. Einige Kanonenböte
ankerten so, daß sie das Terrain vor den Redouten der Landfront einigermaaßen mit bestrichen und die Besatzung sowohl
als die Flotte wurde hierdurch vollständig gedeckt.

Der Großherr war höchlich entrüstet über ein Unternehmen, welches in solcher Nähe von Constantinopel ausgeführt
und mit solcher Leichtigkeit gelungen war. Er beorderte
Hussein Pascha den Platz wieder zu nehmen und befahl dem
Capudan Pascha, zu demselben Zweck sogleich mit seiner Flotte
auszulaufen.

Obwohl nun Aidos nur 3 kleine Märsche von Szisebolis
entfernt ist, so brauchte Hussein doch nicht weniger als volle
7 Wochen, um mit einer Abtheilung von 4000 Mann Fußvolk und 1500 Reitern dort zu erscheinen. Mittlerweile waren die russischen Verschanzungen vollendet, die Besatzung aber
verdoppelt worden. General Wachten befehligte in Szisebolis
über 3 Infanterie-Regimenter oder etwa 3000 Mann mit
2 Feldgeschützen.

Am 9. April früh Morgens machte Hussein Pascha einen   9. April.
lebhaften Angriff auf die Schanzen A, B. Ohne das Kartätschfeuer der in den Schanzen aufgestellten 8 Schiffskanonen
zu achten, stürzten die Türken sich mit wildem Geschrei in den
Graben, einzelne Verwegene erstiegen die Brustwehr und ein

Tschochobar oder Mantelträger des Pascha's wurde im Innern der Redoute niedergestoßen. Auf den ersten Lärm war jedoch die Besatzung aus der Stadt herbeigeeilt. Zwei Bataillone ordneten sich rechts, zwei links der Schanze A zum Angriff, die Feldgeschütze rückten in die Linie ein, General Wachten selbst aber warf sich mit dem fünften Bataillon in den Rücken der stürmenden Gegner und befreite die Schanze von ihrem Angriff. Bald wichen die Türken dem Feuer der Schanze, der Feldgeschütze und der Flotte, welches sich auf der Land- enge kreuzte. Sie wurden bis auf die Anhöhe verfolgt und ließen 250 Todte zurück. Die Russen verloren 100 Mann.

So kühn auch der erste Anlauf der Muselmänner, so war doch die Anstrengung nichts weniger als nachhaltig gewesen. Ein neuer Angriff erfolgte nicht und die Russen blieben im ruhigen Besitz ihrer wichtigen Eroberung bis zum Ende des Krieges. Ein Versuch, Ahiolo zu nehmen, scheiterte dagegen, jedoch ohne sonderlichen Verlust.

Nichts konnte unerwarteter sein, als die Erscheinung einer türkischen Flotte im Schwarzen Meer. Der Capitain der russischen Kriegsbrigg „Rafael" von 45 Geschützen, welche nebst einer Brigg an der Küste von Natolien kreuzte, begeg- nete während der Nacht mehreren Schiffen, die er für seine eigene Escadre hielt. Er schloß sich in der Gegend von Eregli ohne zu signalisiren an dieselben an. Groß war das Erstaunen der Türken, als sie am folgenden Morgen die Zahl ihrer Fahrzeuge um zwei vermehrt fanden, aber nicht geringer der Schrecken des russischen Capitains, welcher sich von feind- lichen Schiffen umringt sah. Bei der Unkunde der türkischen Seeleute würden sie immer noch zweifelhaft gewesen sein, wer Freund oder Feind, welches die neu hinzugekommenen und welches ihre eigenen Fahrzeuge, hätte der Rafael die rothe Flagge aufgezogen. Allein der Capitain verlor den Kopf und senkte das blaue Kreuz bei dem ersten Schuß des Admiralſchiffs. Die Brigg Merkur hingegen, welche ſich unter dem Winde befand, ſetzte alle Segel bei, ihr wackerer Führer, der Lieutenant Kaſarski, ließ die Flagge an den Hauptmaſt feſt= nageln, damit ſie unter keinen Umſtänden geſtrichen werden könne, und die Offiziere der Brigg ſchworen, daß der zuletzt übrig bleibende ein Piſtol in die Pulverkammer feuern wolle, um das Fahrzeug lieber in die Luft zu ſprengen, als es den Türken zu übergeben. Wirklich entrann der Merkur leck und glücklich der ungeſchickten Verfolgung und dem ſchlecht gerich= teten Feuer der Capudana Bey.

Der türkiſche Admiral war zu ſeiner Priſe gekommen, er wußte ſelbſt nicht wie, Allah hatte ſie ihm recht eigentlich im Traume beſcheert. Sie verurſachte · darum nicht geringere Freude und ſtolze Erwartungen. Der heilige Rafael wurde durch einen Tannenapfel erſetzt und in Triumph nach Con= ſtantinopel geführt.

Am 5. Juni ging der Capudan Paſcha abermals unter 5. Juni. Segel. Seine Abſicht war keine geringere, als die feindliche Abtheilung zu Sziſebolis anzugreifen. Die türkiſche Flotte be= ſtand diesmal, das ruſſiſche Schiff eingerechnet, aus 6 Linien= ſchiffen, 3 Fregatten, 5 Corvetten und 3 Briggs, alſo ziem= lich Alles, was die Pforte beſaß. Nach zehntägiger Fahrt langte ſie auf der Höhe von Sziſebolis an, eine ruſſiſche Fre= gatte vor ſich hertreibend. Die dort vor Anker liegende ruſſi= ſche Escadre beſtand nur aus 3 Linienſchiffen und 2 Fre= gatten. Sie mußte erwarten, am nächſten Morgen von ſehr überlegenen Kräften im Hafen angegriffen zu werden. War aber das Erſcheinen der osmaniſchen Flagge überraſchend geweſen, ſo wurde ihr Verſchwinden es noch mehr. Ohne einen Schuß gelöſt zu haben, kehrte der Capudan bei einem ſcharfen Nord= Oſt=Winde noch während der Nacht zum Bos= porus zurück und ging dort bereits am folgenden Tage wie= der vor Anker.

Admiral Greigh blokirte von jetzt an mit seiner Flotte den Bosporus, ebenso wie Admiral Heyden die Dardanellen, sie schnitten die Zufuhr auf beiden Straßen ab, machten zahlreiche Prisen und beunruhigten die Küsten. Achmet Papubschi („der Pantoffelmacher", so nach seinem frühern Handwerk benannt) setzte den von ihm errungenen Lorbeer nicht durch neue Wagstücke aufs Spiel, und die türkische Flotte verließ von nun an nicht mehr die sichere Rhede.

Wären die Unternehmungen Husseins und Achmets, zu Lande und zu Wasser, gleichzeitig ausgeführt worden, wie dies der Zeit nach sehr möglich war, so konnte vielleicht Szisebolis den Russen entrissen werden. Vereinzelt blieben beide Expeditionen ohne Erfolg.

Zweiter Abschnitt.

Eröffnung des Feldzugs im Mai. Uebergang über die Donau und Belagerung von Silistria.

Auch in diesem Jahre verzögerte sich die Eröffnung der großen Operationen bis zum Monat Mai. Ungünstige Witterung, schlechte Wege und der hohe Wasserstand der Donau werden als Grund hiervon angegeben, hauptsächlich aber waren es die Ergänzungen und die Vorbereitungen, welche nicht früher beendigt werden konnten. Behufs des Uebergangs über die Donau wurden 2 Brücken beabsichtigt, nämlich eine bei Hirsowa und die zweite nahe unterhalb Silistria, wo man sich dem Hauptstrome durch die Ueberschwemmungen seiner Ufer auf der Straße von Kalarasch nähern konnte. Der erstere Uebergang kam Anfangs Mai zu Stande.

Wie früher gesagt, standen das VIte und VIIte Corps bereits während des Winters auf dem rechten Donauufer zwischen Varna und Pravady. Jetzt führte der commandirende General 25 Bataillone und 5 Cavallerie-Regimenter, welche theils dem IIten, theils dem IIIten Corps angehörten, über Hirsowa heran.

General Diebitsch traf mit diesen Truppen am 8. Mai 8. Mai. zu Tschernawoda an der Ausmündung der Karasu-Seen in die Donau ein. Der Rest des IIten und IIIten Corps blieb einstweilen noch in der Wallachei zurück und erwartete die Vollendung der Brücke bei Kalarasch, um dann ebenfalls auf das rechte Donauufer überzugehen.

Graf Diebitsch war genöthigt, den neuen Feldzug mit einer Belagerung zu beginnen, welche billig im vorigen Jahre hätte beendet sein sollen. Silistria hatte eine sehr zahlreiche Besatzung und lag in der Flanke und nur 2 Märsche entfernt von jeder möglichen Operationslinie gegen den Balkan. Der Commandirende wendete sich daher zunächst gegen jenen Platz. Da die kürzeste Straße dorthin, die über Rassowa, wegen der Ueberschwemmungen des Stromes noch ungangbar war, so mußte das Corps den beschwerlichen Umweg über Kusgun machen. Es gebrauchte 9 Tage, um diese 9 Meilen zurückzulegen, und traf erst am 17. Mai vor Silistria ein. Der 17. Mai. Commandirende selbst war krank und mußte in einer Sänfte getragen werden, was ihn jedoch nicht abhielt, die Leitung der militairischen Operationen fortzuführen.

Die fortificatorischen Verhältnisse von Silistria haben wir in einem frühern Abschnitte bereits geschildert und erinnern hier nur daran, daß der Hauptwall dieses Platzes von schwachem Profil, der Graben trocken und dessen Flankenvertheidigung sehr mangelhaft war, daß das Innere der Festung auf 6 bis 700 Schritt vollkommen eingesehen, die mehrsten Courtinen enfilirt oder im Rücken beschossen werden konnten, und daß außer den beiden Anschlüssen an die Donau permanente Außenwerke gänzlich fehlten. Die Türken hatten zwar nach Aufhebung der vorjährigen Einschließung einige provisorische Werke vor der Ostfront von Stambull Tabia und vor dem westlichen, Rasgrader Thor aufgeworfen oder vielmehr eingeschnitten (da der Hauptwall selbst nur 8 bis 9 Fuß Commandement hatte); es leuchtet aber ein, daß dies nur schwache Erdwerke oder Logements sein konnten, mittelst welcher die Türken hier wie bei Varna die Vertheidigung der Vorterrains möglich machten.

Wie sehr man den türkischen Widerstand selbst in den schlechtesten Plätzen respectirte, und wie wenig man geneigt war, Sturmversuche, wie den bei Brailow, zu wiederholen, geht aus dem, vom Ingenieur-General Schildern entworfenen, und vom Commandirenden genehmigten Angriffsplan hervor. Selbst die feindlichen Logements außerhalb des Grabens sollten, wenn die Belagerungsarbeiten sie erreicht haben würden, nicht durch den gewaltsamen Angriff genommen, sondern durch Minen gesprengt werden, um den Feind aus denselben zu vertreiben. Bei der Breite des Grabens von nur 30 und einer Tiefe von 12 Fuß (von der Crete des Glacis bis zur Sohle gerechnet) konnte man erwarten, durch 2 bis 3 Minen vor jedem Bastion die Contrescarpe dergestalt gegen den Hauptwall zu werfen, daß das nur 8 Fuß hohe Revetement desselben vielleicht ganz überschüttet und ersteigbar würde. Hierauf wollte man durch Descenten, durch Anlegung von Batterien auf dem Glacis und Benutzung der Cünette als Logement sich erst vollständig im Graben festsetzen, unter den Flanken der Bastione, sowie unter der Courtine neue Minen anlegen, und nach deren Sprengung die Trichter unter dem Schutz der Batterien auf dem Glacis couronniren. Auch dann noch und falls der Feind sich nicht etwa ergäbe, sollte das Couronnement auf den zerstörten Bastionen und auf der Courtine ausgedehnt, Geschütze gegen das Innere der Festung gerichtet und so die Besatzung genöthigt werden, ihre Waffen zu strecken.

Was nun die für den Angriff zu wählende Front betrifft, so war augenscheinlich die südliche zwischen Bastion 5 und 6 die vortheilhafteste. Sie war von D aus vollständig zu enfiliren, und auf den Abhang der Höhe B vermochte man die Batterien terrassenförmig so zu placiren, daß sie selbst in den letzten Stadien des Angriffs noch mitwirken konnten. Ueberdies lagen hier gar keine detachirte Werke der Vertheidiger vor, und das Thal zwischen den Höhen A und B gestattete eine verdeckte Annäherung, sowie mancherlei Wasserrisse und Hohlwege durch Traversen in Communicationen verwandelt werden konnten. Dessen ungeachtet wurde im Hauptquartier beschlossen, die Festung von der östlichen Seite her anzugreifen, und zwar aus denselben Gründen, aus welchen man bei Varna die Angriffsfront gewählt hatte, nämlich um von der Unterstützung der Flotte einen Nutzen zu ziehen, welcher sich an beiden Stellen nicht als wesentlich genug bewährte, um diesen Entschluß zu rechtfertigen. Gegen die Front 2—3 wurde daher der wirkliche Angriff eröffnet, von welchem man jedoch im Laufe der Belagerung abging, gegen die Front 5—6 hingegen ein Scheinangriff, den man nachher in den wirklichen umwandelte.

Wir müssen hier nachholen, was für die beabsichtigte Einschließung von Silistria schon früher geschehen war.

Um die nothwendige Verbindung beider Donauufer herzustellen, hatte man in Bukarescht das Material zu einer

Floßbrücke zusammengebracht und es an der Ausmündung der Arbschisch zusammengesetzt. Von Oltenitza aus sollte die Brücke über die überschwemmte Niederung des linken Stromufers in gehöriger Entfernung an der Festung vorbei und bis an den Damm von Kalarasch geführt werden. Die Türken hatten, da das Unternehmen sich ziemlich lange verzögerte, Zeit gehabt, bei Rustschuk eine Stromflottille zu versammeln und sie nach Silistria zu bringen. Diese konnte die Ausführung jenes Vorhabens sehr erschweren. Allein Unschlüssigkeit und Mangel an Einheit in den Unternehmungen der Moslem machten, daß der Transport, welcher fast unter ihren Augen erfolgte, glücklich gelang. Die Brücke wurde zunächst in die Mündung des 2 Meilen oberhalb Silistria fließenden Bachs Bott und 11. April. sodann am 11. April ohne weitere Gefahr an den Uebergangs= punkt, nahe unterhalb der Festung gebracht. Hier blieb das Material vorläufig liegen.

Um die Wasserverbindung mit Rustschuk abzuschneiden, waren schon früher, unter dem Schutz von Infanterie=Detache= ments, Batterien an der Mündung der Arbschisch und des Bott angelegt worden. Die Türken machten 4 mal den Ver= such, diese Batterien mit ihrer Flottille anzugreifen, wurden aber stets mit Verlust zurückgeschlagen. Die russische Infanterie besetzte ferner die ½ Meile oberhalb Silistria in der Donau liegende Insel und das linke Stromufer der Festung gegen= über, wo sie sich zwar außer dem Bereich der feindlichen Ge= schütze hielt, aber sofort die Anfertigung von Schanzkörben, Faschinen und anderem Belagerungsmaterial begann, zu welchem Gesträuch dort im Ueberfluß vorhanden war. Das größere Holzmaterial, als Balken, Bohlen zu Geschützbettungen, Minenhölzer ꝛc., wurde nur zum Theil in dem Dorfe Funteni, meist aber in Gallacz gefertigt und auf der Donau fortge= schafft.

An Geschützen waren zur Belagerung disponibel:

A. Russische.	B. Türkische.*)
6 Mortiere (5pudige**)	1 Kanone (26pfünder),
12 „ (2pudige),	2 „ (20pfünder),
12 „ (½pudige),	1 „ (18pfünder),
12 Kanonen (24pfünder),	1 „ (17pfünder),
12 „ (18pfünder),	6 „ (16pfünder),
11 Einhörner (1pudige),	3 „ (13pfünder),
65 Geschütze.	6 „ (12pfünder),
	1 Einhorn (1pudig),
	5 Mortiere (115pfündige),
	4 „ (60pfündige),
	1 Haubitze (28pfündig),
	31 Geschütze.

In Summa 96 Geschütze.

Am 17. Mai um 9 Uhr Morgens rückte nun, wie er- 17. Mai. wähnt, General Diebitsch mit einem Theil des IIten und IIIten Corps, von Tschernawoda kommend, in 3 Colonnen gegen die Festung an. Er fand die Türken in den im vorigen Jahre erbauten russischen Werken, welche man zu zerstören unterlassen hatte. Sie leisteten gleich hartnäckigen Widerstand, namentlich auf dem russischen linken Flügel, wo General Kraffowski seinen Truppen eine Stunde Ruhe gönnen mußte, bevor er den Angriff erneuerte. Indeß wurden auch hier die Schanzen genommen. Die Türken verloren angeblich 800 Mann, ihre Gegner 50 Offiziere und 190 Mann.

Die während der vorigen Belagerung begonnenen Schanzen 14 und 23 auf der Höhe B, 19 auf A und 21 auf C wurden jetzt sogleich vollendet und der Schützengraben a a durch die russischen Vorposten besetzt.

---

*) Die türkischen Geschütze waren in Brailow erobert.
**) Ein Pud ist gleich 34⁹/₁₀ Pfund.

Sämmtliche in Brailow eroberten 31 Geschütze stellte man auf dem linken Donauufer der Festung gegenüber und in einer Entfernung von nur 1000 Schritt in Batterie. Der Rest der Belagerungsgeschütze befand sich ebenfalls noch am linken Ufer und erwartete die Möglichkeit des Uebergangs. Von der Stromflotte wurden 11 Fahrzeuge unterhalb, 5 Fahrzeuge oberhalb der Festung vor Anker gelegt, um die Donau gänzlich zu sperren und den Entsatz der Festung zu Wasser zu verhindern. Letztere Fahrzeuge umgingen die Festung über Borschtsch und Bott.

Die Aufstellung der russischen Truppen auf dem rechten Ufer der Donau war folgende: Die 9te Infanterie-Division nebst 2 Cavallerie-Regimentern, 3 Feldbatterien und dem 6ten Pionir-Bataillon bildeten den rechten Flügel. Im Centrum befand sich die 1ste Brigade der 7ten Infanterie-Division mit 1 Feldbatterie. Auf dem linken Flügel standen 2 Brigaden der 6ten Infanterie-Division, 3 Regimenter Cavallerie und 3 Feldbatterien. Das Hauptquartier wurde hinter dem rechten Flügel unter Deckung eines Jäger-Bataillons eingerichtet. Die Kosaken sicherten den Rücken des Belagerungscorps, und patrouillirten auf der Straße nach Schumla, Rustschuk und Turtokai. 6 Bataillone der 8ten Infanterie-Division nebst 3 Feldbatterien (davon 2 schwere) bildeten die Reserve unter General Kreutz, welche während der Nacht vor der Einschließung ¼ Meile von der Festung entfernt stehen blieb, sodann aber nach dem Vereinigungspunkt der Straße von Kalopetra und Almaluga bei Kaorgu aufgestellt wurden, woselbst sie sich mit 2 Bataillons Infanterie Front gegen Silistria, 4 Bataillons Front gegen Schumla zur Deckung der Belagerung aufstellten und verschanzten. Zu dieser waren also Anfangs disponibel 26 Bataillons 20 Escadrons 7 Batterien oder etwa 14 bis 15,000 Mann mit 56 Feldgeschützen. Die Besatzung von Silistria unter Befehl Sert Mehmet Paschas wird von den

Russen vielleicht etwas zu hoch zu 13,000 Soldaten und 8000 bewaffneten Einwohnern angegeben.

Am 19. Mai Nachmittags um 2 Uhr unternahmen die 19. Mai. Türken ihren ersten Ausfall, indem sie in mehreren Haufen gegen den linken Flügel der feindlichen Tirailleure vorgingen, und selbige, unterstützt durch das Feuer der Festung, zurück= drängten. Fürst Prosorowski, welcher mit dem 12. Jäger= Regiment herbeieilte, wurde von einer Kanonenkugel in der Seite tödtlich verwundet, die Türken aber mußten sich mit Verlust zurückziehen. Ohne nun die Ankunft der Belagerungs= Geschütze auf dem rechten Stromufer länger abzuwarten, fingen die Russen ihre Arbeiten in der folgenden Nacht an. Auf der Straße nach Rasgrad wurde zur Deckung der linken Flanke auf Kanonenschußweite von der Festung die Redoute Nr. 30*) am westlichen Abhang der Höhe A angelegt. Von der Batterie Nr. 22 bei D auf dem rechten Flügel, wurde durch den tiefen Wasserriß eine Communication zu den Loge= ments der Schützenkette bb herabgeführt, letztere erweitert, und in denselben die Batterien 31, 32 und 33 für 8 Geschütze erbaut, welche nicht sowohl gegen die Festung selbst wirken, als den Ausfall verhindern und die Aufmerksamkeit des Feindes von der östlichen Front ablenken sollten. Auf der nördlichsten Spitze der zunächst unterhalb Silistria gelegenen Donauinsel wurde aus den Geschützen von 5 Zollen eine Batterie armirt, welche ihr Feuer gegen den Platz richtete, von welchem sie 1500 Schritt entfernt war. Die Fahrzeuge selbst wurden zur Vervollständigung der Brücke verwendet, da das vorhandene Material bei der Ueberschwemmung des Stroms nicht aus=

---

*) Die vielen, im vorigen Jahre verlassenen Schanzen, welche zum Theil wieder hergestellt wurden, behielten ihre frühern Nummern, welche die Truppen einmal kannten, sie sind, so weit sie in dieser Belagerung nicht in Betracht kommen, um der Deutlichkeit willen nicht alle in den Plan aufgenommen worden.

reichte. Das Logement bb wurde rechts bis an den Strom ausgedehnt.

21. Mai.
Bei dichter Finsterniß in der Nacht zum 21. machten die Türken einen neuen Ausfall. Sie schlichen sich bis in das Logement aa zwischen 19 und 23, tödteten einige Feinde, mußten aber bald den heraneilenden Reserven weichen. Die Belagerten unterhielten ein lebhaftes Geschützfeuer und warfen eine Menge Bomben nach 19, wodurch die Arbeiten jedoch nicht aufgehalten wurden.

Mittlerweile war der Rest des II. Corps auf Fähren und Kähnen übergesetzt, und es bildete nunmehr die 5te Infanterie-Division den rechten Flügel, die 6te das Centrum, die 9te den linken Flügel des Einschließungs-Corps. Das 3te Pionir-Batl., welches bisher Material am linken Ufer bereitet hatte, stieß bald darauf zum Einschließungs-Corps, und ein Kosaken-Regiment rückte noch zum General Kreutz ab, welcher nunmehr die ganze 8te Infanterie-Division, 1 Kosaken-Regiment und 3 Batterien befehligte. Es standen also vor Silistria 38 Batl. 20 Escad. und 11 Feldbatterien oder 21,000 Mann mit 88 Feldgeschützen, in Reserve aber 12 Batl. 3 Battr. und 1 Kosaken-Regiment oder 6500 Mann mit 24 Geschützen. Den rechten Flügel des Einschließungs-Corps befehligte Gen. Gr. Pahlen, den linken Gen. Krassowski. Das Kommando über die Trancheewachen und die Vorposten-kette erhielt hier General Malinowski, dort Generalmajor Berg.

26. Mai.
In der Zeit vom 23. bis 26. Mai erbauten die Russen mit ihrem linken Flügel die Demontirbatterien 34 und 35 in der Entfernung von 600 Schritt vom Hauptwall, und verbanden sie durch Logements, die Belagerungs-Geschütze zu ihrer Armirung sollten aber noch ankommen. Alle vorerwähnten Arbeiten wurden zur Nachtzeit ausgeführt, und weil die Batterien stets nur eingeschnitten zu werden brauchten,

konnten 200 Arbeiter eine Batterie für 4 Geschütze in einer Nacht vollenden. Von jetzt ab wurde jedoch auch bei Tage fortgearbeitet, ohne daß, trotz der großen Nähe, das feind= liche Geschütz erheblichen Schaden gethan hätte. Die Türken waren nun aufmerksam auf ihre Front 5, 6 geworden, und fingen an Logements vor derselben anzulegen.

Da man im Hauptquartier jedoch immer der Meinung war, die Festung von der Ostseite anzugreifen, so wurde in der Nacht zum 26. der rechte Flügel des Logements (bb) in die erste Parallele umgewandelt. Durch das Feuer der mit Feldgeschützen armirten Batterien vor der Südfront gelang es, die Aufmerksamkeit der Belagerten dort so ganz festzu= halten, daß die Arbeiten auf dem rechten Flügel, ohne daß man nur einen Mann dabei verloren hätte, vollendet wurden. In der neu angelegten Parallele erbauten die Russen dem= nächst die mit 1 bis 5 bezeichneten Werke. Gleichzeitig wurde der Scheinangriff fortgeführt und man schritt dort unmittel= bar zur Anlage der 2ten Parallele (cc) in der Entfernung von 600 Schritt vom Hauptwall. Die bereits fertigen Lo= gements, die Wasserrisse und die Erdwälle vormaliger Wein= gärten wurden hierzu benutzt, so daß die Arbeiten gleich An= fangs gedeckt standen und fast gar keinen Verlust hatten. Die Bomben, welche die Belagerten am folgenden Tage warfen, fielen fast alle hinter der 2ten Parallele bei 31 und 32 nie= der, beschädigten dort mehrere Laffeten und Geschütze, und wühlten das ganze Terrain rings umher auf.

Das Holzwerk zu den Batterien 34 und 35 fuhr man während der Dunkelheit der Nacht zum 28sten bis an den 28. Mai. Abhang des Berges und schnitt die nöthigen Schießscharten ein. Die 2te Parallele (cc) wurde rechts fortgeführt und er= streckte sich von der Straße nach Schumla bis nahe an die Straße nach Rasgrad.

Um ½ 3 Uhr nach Mitternacht unternahmen die Türken

einen Ausfall gegen den linken Flügel des Belagerungscorps. 2 Colonnen, jede etwa 500 Mann stark, schlichen sich durch den Hohlweg, welchen die Straße nach Rasgrad bildet, an die Schanze No. 19, eine dritte Colonne weiter rechts nach No. 30 heran. Sie trafen dort zufällig zur Zeit der Ablösung der Trancheewache ein, und wenngleich die Vorposten weichen mußten, so trieben doch die zur Ablösung herbeileilenden Wachen und die Reserven gemeinschaftlich mit der alten Wache die Türken mit dem Bajonett wieder zurück. Letztere ließen 30 Mann auf dem Platz, die Russen verloren an Todten und Verwundeten 1 Officier 40 Mann.

29. Mai. In der Nacht zum 29. wurde dem Bast. 5 gegenüber die Batterie 37 zu 4 Geschützen angefangen und am folgenden Tag vollendet. Mittlerweile war einiges Belagerungs-Geschütz herangeschafft worden, und die Batterie 34 wurde mit 3 Piecen armirt, deren Scharten jedoch geblendet blieben, da das Feuer hier erst gleichzeitig mit dem der übrigen Batterien erfolgen sollte. Die Parallele wurde rechts nach der Straße von Basardschik zu ausgedehnt, mit den alten Logements in Verbindung gesetzt, und die Schanze 38 erbaut. Die Batterie No. 31 wurde in eine Mortier-Batterie umgewandelt, und mit 2—5 pudigen Mortieren armirt. Von den bisher in derselben aufgestellten 5 Geschützen wurden eins nach 34 und zwei nach 37 gebracht. Es waren also jetzt erst 8 Belagerungsgeschütze in 34 und 37 aufgestellt, welche am 30. Mai. 30. Mai, sobald der Morgennebel sich zerstreut hatte, und die Scharten demaskirt werden, ihr Feuer auf 600 Schritt Entfernung eröffneten. Die Türken antworteten durch eine lebhafte Kanonade, aber schon nach ½ Stunde waren sie genöthigt, dieselbe einzustellen, weil ihre Scharten eingeschossen waren. Ueberläufer, die an diesem Tage aus der Festung kamen, versicherten, daß großer Schrecken sich unter die Bevölkerung der Stadt verbreitet habe, und viele Menschen um-

gekommen seien, daß man mehrere Male an Stelle der demontirten und zerschossenen Geschütze neue in die Schießscharten gebracht habe, daß aber auch diese bald ruinirt werden,
und der Pascha, überrascht durch die Wirkung der Batterien,
den Truppen eine bedeutende Summe Geldes versprochen habe,
wenn sie dieselben wegnehmen würden. Die Vorsichtsmaaßregeln wurden daher von Seite der Belagerer verdoppelt.

In den Tagen bis zum 3. Juni wurden Bastion 6 gegen- 3. Juni.
über die Batterien No. 36, 39 und 40 erbaut, und theils
mit Lagerungs- theils mit schwerem Feldgeschütz *) armirt.
Sie brachten das Feuer in den Flanken der Bastionen 5 und 6
bald zum Schweigen. Die Türken fuhren aber fort, ihre Logements vor der angegriffenen Fronte zu erbauen, schnitten
3 Scharten in dieselben ein, und bewaffneten sie mit Artillerie.
Bald stellten sie auch die Scharten in der Courtine wieder
her, brachten frische Geschütze hinein, und eröffneten selbst
bei Tage aufs Neue ein lebhaftes Feuer gegen die Arbeiter.
Eine große Menge Bomben warfen sie nach 32 und 34.
Jetzt erst entschloß man sich im Hauptquartier den so glücklich
fortgesetzten Scheinangriff gegen die Front 5, 6 zum wirklichen
zu machen. Der gegen die östliche Fronte 2, 3 geführte sollte
jedoch beibehalten werden, theils um den beabsichtigten Donau-
übergang zu decken, theils um Ausfälle von dieser Seite her
abzuhalten.

Auf dem linken Flügel wurde in der Nacht zum 4. Juni
der Angriff durch die Sorglosigkeit der Türken bedeutend ge-
fördert. Man hatte die Absicht, dort einen Wasserriß als

---

*) Hieraus geht hervor, daß am 18ten Tage nach erfolgter Ein-
schließung erst ein geringer Theil der am linken Donauufer disponiblen
65 russischen Belagerungs-Geschütze auf dem rechten angekommen war.
Ob später, nachdem sämmtliche Truppen und ein Theil der Geschütze in
Kähnen übergeführt wurden, die so lange vorbereitete Brücken-Verbindung
noch zu Stande gekommen, geht aus den vorhandenen Berichten nirgends
hervor. Es scheint beinahe nicht.

Communication zu einer Halbparallele zu benutzen, welche 200 Schritt vor der 2ten Parallele angelegt werden sollte. Als aber die Deckungstruppen ausgesetzt wurden, fand sich, daß die Türken vor ihren Logements gar keine Beobachtungs= posten aufgestellt hatten, und daß es möglich sei, unbemerkt mit den Arbeitern 324 Schritt vorzugehen, wo ein bereits vorhandener Graben, parallel mit der Contrescarpe, und nur 250 Schritt von derselben entfernt die schönste Gelegenheit zur unverzüglichen Anlegung der 3ten Parallele gewährte. Fürst Gortschakof, der Chef des Generalstabes des IIIten Armee=Corps, stellte selbst die Sicherungsposten unmittelbar unter den feindlichen Logements auf und die Arbeit begann. Das unvermeidliche Geräusch in solcher Nähe weckte den Feind, und ein lebhaftes Feuer erfolgte aus den Logements sowie vom Hauptwall. Allein die Finsterniß und die Ungewißheit der Türken, wohin sie ihr Feuer zu richten hätten, machte, daß der Verlust an Arbeitern sowie an Deckungsmannschaft verhältnißmäßig gering war, es wurden nämlich nur 1 Offizier und 4 Mann getödtet, 5 Offiziere und 28 Mann verwundet. Das ganze kecke Unternehmen ging so gut von Statten, daß die 3te Parallele (ff) in dieser selben Nacht mittelst der flüch- tigen Sappe rechts des Wasserrisses d bis zum Gottesacker vollendet wurde. Links konnte sie nur etwa 75 Schritt weit fortgeführt werden, da hier ein heftiges Kartätschfeuer bis zum Anbruch des Tages die Arbeit hinderte. Die Vollendung einer Traverse, nachdem es hell geworden, kostete allein 1 Of= fizier und 16 Mann.

b. 3uni. In der Nacht auf den 5. wurde ein größerer Ausfall der Türken gegen die so schnell vorgerückten Arbeiten allgemein erwartet. Die Generale Gortschakof und Berg trafen daher besondere Maaßregeln, um demselben zu begegnen. Wirklich war die Nacht kaum angebrochen, als der Feind schon — be- vor noch die Arbeiter zur Verlängerung der 3ten Parallele

linker Hand sämmtlich angestellt waren — einen starken Ausfall machte, um die Parallele wieder zu zerstören. Nachdem
der Gegner sich nämlich in ziemlich großer Anzahl in den Logements vor der Courtine versammelt hatte, stürzte er sich auf
die Parallele, und wurde hier mit dem 17ten Jäger-Regiment
handgemein, indem er zugleich ein heftiges Gewehrfeuer eröffnete.
Gleichzeitig waren noch zwei andere feindliche Colonnen, die
eine gegen die Redoute Nr. 30, die andere längs dem Ufer
der Donau vorgegangen, um die Belagerer in den Rücken zu
nehmen. Major Bulgarof, welcher hier die Vorposten commandirte, griff die Colonnen mit dem Bajonnet an und drängte
sie zurück, worauf die Generale Fürst Gortschakof und Berg
an der Spitze der Reserven vorrückten, und den Feind, jedoch
erst nach hartnäckigem Widerstande, in die Festung zurück-
warfen. Die Türken, welche ihre Verwundeten mitnahmen,
ließen 40 Todte zurück, die Russen hingegen büßten bei diesem
Gefecht nicht weniger als 5 Offiziere und 113 Mann ein.
Die 3te Parallele konnte in jener Nacht nicht fortgesetzt
werden, dagegen fing man an, eine Schlangensappe von der
Batterie 37 nach ihrem rechten Flügel zu führen. Nr. 32
wurde jetzt ebenfalls zu einer Mortier-Batterie eingerichtet.

Die Unternehmungen des Großveziers gegen den General
Roth, von welchen wir, um unsere Erzählung nicht zu unterbrechen, später berichten werden, hatten den Obergeneral bestimmt, mit einem Theil des Belagerungscorps nach dem Balkan aufzubrechen. Die Erwartung des eben geschilderten Aus-
falles hatte ihn noch zurückgehalten, allein mit Tagesanbruch
am 5. rückte General Diebitsch selbst mit dem IIten Armee-
Corps von Silistria ab. Die 3te Husaren-Division und
1ste Brigade der 7ten Infanterie-Division waren bereits früher
zum General Kreutz nach Kaergu entsendet. Es blieben daher von der Infanterie des IIIten Corps 20 Bataillons
2 Pionier-Bataillons und einige Escadrons unter Befehl des

v. Moltke, russ.-türk. Feldzug. 2. Aufl.   18

General Krassowski vor der Festung zurück, deren Stärke in russischen Berichten nur auf 8000 Mann angegeben wird, wonach die Bataillone 4 Wochen nach Eröffnung des Feldzugs nur noch 300 Bajonette gezählt hätten. Rechnet man auch hierzu noch 5 Bataillone der 8ten Division, 8 Escadrons und 3 Kosaken-Regimenter, welche bisher zur Deckung der Belagerung aufgestellt waren, so verfügte General Krassowski doch kaum über mehr als 10 bis 12,000 Mann, und es unterliegt keinem Zweifel, daß die Belagerten jetzt stärker als die Belagerer waren. Es kam den Russen daher darauf an, ihre Schwäche zu verbergen, und die Arbeiten möglichst schnell zu fördern, um den Gegner völlig auf die Festung einzuengen und von neuen Ausfällen abzuhalten.

Das Kartätsch- und Kleingewehrfeuer aus den Logements, sowohl vor der angegriffenen Front 5—6, als der nebenliegenden 6—7 wurde jetzt bei nur 200 Schritt Entfernung sehr hinderlich, dennoch führten die Belagerer die 3te Parallele links noch 300 Schritt über die Straße nach Rasgrad hinaus, und legten in derselben die Batterie 42 zu 6 und 43 zu 7 Geschützen, sowie ein Emplacement für 2 Stück halbpudige Mortiere an. Um die Logements vor der Front 4—5 zu beschießen, wurde ferner in cc, Bastion 4 gegenüber, die Batterie 41 für 8 Geschütze aufgeführt.

Jetzt waren nur noch die Ausfälle zu fürchten, welche der Feind längs der obern Donau machen konnte. Es wurde daher auf dem linken Flügel die Batterie 44 für 8 Geschütze erbaut. Dieselbe sollte zugleich das Feuer von Liman Tabia zum Schweigen bringen, und gegen das Thor Rasgrab-kapu in der 7ten Front wirken. Zwar versuchten die Türken in 6. Juni. der Nacht zum 6. abermals einen Ausfall aus diesem Thore derselbe wurde jedoch mit geringem Verlust von Seiten der Russen zurückgewiesen.

8. Juni. Ein heftiger Platzregen, welcher 24 Stunden anhielt,

setzte die Tranchéen dergestalt unter Wasser, daß beson=
dere Brunnen abgeteuft werden mußten, um es zu entfer=
nen. Erst am 9. konnten die Arbeiten wieder aufgenommen
werden.

Die vortheilhafte, terrassenförmige Lage der russischen
Batterien, sowie ihre Nähe machte, daß durch das Feuer der=
selben nicht nur die Bastione 5 und 6, sondern auch die dem
Angriff zugekehrten Facen und Flanke der nebenliegenden Ba=
stione 4 und 7, so wie die vorliegenden Logements sehr stark
beschädigt wurden. Das Schumlaer und Rasgrader Thor,
so wie ihre Brücken waren zertrümmert, und im Innern der
Stadt richteten die Geschosse großen Schaden an. Dennoch
demaskirten die Türken immer neue Scharten und unterhielten
bei Nacht fast nach allen Richtungen ein heftiges Kartätsch=,
am Tage aber ein ununterbrochenes Kleingewehrfeuer. Am
12. flog eine Pulverkammer in dem türkischen Logement vor 12. Juni.
der 4ten Front in die Luft, welches danach von ihrer Be=
satzung verlassen wurde. Dagegen warfen die Türken neue
Logements vor der bedrohten Front auf, hinter welchen sie sich
zu den Ausfällen sammelten.

Alle Ueberläufer aus der Stadt bestätigten, daß an Con=
treminen gegen den auf die beiden Bastione 5 und 6 und auf
die zwischenliegende Courtine gerichteten Angriff gearbeitet, und
daß ein Theil derselben bereits geladen werde. Dabei waren
die Nächte so hell geworden, daß durchaus mit der flüchtigen
Sappe nicht mehr vorzugehen war. Dennoch glaubte man
russischer Seits sich bei der Schwäche des Corps nicht auf
einen Sturm der Logements einlassen zu dürfen, sondern be=
schränkte sich auf die bedeckte Sappe, welche wegen mancherlei
Unebenheiten und einer allgemeinen Senkung des Terrains
nach dem Glacis zu, sowie bei dem heftigen Kleingewehrfeuer
nur langsam fortschritt. Es wurden auf diese Weise 6 Arme
aus der 3ten Parallele FF (siehe Fig. 2) vorgeführt, und zwar

nicht auf der Kapitale der Bollwerke, sondern zu 2 gegen die beiden Bastione und gegen die Mitte der Courtine. Man hoffte bei den Ausfällen immer eine Sappe gegen die andere zu vertheidigen, und im Fall einer Minensprengung doch wenigstens eine von zweien unversehrt zu erhalten. Diese Sappen mußten, um sie gegen das Enfilirfeuer der Festung zu schützen, 5 bis 6 Fuß tief eingeschnitten, und zum Theil durch in zwei Reihen gestellte Bretter, oder durch quer über die Sappe gelegte Faschinen gedeckt werden.

13. Juni. Am Abend des 13. ging die Nachricht von einem durch den Obergeneral bei Kalewtscha erfochtenen Sieg ein. Die Belagerer eröffneten unter lautem Hurrahruf ein lebhaftes Geschütz- und Kleingewehrfeuer, und die Türken, welche einen Sturm vermutheten, besetzten sofort ihre Wälle, bereit, denselben zu empfangen.

14. Juni. Am folgenden Tage wurde te Deum gesungen und jede Arbeit eingestellt. Man hatte Nachricht, daß Uneinigkeit zwischen den Befehlshabern in der Festung obwalte. Sert Mehemet Pascha war ein schwacher, friedliebender Mann, und obgleich Mahmud Pascha von 3 Roßschweifen, welcher unter ihm befehligte, nichts von einer Capitulation hören wollte, so schickte doch der General Krassowski einen höflichen Brief mit der Nachricht von dem russischen Sieg nach Silistria, in welchem er rieth, sich der Gnade des Kaisers zu ergeben. Der Pascha erwiderte: „daß das Gesetz ihm gebiete, sich bis aufs Aeußerste zu vertheidigen". Um sich indeß von der Wahrheit zu versichern, schickte er auf Umwegen 2 Tauben nach Schumla an den Vezier, mit dem Ersuchen, falls die Schlacht wirklich verloren, die schwarze, falls sie gewonnen, die weiße fliegen zu lassen. Wirklich soll die erstere bald darauf mit der Trauerpost zurückgekommen sein.

16. Juni. Am 16. wurde auf dem linken Flügel des Angriffes ein neues geschlossenes Werk, Nr. 46, erbaut, ein Ausfall auf diese Arbeiten aber zurückgeschlagen. Ferner wurden aus der

Sappe VI (Fig. II) links, sowie von Nr. 46 aus Arme gegen die feindlichen Logements vor der 6ten Front geführt.

Die Sappe Nr. I erreichte zuerst die Crete des Glacis, 17. Juni. worauf das Couronnement zu beiden Seiten angefangen und nach Beendigung dieser Arbeit sofort Schachte für 4 gekoppelte Minen aa ausgehoben wurden. Man wollte nöthigenfalls hier die Contrescarpe sogleich einwerfen, ohne die Beendigung der Arbeiten gegen Bastion 6 abzuwarten.

Als die Sappe II sich dem Glacis näherte, verließen die Türken den zunächst liegenden Theil des Logements S, welches in der That wenig mehr als ein bloßer Erdriß gewesen zu sein scheint, und von den kleinen Waffenplätzen der Sappe völlig im Rücken beschossen werden konnte. Hierdurch wurde die Fortsetzung der Sappe III erleichtert, die Türken behaupteten sich aber noch immer in dem westlichen Theile ihres Logements 5, und wichen nur nach Maaßgabe, wie die Sappen sie erreichten, welche zum Theil mit Zweigen zu Schützen-Emplacements versehen werden mußten.

Am 20. Juni erreichten endlich auch die letzten Sappen- 20. Juni. teten die Crete des Glacis, die Couronnements wurden fortgesetzt, auch vor dem Bastion Nr. 6 Minenschachte abgeteuft und Horchgänge angelegt. Die Sappen VIII und IX erreichten die feindlichen Schanzen R und P. Ein Ausfall gegen den äußersten linken Flügel der 3ten Parallele wurde zurückgeschlagen.

Man hatte bemerkt, daß die Türken die Bewegungen der Belagerer von zwei in der Gegend der Angriffsfront gelegenen Minarehs beobachteten, und jedesmal ihr Feuer verstärkten und viele Bomben warfen, sobald in der 3ten Parallele und den zu derselben führenden Communicationen sich Leute versammelten, wie z. B. beim Ablösen der Wachen und der Arbeiter. Es wurde daher befohlen, die Gesammtwirkung der ganzen Artillerie gegen diese Minarehs zu richten, welche denn auch beide schon vor dem zehnten Schusse abgelämmt wurden.

Wenngleich man einen bei Kulewtscha gefangenen Bim-baschi nach Silistria eingelassen hatte, um über dieses Gefecht zu berichten, und obschon 2 Offiziere als Unterhändler im Lager erschienen waren, wollte doch keine Capitulation zu Stande kommen. Die Unterhandlungen wurden daher am 20. abgebrochen und am Abend desselben Tages die Minen a vor Bastion 5 gesprengt.

Nachdem die Schächte tief genug abgeteuft, waren von der Sohle derselben horizontale Gallerien aufgehauen und senkrecht auf die Contrescarpe vorgetrieben worden. Am Ende derselben waren die Kammern 13 Fuß vom Mauer-Revetement ab und 8 Fuß tiefer als die Grabensohle angelegt. Jede Kammer wurde mit reichlich 21 Ctr. *) Pulver geladen, indem man der Bodenbeschaffenheit wegen auf 1 Kubik-Saschen oder 140 Kubikfuß Erde 28 Pfund Pulver rechnete. Bei 21 Fuß kürzester Widerstandslinie erwartete man Trichter von 28 Fuß Halbmesser zu erlangen.

Die Explosion zerstörte nicht nur die feindliche Contre-mine **), sondern füllte auch den Graben an. Die aus dem 1 sten und 4 ten Trichter gegen die Escarpe geworfene Erde reichte bis zum Cordon des Revetements, und bildete zwei be-queme Aufgänge zum Bastion, dessen Brustwehr bereits durch die Demontir-Batterie eingeschossen war. Wenn dagegen aus den beiden mittlern Trichtern die Erde nur bis gegen den Fuß der Revetements-Mauer herangeworfen wurde, so stellte

*) Jede mit 68 Pud. Es explodirten daher gleichzeitig einige acht-zig Centner Pulver, wie denn überhaupt alle Ladungen der Russen un-geheuer waren.

**) Später erfuhr man, daß die Contreminen 62 Fuß weit vorge-trieben gewesen und dicht neben der Sappe Nr. 1 gelegen hatten, dennoch ließen die Belagerten sich zuvorkommen.

sich dies später als vortheilhaft heraus, da in der so entstandenen Senkung Mannschaften verdeckt aufgestellt werden konnten. Der Hauptwall der Festung war unstreitig nach dieser Minensprengung schon ersteigbar, und die Türken, welche einen Sturm erwarteten, besetzten die bedrohte Front. Allein bei dem Mißverhältniß der Streitkräfte war man weit davon entfernt, einen solchen zu versuchen und man beschränkte sich von beiden Seiten auf ein lebhaftes Feuer, wobei die Russen 3 Offiziere und 43 Mann verloren.

Es wurden nun sofort die beschädigten Sappen ausgebessert und Descenten in die Trichter angefangen. Man durfte annehmen, daß der Feind, nachdem er die Wirkung der Minen erfahren hatte, die Beendigung der dem Bastion Nr. 6 gegenüber in Arbeit befindlichen nicht gestatten, sondern seine Contreminen dagegen spielen lassen werde. Nachdem dort die Schachte bb ziemlich tief abgeteuft, hörte man auch plötzlich die Bewegungen der feindlichen Mineure nicht weit rechts von dem rechten Flügelschachte; die Minenarbeit selbst war jedoch nicht zu hören.

In der Nacht zum 21. wurde endlich die Mine d unter der Spitze der Contrescarpe des neben dem Bastion 6 liegenden offenen feindlichen Werkes W beendigt, und mit 10 Centner Pulver bei 21 Fuß kürzester Widerstandslinie geladen. Der Zweck dieser Mine war: den Winkel der Contrescarpe einzuwerfen, dadurch den Graben auszufüllen und einen Trichter zu erzeugen, der den Bau eines Logements für Schützen möglich machte, um den Feind, ohne Anwendung der blanken Waffe, aus seiner schwachen Schanze zu vertreiben. Zu gleichem Zweck war auch eine Mine c unter dem mittlern Außenwerk des Feindes R, angefangen worden.

Um Mitternacht wurde die Mine d gesprengt und dadurch der Graben der Schanze, wie man es im Voraus erwartet hatte, vollständig ausgefüllt, sowie ein zum Bau des beabsichtigten Logements völlig geeigneter Trichter erzeugt, nur der Winkel der Contrescarpe war weniger zerstört worden, als man gehofft hatte.

Die Eröffnung des Geschützfeuers und das Hurrahrufen der Russen machte, daß die Türken abermals einen Sturm vermutheten. Sie sprengten daher sehr zur Unzeit vorwärts des Bastions 6 zwei ihrer Minen (qq) zunächst der Sappe V, welche jedoch so weit vorlagen, daß die Minenarbeit vor der Crete des Glacis nicht zerstört und nur wenige Leute in der Sappe beschädigt wurden.

21. Juni. Gegen Anbruch des Tages waren die beiden Minen bb beendigt, und wurden bei 21 Fuß kürzester Widerstandslinie jede mit 21½ Centner *) geladen, worauf sie um 9 Uhr beide zugleich gesprengt, in ihrer Wirkung der Erwartung soweit entsprachen, daß durch die Eruption die Contrescarpe hart gegen das Bastion geworfen, der Graben völlig zugeschüttet und die feindliche Gallerie zerstört worden war.

Bald darauf wurde auch die Mine c unter dem linken ausspringenden Winkel des mittlern Außenwerks gesprengt und ein Trichter erzeugt, der groß genug war, um darin ein Logement zu erbauen, von welchem aus man den Feind mit bloßem Gewehrfeuer ohne Anwendung der blanken Waffe gänzlich aus seiner Schanze vertreiben und sich alsdann darin festsetzen wollte.

Am Tage wurden überall die Couronnements des Glacis und der Trichter fortgesetzt, der rechten Face des Bastions Nr. 6 gegenüber aber in ff noch 2 Schächte abgeteuft, um die Contrescarpe einzuwerfen, auch von dem Schachte unter der Contrescarpe des äußersten feindlichen Außenwerks I' aus eine Gallerie (g) vorgetrieben.

Ein heftiger Regen, welcher Abends begann und 24 Stun-

*) 76 Pud.

den anhielt, hemmte jedoch fast sämmtliche Sappenarbeiten, indem dieselben bei der allgemeinen Neigung des Terrains gegen das Glacis sehr bald ganz mit Wasser angefüllt wurden, so daß an mehreren Punkten, wo die Sappen 6 Fuß Tiefe hatten, sogar die Verbindung mit dem Couronnement völlig abgeschnitten wurde, ohne daß die Türken diesen Umstand zu einem Ausfall benutzten.

Mit großer Anstrengung entfernte man am folgenden 22. Juni. Tage wieder das Wasser, stellte die Verbindung mit dem Couronnement her und setzte die Minenarbeit fort. Man beabsichtigte die Grabendescente aus der Sappe II dem Bastion 5 gegenüber mittelst einer Gallerie zu bewerkstelligen, welche auch schnell vorrückte. Da die Contrescarpe kein Fundament hatte, und daher der Arbeit sich auch hier kein Hinderniß entgegenstellte, so war man, ohne es zu ahnen, unter dieselbe fort, mithin sowohl zu weit als zu tief gegangen, und entdeckte dies erst, als das Licht aus der Cünette des Grabens in die Gallerie einfiel. Man entschloß sich jetzt, diese bis unter den rechten Schulterwinkel des Bastions fortzuführen, obschon man sonst leichter mit der bedeckten Sappe auf der Grabensohle dorthin gelangt sein würde. Die Türken aber entdeckten, während man abermals mit ihnen zu parlamentiren anfing, die Mineurs in der Cünette, stürzten sich mit lautem Allah-Geschrei hinab und warfen ihnen Steine, Pulverfäßchen und Handgranaten nach. Drei Mineure wurden getödtet, andere drei gefangen. Hierauf begannen die Türken die Oeffnung der Gallerie mit Steinen zu verdämmen, welche sie aus einem ohne Kalk verbundenen Theile der Contrescarpe entnahmen. Da sie dadurch zufällig an den Punkt gelangten, wo von der Gallerie aus, linker Hand, längs dem Revetement, ein kleiner Arm zum Logiren einiger Schützen zur Reserve abgetrieben worden war, so machten die Türken hier eine große Oeffnung, von welcher aus sie schräg in die Gallerie schießen, sowie eine Menge angezündeter Bomben und Handgranaten werfen konnten, bis sie am Abend endlich, nachdem sie dieses Feuers müde waren, oder weil sie durch die aus Coehornschen Mortieren in den Graben geworfenen Granaten zu viel litten, wieder abzogen.

Dieses zufällige Mißgeschick brachte übrigens einigen Vortheil an anderen Punkten; denn indem der Feind seine ganze Aufmerksamkeit auf die von ihm entdeckte Gallerie verwendete, und sich bemühte die Fortsetzung derselben zu verhindern, konnte man alle übrigen Belagerungsarbeiten ungehindert fortführen.

Nach dem Abzuge der Türken aus dem Graben wurde auch der von ihnen verdämmte Ausgang der Gallerie sogleich wieder frei gemacht, die große Oeffnung im Revetement der Contrescarpe mit Erdsäcken versetzt und zwischen denselben Schießscharten für Schützen angebracht, um dem Feinde so viel Schaden als möglich zuzufügen, wenn er abermals den Versuch machen sollte, auf diesen Punkt loszugehen.

Zur selben Zeit wurde auch eine Batterie h auf dem Glacis der Poterne gegenüber erbaut. Zur Deckung der letztern hatte der Feind eine Brustwehr von 2 Reihen mit Erde gefüllter Schanzkörbe aufgeführt, nachdem er noch einen besondern Zugang zur Cünette gegraben. Durch die Wirkung der Batterie h sollte die Poterne, sowie der vor derselben gemachte Aufwurf zerstört und dadurch dem Feinde der Zugang zum Graben verwehrt werden. Zwar hätte man wohl längst den Feind mit offener Gewalt aus dem Graben vertreiben können, wodurch die folgenden Arbeiten sehr abgekürzt worden wären, man scheute jedoch den Menschenverlust. Aber auch so noch hatten die Russen während der drei letzten Tage 1 Stabs= offizier, 9 Offiziere und 153 Mann eingebüßt.

23. Juni.   Am Morgen des 23. machten die Türken abermals einen Angriff auf die wieder fortgesetzten Arbeiten im Graben, und näherten sich ungeachtet des Feuers der Schützen, welche hinter

ter Contrescarpe aufgestellt waren, schnell ter Cünette, zwangen
tie Arbeiter und ihre Bedeckung zum Rückzug, und verdämmten
aufs Neue die Oeffnung ter Gallerie mit Steinen. Hierauf
rissen sie eine zweite Oeffnung in tem Revetement ter Contres=
carpe auf, warfen Bomben und Granaten in tie Gallerie und
griffen endlich auch noch tas Couronnement tes Glacis, links
von ter Sappe Nr. III an. Sie steckten tas Mantelet in
Brand, warfen eine Menge Handgranaten und Steine, und
unterhielten ein lebhaftes Gewehrfeuer. Die um tiese Zeit
erfolgende Sprengung ter Mine ff vermochte sie endlich, die
Crete tes Glacis zu verlassen. Gegen Abend zogen sie sich
aus ter Grabendescente zurück, worauf sogleich tie Arbeit vor
ter tortigen Gallerie wieder aufgenommen wurde.

Die Mine f vor ter rechten Face tes Bastions 6 hatte
tenselben Erfolg gehabt, wie tie vor ter linken Face tes
Bastions.

Es wurden nun überall tie Couronnements tes Glacis
fortgesetzt, noch 2 Graben=Descenten angefangen, und tie
Mine g unter tem entferntesten Außenwerk ter Türken (P)
beendigt.

In ter Nacht zum 24. beschlossen tie Türken, ten tem 24. Juni.
Bastion Nr. 5 gegenüberliegenten Trichter anzugreifen, und
näherten sich temselben von ter 4ten Polygonseite her, intem
sie in ter Cünette und längs ter Contrescarpe vorgingen.
Die russischen Freiwilligen brachen jedoch aus tem Couronnement
vor, besetzten ten Rand tes Trichters und verhinderten ten
Feind, in tenselben einzudringen, während gleichzeitig 2 vom
Generalmajor Berg zur Unterstützung vorgeschickte Compagnien
unter Commando tes Major Richter sich aus tem Trichter
auf tie vor temselben befindlichen Türken stürzten und tieselben
niederstießen. Der Major blieb bei tieser Unternehmung.

Nachtem ter Feind auf solche Weise zurückgeschlagen war,
schritten tie Arbeiten unter ter Leitung tes Oberstlieutenants

Nilfen vom Sappeur-Bataillon zum Couronnement des Trichters und zum Bau des Logements für Schützen, welche Arbeiten sämmtlich beim Anbruch des Tages beendigt waren, obgleich der Feind aller Orten nicht nur ein heftiges Kleingewehr- und Kartätschfeuer unterhielt, sondern auch gleichzeitig die Arbeiter vom Bastion Nr. 5 aus mit Bomben, Steinen, Handgranaten und brennendem Zeug bewarf.

Von diesem Minentrichter aus, und weil es mit der Gallerie nicht gehen wollte, wurde jetzt der Bau einer geblendeten Descente angefangen, und die zur Sicherung der Arbeit nothwendige Bedeckung hinter dem oben erwähnten, durch die stärkere Eruption der äußern Minenherde erzeugten Hügel aufgestellt.

Am 24. Mittags erneuerte der Feind abermals seinen Angriff, sowohl auf die in der Cünette ausmündende Gallerie, als auch auf die Sappe Nr. III und das der Courtine gegenüber fortgesetzte Couronnement. Die Arbeiter erhielten den Befehl, sich aus der Gallerie zurückzuziehen, ihnen folgte ihre geringe Bedeckung, welche bis dahin hinter der Oeffnung in den Revetements der Contrescarpe und am Ausgange der Gallerie in der Cünette gestanden hatte. Dieses Mal versuchten die Türken das Mantelet, da dasselbe anzuzünden ihnen nicht gelang, mit großen Haken in den Graben zu ziehen, während sie ein starkes Gewehrfeuer unterhielten und ihrer Gewohnheit nach eine Menge von Granaten, Bomben und brennenden Zeugs auf die Sappen warfen. Durch die herbeieilende russische Reserve ward der Feind zurückgeschlagen. Um diese Zeit sprengten die Türken, man sieht nicht ein aus welchem Grunde, ihre der Mitte der Courtine gegenüberliegenden Minen rr, welche zwischen den Sappen Nr. III und Nr. IV vom Glacis ebensoweit ablagen, als die, welche früher dem Bastion Nr. 6 gegenüber gesprengt wurden. Durch die Explosion wurden nur einige Leute, welche sich zufälligerweise

in den zunächst gelegenen Communicationen befanden, leicht
beschädigt.

An diesem Tage wurde auch die der Poterne gegenüber
erbaute Batterie beendigt, und von dem Augenblick an, wo
dieselbe zu spielen begann, machte der Feind keinen Versuch
mehr, in den Graben zu dringen. Die ganze Cünette wurde
hierauf von den Russen besetzt, erweitert und durch Traver=
sen von Schanzkörben defilirt, welche mit Faschinen ausgefüllt
und auf Brettern oder Faschinen, welche quer über die Cünette
gelegt waren, in zwei Reihen aufgestellt wurden.

Am 25. Juni wurde die Mine i unter dem rechten 25. Juni.
Schulterwinkel des Bastions Nr. 5 und bald darauf noch eine
zweite Mine h unter der Spitze desselben Bastions angefangen,
um durch deren Sprengung die Escarpe einzunehmen und
einen Trichter zu erzeugen, der zum Bau eines Logements ge=
eignet wäre. Zugleich hoffte man diejenigen Arbeiten des
Feindes unter den Flanken jenes Bastions zu zerstören, welche er
muthmaaßlich gemacht hatte, um auf die von der Cünette aus
fortgesetzte Gallerie zu stoßen, da er durch seine letzten Un=
ternehmungen gezeigt hatte, wie sehr er diese Gallerie
fürchtete.

Nachdem der Feind die Möglichkeit, den Minentrichter
dem Bastion Nr. 5 gegenüber anzugreifen, verloren sah, ent=
schloß er sich zu einer eigenthümlichen Vertheidigungsweise.
Am Morgen des 25. Juni fing er nämlich an, von der Brust=
wehr des Bastions Nr. 5 brennende Fäßchen, mit Pulver und
Stankzeug gefüllt, herunter zu rollen, aus denen sich beim
Explodiren ein so arger Rauch und Gestank entwickelte, daß
die Arbeiter und deren Bedeckung genöthigt wurden, sich zu=
rückzuziehen. Der herbeieilende Oberst Filosoffov und der
Major Gulewitsch führten die zurückgehende Bedeckung indessen
wieder vor und besetzten den Trichter aufs Neue, nachdem sie
die bereits darin etablirten Türken niedergestoßen hatten. Da

der Feind bei dieser Gelegenheit die Minenarbeiten bemerkt hatte, und daher zu erwarten stand, daß er seine Maaßregeln gegen dieselben nehme, so wurde die Vollendung derselben jetzt so viel als irgend möglich beschleunigt.

An demselben Tage Abends 7 Uhr wurde die Mine g unter der feindlichen Schanze P gesprengt, und der ausspringende rechte Winkel dieses Werkes dadurch völlig eingeworfen. Die Besatzung ergriff in der ersten Bestürzung die Flucht, und die russischen Jäger drangen, ohne Widerstand zu finden, in die Schanze ein. Hierauf nahm General Berg die Verantwortlichkeit auf sich, auch gleich die beiden andern zunächst liegenden feindlichen Werke R und W zu stürmen, welche ebenfalls von ihren Vertheidigern fast ganz verlassen waren. Die Freiwilligen nahmen sie mit geringer Anstrengung und stießen einige Türken nieder. Hierauf wurden Communicationen zwischen den genommenen Werken hergestellt und die der Festung zugewandten Linien derselben erhöht.

Aus dem, dem Bastion Nr. 6 gegenüberliegenden Trichter wurden unter Leitung des Oberst Cappell, Commandeur des Sappeur-Bataillons, jetzt ebenfalls eine Graben-Descente, sowie Logements und Communicationen rechts mit dem Graben und der Cünette angelegt.

Um 6 Uhr Abends machten die Türken abermals einen Angriff auf die Trichter, indem sie sich denselben von der linken Seite längs des Grabens näherten, wurden jedoch durch Freiwillige zurückgeschlagen. Dieser Ausfall der Türken war der letzte, nach demselben beschränkten sie sich auf das Gewehrfeuer und auf das Werfen von Steinen und Granaten.

26. Juni. In der Nacht zum 26. überzeugten sich die Mineurs in der Gallerie unter dem Bastion Nr. 5 durch Horchen, daß der Feind eine bedeutende Minenarbeit in der Gegend unter der rechten Flanke desselben Bastions unternehme. Sobald daher die Mine i unter dem Schulterwinkel dieses Bastions been-

digt war, wurde sie mit 16 Centnern*) Pulver geladen, indem man bei 21 Fuß kürzester Widerstandslinie einen Trichter
von 25 Fuß Radius erzeugen wollte, und deshalb 25 Pfund
Pulver auf 1 Kubik-Saschen oder 140 Kubikfuß Erde gerechnet hatte. Die Mine wurde hierauf um 3 Uhr Morgens
gezündet, und zwar hörte man bei der Explosion, welche mit
außerordentlicher Kraft erfolgte, sehr deutlich zwei Schläge.
Man hatte erwartet, daß diese Mine nur einen Theil der
Bastionsflanke einwerfen werde, doch zeigte es sich, daß dieselbe nicht nur die ganze Flanke, sondern auch einen Theil
der Courtine fortgenommen hatte, was unleugbar durch die
gleichzeitige Explosion einer russischen und einer türkischen
Mine entstanden war. Die Türken behaupteten nämlich später, daß sie ihre Mine, obwohl sie noch nicht ganz fertig gewesen, in eben dem Augenblick gezündet, wo sie die Anstalten
der Russen bemerkt hätten, die ihrigen zu sprengen. Wahr-
scheinlicher ist, daß das Feuer sich aus der russischen Mine
der sehr nahe darunter liegenden türkischen mitgetheilt hat.
Durch die gemeinschaftliche Wirkung dieser beiden Minen
waren die Stücken von dem Mauer-Revetement der Escarpe bedeutend weiter fortgeschleudert worden, als man vermuthet hatte, so daß 3 Offiziere und 15 Mann, welche
hinter dem Couronnement des Glacis vor der Mitte der
Courtine gestanden, dadurch theils verwundet, theils getödtet
wurden.

In der Nacht wurde auch die Mine unter der Spitze
des Bastions 5 beendigt und mit 12 Centnern**) Pulver geladen, um bei 21 Fuß kürzester Widerstandslinie einen gewöhnlichen Trichter zu erzeugen. Die Sprengung derselben
erfolgte Nachts 1 Uhr, und zwar wurde dadurch die Escarpe

---

*) 49'½ Pud.
**) 38 Pud.

eingeworfen und ein zum Bau eines Logements geeigneter Trichter erzeugt.

Nach jeder dieser Explosionen eröffneten die Türken ihrer Gewohnheit nach ein heftiges Gewehrfeuer auf allen Punkten der Angriffsfront und warfen, wahrscheinlich einen Sturm erwartend, eine Menge Bomben, Granaten, Steine und brennendes Zeug in die Trichter.

28. Juni. Aus der Cünette wurde gegen die Courtine, links der Poterne, mit der Sappe, und zwar Anfangs mit der vollen, zuletzt mit der bedeckten vorgegangen, und bald darnach noch eine zweite Sappe, rechts dieser ersten gegen die Poterne geführt, hierauf aber das Mauer-Revetement der Escarpe durchgebrochen, um die Minen k und l anzulegen.

Auf der Crete des Glacis der Courtine gegenüber wurden jetzt 4 Batterien erbaut, und zwar die beiden äußersten (T und U) so, daß sie die angegriffenen Flanken der Bastione Nr. 5 und 6 en echarpe nahmen, die mittleren dagegen gerade gegen die Punkte, auf welchen man die Courtine zu sprengen beabsichtigte. Die beiden Grabendescenten m m wurden beendigt. Auf dem rechten Flügel des Logements, dem Bastion Nr. 5 gegenüber, wurde ein Emplacement für ein Geschütz aufgeworfen, um die Trichter der Minen zu vertheidigen und um das Innere der Stadt zu beschießen.

Gleichzeitig erhielt der Oberst Cappell, als ein ausgezeichneter und im Minenbau erfahrener Offizier, den Auftrag, zwei Minen (n n'), die eine unter der Flanke des Bastions Nr. 6, die andere unter der Courtine so zu legen, daß durch das gleichzeitige Zünden dieser Minen der Hauptwall hier gesprengt würde, und daß die auf dem Glacis der linken Flanke des Bastions Nr. 6 gegenüber angefangene Batterie T die angrenzende sechste Polygonseite (6—7) in den Rücken nehmen könnte. Man wollte einen großen Trichter erzeugen, nicht um zu stürmen, sondern um in demselben unter dem Schutze jener Batterie ein Logement für die Schützen zu erbauen, und von hier aus das Innere des Bastions, sowie einen Abschnitt zu beschießen, welchen die Türken hinter der angegriffenen Front aufgeworfen hatten. Diese Minenarbeiten wurden in 24·Stunden vollendet und in folgender Art geladen. In Rücksicht auf die Beschaffenheit des Erdreichs wurden auf jede Kubik-Saschen 25 Pfund Pulver gerechnet, der Heerd u', bei 21 Fuß kürzester Widerstandslinie, war überladen und enthielt 29$\frac{1}{2}$ Centner*) Pulver, der Heerd a war ein gewöhnlicher und bekam bei gleicher kürzester Widerstandslinie nur 1$\frac{1}{4}$ Centner Ladung.

Am Abend um 8 Uhr wurden die Minen gesprengt. Ueber n' entstand ein elliptischer Trichter, dessen großer Halbmesser 64 und dessen kleiner 51 Fuß betrug. Der Heerd n dagegen warf die Flanke und das ganze Mauerwerk derselben auf eine Länge von 38 Fuß um. Der ausgehobene Trichter beider Minen bildete ein breites Thor, dessen Sohle so niedrig lag, daß die auf dem Glacis befindliche Batterie T mit schrägen Schüssen die ganze Courtine der 6ten Front im Rücken bestreichen konnte. Ihrer Gewohnheit nach traten die Türken sogleich nach der Sprengung auf den Wall und eröffneten ein lebhaftes Feuer unerachtet des Verlustes, welchen das Geschütz der Belagerer ihnen dabei jedesmal bereitete. Die 6te Front mußten sie jedoch bald ganz räumen, weil die Traversen auf derselben, gegen das Rückenfeuer durch den Minentrichter hindurch, nicht mehr schützten. Die Türken versicherten, daß eine einzige Kugel von dort her 15 Mann getödtet habe.

Damit noch nicht zufrieden, und um eine ähnliche Oeffnung im Bastion 5 zu gewinnen, durch welche ebenso die 4te Front zu beschießen gewesen wäre, trieb man die Gallerie

---

*) 92 Pud 20 Pfund.

unter die rechte Flanke dieses Bastions. Ferner wurde zu den Gallerien k und l unter der Courtine noch eine dritte in c hinzugefügt.

29. Juni. Mit Tagesanbruch am 29. sprengten die Russen ihre Mine l unter der Courtine. Sie war mit 16 Centnern Pulver geladen, und erzeugte bei 21 Fuß kürzester Widerstandslinie einen Trichter von 28 Fuß Durchmesser, warf das Revetement nieder, und verschüttete unter andern die Erdhütte Sert Mehmet Paschas unter dem Wallgang, welche derselbe eben erst verlassen hatte. Das Kartätschfeuer der auf dem Glacis der Mine gegenüberliegenden Batterie hielt den Feind ab, den Rand des Trichters zu besetzen, und der Aufgang zu demselben wurde sofort angefangen. Ebenso sprang am Abend dieses Tages noch die zweite Mine (k) mit gleichem Erfolg, so daß jetzt 5 große Oeffnungen in dem Hauptwall bewirkt waren. In dem Augenblick, wo endlich auch die dritte Mine (c) neben der Poterne gezündet werden sollte, erschienen Abgeordnete aus der Festung, um wegen der Uebergabe zu unterhandeln. Es wurde daher vorläufig das Geschützfeuer eingestellt, die Angriffsarbeiten hingegen, und namentlich das Logement auf Bastion 6 fortgesetzt.

Die Abgeordneten zogen die Verhandlungen mit türkischer Saumseligkeit, vielleicht auch absichtlich in die Länge, um neue Abschnitte hinter dem halb zerstörten Wall anlegen zu können. Man erklärte ihnen daher bündig, daß sie von allen ihren unzulässigen Forderungen abzustehen und die ihnen früher gemachten Anerbietungen anzunehmen hätten oder die Fortsetzung des Angriffs gewärtigen möchten. Es wurde hierauf noch um 9 Uhr Abends ein Uebergabe-Protokoll von den Bevollmächtigten des Paschas unterzeichnet, wonach die Besatzung kriegsgefangen sein sollte. Schon um 10 Uhr zwangen die Türken Sert Mehmet Pascha, sich als Geißel zur Vollziehung der Capitulation in das russische Lager zu begeben. Am folgenden Tage streckten 9000 Mann das Gewehr, darunter 3 Regimenter regulairer Infanterie. Die Festung wurde den Russen überliefert, 8000 unbewaffnete Einwohner und 1500 Kranke und Verwundete blieben in der Stadt zurück. Wenn man annehmen darf, daß von den Einwohnern wohl die Hälfte zur Vertheidigung des Platzes mitwirkten, und daß die Türken jedenfalls bedeutend (nach russischem Berichte 7000 Mann) während der Belagerung verloren hatten, so kann die ursprüng= liche Stärke der gesammten Besatzung auf nicht weniger als 15,000 Mann veranschlagt werden. 238 Geschütze auf den Wällen der Festung, 31 Stück auf 15 bewaffneten Fahrzeugen und 40 Fahnen bildeten die Trophäen der Sieger.

Die Türken hatten bei Silistria aufs Neue ihre bekannte Tapferkeit und Hartnäckigkeit in der Vertheidigung fester Plätze, zugleich aber auch eine große Unkenntniß und Unge= schicklichkeit bewährt. Silistria hatte seit der Einschließung 44, seit Anlegung der ersten Parallele 35, nach Vollendung der dritten Parallele 25 und nachdem durch die Minensprengungen ein ersteigbarer und sturmrechter Aufgang zum Bastion 5 ge= bildet worden, noch 9 Tage gehalten. Stellen wir diese Ver= theidigung mit der von Brailow in Vergleich, welche unter ziemlich analogen Verhältnissen stattfand, so haben wir gesehen, daß selbige von der ersten Einschließung an nur 38, nach Er= öffnung der Trancheen 27, der dritten Parallele 11, nachdem eine gangbare Bresche in den Hauptwall gelegt worden, 3 Tage hielt. Es waren gegen Brailow 14,789, gegen Silistria 29,576 Schuß gethan worden, und diese mußten in der zuletzt genannten Festung um so verheerender wirken, je zahlreicher dort auf einen engen Raum die Besatzung und die Einwohner zusammengedrängt waren. Ueberdies war Brailow nicht wie Silistria vom ersten Tage der Einschließung vollkommen isolirt gewesen, sondern hatte, wenigstens in der ersten Zeit der Be= lagerung, mittelst der Donauflottille mit Matschin in Verbindung gestanden. Brailow war an und für sich die bessere Festung, zeigte ein weit respectableres Profil, und war weder dominirt, wie Silistria, noch konnte vom jenseitigen Stromufer gegen die Stadt gewirkt werden. In allen diesen Beziehungen darf daher der Ruhm der längern und kräftigern Vertheidigung für Silistria in Anspruch genommen werden. Freilich wurden in Brailow 8000 Türken durch 18,000 Russen eingeschlossen, während in Silistria die Garnison zu Anfang der Belagerung mit dem Einschließungscorps gleich stark, am Schlusse derselben aber sogar bedeutend stärker als dieses war. Auch betrug die durchschnittliche Zahl der täglichen Arbeiter vor Brailow 1500, vor Silistria hingegen nur 900 bis 1000 Mann. Daß nun hier, wie früher schon in Varna und Schumla, ein an Zahl so sehr überlegener Feind sich überhaupt belagern ließ, zeigt zur Genüge die moralische Ueberlegenheit eines europäischen Heeres über die türkischen Schwärme. Allein die große Zahl der Vertheidiger nutzte in Silistria, eben weil sie doch den Russen im freien Felde nicht entgegentreten durften, nur indirect, insofern sie die Gegner abhielt zu stürmen, was wohl auch gegen eine schwächere Besatzung nicht versucht worden wäre; vermehrte dagegen unzweifelhaft die Noth und Bedrängniß im Innern der Stadt, welche auch nach 6wöchentlicher vollständiger Isolirung einen hohen Grad erreicht haben soll.

Den wesentlichsten Nutzen von ihrer überlegenen Zahl hätten die Türken bei den Ausfällen ziehen müssen. Wirklich waren sie in dieser Beziehung von rastloser Thätigkeit, allein das Terrain war ihnen dabei entschieden ungünstig. Durch ihre ohnehin immer nur mit kleinen Abtheilungen unternommenen Expeditionen erfochten sie nirgends erhebliche Vortheile, welche den Gang der Belagerung aufgehalten hätten. Dabei waren die Ausfälle mehrentheils nicht gegen die Angriffs= arbeiten, sondern gegen die rechte Flanke des Einschließungs= corps gerichtet, wo nur der Angriff in Masse zu einem Refultate führen konnte. Eine förmliche Schlacht vor ihren Mauern wagten die Türken aber ebenso wenig, wie die Russen einen allgemeinen Sturm auf die Festung. Die größte Unge= schicklichkeit zeigten endlich die türkischen Contre=Mineurs; sie ließen sich überall von ihren Gegnern, oft nur um wenige Augenblicke zuvorkommen. Die Minen, welche sie wirklich sprengten, sprangen zur unrechten Zeit und am unrichtigen Ort, so daß sie fast gar kein Resultat hatten. Mehrere an= gefangene Minenschächte blieben ganz unbenutzt, da die Be= lagerten die Hoffnung aufgaben, nach dem bisherigen unglück= lichen Erfolge den russischen Mineurs Widerstand zu leisten.

Mit großem Muth hatten auch in Silistria die Türken die schwachen Ab= oder Einschnitte vertheidigt, welche die Russen Logements nennen und durch welche der Mangel an Außen= werken ersetzt wurde. Man muß sich in der That eine be= scheidene Vorstellung von der Natur dieser Befestigungs=Anlagen machen, wenn man bedenkt, daß der Hauptwall etwa 8 Fuß Commandement hatte, daß das Terrain vor demselben anstieg und die Logements nach Eröffnung der zweiten Parallele unter dem Feuer der russischen Demontir=Batterien ausgeführt wurden. Von Revetements konnte da nicht die Rede sein, und wenn die Werke W, R und P auf der, aus dem russischen Be= lagerungs=Bericht entnommenen Fig. 2 unseres Planes sich als stattliche Außenwerke darstellen, so leuchtet aus dem Gesagten ein, daß sie in der Wirklichkeit kaum mehr als 4 bis 5 Fuß tief eingeschnittene Tranchee=Gräben sein konnten, bei denen die ausgehobene Erde rückwärts zu einer Brustwehr angeschüttet war. Die Vertheidigung des Grabens war glänzend, auch deutet die Erbauung eines Abschnittes hinter der ganzen An= griffsfront darauf hin, daß ein noch längerer Widerstand be= absichtigt war. Uneinigkeit der Befehlshaber und die Noth der Besatzung scheinen aber bei der endlich erfolgten Ueber= gabe wesentlich mitgewirkt zu haben.

Was nun den Angriff betrifft, so gereicht es den Russen unbestreitbar zum Ruhme, mit so unvollständigen Mitteln einen doppelt so starken Feind hinter seinen Wällen zur Uebergabe gezwungen zu haben, wenngleich die Schlechtigkeit der Festung und die eben erwähnten Fehler in der Vertheidigung sie darin unterstützten. Die Belagerung von Silistria ist darin eine ganz eigenthümliche, daß bei derselben die Artillerie eine untergeordnete, die Erd= und Minenarbeit aber die Hauptrolle spielt. Zwar wurde, wie wir gesehen, eine große Menge Projektile in den von allen Seiten mit Batterien nahe umstellten Platz geschleudert. Allein die angegriffene Linie ist weder enfilirt, noch ricochettirt worden, wie einladend dazu auch ihre Lage war. Zum Demontiren sind kaum mehr als 16 bis 20 Geschütze verwendet, Bresche aber nirgends geschossen worden. Fast möchte man glauben, daß ein großer Theil der 65 russischen Belagerungs=Geschütze nie auf das rechte Donauufer hinübergeführt wurde, wie denn auch nirgends eine Nachricht vorhanden ist, nach welcher die Donaubrücke wirklich vollendet worden wäre. Man zwang Alles mit dem Spaten und der Spitzhacke. Nachdem die russischen Mineure einmal am Fuß der Escarpe angekommen, wußten sie binnen 24 Stunden jede Mine zu vollenden und zu laden. Man hätte also bei gehörigem Pulvervorrath nach und nach die ganze Front wegsprengen können, allein die Coupüre xx der Türken weiset schon darauf hin, daß man mit diesem Mittel allein nicht unbedingt zum Ziel kommen konnte. Ohnehin kosteten die binnen 8 Tagen gesprengten 11 Minen bei ihrer enormen Ladung nicht weniger als 336 Centner Pulver. Dabei war es nach der einmal gewählten Angriffsmethode nicht leicht gewesen, bis zum Fuß der Escarpe zu gelangen. Daß die Russen einen allgemeinen Sturm gegen die starke Garnison nach den früher gemachten Erfahrungen nicht versuchen, nicht an einem Tage aufs Spiel setzen wollten, was Zeit und Arbeit ihnen sicher

verschaffen mußte, erscheint besonders hier und zu Anfange
eines Feldzugs gerechtfertigt. Dagegen ist man versucht zu
behaupten, daß sie in dem Gang ihrer Angriffsarbeiten wohl
dann und wann ein abgekürzteres Verfahren hätten eintreten
lassen können. Es scheint wohl, daß den Logements zu viel
Ehre geschah, wenn man sich ihnen Schritt vor Schritt durch
die doppelte Sappe näherte. Das gewaltsame Wegnehmen
derselben und des Grabens würde die Belagerung wesentlich
beschleunigt haben. Bei dem eingehaltenen Gange sehen wir,
nach dem anfänglich so raschen Fortschreiten der Arbeit, von
Eröffnung der 3ten Parallele bis zum vollständigen Couronnement des Glacis 24 Tage verfließen. Je näher man den
Logements und später dem Hauptwall rückte, je schwieriger
wurde die Fortführung der Sappe, und es ist wohl zu berücksichtigen, daß die letzten 10 Tage an Todten und Verwundeten
35 Offiziere und 870 Mann gekostet haben. Die Arbeit eines
jeden dieser Tage wurde daher, ohne die sonst noch Erkrankten
zu rechnen, durchschnittlich durch 4 Offiziere, 90 Mann, oder
reichlich eine Compagnie erkauft. Wahrscheinlich würde eine
Erstürmung der Logements und eine gewaltsame Besetzung der
Minentrichter kein größeres Opfer erheischt haben, wenigstens
spricht dafür der Erfolg bei den Logements vor der 6ten Front,
deren Wegnahme als eine Abweichung von dem angenommenen
System anzusehen ist.

Im Ganzen genommen ist jedoch die Schonung von Menschen durch großen Aufwand an Zeit und Arbeit unverkennbar; denn diese Belagerung kostete:

an Todten . . . 1 Gen., 1 Stabsoffiz., 13 Offiz., 819 M.
an Verwundeten — „ 16 „ 84 „ 1747 „
_____
115 Offiz., 2566 M.

überhaupt also nicht viel mehr, als man vor Brailow bei
Gelegenheit des Sturmes an einem einzigen Tage eingebüßt

hatte. Rechnet man hierzu die Zahl der während der Belage=
rung Erkrankten oder sonst Beschädigten, so ist anzunehmen,
daß der Besitz von Silistria durch das Opfer von 3000 Com=
battanten und mit einem Aufwande von 7 Wochen Zeit er=
kauft wurde. Silistria war aber für den Feldzug von 1829,
was Brailow für den von 1828 gewesen war, die Basis je=
des weiteren Fortschreitens.

Es scheint wohl, daß die Russen gehofft hatten, bevor der
Zeitpunkt der entscheidenden Operationen im freien Felde her=
anrückte, auch noch Rustschuk belagern und nehmen zu können.
Allein Silistria hatte weit länger gehalten, als man, bei kräf=
tigem Angriffe, von einem solchen Platz erwarten konnte. Ueber=
dies waren die nach der Einnahme dieser Festung disponibel
gewordenen Streitkräfte viel zu schwach, um mit denselben eine
neue Belagerung unternehmen zu dürfen, und die Zeit drängte
der Hauptentscheidung zu.

Werfen wir schließlich noch einen Blick auf die 3 bisher
geschilderten Belagerungen, so sehen wir, daß Brailow, Sili=
stria und Varna 50,000 Russen während 2 bis 3 Monate
beschäftigten, wobei noch zu bemerken, daß jene Zahl ein Mi=
nimum ist, welches dem dringendsten Bedürfniß kaum nur
entsprach.

War die Absicht, wie dies doch wohl nicht zu bezweifeln
ist, gleich während des ersten Feldzugs über den Balkan vor=
zudringen, so mußten jene drei Belagerungen gleichzeitig unter=
nommen werden. Selbst dann blieb, da man erst gegen die
Mitte des Juni über die Donau ging, nur der Spätherbst
für die entscheidende Operation übrig. Da nun die Stärke
des Heeres bei Eröffnung des Krieges nur 65,000 Mann be=
trug, auch durch das späte Eintreffen der Garden und des
2ten Armee=Corps kaum mehr bewirkt wurde, als daß die
großen Verluste gedeckt waren, so blieben für die Offensive
nur 15,000 Mann. Kraft und Zeit treten daher auch hier

in ihre dynamische Wechselwirkung, und die Schwäche der
Mittel nöthigte auf zwei Feldzüge zu vertheilen, was in einem
hätte geschehen können.

Dritter Abschnitt.

Die Offensiv-Unternehmungen des Groß-Veziers. Gefecht bei Eski Arnautlar und Schlacht bei Kulewtscha.

Reschid Mehmet Pascha, der neue Groß-Vezier, hatte sich,
nachdem er Ende März in Schumla eingetroffen, eifrig damit
beschäftigt, die dort versammelten Streitmittel zu verstärken
und zu organisiren. Die einzeln anlangenden Haufen von
Asiaten wurden mit den regulairen Truppen aus Constantinopel zusammengestellt, die Verpflegung des Heeres geordnet
und neue Verbindungen eröffnet. Durch seine persönliche Einsicht und Strenge gründete der Pascha eine Mannszucht, wie
sie noch nie an einem türkischen Heere gesehen worden, und
der Ruf seiner Gerechtigkeit gegen die Rajahs sicherte ihm die
Zuneigung der rumelischen Christen. Zwischen ihm und Hussein
Pascha, welcher ein türkisches Corps bei Rustschuk versammelte,
wurde ein gemeinsames Wirken für den bevorstehenden Feldzug verabredet, und man hoffte so mit der Zeit 60,000 Mann
ins Feld zu stellen, deren Verpflegung auf der obern Donau
herabgeschafft werden sollte.

Nachdem er sein Corps geordnet, ging Reschid Mehmet
einen Schritt weiter, er führte es ins Gefecht, und zum ersten Mal in diesem Kriege sehen wir einen türkischen Heerführer die Initiative der Bewegungen ergreifen. Schon am
10. Mai, als eben der russische Oberfeldherr am Trajanischen
Wall angekommen war, brach der Vezier von Schumla in

10. Mai.

der Richtung auf Pravady auf. Seine Stärke bei dieser Expedition wird von den Russen auf 40,000 Mann ange- geben. Es ist jedoch nicht wahrscheinlich, daß damals über- haupt schon eine solche Streitmacht in Schumla versammelt gewesen ist und noch weniger, daß man diesen Platz gänzlich von seinen Vertheidigern entblößt haben wird. Schwerlich dürfte das für den Bewegungskrieg bestimmte türkische Corps mit Ausschluß des bekanntlich sehr großen Trosses mehr als 15= bis 20,000 Combattanten gezählt haben.

Bekanntlich hatte das VIIte russische Armee=Corps in den Gefechten des vorhergehenden Feldzugs vorzugsweise ge- litten, wie denn das Regiment Ufa bei Marasch, die Regi- menter Odessa und Asof bei Kurttepe fast vernichtet worden waren. Wenn nun auch seitdem einiger Ersatz aus Rußland eingetroffen war, so hatten dagegen Wechselfieber und Ruhren während des ganzen Winters furchtbar gewüthet. Es waren nach und nach 6 Bataillone nach Sjisebolis eingeschifft, 2 andere standen in Dewno, 2 des Regiments Rasanu in Basardschik, so daß nur 14 schwache Bataillons dieses Corps disponibel blieben, welche schwerlich mehr als 5 bis 6000 Bajonnette gezählt haben werden. Von dem VIten Armee= Corps waren die 1ste Dragoner= und 17te Infanterie=Divi= sion nach der Wallachei zum General Geismar geschickt wor- den, 4 Bataillone der 16ten Division standen in Pravady, so daß nur 8 Bataillone dieses Corps verfügbar blieben. Die 10te Division bildete die Besatzung von Varna, sie hatte während des Winters über die Hälfte ihrer Mannschaften durch Krankheiten verloren. Die ganze, im freien Felde ver= fügbare Streitmacht der Russen auf dem rechten Donauufer betrug daher nur 22 Bataillone und einige 30 Escadrons oder etwa 12= bis 14000 Mann.

Hätten Reschid und Hussein Pascha ihre Vorbereitungen einige Wochen früher beendigen können, so würden sie nur diese Zahl von Feinden im freien Felde zu bekämpfen gehabt haben, der sie 60,000 Mann entgegenstellen konnten. Basirt auf Schumla und Silistria, hätte der Vezier die größte Frei- heit und Sicherheit der Bewegungen genossen, während sämmt- liche Verbindungen des Generals Roth in seiner rechten Flanke lagen, und bei aller moralischen Ueberlegenheit der Russen konnte dann ihre Sache sehr bedenklich werden. Allein auch so noch waren die Verhältnisse einer Offensiv-Unternehmung nicht ungünstig.

Die Türken rückten in 2 Colonnen aus Schumla gegen Pravady vor, wovon die eine unter Halil Pascha auf dem geraden Wege über das Plateau, die zweite unter dem Ve- zier selbst weiter links über Jenibasar und Newtscha mar- schirte *), so die Verbindung des Generals Roth mit der Do- nau bedrohend.

Am 17. Mai, also an eben dem Tage, wo General 17. Mai. Diebitsch vor Silistria, traf Reschid Mehmet vor Esli Ar- nautlar ein. Dieser an der Höhe vortheilhaft gelegene Punkt war von den Russen durch 5 Redouten verschanzt und zu einer Central-Stellung ausersehen worden, welche links in Verbindung mit dem befestigten und nur ½ Meile entfernten Pravady stand. Es waren daselbst zur Zeit jedoch erst 6 Ba- taillone mit 12 Feldgeschützen versammelt, nämlich die Regi- menter Selinginsk, Ochotk und Jalutk der 16ten Division, deren Stärke in russischen Berichten, einschließlich einiger Ko- saken, zu 3000 Bajonnetten angegeben wird, was mit unserer Berechnung der Stärke der Bataillone übereinstimmt.

Die türkische Colonne des linken Flügels, unter persön- licher Leitung des Großveziers, mochte gegen 10,000 Mann zählen, worunter einige tausend Reiter. Sie war von einer verhältnißmäßig starken Artillerie begleitet. Nachdem der

---

*) Vgl. die Uebersichtskarte.

Vezier an zweckmäßigen Punkten einige Reserven zurückgelassen, ging derselbe sogleich zum Angriff auf die feindliche Stellung vor. Drei Abtheilungen, deren Teten hinter einer Anhöhe verdeckt hielten, deployirten mit guter Ordnung, unter dem Schutz ihrer Tirailleurs. Sie griffen die russischen Schanzen entschlossen an, und bald drangen einzelne Türken wirklich in eine russische Redoute ein. General Roth, welcher persönlich anwesend war, trieb sie wieder hinaus, brachte auf allen Punkten Leben und Bewegung in den Gang des Gefechts und behauptete sich 4 Stunden lang gegen einen mehrfach über-legenen Feind. Um 9 Uhr Morgens eilte nun auch General Wachten mit 4 Bataillons, 2 Regimentern Kosaken und 4 Ge-schützen aus Dewno herbei, warf sich sogleich auf die linke Flanke der Türken und vermochte sie dadurch von ihrem An-griff auf die Stellung von Eski Arnautlar abzustehen. Einige Unordnung, welche sich bei den Moslem zeigte, indem sie sich auf ihre rechte Flügel-Colonne zurückzogen und die gewisse Erwartung, daß General Kuprianof, der in Pravady beseh-ligte, den gegen ihn gerichteten Angriff eben jener rechten Colonne werde abgeschlagen haben, bestimmten den General Roth die Regimenter Ochotzk und 31stes Jäger-Regiment, zu-sammen 4 Bataillone mit 6 Geschützen und etwas Cavallerie zur Verfolgung der Türken vorgehen zu lassen. Als Repli folgte dieser Abtheilung ein Bataillon vom Regiment Jakutzk und eins vom 32sten Jäger-Regiment mit 4 Geschützen. Ge-neral Rhuden drängte den weichenden Feind lebhaft die Schlucht von Dereljöi (Thaldorf) hinab. Allein an der Aus-mündung derselben in das breite Felsthal von Pravady stieß er auf türkische Reservehaufen, welche ursprünglich den An-griff auf Pravady unterstützen sollten und jetzt verwendet wurden, den Großvezier bei seinem Rückzuge aufzunehmen. Im Verein mit 10 Kanonen eröffnete hier die türkische In-fanterie ein so lebhaftes und nahes Feuer, daß sie in wenig

Minuten die Facen des Quarrees niederschossen. Die 6 russischen Geschütze hatten jedes erst 2 Schuß gethan, als sie bereits ohne Bedienungs-Mannschaft waren. Ein Schwarm
von 3 bis 4000 Reitern warf sich auf die Russen und um-
ringte sie dergestalt, daß es ihnen unmöglich wurde, sich bis
zu den am obern Eingang des Thals zurückgelassenen 2 Bataillons durchzuschlagen. Ebenso wenig gelang es, trotz hel-
denmüthiger Anstrengung, diesen Bataillonen, sich bis zu ihren
bedrängten Waffenbrüdern Bahn zu brechen. General Ryn-
den fiel, das Regiment Ochotzk verlor von 31 Offizieren 22,
und wurde von der türkischen Uebermacht fast vernichtet.
Selbst die beiden Reserve-Bataillone sahen sich trotz stand-
hafter Gegenwehr nur durch das Erscheinen des Obersten Li-
schin befreit, welcher mit einem kleinen Soutien einen Bajon-
nett-Angriff in die rechte Flanke der Türken machte, während
diese sich zum Plündern der gefallenen Russen zerstreut hatten.
Endlich erschien auch General Kuprianof, welcher von Pravady
her einen Ausfall ins Thal machte und die Türken, nachdem
sie von 5 Uhr Morgens bis 8 Uhr Abends gefochten, zum
Rückzug bewog. Sie sammelten sich jedoch wieder auf dem
Plateau von Rowno, von wo sie in gesicherter Verbindung
mit Schumla blieben und Pravady mit einem neuen Angriff
bedrohten.

Vergebens hatte die rechte Flügel-Colonne des Veziers
an diesem Tage Pravady bestürmt. Der Ort war von den
Russen dadurch befestigt worden*), daß sie im Norden und im
Süden des Orts das Thal durch einen Erdwall quer durchschnitten', welcher sich zu beiden Seiten an die steilen Hänge
lehnte. Oberhalb der Stadt war dadurch zugleich eine Ueberschwemmung bewirkt worden. Im Osten bildete die fast unersteigbare Felszunge eine natürliche Citadelle. Reste von Thür-

---

*) Vgl. den Plan von Pravady.

men, eine in den Felsen gehauene Thüre, Höhlen und Cisternen zeigen, daß diese Oertlichkeit früher schon zur Vertheidigung
benutzt worden ist. Westlich hingegen war man genöthigt
gewesen, auf dem die Stadt gänzlich dominirenden, flachen
und freien Thalrand mit einer Art von Kronwerk vorzugehen.
Dasselbe bestand in einem bloßen Erdwall, welcher palissadirt,
aber ohne Graben war, weil die dünne Erddecke nicht erlaubte
tief einzuschneiden. Aus den Balken der niedergerissenen
Häuser hatte man bedeckte Batterien erbaut, und 6 Moscheen
gewährten bombensichere Unterbringung der Munition. Alles
hing jedoch von der Behauptung des Kronwerkes ab, da nach
dessen Verlust die Citadelle zwar, der Ort aber auf keine
Weise mehr zu halten war. Diese an sich nur schwache Anlage hatte dennoch allen Anläufen der Türken widerstanden.
Es erscheint überhaupt als ein Fehler in den Anordnungen
des Veziers, daß er mit dem Ueberfall der feindlichen Streitmacht bei Eski Arnautlar zugleich einen Angriff auf die Befestigung in Pravady verband. Zweckmäßiger wäre es wohl
gewesen, wenn er ein hinreichendes Corps im Thal nördlich
von Pravady aufgestellt hätte, um den Ausfällen von dorther
zu begegnen, seine Reserve aber hinter seinem linken statt
hinter dem rechten Flügel behalten hätte. Gelang es ihm,
die Stellung des Generals Roth bei Eski Arnautlar zu durch-
brechen und die rückwärts noch nicht vereinigten russischen
Streitkräfte en détail zu schlagen, so war dies ein ganz
anderes Resultat, als wenn er Pravady nahm, ja die Russen
hätten dann vielleicht diesen Ort ganz von selbst räumen müssen.

So wie das Gefecht sich nun einmal gestaltet hatte, führte
es die Türken zu keinem entscheidenden Resultat. Noch in
der Nacht und am folgenden Morgen trafen im russischen
Lager 2 Bat. und 4 Geschütze aus Dewno, dann 6 Bat und
12 Geschütze aus Basardschik in Gewaltmärschen ein, und der
Vezier zog sich bald darauf nach Schumla zurück. Indeß

durfte er mit seiner Expedition im Allgemeinen ganz wohl zufrieden sein. Die Russen geben ihren Verlust selbst auf 1000 Mann an Todten und Verwundeten an, also ¼ ihrer ganzen bei dem Gefecht gegenwärtigen Truppenstärke. Wenn der Verlust auf beiden Seiten ungefähr gleich, so war er jedenfalls für die schon ohnehin schwachen Russen schwerer zu verschmerzen als für die Türken. Allerdings waren letztere 2 bis 3mal so stark gewesen als ihre Gegner, dafür hatten sie diese aber im freien Felde 15 Stunden lang bekämpft, hatten sie selbst hinter ihren Verschanzungen angegriffen und Geschütz erobert. Es war mit unerhörter Erbitterung gefochten worden, und das Treffen von Eski Arnautlar zeigt ein Auf-flackern des alten türkischen Ungestüms und kriegerischen Geistes, welches erwarten ließ, daß sie auch künftig unter Voraussetzung einer Ueberlegenheit an Zahl, die ihnen nicht leicht fehlen konnte, es mit ihren russischen Gegnern würden aufnehmen können. Reschid und Halil, die Führer beider Colonnen, waren verwundet, sie hatten ihren Truppen das Beispiel per-sönlichen Muthes gegeben, und die Russen selbst gestanden, daß der Angriff der Türken eine Entschlossenheit und ein Zu-sammenwirken gezeigt, welches man bisher noch nie an ihnen gekannt hatte.

Auch bereitete sich der Vezier sogleich zu einer neuen und größern Unternehmung vor, General Roth aber ging bis Koslubscha zurück, wo derselbe von jetzt an sein Corps ver-sammelt hielt. Dewno sowie Arnautlar blieb nur von der Avantgarde, Pravadh von 6 Bataillons besetzt.

Ende Mai brachen wirklich Reschid Mehmet von Schumla und Hussein Pascha von Rustschuk gleichzeitig auf, aber wir vermissen in ihren Unternehmungen das erforderliche Zusammen-wirken. Der Pascha von Rustschuk richtete seinen Marsch zu-nächst nach Rasgrad, woselbst er versuchte, das bulgarische Landvolk zu versammeln, welches jedoch wenig Neigung zeigte die Waffen zu ergreifen. Wir haben schon oben bemerkt, daß General Kreuz mit der 8ten Division und einigen Regimentern Reiterei, meist Kosaken, einen Beobachtungs-Posten bei Raorgu eingenommen, wo derselbe sich verschanzt und vorzüglich zum Zwecke hatte, den Rücken des Belagerungscorps zu decken, sowie die Verbindung desselben mit dem VIten und VIIten Corps zu unterhalten. Die Mittheilungen von Pravady über Koslubscha, Basardschik und Raorgu nach Silistria, eine Entfernung von 20 Meilen, erforderten mittelst aufgestellter Relais 16 Stunden. Ein Kosaken=Offizier, welcher diesen Weg auf demselben Pferde in 12 Stunden zurückgelegt, wurde dafür vom Obergeneral auf der Stelle zum Rittmeister ernannt.

General Kreuz übergab auf die Nachricht von dem Anmarsch Husseins den Befehl des Postens von Raorgu dem General Madatof, und rückte sofort mit 8 Bataillons, 12 Escadrons und 12 Geschützen nach Rasgrad ab, wo er am 29. Mai die angefangene Versammlung auseinander sprengte und die Türken zurücktrieb. Zwar versuchten diese bei Turtokai sich zu halten, zwei russische Escadrons warfen aber auch hier die sich ihnen entgegenstellende Nachhut, und Hussein, welcher durch den Vezier nicht unterstützt wurde, kehrte nach Rustschuk zurück. General Kreuz hingegen nahm eine Stellung bei Aftolar, 2 Meilen südwestlich von Silistria.

28. Mai. Der Großvezier seinerseits war am 28. mit 40,000 Mann gegen Koslubscha vorgegangen. 20 Regimenter regulairer Infanterie und 6 Regimenter regulairer Cavallerie bildeten den Kern seines Heeres. Vielleicht wollte er durch den Streifzug des Hussein Pascha nur den General Diebitsch bei Silistria festhalten, um es mit dem General Roth allein zu thun zu haben. Dieser hatte aber, nachdem er einen Theil der Truppen des General Madatof von Raorgu an sich gezogen, 24 Bataillons und 36 Escadrons bei Koslubscha vereinigt, welche

der Vezier trotz seiner überlegenen Stärke in einer festen Stellung nicht anzugreifen wagte. Er beschränkte sich daher auf eine Kanonade und kehrte dann auf das Plateau von Kürkwna zurück, wo er, so gut es gehen wollte, einen förmlichen Angriff auf Pravadh eröffnete, welcher jedoch nur schlechten Fortgang hatte.

Nachdem der Vezier das russische Kronwerk aus seinen sämmtlichen Geschützen lebhaft hatte beschießen lassen, sendete er, um die Wirkung dieser Kanonade zu erfahren, einen Dehli (oder Tollkopf) ab, um nachzusehen. Dieser sprengt auf 50 Schritt an den Wall heran, und obwohl hunderte von Schüssen auf ihn abgefeuert werden, kommt er glücklich zurück und meldet, daß Alles beim Alten sei ("bir schei yok"). Der Pascha, welcher erwartet hat, daß in der Verschanzung kein Stein mehr auf dem andern liegen geblieben, will nicht glauben, daß die Besatzung noch darin ausgehalten, und wirft dem Dehli vor, er sei nicht nahe genug herangeritten, worauf ihm dieser nur seinen durchlöcherten Mantel zeigt.

Auf die Nachricht von dem Erscheinen der türkischen Hauptmacht im freien Felde, faßte General Diebitsch sofort den Entschluß, die Fortführung der Belagerung von Silistria dem General Krassowski mit dem größten Theil des IIIten Corps zu überlassen, sich mit dem IIten Corps, nebst 4 Bataillons und 16 Escadrons des IIIten, nach Pravadh zu wenden, dasselbe auf dem Marsch durch den General Kreutz zu verstärken und in Verbindung mit dem VIten und VIIten Corps, der Generale Roth und Rüdiger, den Vezier mit vereinigten Kräften anzugreifen. Gelang es, die Türken zur Schlacht in freiem Felde zu zwingen, bevor sie Schumla zu erreichen vermochten, so konnte der Ausgang trotz der größeren Zahl der Gegner kaum zweifelhaft sein, und dieser rasche Entschluß des General Diebitsch war es, welcher über den Ausgang des ganzen Feldzugs entschied.

Wie schon früher erwähnt, brach das Gros des IIten Corps, Generals Pahlen, nämlich die 5te und 6te Infanterie- und die 2te Husaren-Division, überhaupt ungefähr 15000 Mann, am 5. Juni früh Morgens von Silistria auf*). Der erste Marsch führte bis Kutschuk Kainardschi, und obwohl diese Entfernung nur 2 Meilen beträgt, so traf die Infanterie doch erst um 9 Uhr Abends in ihren Bivouacqs ein. Der Troß des Armee-Corps war ungeheuer, da die Lebensmittel für Menschen und Thiere auf mehrere Tage mitgeführt werden mußten. Alle Ortschaften standen leer, die Gegend war öde und verwüstet, nirgends erblickte man eine lebende Seele, kaum eine Spur, daß das Land früher bebaut und bewohnt gewesen war.

6. Juni. Am 6. wurde bei drückender Hitze der Marsch sehr langsam fortgesetzt. Man hoffte Kaorgu zu erreichen, machte aber, nachdem 4 Meilen zurückgelegt waren, Halt. Das Hauptquartier lagerte unter Kirsch- und Wallnußbäumen bei Bairampunar, das Corps bei Kissedschik. Ein erfrischender Regen am Abend gewährte den Truppen einige Erleichterung. Erst 7. Juni. am 3ten Tage langte man in Kaorgu an. Die Entfernung betrug 2½ Meile, man war früh um 5 Uhr aufgebrochen, dennoch traf die Infanterie erst spät Nachmittags ein. Die bisher mit Strauchwerk und einzelnen Baumgruppen bedeckte Gegend wird hier offen und frei. In Kaorgu fand die Vereinigung mit General Kreutz statt, welcher mit 4 Bataillons und 8 Escadrons, von Astolar aus, die rechte Flanke des Corps auf seinem Marsche gedeckt hatte. Die 8 Escadrons wurden als Avantgarde unter Befehl des General Kreutz noch an diesem Tage bis Kisildschilar vorgeschoben. General Madatof war bereits mit den 2 Infanterie-Regimentern Nisowski

*) Die Compagnien zählten nach dem Bericht eines Augenzeugen 32 Rotten, die Escadrons 100 bis 120 Pferde.

und Simbirsk und der 3ten Husaren-Division zur Vereinigung mit dem General Roth aus der verschanzten Stellung von Raorgu abmarschirt. Diese lag auf einer isolirten Höhe, und bestand aus vier in der Kehle palissadirten Fleschen, es befanden sich in denselben nur noch 1 Infanterie- und 1 Kosaken-Regiment. Vom General Roth ging die Meldung ein, daß seine Avantgarde, bestehend aus 2 Escadrons Husaren und 2 Regimentern Kosaken, 6000 türkische Reiter geworfen, daß eine feindliche Redoute durch die Infanterie genommen, so die Verbindung mit Pravadh wieder hergestellt und die Garnison dieses Platzes durch 2 Bataillons verstärkt worden sei. Die Truppen, hieß es, wären guten Muthes und sängen während der feindlichen Beschießung. An Gefangenen hatte man nur 20 Mann eingebracht, von denen man erfuhr, daß der Großvezier vor seinem Abmarsch aus Schumla täglich 58,000 Portionen empfangen habe.

Am 8. früh brach die Cavallerie zuerst, dann das Haupt-quartier und endlich die Infanterie auf. Der Marsch führte nur 2½ Meile weit, und wurde am folgenden Tag über Alesfak fortgesetzt. Unterwegs war zuerst der Chef des Stabes des VIten Armee-Corps, General Wachten, sodann in Alesfak der General Delingshausen, Chef des Stabes des VIIten Corps, beim Commandirenden eingetroffen. Ihre Nachrichten stimmten darin überein, daß die Stellung des Veziers auf dem Plateau von Rowno und Kürinna sehr stark und in der Front schwer anzugreifen sei. Die Zugänge zu dieser Stellung seien beschränkt und verschanzt; die türkische Cavallerie stehe vorwärts derselben im Thal des von Newtscha herabkommenden Pravadhflusses. General Wachten war der Meinung, daß der Vezier von dem Anmarsch der Russen keine Kenntniß habe, General Delingshausen glaubte hingegen, daß er davon unterrichtet sei, aber hoffte Pravadh vor ihrer Ankunft nehmen zu können. Im Hauptquartier waren die Ansichten über die zu

8. Juni.

9. Juni.

20*

ergreifenden Maaßregeln getheilt. General Buturlin rieth in forcirten Märschen gerade auf Schumla zu gehen und diesen Punkt, wo außer den Einwohnern nur noch 6000 Türken zurückgeblieben, durch Ueberfall zu nehmen, Andere wollten Pravady entsetzen, General Diebitsch aber entschied dahin, sich zwischen Pravady und Schumla so aufzustellen, daß der Rückmarsch des Großveziers nach letzterem Punkte abgeschnitten und derselbe zur Schlacht gezwungen werde. Vorher sollte jedoch die Vereinigung mit den Generalen Roth und Rüdiger erfolgen. Es wurde daher die Cavallerie noch an diesem Tage gegen Jasytepe vorgeschoben, die Infanterie dagegen lagerte jenseits Kisildschilar, das Newtscha-Thal vor der Fronte. Die Avantgarde links bei Molatsch stellte die Verbindung mit General Roth her, welcher von Kosludscha gegen Eski Arnautlar vorgerückt war. An diesem Abend wurde ein feierlicher Gottesdienst gehalten. Trotz großer Anstrengungen hatte man zu den 12 Meilen von Silistria bis hierher dennoch 5 Tage gebraucht. Die Hitze, die ungebahnten Wege, die Ermüdung der Truppen, besonders aber die Nothwendigkeit eines sehr großen Trosses waren die Ursachen dieser Langsamkeit.

Der Pravady-Fluß bildet die Grenze zwischen dem bulgarischen flachen Hügellande und den Kalkformationen der Vorberge des Balkan. Nördlich desselben fallen die sanft gewölbten Höhen in leicht ersteigbaren Hängen ab. Südlich erblickt man die senkrechten, mauerähnlichen Felswände, welche die ganz flachen Hochebenen schroff umgrenzen, und durchaus an die sächsische Schweiz erinnern. Die Höhen sind mit Buschwerk bestanden, die Thäler äußerst fruchtbar. Sie waren jedoch zur Zeit ganz unbebaut, da sämmtliche Ortschaften verbrannt und in Schutthaufen verwandelt waren. Oft erkannte man die Lage der Dörfer nur an den mannshohen Disteln, welche die Trümmer der Häuser überwucherten. Die Bäche haben trübes Wasser und lagern auf ihrem Grunde einen thonartigen Schlamm ab, so daß selbst die kleinsten nur an einzelnen Stellen zu durchfurthen sind.

Da man beim weitern Vorgehen gegen Jenibasar eine Höhe überschreiten mußte, auf welcher die Türken den Marsch von dem hohen Plateau von Rowno aus hätten beobachten können, so wurde erst Abends 6 Uhr wieder aufgebrochen. Ein starker Nebel verhüllte alle Bewegungen der Russen, und dieselben erreichten unbemerkt Tauschan Koslubscha, wo während der Nacht kein Feuer angemacht werden durfte. General Roth hatte Befehl, mit seinem Corps nach der Retraite in derselben Richtung nachzufolgen. Eine Avantgarde war schon zuvor nach Jenibasar geschickt, woselbst 1000 türkische Reiter auf Vorposten von Schumla aus vorgeschoben waren. Ein türkischer Aga, welcher mit 100 Pferden recognoscirte, wurde gefangen und sagte aus, daß man in Schumla keine Ahnung von dem Anmarsch des General Diebitsch habe.

Mit Tagesanbruch kamen die Teten der Colonnen des General Roth zum Vorschein. Derselbe hatte die Nacht hindurch seine Wachtfeuer bei Eski Arnautlar brennend erhalten lassen und führte den gewiß sehr mißlichen Flankenmarsch parallel längs der feindlichen Front glücklich und unbemerkt aus. Ein Regiment der 3ten Husaren= und eins der 4ten Ulanen = Division waren in Pravady zurückgelassen und im Thal daselbst verdeckt aufgestellt, um dem Vezier zu folgen, sobald derselbe aufbräche. General Roth verblieb bei Tauschan Koslubscha im Lager, um das Thal zu sperren, General Pahlen hingegen rückte nach Jenibasar vor, woselbst eine einzige schmale Brücke über den Bach unterhalb der Stadt das De= filiren sehr verzögerte. Zwei Kosaken=Regimenter der Avant= garde warfen die feindliche Vorhut jenseit des Orts, verfolgten sie in einem Carrier bis nahe vor Schumla und brachten mehrere hundert Gefangene ein.

Von Jenibasar aus wandte General Pahlen sich links

(Randnotiz:) 10. Juni.

nach Matara, und nahm daselbst Mittags 2 Uhr eine Aufstellung mit der Front nach Pravady. General Kreutz hingegen wurde mit 2 Regimentern Ulanen und 2 Regimentern
Kosaken zur Beobachtung von Schumla gegen Bulanik vorgeschickt. Vell Bey, ein Sohn des Veziers, war nämlich mit
einigen tausend Reitern aus dem Lager herausgegangen, um
die bei Jenibasar auseinander gesprengte Vorhut aufzunehmen. Vergeblich suchte er den Abschnitt des Bachs von Bulanik zu behaupten. General Kreutz (AA) drang über dies
Defilee vor *), und warf den Feind aus seiner Aufstellung
(aa) zurück. Derselbe setzte sich hierauf in bb, während
ein anderer Reiterhaufen (cc) in der Thalsenkung zu seiner
Rechten gedeckt vorging, um in die linke Flanke der Russen
zu fallen, wenn diese den Angriff fortsetzen sollten. General
Kreutz nahm ihnen gegenüber die Stellung BB ein, die Ula-
nen-Regimenter in Colonne, die Kosaken zu beiden Seiten
deployirt. 2 Geschütze wurden unter Bedeckung einer Escadre auf einem Erdhügel auf dem linken Flügel aufgestellt.
Später wurde General Kreutz noch durch die 1ste Brigade
der 2ten Husaren-Division verstärkt, welche von Matara aus
gegen den rechten Flügel der versteckt aufgestellten Türken
anrückte (C). Vell Bey zog sich hierauf nach Schumla zurück; die genannte Cavallerie blieb aber zur Beobachtung
stehen.

Noch am Abend des 10. Juni ging die Meldung ein,
daß die Türken sich anschickten, bei Kulewtscha aus dem Ge-
birg zu debouchiren. Durch einen Ueberläufer wußte man,
daß der Vezier aus Schumla die Nachricht von dem bei Jenibasar stattgehabten Gefecht und dem Anmarsch der Russen
gegen Schumla erhalten, daß derselbe um 4 Uhr Nachmittags
die Belagerung von Pravady aufgehoben habe, und in der

---

*) Plan Nr. 7.

Richtung von Marloftscha abmarschirt sei. Wirklich zeigten sich auch schon einzelne feindliche Haufen an dem Rande der bewaldeten Berghöhe und man konnte gegen Abend einen Angriff erwarten. Hierüber entstand nun im russischen Lager großer Alarm, denn die Truppen waren unstreitig sehr verzettelt und das Hauptquartier selbst höchlich bloß gestellt.

Die Streitmacht, mit welcher General Diebitsch es unternommen hatte, dem Vezier den Weg nach Schumla zu verrennen, bestand aus folgenden Truppen:

	Esc.	Bat.	Gesch.	
Vom II. Corps:				
die 2te Huf.-Div.	16	—	24	
„ 5te Inf.-Div.	—	8	16	Die Jäger-Brigade war vor Silistria geblieben.
„ 6te „ „	—	12	24	
Vom III. Corps:				
die 3te Huf.-Div.	12	—	16	Regt. Wittgenstein stand in Pravady.
„ 7te Inf.-Div.	—	4	8	Die Regimenter Murom und Reschniszoret.
Vom VI. Corps:				
die 4te Ulan.-Div.	12	—	8	1 Regiment in Pravady.
„ 16te Inf.-Div.	—	6	20	Das Regiment Ochozk und das 31ste Jäger-Regt. waren seit dem Gefecht von Arnautlar in 1 Bat. formirt. 4 Bat. standen in Pravady. Die 17te Division befand sich in der Wallachei.
Vom VII. Corps:				
Bugsche Ulanen	20	—	12	
die 18te Inf.-Div.	—	10	10	2 Bat. Kajaun in Bazardschik.
„ 19te „ „	—	4	8	2 Bat. in Devno, 4 in Szilebolie.
	60	44	146, wovon 40 12pfünder,	

zusammen nebst Kosaken, aber ohne die Besatzung von Pravady, ungefähr 7000 Pferde 21,200 Mann Infanterie, oder überhaupt 28,000 Combattanten mit 146 Geschützen, eine

Heeresabtheilung, welche versammelt den 40,000 Türken vollkommen gewachsen sein mußte.

Nun standen aber am 10. Juni von dem, einschließlich
der Besatzung von Pravady, 31 bis 32,000 Mann starken
Corps

unter Gen. Kreutz bei Bulanik 16 Esc. u. 2 Kos.-Reg. 2500 M.

„ „ Pahlen bei Matara 20 Esc. 24 Bat. 14000 „

„ „ Roth und Rüdiger bei

Tauschan Koslubscha 24 „ 20 „ 12000 „

„ „ Kuprianof zu Pravady 8 „ 4 „ 2800 „

Es war demnach die russische Streitmacht an diesem
Tage auf dem Bogen Pravady, Tauschan-Koslubscha, Jenibasar, Matara, Bulanik vertheilt, welcher 5 Meilen lang ist.
Der Großvezier hingegen stand auf dem Plateau zwischen
Markeftscha und Tschirkowna im Mittelpunkt jenes Bogens,
gleichweit von den Endpunkten Pravady und Schumla entfernt, und 3 bis 4mal so stark, als jede der beiden Haupt-
abtheilungen des Feindes einzeln genommen, nämlich als die
zunächst stehenden Corps der Generale Pahlen und Roth.
Um sich mit dem andern zu vereinen, hätte eins dieser Corps
über das Defilee von Jenibasar einen Marsch von 2 starken
Meilen machen müssen, und der bei den Türken nie zu ver-
achtende erste Andrang konnte entscheiden, wenn der Vezier
noch an diesem Tage anzugreifen vermochte.

Ob nun dieser bei Pravady wirklich Kunde davon gehabt hat, daß die Hauptmacht der Russen unter ihrem Obergeneral vereint worden, ist zweifelhaft geblieben. Das Erscheinen eines feindlichen Corps vor Schumla bestimmte ihn
jedoch, sogleich dorthin abzurücken. Die bei Pravady aufgestellte Cavallerie-Brigade versuchte ihm zu folgen, aber die
türkische Reiterei drehte um, warf sich mit Uebermacht auf die
beiden russischen Regimenter, mißhandelte sie und nahm ihnen
4 Geschütze ab. Der Vezier konnte jetzt 3 Wege einschlagen,

nördlich über Newtscha und Jenibasar, in der Mitte über
Markoftscha und Tschirkowna oder südlich über Kamarna und
Marasch. Die erstere Richtung führte ihn nur dann nach
Schumla, wenn er den General Roth schlug, die letztere war
die sicherste, aber die Straße durch die vielen Nebenthäler
des Kamtschik so schwierig, daß auf derselben die Artillerie
nicht mit fortzubringen war. Es war also natürlich, daß er
die mittelste und kürzeste Straße auf dem ebenen Plateau
wählte, auf welcher er gesichert Schumla bis auf 2 Meilen
nahe kam. Von hier konnte er die russischen Lager bei Tauschan Koslubscha und bei Matara wie auf einer Karte übersehen, und mußte sich jetzt überzeugen, daß er es mit beträchtlichen Streitkräften zu thun habe. Ein Angriff auf das erste
Lager konnte nur mit gänzlicher Preisgebung aller Communicationen geschehen und führte ihn direkt auch nicht nach
Schumla. Es wäre daher ganz natürlich gewesen, wenn er
sich sofort auf den General Pahlen geworfen hätte. Ob er diesen
bei dreifacher Ueberlegenheit geschlagen haben würde, wollen
wir ganz ungesagt lassen, wahrscheinlich bleibt jedoch, daß er
sich mit der Mehrzahl seiner Infanterie und Cavallerie den
Weg nach Schumla gebahnt haben würde, wenn er auch
wirklich einen Theil seiner Artillerie und seinen Troß verloren hätte. Dazu kommt noch, daß nach zuverlässigen Nachrichten in Schumla zu der waffenfähigen Einwohnerschaft und
den dort zurückgelassenen 6000 Mann Truppen, seit dem Abmarsch des Veziers 5000 Albanesen gestoßen waren, so daß
von dort ein Corps von wenigstens 10,000 Mann durch einen
gleichzeitigen Ausfall in den Rücken des General Pahlen operiren konnte, denen nur 2500 Reiter unter General Kreutz
gegenüberstanden.

Im russischen Hauptquartier war schon Tags vorher
während des Marsches in Vorschlag gebracht worden, gleich
bei Newtscha mit dem General Roth vereint auf das Plateau

hinauf zu rücken, wo man dann den Vezier bei Pravady selbst hätte angreifen können. Allein die Höhe war nur durch eine einzige, ziemlich schwierige Felsschlucht zu ersteigen, und da diese mißliche Unternehmung in so großer Nähe des Feindes ausgeführt werden mußte, so hatte der Obergeneral sie mit Recht verworfen. Dagegen wäre es wohl möglich gewesen, die russische Streitmacht auch schon am 10. bei Matara zu vereinen. Zwar hatten das VIte und VIIte Corps einen Nachtmarsch von 3 Meilen gemacht, sie hatten ihn aber, Dank der Unaufmerksamkeit der im Newtscha-Thale stehenden türkischen Cavallerie, unangefochten ausgeführt, den Tag zu= vor Ruhe gehabt, und würden nach einiger Rast zu Tauschan Koslubscha am Mittag füglich noch haben den Bach von Jeni= basar passiren können. Bei Matara stand General Diebitsch dann mit vereinigten Kräften bereit, jedem Vordringen des Feindes, auf welcher Straße er immer kommen möchte, ent= gegen zu treten. Dies war nun nicht geschehen, und es läßt sich wohl nicht in Abrede stellen, daß die Lage des General Diebitsch am 10. Juni eine ziemlich bedenkliche war, wenn die Türken ihren Vortheil der Concentrirung gegen die ge= trennten Streitkräfte des Gegners nutzten und die Besatzung von Schumla mit dem Corps von Pravady zusammenwirkte.

Allein der Großvezier hätte kein Türke sein, nicht über Türken befehlen müssen, wenn er nicht auf den folgenden Tag verschoben hätte, was sich nur irgend verschieben ließ, und selbst, was nie hätte verschoben werden sollen. Das Glück lächelte ihm nur während weniger, im Kriege oft sehr kost= barer Stunden, sie verstrichen unbenutzt, und General Diebitsch, welcher seine Lage zu würdigen wußte, zog noch während der Nacht das Corps der Generale Roth und Rüdiger an sich. Am Vormittag des 11. Juni verlegten 28,000 Russen dem Vezier den Weg nach seinem Schumla.

11. Juni.   Sobald am 11. die Colonnenteten des VIten und VIIten

Corps sichtbar waren, wurde das IIte Corps auf das rechte
Ufer des Bulanik=Baches vorgeschoben*). General Roth
langte jedoch erst um 11 Uhr Vormittags bei Matara an.
Die Stellung der Russen war nunmehr folgende: Das Haupt=
quartier an dem Begräbnißplatz rechts von Matara wurde
durch 5 Bataillone (4 von der 7ten Infanterie=Division,
1 vom IIten Corps) und 1 Brigade Bugscher Ulanen gedeckt,
die zugehörige Artillerie war vor der Front aufgefahren.

Den linken Flügel bildete das VIte Corps des General
Roth und das VIIte des General Rüdiger. Dies erste Treffen
bestand aus 12 Bataillons und 34 Geschützen, welche in den
Intervallen aufgestellt waren, das 2te aus 8 Bataillons mit
24 Geschützen. Auf dem linken Flügel in gleicher Höhe mit
dem ersten Infanterie=Treffen hielten 3 Regimenter der 3ten
Husaren=, 2 der Bugschen und 1 der 4ten Ulanen=Division
in 3 Brigaden rangirt, mit 2 reitenden Batterien. Kosaken
deckten die linke Flanke.

Den rechten Flügel bildeten jenseits des Bulanik=Baches
14 Bataillone des IIten Corps, General Pahlen, mit ihrer
Artillerie in 2 Treffen aufgestellt. Der Rest der Infanterie
des Corps war unter dem General Ostroschenko als Avant=
garde vorgeschickt. Sie bestand aus der Jäger=Brigade der
6ten Division (nämlich 4 Bataillons des 11ten und 12ten
Jäger=Regiments), 1 Bataillon Murom, ferner aus 3 Es=
cabrons des Husaren=Regiments Irkutzk von der 2ten Husaren=
Division, einer Abtheilung Kosaken und 4 reitenden Geschützen.
Diese Avantgarde (DD) stand in und hinter den Dörfern Ku=
lewtscha und Tschirkowna.

Rechts von dem letztgenannten Orte erstreckte sich eine
Vorpostenlinie von Kosaken (EE) gegen Süd bis zu dem
Dorfe Tschermedin, woselbst das Regiment Elisabethgrod der

---

*) Plan Nr. 7.

2ten Husaren-Division aufgestellt war. Die beiden übrigen Regimenter dieser Division wurden erst während der Schlacht von C (General Kreutz) herangezogen. Die Kosaken-Posten reichten längs des Strandscha-Baches von Tschermedin bis zur Stellung des General Kreutz.

General Buturlin hatte schon früh am Morgen auf der Straße nach Marasch recognoscirt, aber dort vom Feinde nichts entdeckt. Es wurde daher sehr wahrscheinlich, daß die Truppen, welche sich am Rande des Gebirgsplateaus über Kulewtscha zu beiden Seiten des bei Tschirkowna von dem= selben he abführenden Weges schon seit gestern zeigten, die Vorläufer des feindlichen Hauptcorps waren, und daß dieses auf der geradesten Straße von Pravady nach Schumla her= anzog. Zwei türkische Bataillone regulairer Infanterie hatten hohle Quarrees formirt, und 2 Geschütze in ihre Intervalle aufgestellt. Am Wege selbst befand sich eine starke Batterie. Eine Menge irregulairen Fußvolks stand halb verdeckt am bewaldeten Rand des Abhanges, und man schätzte sie auf 6 bis 8000 Mann. Da nun bis Mittag die Türken in dieser Stellung verblieben, so befahl General Diebitsch, um Gewiß= heit darüber zu erlangen, was er vor sich habe, eine Recog= noscirung durch die Avantgarde des General Ostroschenko.

Derselbe ging über den Grund südlich von Tschirkowna, nahm den rechten Flügel etwas vor, und rückte, die Artillerie in den Intervallen, gegen die Höhe an (GG). Alsbald er= öffnete eine türkische, verdeckt stehende Batterie ein heftiges Kartätschfeuer und dichte Massen von Fußvolk und Reitern stürzten sich auf die russischen Colonnen, welche nicht mehr Zeit hatten, Quarrees zu formiren. Die Spahis machten hier Attacken den steilen, mit Geröll überschütteten Abhang hinab, auf einem Terrain, wo europäische Cavallerie sich kaum im Schritt zu bewegen vermocht hätte. Im Allgemeinen griffen die Türken in der Front nur leicht an, gewannen aber von den die Russen rings einschließenden Höhen herab sogleich beide Flanken. Die regulaire Infanterie, welche sich debordirend auf die Bataillone des 11ten und 12ten Jäger-Regiments warf, erhielt sich im nahen Gewehrschuß von denselben und drängte sie bald nach Kulewtscha zurück. Auf dem rechten Flügel geräth das Bataillon Murom, durch einen Grund von den übrigen getrennt, stark ins Gedränge. Das Regiment Irkutzk Husaren sieht sich von der türkischen Reiterei in der rechten Flanke genommen, will sich in Colonne setzen, um zu schwenken, hat aber nicht mehr Zeit dazu, sondern stürzt sich mit rechtsum in den Feind. Dieser wird geworfen, aber sogleich ist das Regiment umringt und wird zurückgetrieben (G'). Jetzt wälzt sich der ganze Schwarm gegen das Bataillon Murom, die feindlichen Schützen umstellen dasselbe, feuern auf 50 Schritt in die Massen hinein und in wenig Minuten ist das Bataillon vernichtet. Nach augenblicklichem Stillstand stürzt sich die feindliche Masse den Husaren nach (d d). Mittlerweile hat die Jäger-Brigade sich ebenfalls zurückziehen müssen, die Türken dringen nach und nehmen die Dörfer Kulewtscha und Tschirkowna. Hier verlieren die Russen nicht nur eine Menge Menschen, sondern es fallen auch 2 Geschütze in die Hände des Feindes. Da sammeln sich die Husaren, greifen den vielfach überlegenen Feind abermals an und hauen die Geschütze wieder heraus.

Um das Vorgehen der Avantgarde zu unterstützen, war General Pahlen mit seinem Corps mittlerweile in 3 Echelons rechts abgerückt. Das erste Echelon (II) bestand aus 2 Bataillons der 1sten Brigade der 6ten Division; das 2te (J) aus dem Rest dieser Division, 4 Bataillons; das 3te (L) aus 2 Brigaden der 5ten Division, 8 Bataillons.

Das erstgenannte Echelon war bis an den Grund vorgerückt, um die Trümmer des Bataillons Murom aufzunehmen, allein die Türken, welche sich mit großer Bravour schlugen, drangen über das Ravin vor, und das 1ste Echelon (II) des

General Pahlen weicht bis in die gleiche Höhe mit dem 2ten (J') zurück. Das war nun unstreitig wohl der Moment, wo der Vezier mit dem Rest seines Heeres die Höhe hätte hinabsteigen können, um den linken Flügel des IIten Armee-Corps zu umfassen, wozu das bedeckte Terrain gegen Tschermedin durchaus günstig war. Die von den Türken besetzten Dörfer deckten seine rechte Flanke, die Corps der Generale Roth und Rüdiger standen ½ Meile weit entfernt, und der Vezier hatte es überhaupt mit nur 14 feindlichen Bataillons und 12 Escadrons oder etwa 8000 Gegnern zu thun. Das Gefecht dauerte jetzt ungefähr eine Stunde, und die Russen hatten während desselben einen schweren Stand gehabt. Der Vezier hatte 15,000 im Gefecht gezeigt, er mußte reichlich ebensoviel noch in Reserve haben, dennoch wurde dieser erste gelungene Angriff nicht weiter unterstützt. Beim Debouchiren jenseits der Dörfer gerieth der türkische rechte Flügel in ein concentrisches Kartätschfeuer. Die geworfene Avantgarde hatte sich in M wieder gesetzt und wurde durch eine aus Matara herbeieilende Batterie der Bugschen Ulanen-Division von 12 Piecen unter Führung des General Arnoldi verstärkt. Diese protzten in N, später in O, auf kurze Distance vor den von Kulewtscha vordringenden Türken ab, und richteten ein verheerendes Kartätschfeuer auf die dichten Schwärme im Thalgrunde. Auf dem rechten Flügel stellte General Pahlen allein 35 Geschütze in Batterie. Die Türken konnten dieses Feuer ihrerseits nicht erwidern, da sie ihre unbehülflichen Geschütze beim Angriff nicht mitzuführen vermocht hatten. So kam das Gefecht endlich zum Stehen, dauerte aber doch mit großer Heftigkeit fort.

Mittlerweile war die 1ste Brigade der 2ten Husaren-Division, welche zur Verstärkung des General Kreutz nach Bulanik (C) entsendet gewesen war, wieder herangezogen, und auf dem rechten Flügel des General Pahlen (in J') aufgestellt worden. General Bubberg machte von hier mit den beiden

Regimentern Erzherzog Ferdinand und Pawlogrod glückliche
Attacken, die Türken zogen sich zurück, standen aber ihrerseits
von ferneren Angriffen ab. Ihre Verwundeten und Todten
schleppten sie mit sich, den Russen aber, deren sie habhaft geworden, schnitten sie die Ohren ab. Um 4 Uhr Nachmittags
hatten die Türken ihre ursprüngliche Stellung auf der Waldhöhe wieder inne, und nachdem jetzt auch die Corps der Generale
Roth und Rüdiger herangekommen waren, beschloß General
Diebitsch diese Stellung selbst anzugreifen (Klappe des Plans 7).

Die Jäger-Regimenter der 6ten Division unter General
Ostrostschenko formirten sich an den östlichen Ausgängen von
Tscherkowna und südlich des Dorfes (P). Die 8 Bataillone
der 5ten Division, welche in L gestanden, rückten über den
Bach in gleicher Höhe mit der Avantgarde vor (Q), die
1ste Brigade der 2ten Husaren-Division mit der reitenden
12pfündigen Batterie schloß sich rechts an diese an (Q') und
2 Bataillone der 16ten Division vom Corps des General
Roth bildeten den äußersten rechten Flügel der Angriffslinie
(Q''), deren Führung dem Chef des Generalstabes, General
Toll, übertragen wurde. In Reserve (R) blieben 6 Bataillone
der 6ten Division, welche zuvor die Echelons H und J gebildet
hatten, und der Rest des VIten und VIIten Armee-Corps,
18 Bataillone nebst dem Husaren-Regiment Irkutk.

Die 2te Brigade der 2ten Husaren-Division wurde dem
General Kreutz zurück, die Bugsche Ulanen-Division nach
Marasch geschickt.

Nachdem diese Formation beendet, gingen nun 4 Bataillone
der 5ten Division, mit der reitenden 12pfündigen Batterie
des tapfern General Arnoldi an der Tete, und gefolgt von
der Husaren-Brigade, ferner die 2 Bataillons der 16ten Division
mit einer 12pfündigen Batterie vor (S).

Zwischen den steilen Bergwänden verengte sich das Angriffsterrain mehr und mehr, auch sehen wir die russische Front

immer spitzer werden. Die Artillerie eröffnete ihr Feuer, konnte aber gegen die türkische Aufstellung auf der bewaldeten Höhe unmöglich sehr wirksam sein, auch mußten die Batterien beim ferneren Vorrücken in das feindliche Schützenfeuer gerathen, wenn diese den Berghang vertheidigten. Die Mitwirkung der Cavallerie hörte beim Angriff ganz auf. Die Türken scheinen diesen aber überhaupt nicht abgewartet zu haben. Einige ihrer Munitionswagen flogen auf, durch russische Granaten oder eigene Fahrlässigkeit entzündet, und dies wurde das Signal zu einem allgemeinen Rückzug, welcher theilweise wohl zuvor schon angefangen hatte. So gelang es den Russen, die Höhe zu ersteigen, die türkische Batterie in X wurde genommen und der Feind durch die 5te Division, durch die Husaren der 2ten Division und die Kosaken bis gegen Markoftscha verfolgt, wo diese Truppen auf den General Kuprianof stießen, welcher aus Pravady in der entgegengesetzten Richtung anrückte.

Die Türken, welche kurz zuvor beim Angriff mit so großem Muth gefochten, leisteten bei der Vertheidigung ihrer starken Stellung fast gar keinen Widerstand. Ihr Rückzug artete sogleich in die zügelloseste Flucht aus. Man fand nirgends mehr geschlossene Truppentheile, welche Widerstand geleistet hätten, Alles löste sich einzeln auf und verschwand im Walde, so daß an diesem Tage auch fast gar keine Gefangene gemacht wurden. Die Wege standen voll von Artillerie und Fahrzeug, und nachdem das ganze Material in die Hände der Russen gefallen, kehrte General Pahlen von der Verfolgung zurück, weil der Feind nicht mehr aufzufinden war. Eine größere Zahl von Gefangenen wurde erst während der folgenden Tage eingebracht. Unter den Trophäen befanden sich außer einer sehr großen Anzahl von Pulverwagen 56 türkische Geschütze. Sie waren in schlechtem Zustand und von sehr verschiedenen Calibern, aber noch verschiedener war das ihrer

Geschosse. Bei den Kartätschschüssen waren Kugeln von jeglicher Größe mit kleinen Gewehrkugeln zusammengeworfen. Die Achsen der Geschütze waren von Eisen und sehr massiv, die Räder plump. Die Kanonen, theils mit Pferden, theils mit Maulthieren bespannt, hatten eine Vorrichtung, um mittelst Gurte während des Gefechts von Menschen gezogen zu werden. Eine Menge türkischer Zelte von grün angemaltem Baumwollenzeug wurde bei dem eingetretenen Regenwetter sogleich benutzt. Für die Verwundeten erbaute man Baracken, welche mit Rittersporn und wildem Mohn eingedeckt wurden.

Prüfen wir den Gang der Schlacht von Kulewtscha, so finden wir, daß die Stellung des General Diebitsch offenbar darauf berechnet sein mußte, dem Vezier, auf welcher der 3 Straßen er auch gegen Schumla heranziehen mochte, entgegentreten und ihn völlig von diesem ihm so wichtigen Punkt abschneiden zu können. Sie mußte daher auf der mittlern dieser Straßen gewählt werden, welche ohnehin die kürzeste und wahrscheinlichste Rückzugslinie des Gegners war, und von welcher aus durch einen Marsch von einer Stunde die Russen dem Vezier auch auf jeder der beiden andern Straßen begegnen konnten. Wir haben schon erwähnt, daß es nicht wohl möglich war, von Newtscha her das Plateau zu gewinnen, ebenso wenig konnte das von Matara aus geschehen, wo der Rand der Höhe schon von Türken besetzt gefunden wurde; auch hätte man von dort aus weder die Straße über Jenibasar, noch die über Kamarna beherrscht, welche der Feind möglicherweise einschlagen konnte. Es blieb also nur übrig, eine Stellung zwischen Tschirkowna und Schumla zu nehmen. Die Entfernung zwischen diesen beiden Punkten beträgt überhaupt nur 2 Meilen. Wenn es daher zwar einerseits nicht angenehm war, sich dicht unter der Höhe aufzustellen, von welcher man vollständig übersehen war, so gerieth man dagegen, je mehr man sich Schumla näherte, desto mehr in Gefahr, zwischen zwei gleich-

zeitige Angriffe zu kommen, nämlich zwischen den Andrang des
Veziers und einen Ausfall der Besatzung des verschanzten
Lagers. Hiernach war der dem General Pahlen angewiesene
Punkt nahe vor Tschirkowna, wo er den Vezier unmittelbar
beim Debouchiren aus dem Gebirge empfing, unstreitig der
richtige. Es scheint aber, daß dorthin auch gleich die Generale Roth und Rüdiger herangezogen werden mußten. Eine
gegen Jenibasar vorgeschobene Cavallerie=Brigade hätte den
Anmarsch des Veziers auf der nördlichen Straße, in der dort
ganz offenen Gegend zeitig genug entdecken müssen, um diesem
mit dem gesammten Heer von Kulewtscha aus auf dem Ter=
rainabschnitt von Kalugre zuvorzukommen, ohne daß General
Roth deshalb bei Matara stehen zu bleiben brauchte. Der
Vezier konnte eben so gut über Kamarna marschiren, und dann
stand der General Roth in Matara ³/₄ Meilen von dieser
Straße entfernt. Selbst als die Türken später wirklich über
Tschirkowna debouchirten, sahen wir, wie das eigentliche Gefecht eine ungünstige Wendung nahm, ehe das VIte und VIIte
Corps herangezogen werden konnten. Als Reserve befanden
sich daher das VIte und VIIte Corps bei Matara zu entfernt,
eine Offensive von dort aus war aber ganz unmöglich, vielmehr stand die eine Hälfte des russischen Heeres hier mit der
Front gegen eine fast unersteigbare Gebirgswand, und nur
1000 Schritt von derselben entfernt, so daß die Türken jedes
Bataillon zählen, ja in voller Sicherheit die Russen hätten
beschießen können, wenn sie eine Batterie auf diese Höhe aufgefahren hätten. Auch finden wir, daß von der gesammten
Infanterie des VIten und VIIten Corps nur 2 Bataillone an
dem Kampf wirklich Theil genommen haben.

Was nun den Gang des Gefechts selbst betrifft, so wurde
die Avantgarde unter dem General Ostroschenko, welche in den
Dörfern Kulewtscha und Tschirkowna schon über ¼ Meile
von dem Corps des General Pahlen entfernt stand, ohne un-

mittelbare Unterstützung in dem vom Feinde rings umschlossenen Bergkessel noch weiter vorgeschoben. Der Oberbefehlshaber wollte, wie es scheint, selbst um einen hohen Preis Gewißheit erlangen, ob er das feindliche Hauptheer oder nur eine
Abtheilung vor sich habe, um sich nicht in ein Nebengefecht
zu verwickeln, während der Vezier auf einer andern Straße
entkam. Daß die Türken in ihrer Lage am 11. Juni bis nach
Mittag noch keine Miene zum Vorbringen machten, sondern
den Angriff des Gegners abwarteten, konnte allerdings Zweifel erregen. Die Avantgarde schaffte die gewünschte Gewißheit, aber sie bezahlte sie auch. Abermals in diesem Kriege
gab man den Türken Gelegenheit, sich mit vielfacher Ueberlegenheit auf eine schwache russische Abtheilung zu werfen.
Die Nähe der Dörfer und das musterhafte Verhalten von
3 Escadrons des Husaren-Regiments Irlütz! retteten die Bataillone des General Ostroschenko vom gänzlichen Untergang,
nichtsdestoweniger mußten gleich nach der Schlacht das 11te
und 12te Jäger- und das Regiment Murom, jedes auf 1 Bataillon reducirt, und letzteres nach Jasytepe zurückgeschickt werden, um sich wieder zu formiren.

Das Anrücken des General Pahlen hatte das den Russen
Anfangs so nachtheilige Gefecht zum Stehen gebracht, ob es
aber dem Vezier wirklich den Weg nach Schumla verlegt
haben würde, wenn dieser einfach mit Allem was er hatte, in
der Richtung auf Tschermedin vorrückte, darf wohl billig be-
zweifelt werden. Wahrscheinlich hätten die Türken den größten
Theil ihres Gepäckes und ihrer Artillerie eingebüßt, aber der
Rückzug nach Kjötesch, der Hinterthür von Schumla, konnte
ihnen kaum verwehrt werden. Der Vezier aber zauderte,
seine Vorhut, wahrscheinlich der bessere Theil seines Heeres,
wich zurück, und nun waren auch General Roth und Rüdiger
auf dem Schlachtfelde angelangt.

Sobald General Diebitsch gewiß war, daß er den Vezier

21*

vor sich habe, und nachdem er seine Streitkräfte versammelt, beschloß er zur Offensive überzugehen. Der Gedanke, unmittelbar nach einem entschieden nachtheiligen Gefecht einen fast doppelt so starken Gegner auf seinen Felshöhen anzngreifen, zengt eben so sehr von der Entschlossenheit des Führers, als von dem Vertrauen, welches er in die Tapferkeit seiner Truppen setzen durfte; denn daß dieses Unternehmen so wenig Widerstand finden würde, wie wirklich geschah, war keineswegs mit Wahrscheinlichkeit vorher zu sehen. Der Angriff, sofern der Gegner ihn überhaupt nur abwartete, konnte weder von Artillerie noch von Cavallerie unterstützt werden, und die Infanterie gerieth dabei in ein Waldterrain, welches der Fechtart des russischen Fußvolks durchaus ungünstig war.

Allein die Türken, um es kurz zu sagen, liefen davon. Wir sehen sie auch hier von der tollkühnsten Verwegenheit zur gänzlichen Verzagtheit übergehen, und der erste ungestüme Andrang verwandelt sich unmittelbar darauf in regellose Flucht. Der Vezier soll nach Aussage eines gefangenen Bimbaschi (oder Bataillons = Commandeurs) wirklich von dem Marsch des General Diebitsch gar keine Kenntniß gehabt haben. Er glaubte, daß nur General Roth ihm die Verbindung mit Schumla abzuschneiden versuche, und beschloß daher, sich auf diesen zu werfen, um dann vor Pravady zurückzukehren. Nachdem er sich durch das Gefecht überzeugt, daß er ein stärkeres Heer vor sich habe, scheint es, daß er durch einen Linksabmarsch die Straße von Kamarna auf Marasch hat gewinnen wollen, zu welchem Zweck eine Arriergarde bestimmt wurde. Aber ein solches Heer, wie das seinige, ist immer noch eher eines dreisten Vorgehens, als eines Rückzugs im Angesicht des Feindes fähig. Das Auffliegen einiger Munitionswagen (was übrigens den Türken in jedem Gefecht zu begegnen scheint) gab das Signal zur allgemeinen Auflösung. Dabei mag übler Wille allerdings mit im Spiel

gewesen sein. Besonders mißvergnügt war die regulaire In=
fanterie, welche sich an den Zwang der Disciplin nicht ge=
wöhnen konnte. „Ueberall, wo Gefahr und Schwierigkeit,
müßten sie voran", sagten die Ueberläufer dieser Truppe,
„überhaupt ließe man sie zuviel marschiren." Mancher mochte
in dieser Niederlage einen Triumph der vom Islam gehei=
ligten alten Sitte über die ruchlosen Neuerungen erblicken,
und ein großer Theil der regulairen Soldaten warf die Ba=
jonnettflinte, welche ja ohnehin sein Eigenthum nicht war, von
sich. Andere fochten auf eigene Hand, schossen auf ihre Of=
fiziere und plünderten die nächsten Ortschaften. Es hatte unter
den regulairen Truppen das Gerücht Eingang gefunden, der
Großherr beabsichtige jedem dazu gehörigen Mann ein Zeichen
auf die Stirn einbrennen zu lassen, an welchem er kenntlich
wäre, wenn er entwiche. Uebrigens scheint großer Mangel an
Lebensmitteln im türkischen Heer geherrscht zu haben. Die
Gefangenen waren ganz entkräftet und verlangten vor allen
Dingen zu essen, weil sie seit mehreren Tagen gehungert hätten.
Viele des Weges unkundige Asiaten kamen in den Wäldern
aus Mangel um. Der Vezier selbst erreichte mit nur 600
Pferden Schumla über Marasch.

Die Russen gaben ihren Verlust in der Schlacht auf
1500 Todte und 1000 Verwundete, also ungefähr auf 10
Procent sämmtlicher Streitkräfte an, derselbe traf aber wirk=
lich nur einen geringen Theil des Heeres, nämlich fast aus=
schließlich nur die Avantgarde und einige Bataillone der 6ten
Division. Unter den Verwundeten befanden sich die Gene=
rale Ostroschenko und Glasenap, außerdem 61 Stabs= und
Oberoffiziere.

Der türkische Verlust in der Schlacht mag wenig größer
gewesen sein, erst während des Rückzugs trat die allgemeine
Auflösung ein. Aber ein türkisches Heer kann nicht leicht ver=
nichtet, sondern nur zersprengt werden: so fanden sich denn

auch jetzt, während voller 14 Tage, die Trümmer des bei Kulewtscha geschlagenen Corps auf den verschiedensten Wegen und in kleinen Haufen wieder in Schumla zusammen. Die erste Unternehmung des Veziers im Mai gegen den General Roth, als ihm noch kein anderer Feind im Felde gegenüberstand, kann nicht wohl als eine verfehlte betrachtet werden. Sie hatte seinen Gegnern empfindlichen Schaden zugefügt, das türkische Heer aber physisch geübt und moralisch gestärkt. Die zweite größere Expedition im Juni war weit bedenklicher. Reschid Mehmet mochte sich mit derselben gegen Silistria oder gegen Pravady wenden, immer stand ein feind= liches Corps nur 4 Märsche entfernt beziehungsweise in seiner rechten oder linken Flanke, auf dessen Einwirkung er bei län= gerem Verweilen zu rechnen hatte. Silistria war noch nicht so gedrängt, daß es eines Entsatzes dringend bedurft hätte, ohnehin konnte dieser durch Hussein Pascha aus Rustschuk erfolgen. Der Vezier richtet daher seinen Marsch gegen General Roth nach Koslubscha, wo er aber den Gegner nicht mehr in zer= streuten Winterquartieren, sondern versammelt und bereit, ihn zu empfangen, vorfindet. Er wendet sich nun gegen Pravady und verbeißt sich abermals auf einen Punkt, dessen Besitz ihm, im Fall des Gelingens seines Angriffes, in der That wenig Nutzen gewähren konnte. Acht Tage lang bestürmt er verge= bens das schwache Hornwerk auf der westlichen Höhe und läßt dem General Diebitsch Zeit, heranzukommen und ihm den Rückzug nach Schumla zu verlegen. — Der Versuch, diesen Punkt wieder zu gewinnen, kostet ihm sein Heer.

Wie der vorige Feldzug durch die Unthätigkeit Hussein Paschas und seines Unterfeldherrn, Omer Brione, verloren, so wurde der Erfolg des diesjährigen durch den Unterneh= mungsgeist Reschid Mehmets verdorben. Es waltet hier der wesentliche Unterschied ob, daß Hussein am Schlusse der Opera= tionen gegen ein ermattetes feindliches Heer mit großer Aus=

sicht auf Gelingen und mit geringer Gefahr unstreitig hätte handeln sollen, während Reschid zu Anfang des Feldzugs und gegen eine frische und kräftige Armee auf die größte Behutsamkeit angewiesen war. Denn nichts konnten die Russen mehr wünschen, als eine Schlacht im freien Felde mit der türkischen Hauptmacht.

Durch den Sieg bei Kulewtscha war die ganze Lage der Dinge verändert und mit Erwartung blickte man auf die nächsten Schritte des General Diebitsch. Die Expedition zur See nach Sziseboli8 jenseits des Balkan und überhaupt die ganze Sachlage machen es unzweifelhaft, daß ein Ueberschreiten dieser Schutzmauer des osmanischen Reichs vom Anfang an in der Absicht des kaiserlichen Heerführers gelegen habe. Neue Instruktionen aus Warschau konnte der Oberfeldherr nicht einzuholen haben, da ja nichts geschehen war, als wonach man vom Anfang des Feldzugs gestrebt und was man gewünscht hatte, ein Sieg über die feindliche Hauptmacht. Ueberdies traf schon am 27. der Courier ein, welcher die Belohnungen für die gewonnene Schlacht überbrachte. Lag daher ein Uebergang über den Balkan nothwendig in dem ursprünglichen Plan des Feldzugs, so schien auch jetzt der Zeitpunkt gekommen, ihn zu verwirklichen, und jedes längere Zögern konnte die Unternehmung nur erschweren.

Zwar war Schumla nicht in die Gewalt der Russen gefallen, allein dieser Punkt gewinnt seine Bedeutsamkeit nur durch die Anwesenheit eines Heeres. Die streitbare und waffenfähige Einwohnerschaft gab Schumla immer noch ein starkes Defensiv-Vermögen, die Trümmer einer geschlagenen Armee ohne Artillerie verliehen hingegen dem Platz keine offensive Kraft, welche nicht durch Aufstellung eines Beobachtungscorps zu paralysiren gewesen wäre. Silistria war vollkommen eingeschlossen, Varna genommen und basirt auf die

Dobrudscha und auf das Meer, konnten die Russen jetzt den
Balkan überschreiten. Die Jahreszeit war diesem Vordringen
günstig, die Hitze hatte 28° Réaumur noch nicht überstiegen,
im Gebirge, sowie am Südfuß desselben fand man überall
noch frisches Gras und Saaten zur Ernährung der Pferde.
Starke Gewitterregen erhielten selbst die Ebene grün. Unmittelbar nach der Schlacht von Kulewtscha mußte das Erscheinen eines russischen Heeres überall durch Ueberraschung
wirken. Durch längeres Verweilen gewannen auch die Türken
Zeit, ihre Streitkräfte zu sammeln und sich in Aidos, Karnabatt und andern wichtigen Punkten zu verschanzen, während
die Russen durch Krankheit täglich einen Theil ihrer Streitkräfte einbüßten. Denn schon war in Pravady die Pest ausgebrochen und der Gesundheitszustand in Varna ein Schrecken
erregender.

Alle diese Verhältnisse sprachen für den unverweilten Uebergang über den Balkan. Allein General Diebitsch verfügte nur über
25,000 Mann. Ließ er für die durchaus nothwendige Beobachtung des Veziers auch nur 10,000 vor Schumla stehn, so
blieben ihm überhaupt 15,000 Combattanten, mit welchen er
das Gebirge durchziehn, in den Kern des feindlichen Landes
eindringen und möglicherweise einen Volks- und Glaubens-
kampf bestehen sollte. Silistria war hart bedrängt, und der
endliche Fall dieses Platzes wurde täglich erwartet. Wenn
nun das Corps des General Krassowski die einzige Verstärkung war, welche General Diebitsch zu hoffen hatte, so ist es
wohl natürlich und vollkommen gerechtfertigt, daß der Commandirende, bevor er den entscheidenden Schritt that, das Eintreffen dieser Truppen-Abtheilung abwartete.

Noch andere, nicht unerhebliche Betrachtungen traten
hinzu. Angeknüpfte Unterhandlungen, die Nothwendigkeit,
einen vieltägigen Bedarf der Truppen zu fassen, welcher nicht
ausreichend zur Stelle war, das unvermeidliche Umhertappen,

um sich selbst die Kenntniß von der Größe des gewonnenen Sieges zu verschaffen, der Wunsch, den Truppen einige Ruhe zu gönnen, endlich die Absicht, die Belagerung von Silistria gegen etwa noch zu versuchenden Entsatz aus Rustschuk zu decken, und tausend kleinere Rücksichten, die der Brille der Kritik gewöhnlich entgehen, und welche General Clausewitz so bezeichnend die Friction der Kriegs=Maschine nennt; alles dies vereint, war der Grund zu dem Stillstand, welcher jetzt in den Kriegs=Operationen eintrat.

Vierter Abschnitt.

Stillstand der Operationen von Mitte Juni bis Mitte Juli. Ueber= schreiten des Balkan. Gefecht bei Aidos, Jamboli und Slivno. Marsch auf Adrianopel.

Als am Tage nach der Schlacht ein Tedeum für den 12. Juni. Sieg gesungen, marschirten sofort General Roth nach Ma= rasch, General Rüdiger nach Eski = Stambul, um den ver= sprengten Türken den Rückzug nach Schumla abzuschneiden. General Pahlen hingegen, nachdem er von der Verfolgung zurückgekehrt, blieb bei Matara aufgestellt.

Auf ihrem Marsche nach Eski = Stambul am 12. waren die Husaren der 3ten Division unter General Madatof eini= gen Schanzen nahe gekommen, welche die Türken bei den vormaligen russischen Redouten Nr. 3 und 4 (siehe den Plan von Schumla) angelegt hatten. Die Husaren greifen eine derselben an, bringen durch die Kehle ein und nehmen sie, die zweite Verschanzung widersteht, die Husaren sitzen ab und erobern sie mit gefällter Lanze. Die 3te Schanze schlägt den

Angriff zurück, bis Infanterie herankommt, und das Ochoß-kische Regiment erstürmt hierauf auch diese Verschanzung und stößt die Besatzung nieder. 600 Türken blieben auf dem Platz, 12 Fahnen und 5 Kanonen wurden erobert, ein großes dahinter stehendes Lager genommen und die Russen verloren bei diesem Gefecht nur 100 Todte und Verwundete.

13. Juni. Am folgenden Tage recognoscirte der Commandirende mit seinem Chef des Generalstabes das Lager vor Schumla. Im russischen Hauptquartier war man geneigt zu glauben, daß während der anfänglichen Bestürzung unmittelbar nach der Schlacht jener wichtige Punkt durch einen kühnen Angriff genommen werden könne, und der Erfolg des gestrigen Ge-fechts, wo selbst Cavallerie feindliche Schanzen erstürmte, schien für jene Ansicht zu sprechen. Allerdings war diese Er-oberung von großem moralischen Einfluß, dagegen wohl zu erwägen, daß 18,000 bewaffnete Einwohner leicht einen sehr hartnäckigen Widerstand leisten konnten, daß man beim Miß-lingen des Angriffs die Erfolge des eben erfochtenen Sieges abermals in Frage stellte, und daß selbst im günstigsten Fall der Besitz von Schumla keine positiven Vortheile für das weitere Vordringen bot, da man die aus ihrer Stellung ver-triebenen Türken dann jenseits des Balkan wiedergefunden hätte, auch überdies die nöthigen Truppen zur Besetzung des ausgedehnten Lagers für die Offensive nicht entbehren konnte.

Am Nachmittage hörte man eine heftige Kanonade bei Marasch und Eski-Stambul. Sie war gegen türkische Cavallerie-Abtheilungen gerichtet, welche Schumla zu erreichen suchten und auch wirklich erreichten. Ein türkischer Ausfall aus der Matschiner Redoute blieb ohne Erfolg.

Während der nachfolgenden Tage wurden Unterhandlun-gen mit den Türken gepflogen. Ein Zelt war zwischen den Vorpostenketten aufgeschlagen, in welchem der russische Staats-rath Fonton mit dem Bevollmächtigten des Veziers zusammentraf. General Diebitsch ließ diesem erklären, daß er, den von seinem Monarchen empfangenen Weisungen gemäß, seinen so eben erfochtenen Sieg nur als ein Mittel zur Beendigung des Krieges durch Unterhandlungen betrachte.

Der Vezier entgegnete, „daß Sieg und Niederlagen nur vom Willen Gottes abhingen, wie sie denn durch seinen unabänderlichen Rathschluß bei Pravady und Kulewtscha bald den einen, bald den andern Theil betroffen hätten. Er selbst sei nur Militair-Statthalter und mit der politischen Lage der Dinge unbekannt." Ohne daher die Unterhandlungen ganz von der Hand zu weisen, ließ er sich doch auf keine bestimmten Verbindlichkeiten ein. — Die Türken erhielten übrigens Erlaubniß, ihre Todten bei den Redouten 3 und 4 zu bestatten. Sie begruben an Ort und Stelle nur die von den Hunden angefressenen Leichname, führten hingegen die übrigen nach Schumla mit sich.

Am 15. Juni rückte das Hauptquartier vor Schumla *15. Juni.* und bezog, nachdem die Zelte eingetroffen, ein förmliches Lager. Eski-Stambul und Marasch wurden verlassen. General Pahlen bildete mit dem IIten Corps den rechten Flügel bei der Redoute Nr. 26 (Plan von Schumla), General Roth mit dem VIten die Mitte bei Kassaply, General Rüdiger mit dem VIIten Corps den linken Flügel gegen Marasch zu. Die Bataillone lagerten in Colonne nach der Mitte, die Divisionen in 2 Treffen, die Artillerie in den Intervallen des ersten. Eine Abtheilung des von dem russischen Oberstlieutenant Liprandi zu Jassy neu errichteten, 300 Mann starken Bataillons traf im Lager ein. Es war aus allerlei Gesindel, Arnauten, Wallachen und Serben, zusammengesetzt worden, welche, ganz auf türkische Weise bewaffnet, zum Gebirgskrieg im Balkan benutzt werden sollten.

Am folgenden Tage ritt der Commandirende abermals *16. Juni.* mit schwachem Gefolge zu einer Recognoscirung gegen Schumla

der. Man traf auf keinen Feind, sondern nur auf ungeheure Meuten von Hunden, welche die Leichname auf dem Felde verzehrten und die sie störenden Reiter förmlich anfielen. Im feindlichen Lager fanden Bewegungen statt. Ein großer Theil der Zelte unten in der Ebene wurde abgebrochen und erschien 17. Juni bald darnach auf der Höhe von Strandscha. Das russische Heer wurde daher rechts geschoben. Das Hauptquartier und das IIte Corps lagerten bei Indscheljoi, das VIte rechts, das VIIte links von Bulanik. Die Ulanen unter General Kreutz wurden auf der Straße von Silistria vor, die 3te Husaren-Division unter Fürst Madatof nach Rasgrad geschickt, wohin von Schumla aus ein Corps Arnauten aufgebrochen sein sollte, um mit Hussein Pascha vereint den Entsatz der belagerten Festung zu bewirken. Fürst Madatof kehrte jedoch nach 4 Tagen zurück, ohne auf den Feind gestoßen zu sein. Am Tage vor seinem Eintreffen in Dschjummaja (oder Eski-Schumla) waren dort 2000 Mann frischer Truppen, aus Constantinopel kommend, durchpassirt. Die Ortschaften dieser Gegend waren bewohnt und wohlhabend, aber bei dem Erscheinen der Russen ergriffen die Einwohner die Flucht oder setzten sich zur Wehr. Man theilte Proklamationen aus, in welchen die Bevölkerung ermahnt wurde, sich ruhig zu verhalten und in ihren Wohnungen zu bleiben; es offenbarte sich aber im Allgemeinen eine den Russen sehr feindselige Stimmung in der Bulgarei. Eine Menge bei Kulewtscha geflüchteter Türken steckten in den Dörfern, wo sie die Communication unterbrachen, und eine starke Abtheilung von Reitern war aus Schumla ausgerückt, um die waffenfähigen Männer der Gegend zu versammeln. Die Wälder wimmelten von Bulgaren, welche den Krieg auf eigene Hand führten. Besonders schwer war es durch das buschige Terrain nach der Donau die Verbindung offen zu erhalten, 11 Generalstabsoffiziere, welche die Teten der Colonnen führten, waren

bereits durch die an den Wegen versteckt liegenden Schützen
erschossen worden. Um diesem Unwesen zu steuern, wurden
nach und nach 7 Bataillone und die ganze 3te Husaren-Division nach Dschjummaja, Rasgrad und Umgegend detachirt.
Zwei Dörfer hinter Jenibasar wurden angesteckt, weil man
dort auf russische Offiziere geschossen hatte.

Oberst Howe wurde am 1. Juli mit 2 Bataillonen nach ¹·ᴶᵘˡⁱ
dem Kamtschik entsendet, um zu recognosciren. Bald verbreitete sich die Nachricht, daß er umringt und angefallen
worden sei. Von den Kosaken, welche er abgeschickt, war nur
einer durchgekommen, und eine zu seiner Unterstützung nach-
gesendete Brigade fand ihn nicht mehr auf. Indeß kehrte
Oberst Howe am 4. glücklich zurück. Er war bis Jenikjoi
am Kamtschik vorgedrungen. Von 3000 Reitern angefallen,
hatte er seine 2 Bataillone in offene Quarrees formirt, selbige durch Tirailleurs gedeckt und war fechtend zurückgewichen,
als er feindliche Infanterie kommen sah. 40 Verwundete
hatte er auf Kameelen mitgeführt und nur 9 Todte zurückgelassen.

Um so stiller ging es vor Schumla selbst her. Dort
wurden mehrfache Recognoscirungen ohne weiteres Resultat
ausgeführt. Die Vorposten standen einander nahe gegenüber,
ohne daß von einer Seite Feindseligkeiten geübt wurden. Die
türkischen Doppel-Vedetten waren auf ganz europäische Weise,
ihre Feldwachen verdeckt aufgestellt. Im Lager exercirten die
Truppen Feuer. Man zählte 12 reguläire Bataillone, wovon
eins in rother Uniform. Sie bewegten sich in 2 Treffen, in
Colonne und in Linie mit vieler Präcision. Das Deployiren
geschah meist im Trabe und sehr schnell. Selbst das Tirailliren wurde geübt. Russische Offiziere, welche in Schumla
gefangen saßen, ließen sich ihr Gepäck hineinschicken, ebenso
kamen einzelne Türken an die Vorpostenkette herangeritten,
stießen ihre Lanzen in den Boden, legten ihre Pistolen ab

und baten, Geld oder Lebensmittel an ihre gefangenen Brü-
der abgeben zu dürfen; andere erkundigten sich, ob man wirklich die Absicht habe, über den Balkan vorzugehen. Als am
2. die Nachricht von der Einnahme von Silistria im Hauptquartier eingegangen war, machten die Russen ein Freuden-
feuer von 101 Schuß. Die Türken, dadurch alarmirt, rückten
in starken Colonnen nach den Außenwerken des Lagers. Ein
vornehmer Türke, welcher recognosciren soll, läßt sich auf einem
Teppich vor der Schanze gemächlich nieder, und schickt seinen
Tschochodar oder Mantelträger nach dem nächsten Posten, um
anzufragen, was das Schießen bedeuten solle. Auf die ertheilte Auskunft rückt Alles friedlich wieder in seine Quar-
tiere. In Schumla verbreitet man die Nachricht, die Russen
fürchten sich vor einem Ausfall und haben zeigen wollen,
daß sie noch viel Geschütz und Pulver hätten. General
Diebitsch sei gestorben und ein neuer Commandirender angelangt.

Da die türkischen Irregulairen schon anfingen, sich zu
zerstreuen, so ließ der Vezier denjenigen, welche auf rückwärts
führendem Wege betroffen wurden, die Ohren abschneiden.
Ueberläufer zu den Russen fanden sich aber trotz aller Versprechungen nur selten ein.

Am 1. Juli bewegte sich ein Transport von 200 Wagen
von Eski-Stambul heran. Die Escorte plänkelte mit den
russischen Vorposten und ein Trupp von 150 türkischen Reitern
brach aus der Matschiner Redoute vor. Die Kosaken machten
einige Gefangene, aber der Transport gelangte glücklich in
das Lager.

11. Juli.   Am 11. schickten die Türken eine Abtheilung Reiter zur
Fouragirung nach Marasch. Die Kosaken auf dem linken
russischen Flügel verlegten ihnen den Weg und machten einige
Gefangene. Die Bugsche Ulanen-Division brach zur Unterstützung auf, nun rückten etwa 3000 türkische Reiter aus und

stellten sich vor der Schanze in 3 Linien auf. General Rüdiger erhielt auf seine Anfrage den Befehl, nur dann anzugreifen, wenn der Feind weiter vorgehen sollte. Dies geschah und es entspann sich ein Flankeur-Gefecht, in welchem die Türken sich überlegen zeigten. Indeß schossen sie auf sehr große Entfernungen und der Verlust war beiderseits gering. Da man nicht recht zu dem Entschluß kommen konnte, diesem Gefecht irgendwie ein Ende zu machen, so brachten die Türken erst 2, dann 4, endlich 8 Geschütze heran, während General Rüdiger deren nur 4 hatte. Die russischen Geschütze feuerten gar nicht und von den türkischen Reitern sprengten nur immer Einzelne vor, um ihr Gewehr abzuschließen. Endlich griff General Rüdiger an. 2 Escabrons bildeten die Tete, 2 andere folgten als Echelons auf beiden Flügeln. Das 1ste Treffen der Türken bestand aus Flankeurs, das 2te war geschlossen bei den Geschützen, das 3te hielt in Reserve. Bei dem Anrücken der russischen Linie ergriffen die beiden vordersten Treffen sogleich die Flucht, und man war nahe daran, die Artillerie zu nehmen. Allein die Echelons waren zu weit zurückgeblieben, die feindliche Reserve rückte vor, und es entstand ein Stutzen auf beiden Seiten. Die Türken fingen an zu feuern, die beiden russischen Escabrons der Tete machten Kehrt, und nun stürzte sich der ganze Schwarm von Türken hinter sie drein, bis sie auf die beiden Flanken-Escabrons stießen. Sogleich kehrten sie um und wichen bis in die Verschanzungen zurück. Ihre Artillerie hatte aber mittlerweile Zeit gewonnen abzufahren. Der Großvezier selbst war bei diesem Gefecht stark ins Gedränge gekommen; 2 Kosaken verfolgten ihn lebhaft und einer seiner Pagen wurde niedergestochen. Endlich warf sich ein Delhi, welcher die Gefahr seines Paschas bemerkte, auf die Kosaken und befreite ihn. Die Russen verloren bei diesem Gefecht 50 Pferde.

Unterdeß hatte General Geismar mit seinen schwachen

Streitmitteln, der 1ſten Dragoner- und 17ten Infanterie-
Diviſion, nebſt der 10ten Infanterie-Brigade, in der Wallachei
die Beſaßungen der obern Donaufeſtungen glücklich in Zaum
gehalten. Derſelbe zeigte an, daß ihm ein Unternehmen gegen
Rahowa (an der Donau zwiſchen Nicopolis und Widdin) gelungen ſei. Es waren nemlich bedeutende Zufuhren an Korn
und andern Lebensmitteln fortwährend von Widdin die Donau
herabgeführt worden, welche theils zur Verproviantirung von
Dſchiurdſchewo und Ruſtſchuk dienten, theils von dort zu Lande
nach Schumla geſchafft wurden. Um dieſen Verkehr zu unterbrechen, beſchloß General Geismar, ſich à cheval auf der
Donau feſtzuſeßen, indem er ſich Rahowa's bemächtigte, welches
von den Türken verſchanzt war.

Zu dieſem Zweck wurde das mit 2 Geſchüßen in Oſtro-
weny an der Schyll ſtehende Bataillon des 34ſten Jäger-
Regiments durch 2 Bataillons des Regiments Tomſk, 1 Bataillon Kolywan und 1 Bataillon Tobolsk, ferner durch 8
ſchwere und 8 reitende Geſchüße, durch das Dragoner-Regiment
Moskau, 1 Escadron reitende Pioniere und 1 Sotnja Koſaken
verſtärkt. 80 Böte und 10 Kähne, welche in Krajowa erbaut,
wurden die Schyll bis zur Ausmündung dieſes Fluſſes in die
Donau hinabgeführt, wohin das ganze Detachement, unter
Befehl des Flügel-Adjutanten Grafen Tolſtoi, in der Nacht
zum 28. Mai ebenfalls abmarſchirte.

Auf dem jenſeitigen Donauufer erblickte man 2 Redouten
auf der Höhe und 1 am Waſſer. Die leßtere war mit 3
Geſchüßen armirt und beherrſchte, unterſtüßt durch einige mit
Falkonets bewaffnete Fahrzeuge, die Ausmündung der Schyll.
Die Ruſſen eröffneten ihrerſeits mit Tagesanbruch ein lebhaftes Feuer aus 22 Geſchüßen. Gleichzeitig ſeßten 200 Freiwillige und 1 Bataillon des 34ſten Jäger-Regiments über den
Strom und landeten troß eines heftigen Gewehrfeuers aus
den Häuſern der Stadt. Oberſt Grabbe war der Erſte, welcher

ans Land sprang und mit den Freiwilligen gegen eine der Redouten auf der Höhe vordrang. Obwohl verwundet, führte er, ohne den Rest des Corps abzuwarten, seine schwache Abtheilung zum Sturm, und nach 4stündigem hartnäckigen Kampf war die Redoute genommen. 2 Compagnien besetzten die Höhe, welche die Stadt beherrscht. Die Vertheidiger der türkischen Uferbatterie wurden dadurch von Rahowa abgeschnitten. Unterdeß war das Regiment Tobolsk auf den zurückgekehrten Fahrzeugen unterhalb jener Batterie gelandet. Die Türken vertheidigten sich in derselben mit dem Muth der Verzweiflung und verschmähten es, Pardon anzunehmen. Sie wurden sämmtlich niedergemacht. Auch in der Stadt mußten mehrere Häuser einzeln erstürmt werden, bis endlich der Pascha die Citadelle übergab. Eins der türkischen Schiffe mit 1 Geschütz wurde genommen. Die Russen verloren in dieser, vom General Geismar selbst geleiteten Unternehmung an Todten 3 Offiziere 47 Mann, an Verwundeten 11 Offiziere (worunter Oberst Grabbe und Tolstoi) und 175 Mann. 1 Pascha, 6 Fahnen und 5 Geschütze waren die Trophäen des Sieges, und der Verlust der Türken betrug an 1500 Mann. Die christlichen Bewohner von Rahowa wurden nach dem Gouvernement Kasann übersiedelt, wo man ihnen Wohnsitze anwies.

Allein mit einem weitern Vordringen nach Serbien wollte es nicht gehen, und der thätige General Geismar hatte vollauf zu thun, die von einer furchtbaren Pest heimgesuchten Fürstenthümer gegen neue Einbrüche von Widdin aus zu schützen, weshalb auch Rahowa nachmals wieder aufgegeben werden mußte.

Abermals hatte Schumla das russische Heer 4 Wochen lang unter seinen Mauern gebannt, als endlich das IIIte Corps, 13. Juli. begleitet von einem unermeßlichen Troß, von Silistria heranrückte. Zuerst traf die 8te Division, aus 8 Bataillons und 8 12pfündern bestehend, im Lager ein. Dann folgte die 9te

Division, und nun schritt man zum Uebergang über den
Balkan in der Art, daß General Krassowski mit dem IIIten
Corps zur Beobachtung vor Schumla stehen bleiben, General
Roth mit dem VIten Corps auf der Straße von Varna nach
Burgaß, General Rüdiger mit dem VIIten Corps auf der
von Pravady nach Aidos das Gebirge überschreiten, General
Pahlen aber mit dem IIten Corps die Reserve dieser beiden
Colonnen bilden sollte. Das Hauptquartier folgte mit dem
letztern Corps.

Die Truppen marschirten in Mützen, Montirungen und
leinenen Beinkleidern. Die Mäntel wurden gerollt und über
die linke, der Tornister über die rechte Schulter hängend getragen. Im letztern befanden sich nur 1 Hemde und ein
Paar Beinkleider, dagegen auf 10 Tage Lebensmittel. Die
Czakots und alles Eigenthum der Leute blieben bei der Bagage zurück.

Wie nothwendig nun auch eine Vertheidigung des Balkan und des Kamtschik unter den obwaltenden Verhältnissen
war, so hatte Reschid Mehmet doch sogar ein mit dieser Vertheidigung beauftragtes Corps von 9 regulairen Infanterie-
Regimentern und ebenso einige tausend Albanesen, die aufwärts im Balkan standen, nach Schumla an sich gezogen;
denn das Aufgeben dieses für unüberwindlich gehaltenen
Punktes würde in Constantinopel, wo jetzt ohnehin Alles schon
in voller Gährung war, den übelsten Eindruck gemacht haben.
Vor dem Abmarsch der Russen nach dem Balkan wurde ein
feierlicher Gottesdienst gehalten, bei welchem man für den
glücklichen Fortgang des Krieges betete*).

---

*) Der Commandirende gab ein Déjeûner, zu dem die Offiziere und
Georgenritter seines Regiments geladen waren. Als der General an den
Tisch der Unteroffiziere und Gemeinen tritt, und nach russischer Sitte das
Glas, aus welchem er auf das Wohl des Regiments getrunken, zerschlägt,
sagt ein Soldat: „Möge Gott unsere Feinde zerschmettern wie dies Glas."

Schon am Abend vor dem Eintreffen der 8ten Division war General Roth mit 4 Bat. der 7ten und 6 Bat. der 16ten Infanterie=Division, überhaupt mit 10 Bat., 16 Esc., 2 Regimentern Kosaken und 32 Geschützen nach der Retraite in der Richtung auf Dewno aufgebrochen. Die 8te Division nahm sodann ihre Stellung im Lager vor Schumla ein. Am 15. früh rückte General Rüdiger mit 10 Bataillons seines 15. Juli. Corps, 2 Kosaken=Regimentern und 24 Geschützen in der Richtung auf Kjöprikjoi (am Kamtschik) ab. Seine Stelle im Lager wurde durch die 9te Division des General Krassowski ersetzt. Von der 10. Division waren 5 Bat. als Besatzung in Silistria zurückgeblieben, der Rest zur Verstärkung der Generale Geismar und Kisselef nach Rustschuk und Widdin abgegangen. Im Gefolge des IIIten Armee=Corps befanden sich unter andern 80 Wagen türkischer Familien, die vermöge der Capitulation freien Abzug von Silistria hatten und sich nach Schumla begaben.

Nachdem sodann auch General Pahlen mit 17 Bataillons, 8 Escadrons und 30 Geschützen nach der Etappe Jenibasar abmarschirt, brach General Krassowski am 17. Abends 10 Uhr 17. Juli. in aller Stille auf, um ebendaselbst mit 24 Bataillons vom IIIten Armee=Corps, dem Regiment Wiätka und dem 38sten Jäger=Regiment vom VIIten Corps, der 3ten Husaren=Division, einer Brigade Bugscher Ulanen und einer Brigade der 2ten Husaren=Division, überhaupt 28 Bataillons, 34 Escadrons, 2 Kosaken=Regimentern und einer zahlreichen Artillerie, etwa 15,000 Mann stark, eine Beobachtungsstellung zu nehmen. Ein zur Beobachtung auf den linken Flügel postirter Generalstabsoffizier berichtete, daß diese Bewegung von Schumla aus

---

Da ein auffallend kleiner Mann auf Posten vor dem Zelt des Commandirenden steht, tritt derselbe in heiterer Laune neben ihn und sagt: „Mit diesem hier könnte ich mich wohl messen", worauf der Mann das russische Sprichwort entgegnet: „Kleine Frucht, großer Kern".

22*

nicht zu bemerken gewesen sei. Wahrscheinlich war der Ab=
marsch jedoch durch einen desertirten Offizier verrathen worden,
und schon am Morgen des folgenden Tages erschien eine
1000 Mann starke Recognoscirung, welche, nachdem sie
keinen Feind mehr vor Schumla gefunden, ruhig dorthin zu=
rückkehrte.

Offenbar wäre die deckende Stellung des General Kraf=
sewski mit Hinblick auf den Marsch nach Kjöprikjoi zweck=
mäßiger bei Marasch gewählt worden, wohin er auch später
vorging. Vielleicht wollte man sich, während noch das IIte
Corps zur Unterstützung bereit war, überzeugen, was der Be=
zier unternehmen werde, wenn er freie Hand hätte. Es geschah
seinerseits, was man vermuthen durfte, nämlich gar nichts.

18. Juni. Das Hauptquartier war mit dem IIten Corps noch vor Ta=
gesanbruch von Jenibasar abmarschirt, hatte von 7 Uhr früh bis
4 Uhr Nachmittags bei Beilikjoi gerastet und traf Abends beim
Dunkelwerden in Dewno ein, nachdem es einen Marsch von
fast 5 Meilen zurückgelegt hatte. Das Dorf war gänzlich
zerstört und verlassen, dagegen hatten die Russen in zwei
dort angelegten Redouten aus den Trümmern der Häuser Ba=
racken und zur Verbindung mit Varna eine gute Straße er=
baut. Letztere war zum Theil in Fels gesprengt, da die alte
türkische in der Devna=Niederung oft ganz überschwemmt
wurde.

Vom General Roth ging die Meldung ein, daß derselbe
bei Pobbaschi (unweit des Ausflusses des Kamtschik in das
Meer) 3000 Türken mit 12 Geschützen jenseits des Stroms
verschanzt gefunden habe. Die Stellung von Pobbaschi war
von einer weiter rückwärts gelegenen, bei Derwisch=jowann
(siehe den Plan) durch eine breite Sumpfniederung getrennt.
Uralte Eichen, armdicker Epheu und allerlei wuchernde Sumpf=
pflanzen bilden hier eine fast undurchdringliche Wildniß, welche
nur auf einem einzigen, $\frac{1}{2}$ Meile langen, sehr schlechten Wege

paffirt werden kann. Die Türken hatten hart am Ufer des Kamtschik eine 600 Schritt lange, in der Kehle aber ganz offene Verschanzung mit Scharten für Geschütz angelegt. Um diesem Wirkung zu verschaffen, war der Wald gegenüber auf 5 bis 600 Schritt abgeholzt, wodurch aber auch die Verschanzung von dem linken Thalrand aus gesehen und beschossen werden konnte. Der Strom ist hier 50 Schritt breit, sehr tief und reißend, dabei sumpfig und mit 8 bis 12 Fuß hohen Lehmufern eingefaßt. Eine Schiffbrücke, welche den Uebergang bildet, war abgeschwenkt.

Die Werke bei Derwisch-jowann lagen auf dem Fuß des rechten Thalrandes und wurden durch eine mit Flechtwerk aufgesetzte Brustwehr gebildet. Nachdem die Türken bei Pobaschi den ganzen Tag kanonirt worden, marschirte General Roth rechts ab, um die Stellung mittelst einer 1 Meile oberhalb gelegenen, freilich sehr schwer zu passirenden Furth zu umgehen.

General Rüdiger hatte an eben diesem Tage den Kamtschik bei Kjöprikjoi überschritten. Er fand dort Juffuf, Pascha von 2 Roßschweifen, mit 3000 Mann verschanzt, beschäftigte ihn in der Front durch 2 Bataillons und 1 Kosaken-Regiment unter General Schirow, während er an einem Ort, der Czalymale genannt wird und wahrscheinlich ¼ Meile unterhalb lag, auf Pontons über den Fluß ging. Dort stieß er bei Tagesanbruch auf 1000 Türken, welche sofort aus einander liefen und 2 Fahnen in Stich ließen. General Rüdiger ließ 2 Bataillons in Czalymale zurück, und marschirte mit 10 Bataillons nach Kjöprikjoi, wo Juffuf Pascha sich auf der Höhe neben dem Dorf aufgestellt hatte. Die feindlichen Schanzen wurden jetzt durch die Jäger-Brigade der 19ten Division angegriffen. Die Türken thaten nur 6 Kartätschschüsse und wichen dann zurück. Das 27ste Jäger-Regiment warf Tornister und Mäntel ab und verfolgte sie. Die Türken vertheidigten auf dem Rückzug ihr Geschütz mit dem Bajonnett, dennoch wurden ihnen 4 Kanonen und 5 Fahnen abgenommen. An Gefangenen waren nur 16 Mann eingebracht, viele Gegner aber bei der Verfolgung niedergestoßen. Die Russen verloren an Todten und Verwundeten 65 Mann und 2 Offiziere. Das ganze feindliche Lager und die sehr große Bagage fiel in ihre Hände.

Um den wichtigen Uebergangspunkt von Kjöpriljoi (Brückdorf) zu sichern, blieb eine Brigade dort zurück, die Brücke über den Kamtschik wurde wieder hergestellt und ein Brückenkopf vor derselben angelegt. Dieser Posten bildete die kürzeste Verbindung zwischen dem über den Balkan vordringenden Heer und dem beobachtenden Corps vor Schumla, welches nunmehr, um den Rücken des ersteren zu sichern, Befehl erhielt, nach Marasch vorzurücken.

19. Juli. Am 19. ging das Hauptquartier in der Richtung auf Derwisch-jowann vor. Der Marsch führte über Gebedsche, wo ein schlechter Damm die sumpfige Niederung und eine elende Brücke den schnellfließenden Dewnafluß überschreitet. Eine dreiseitige Redoute vertheidigt das Defilee am rechten Ufer. General Roth hatte diesen Weg bei Regenwetter gemacht und der tiefe Lehmboden war sehr ausgefahren. In den engen Hohlwegen, Bujuk Alladin gegenüber, und jenseits Osmandschik blieb ein großer Theil des Fuhrwerks stecken und konnte erst am folgenden Tag nachkommen.

General Roth hatte auf der Haupt-Straße den General Froloff mit einigen Bataillons stehen lassen, und war nach Dulgerarda (³/₄ Meilen oberhalb Pobbaschi am Kamtschik gelegen) abgerückt. Die Wege waren sehr schlecht und es mußten 4 Brücken über ebensoviele Arme des Flusses geschlagen werden. Am andern Ufer lag ebenfalls eine türkische Verschanzung, welche jedoch nicht mit Geschütz besetzt war, und mit Tagesanbruch am 19. fand der Uebergang statt. General Willamow stürzte sich mit 4 Bataillonen auf die zunächst liegence Verschanzung und nahm sie sogleich. Hierauf wendete General Roth sich gegen das verschanzte Lager von Derwisch=jewann. Die größte Schwierigkeit bildete die schlechte Be=schaffenheit des Weges, welcher erst mit der Axt geöffnet wer=den mußte, die geringste der feindliche Widerstand. Die Ver=schanzungen auf der Anhöhe wurden sogleich erobert. Bei dieser Gelegenheit kam es zu einem merkwürdigen Cavallerie=Gefecht. Ein neu formirtes türkisches Ulanen=Regiment nahm die Attacke eines Kosaken=Regiments stehenden Fußes mit ein=gelegter Lanze an. Die Kosaken stürzen mit Hurrah=Rufen vor, drehen aber, da der Gegner hält, um oder schlüpfen an beiden Flügeln vorbei. Ihnen folgt das Ulanen = Regiment St. Petersburg, und die Türken hoffen, daß das Manöver sich wiederholen werde, aber die Ulanen reiten wirklich an, sprengen das ganze Regiment aus einander, stoßen eine Menge Gegner nieder und machen einen großen Theil derselben zu Gefangenen. 5 Kanonen und 4 Fahnen wurden in der Schanze erobert. Die Stellung von Pobbaschi wäre nun in der Kehle leicht zu nehmen gewesen, allein die 5te Division vom Pahlen=schen Corps hatte dies Unternehmen schon um eben die Zeit ausgeführt, wo der Angriff auf Derwisch = jowann erfolgte. 200 Freiwillige des 9ten und 10ten Jäger=Regiments hatten sich oberhalb der Brücke in den Fluß geworfen, welcher nur schwimmend passirt werden konnte. Die Türken waren hier=über so erschrocken, daß sie ihre Geschütze nur einmal ab=schossen und sie dann abfuhren. Die verfolgenden Kosaken nahmen ihnen auf dem Rückzug eins derselben ab.

Das Hauptquartier und das IIte Corps marschirten am 20. bis Derwisch = jowann. Obwohl General Rüdiger den Uebergang Köprikjoi gewonnen, setzte er doch seinen Marsch nicht in der graden Richtung über Nadir=Derbent nach Aidos fort, sondern entschloß sich zu einem doppelt so weiten Um=weg. Die große Schwierigkeit, welche das Kirkgetschid=Thal

20. Juli.

(vergl. den Abschnitt über die Balkanpässe) darbietet, und die Leichtigkeit, mit welcher dort jedes Vordringen zu verhindern ist, bestimmten ihn, am rechten Flußufer fort bis zur Brücke von Dobbaschi zu marschiren, zugleich wohl in der Absicht, dem General Roth das Defilee zu öffnen, wenn der Feind ihm den Uebergang über den Kamtschik noch streitig machte. Ueber Derwisch-jewann ging er dann an diesem Tage nach Arnautlar vor. General Roth lagerte bei Aspros, einem großen bulgarischen Dorf in einer Thalschlucht zum Schwarzen Meer. Die Einwohner kamen ihm unter Vortragung des Kreuzes feierlich entgegen.

21. Juli. Am folgenden Tage brach das Hauptquartier erst Nachmittags auf und ging nach Arnautlar, auch die Generale Roth und Rüdiger machten nur kleine Märsche, ersterer nach Erekliajakjoi am Meer, letzterer nach Aiwadschik am Kojakedere. Die Wege waren beschwerlich, und um das Fuhrwerk fortzubringen, mußten die Pioniere durch zahlreiche Arbeiter-Abtheilungen von der Infanterie verstärkt werden. Auch die Hitze war in diesen Tagen sehr groß gewesen, selbst Abends 11 Uhr hatte man noch $22\frac{1}{2}°$ Réaumur; es trat jedoch jetzt stürmisches, kaltes Wetter ein und das Thermometer sank am Tage bis unter 10°.

In Arnautlar legten die russischen Ingenieurs Verschanzungen an. Auf allen Etappen waren große Heuvorräthe angesammelt worden.

22. Juli. Früh um 4 Uhr brach das Hauptquartier nach Erketsch (am Thalrand des Nadir) auf und vereinigte sich dort mit dem VII ten Corps.

Unten im Thal erblickte man feindliche Reiterei, welche nach und nach von Aibos her verstärkt wurde und 1 Geschütz verbrachte. Allein kaum setzte sich General Schirew in Bewegung, um mit 2 Kosaken-Regimentern den 5 bis 6 fach überlegenen Gegner anzugreifen, als dieser die Flucht nahm.

Es fand gar kein Widerstand statt, nur 1 Pistolenschuß wurde abgefeuert, und erst auf 1 Meile Entfernung konnten die Kosaken die Flüchtlinge einholen. Viele Türken, wenn sie sahen, daß die Kräfte ihrer Pferde nicht ausreichten, um zu entrinnen, saßen ruhig ab und ergaben sich. Es wurden 130 Gefangene gemacht und 2 Fahnen genommen.

Von der Seite der See her hörte man lebhaft kanoniren. General Roth war dort ebenfalls gegen Abend auf eine feindliche Abtheilung gestoßen, welche sich 7000 Mann stark bei Monastirkjoi aufgestellt hatte. Es war dies ein Theil des Corps Abdur Rachmans, vormals Paschas von Bosnien, welchem die Vertheidigung der Hafenplätze und die Blokade von Sjisebolis aufgetragen war, und der zugleich sämmtliche Truppen am Kamtschik befehligte. General Roth beschäftigte den Feind durch 2 Escadrons in der Front, während 4 andere ihn rechts umgingen. Auch hier ergriffen die Türken sehr bald die Flucht, theils in der Richtung nach Missivri, theils nach Burgaß, verloren aber dabei 2 Kanonen, 9 Fahnen und 800 Gefangene. General Roth folgte nach Missivri und nahm die vorwärts der schmalen Landzunge gelegene Redoute (siehe den Plan).

Ein allgemeiner Jubel brach aus, als die Russen, vom Gebirge herabsteigend, auf dem weiten, glänzenden Becken des Meerbusens von Burgaß die Wimpel ihrer Flotte flattern sahen. Admiral Greigh lag hier mit 3 Linienschiffen, 5 Fregatten und einer großen Anzahl Transportschiffen vor Anker, welche mit Lebensmitteln beladen waren. Die Türken befanden sich in Missivri also vollkommen eingeschlossen; dennoch wäre eine fernere Vertheidigung sehr wohl möglich gewesen. Die Stadt liegt auf einem etwa 60 Fuß hohen, in senkrechten Wänden zum Meer abstürzenden Kalkfelsen, und hängt mit dem Lande nur durch die fast 1000 Schritt lange und niedrige Erdzunge zusammen, welche von einem alten massiven Thurm vertheidigt wird*). Von der Redoute aus sowie von der Flotte konnte man den Ort beschießen, aber die letzte Erstürmung desselben würde bei guter Vertheidigung immer sehr schwierig gewesen sein. Dagegen vermochte die Behauptung von Missivri auf den Gang des Feldzugs wenig Einfluß zu üben, weil die Garnison nur sehr schwer aus diesem Platz debouchiren konnte, auch waren bereits Unterhandlungen wegen einer Capitulation eingeleitet. Die Türken verlangten freien Abzug, welchen sie freilich umsonst gehabt, wenn sie sich nicht erst nach Missivri geworfen hätten. Jetzt wurde dieser verweigert, und der Anführer Osmann, Pascha von 2 Roßschweifen, ergab sich mit 2000 Mann zu Gefangenen. Die Russen erbeuteten 12 Kanonen, 10 Fahnen und eine auf der Werft ganz fertig stehende türkische Corvette von 22 Geschützen.

23. Juli. Am 23. Juli concentrirte das russische Heer sich noch mehr östlich nach der See zu, das Hauptquartier ging bis Indschekjoi Tureßli, das VIte Corps nach Baralli, das VIIte bis Ahjolo vor, so daß sämmtliche Corps nur noch einen Marsch aus einander standen. Die Kosaken des General Schirow erbeuteten in Dautly 1000 Pud Schießpulver und 2000 Tschetwert Mais.

Der Commandirende verfügte sich zum Admiral der Flotte an Bord des „Paris", dort brachte ein von Sjisebolis kommendes Dampfschiff die Nachricht, daß Ahjolo bereits vom Feinde verlassen sei, und daß die Mannschaft einer russischen Fregatte diesen ebenfalls von der Landseite her schwer zu nehmenden Ort (vergl. den Plan) besetzt, und 12 Geschütze, 1 Mortier, 3 Pulver- und 1 Salz-Magazin dort gefunden habe. Auf dem Rückwege besuchte der General den Archimandriten in Missivri.

---

*) Dieser, sowie das Thor und die schöne byzantinische Kirche ist noch vom Kaiser Theophilos erbaut.

Am folgenden Tage rückte General Roth gegen Burgaß
vor. Die Türken erschienen vor der Stadt, wo sie eine vortheilhafte Aufstellung fanden (Plan von Burgaß). Von den
russischen Ulanen unter General Nabel angegriffen, entflohen
sie jedoch ohne Widerstand, und das VIte Corps rückte in die
Stadt ein, wo demselben 10 Kanonen und Vorräthe aller Art
in die Hände fielen. Von General Poncet, welcher in Szisebolis commandirte, ging die Meldung ein, daß er die türkische
Einschließung zurückgeworfen habe. Die sämmtlichen, von
Natur so festen und leicht zu vertheidigenden Hafenplätze rings
um das weite Meerbecken von Burgaß waren somit in der
Gewalt der Russen. Das VIIte Corps ging an diesem Tage
nach Rumelikioi, ein Theil des IIten nach Eski-Baschly, um
nöthigenfalls zur Unterstützung der Generale Roth und Rüdiger zur Hand zu sein. Der Rest des IIten Corps und das
Hauptquartier verblieben in Turetkl.

Am 24. vereinigte sich das VIte Corps von Burgaß, das *21. Juli.*
halbe IIte von Eski-Baschly her mit dem VIIten bei Rumelikioi. Das Hauptquartier mit dem Rest des IIten Corps
rückte bis Eski-Baschly nach, welches nur eine Stunde von
Rumelikioi entfernt ist. Hier waren nun am 9ten Tage seit
dem Aufbruch des Hauptquartiers von Schumla alle zur
Offensive bestimmten Streitkräfte versammelt. Man hatte in
dieser kurzen Zeit einen Marsch von durchschnittlich 25 Meilen
durch ein unbekanntes und schwieriges Gebirgsterrain zurückgelegt. Die gefürchtete Schutzwehr, der Balkan, war überschritten, der feindliche Widerstand am Kamtschik wie am Nadir
beseitigt. Durch die Besitznahme von 4 Hafenplätzen unmittelbar im Rücken des Operations-Corps war die Verpflegung
desselben gesichert, bei der günstigen, feuchten Witterung fehlte
es auch nicht an Fourage für die Cavallerie, und die Befestigungen von Pravady, Dewno und Varna, Kjöprikioi und
Arnautlar schützten die Verbindung mit Bulgarien. — Die

großentheils aus Griechen bestehende Bevölkerung am Südfuß des Gebirges, welche den unvermeidlichen Druck der Anwesenheit eines, wenn auch befreundeten Heeres noch nicht
wie später aus Erfahrung kannten, nahm die Russen, ihre
Glaubensbrüder, mit offenen Armen und als Befreier auf.
Die Landleute blieben in ihren Wohnplätzen, gingen ihren
Beschäftigungen nach und benutzten namentlich die Flucht ihrer
türkischen Dränger, um die Weizenerndte einzubringen. Viele
Dörfer baten um Einquartierung, damit sie gegen die Wuth
der entfliehenden Osmannen geschützt würden.

Von diesen hatten mehrere tausend Familien sich in die
Berge und Wälder zurückgezogen. Es wurden unter Bedeckung eines Bataillons Unterhändler an sie abgeschickt, um
sie zu vermögen, ruhig in ihre Wohnplätze zurückzukehren,
unter der Bedingung, daß sie ihre Waffen ablieferten und
Geißeln für ihr Wohlverhalten stellten. Da man sie ver-
sicherte, daß sie nicht nach Rußland abgeführt und colonisirt
werden würden, lehnten sie das Anerbieten nicht ganz ab,
forderten aber 5 Tage Bedenkzeit, weil sie entweder alle oder
gar nicht kommen wollten. Nach Ablauf dieser Frist und
wegen gänzlichen Mangels lieferten dann die türkischen Bewohner von 18 Dorfschaften ihre Waffen ab und kehrten
wieder heim.

General Diebitsch hatte unstreitig bisher mit ebensoviel
Kraft und Schnelligkeit als Glück gehandelt. Was ihm besonders zu Statten kam, war die Ueberschätzung der russischen
Streitmacht in der Meinung der Türken. „Man könne eher
die Blätter im Walde, als die Köpfe im feindlichen Heer
zählen", rapportirte ein zur Recognoscirung abgeschickter
Offizier dem Osmann Pascha. Die türkischen Befehlshaber
glaubten allgemein, das Corps des General Diebitsch sei
wenigstens 100,000 Mann stark. Allein der Großvezier stand
noch immer hinter seinen Mauern zu Schumla und im russischen

Hauptquartier wurden viele und einflußreiche Stimmen laut, welche die Umkehr forderten. „Man könne die Verbindungen nicht aufgeben, müsse die Küstenplätze zwar besetzt halten, mit dem Rest des Corps aber wieder zurück, um zuvor Schumla zu nehmen, weshalb Belagerungsgeschütz von Silistria dorthin zu beordern sei. Vor Allem müsse man Verstärkungen ab= warten, obwohl diese, wie es scheint, nur aus einigen Cadres der reducirten 12ten Division bestanden, welche nach Szisebolis eingeschifft werden sollten. Freilich war dem Archimandriten von Ahjolo aufgegeben, die junge, waffenfähige Mannschaft der christlichen Bewohner aufzubieten, zur Befreiung ihres Landes mitzuwirken. Sie sollten Verpflegung und Sold, nöthigenfalls auch Waffen erhalten, in den schwächsten Regi= mentern als Tirailleurs eingestellt, oder zur Besetzung der festen Punkte im Rücken der Armee verwendet werden. Aber dieser Zuwachs war weder zahlreich, noch konnte er sehr bald wirksam werden. Es fehlte daher auch nicht an Stimmen, welche geltend machten, „daß man, nachdem der Balkan einmal überschritten, nicht auf halbem Wege stehen bleiben dürfe. Die bereits erfochtenen Siege, die Zersplitterung und Ent= muthigung der feindlichen Streitmacht und die friedliche Ge= sinnung der christlichen Einwohner des Landes wögen die numerische Schwäche des russischen Heeres auf. Man wisse, daß in Adrianopel nur ein schwaches türkisches Heer versammelt sei; längeres Zaudern gebe dem Feinde Zeit, dies Heer zu verstärken und es zu verschanzen. Könne irgend etwas den Vezier vermögen, aus seinem festen Schlupfwinkel in die Ebene herauszutreten, so sei es ein Marsch auf die nur 15 Meilen entfernte zweite Hauptstadt des Reichs, und in einer Feld= schlacht werde man die Türken, wenn sie auch noch so zahlreich wären, um so gewisser besiegen, als dann auch das Corps des General Krassowski disponibel werde" *).

*) Wir glauben hier erwähnen zu dürfen, daß der Hauptmann

Allein die Leichtigkeit ihrer Erfolge selbst machte die Russen besorgt. Sie hatten an den schwierigsten Terrainstellen so wenig Widerstand gefunden, daß sie glauben mußten, sie haben es bisher nur mit untergeordneten Schaaren zu thun gehabt, welche die Vorläufer eines wirklichen Heeres wären, und dieses konnte man nirgends mit größerer Wahrscheinlich- keit anzutreffen erwarten, als in Aidos.

Dieselbe Senkung, in welche das Meer bis Burgaß tief in das Land hineinspült, setzt sich von dort als weite Ebene zwischen dem Balkan- und dem Strandscha-Gebirge bis Kar- nabatt fort. Dieses Thal bildet ein an Wasser und Wald reiches Hügelland von der höchsten Fruchtbarkeit. Der fette Lehmboden, die mit Büffelheerden bedeckten Triften und Wiesen, der üppige Holzwuchs, die Menge der Quellen und Bäche, eine große Zahl wohlhabender Dörfer und die Nähe der Hafen- plätze machen diese Gegend zu einer der blühendsten in der europäischen Türkei. Es würde, beiläufig gesagt, diese Oert- lichkeit sich vortrefflich zur Anlegung einer Militair-Colonie eignen, wenn die türkische Regierung Kraft hätte, eine solche Maaßregel nach dem Vorbilde der östreichischen Grenze durch- zuführen. Die Colonie müßte bei guter Verwaltung schnell gedeihen, und würde, geschützt durch die vorliegenden Gebirge, und auf der wichtigsten und bedrohtesten Richtung gelegen, mehr als irgend eine Festung zur Vertheidigung der Zugänge zur Hauptstadt beitragen.

Am nördlichen Rande dieser Ebene und dicht am Fuß des Balkan erheben sich die Minarehs von Aidos, einer be- deutenden, aber offenen Stadt mit 25,000 Einwohnern. Die örtliche Lage derselben ist wenig zur Befestigung geeignet. Oestlich tritt der dominirende Thalrand des Flüßchens gleiches

---

Panzer vom Königl. Preuß. Generalstab, welcher sich im russischen Hauptquartier befand, mit gesundem militärischen Blick diese Ansicht kräftig vertrat.

Namens dicht heran und könnte mit in die Fortification ge=
zogen werden, westlich aber, wo die beherrschenden Höhen 1000
bis 1800 Schritt entfernt sind, würde die Befestigung eine
allzugroße Ausdehnung gewinnen.

Gegen diesen Ort nun wurde am 25. das VIIte Corps 25. Juli.
vorgeschoben. Die Kosaken streiften bis zur Stadt, General
Rüdiger aber erhielt Befehl, ein allgemeines Engagement
sorgfältig zu vermeiden.

Beunruhigt durch das Fortschreiten der Russen, hatte
der Großvezier, nachdem er Hussein Pascha von Rustschuk an
sich gezogen, 10 bis 12,000 Mann von Schumla nach Aidos
abgeschickt. Diese traten dem General Rüdiger auf der Höhe
östlich der Stadt entgegen, woselbst einige Verschanzungen an=
gefangen waren. Die Russen nahmen ihr Geschütz vor und
kanonirten den Feind. Eine Brigade Ulanen der 4ten Division
rückte zum Angriff vor, und die Türken, deren Flankeure ge=
worfen wurden, zogen sich sogleich in die Stadt zurück. Ohne
einen Schuß zu thun, ging das 37ste Jäger=Regiment gegen
Aidos vor. Die Türken ergriffen die Flucht, viele wurden
bei der Verfolgung niedergestoßen, 125 gefangen und 3 Ge=
schütze erbeutet, worunter ein russisches, welches im vorigen
Feldzug verloren worden war. In der Stadt fand man 600
Zelte, 500 Tonnen mit Pulver, 3000 Militair=Mäntel, sowie
eine Menge von Waffen und Geschossen.

Als am folgenden Tage General Diebitsch gegen Aidos 26. Juli.
aufbrechen wollte, erhielt er die Nachricht, daß der Platz be=
reits genommen sei. Das IIte Corps versammelte sich jetzt
bei Rumelikioi, das VIte stieß in Aidos zum VIIten, das
Hauptquartier wurde ebendorthin verlegt, und General Die=
bitsch bezog den Palast Jussuf Paschas, des Vertheidigers
von Varna, in welchem während des vorigen Herbstes der
Großvezier gehauset hatte. Am folgenden Tage war allge=
meine Ruhe.

In dem verlassenen türkischen Lager bei Aidos herrschte die furchtbarste Unreinlichkeit, ebenso in der Stadt. Hunderte von Leichnamen und Cadaver von Pferden und Kameelen lagen noch vom Winter her in den Straßen und Höfen umher. Sie verpesteten die Luft auf eine solche Weise, daß der Aufenthalt hier wahrscheinlich den Keim zu den Fiebern legte, welche von jetzt an im Heer zu wüthen anfingen.

In Aidos stieß General Ragofsky mit dem Regiment Wiätka und dem 38sten Jäger-Regiment nebst 10 Geschützen zum Corps. Er war den geraden Weg von Schumla über Kjöprikjoi und Nabir-Derbent marschirt, hatte zwar einige schwache Verhaue, nirgends aber einen Feind angetroffen. Ferner vereinigten sich mit dem Corps die 2te Brigade der 2ten Husaren-Division unter General Petrischtschof, von Jenibasar über Gebedsche und Erketsch kommend, und eine Brigade Bugscher Ulanen. Man hatte auf den Marsch über den Balkan überhaupt sehr wenig Cavallerie mitgenommen, weil man sie dort doch nicht zu brauchen glaubte, und fürchtete sie nicht ernähren zu können. Jetzt war diese Verstärkung zur fernern Offensive sehr nöthig, und es wäre zu wünschen gewesen, daß man noch mehr Reiterei gehabt hätte.

Der Großvezier stand unbeweglich in Schumla; er konnte dort aber, außer den nicht marschfähigen Einwohnern, kaum noch mehr als 15,000 Mann beisammen haben. General Krassowski war ungefähr eben so stark, und wenn er, anstatt wieder nach Jenibasar zurückzugehen, bei Eski-Stambul Posto faßte, so war von Detachirungen in der rechten Flanke der Russen wenig zu fürchten. Alles, was General Diebitsch zur Offensive bestimmen konnte, war bei Aidos versammelt, nämlich 41 Bataillons 52 Escadrons und eine zahlreiche Artillerie, überhaupt ungefähr 25,000 Mann mit 96 Geschützen. Durch die Besitznahme der Hafenplätze hatte das Corps für seine Verpflegung eine neue und sehr gesicherte Basis gewonnen. Aus Adrianopel gingen Nachrichten ein, daß dort nur wenige tausend Mann versammelt seien, und daß die christliche Einwohnerschaft die Russen sehnlichst herbeiwünschte. Durch das Gefecht bei Aidos war abermals ein feindliches Corps mit leichter Mühe zersprengt worden, und täglich fanden sich bei den Vorposten geflüchtete türkische Landbewohner ein, welche ihre Waffen ablieferten. Sie erhielten dafür eine weiße Fahne, welche ihre Dorfschaft gegen alle Feindseligkeiten von Seiten der Russen schützen sollte. Es war in der Proclamation des General Diebitsch ausdrücklich gesagt, daß in türkische Häuser keine Einquartierung gelegt werden solle, was bei der Harems-Wirthschaft den Türken durchaus unerträglich sein würde. Der Commandirende verhieß den Frauen Schutz gegen jede Unbill, die Moscheen sollten dem Gottesdienst der Moslem verbleiben, der Name des Großherrn im Freitagsgebet nach wie vor genannt, und die Türken auch in den von den Russen besetzten Landstrichen nicht als Unterthanen des Kaisers, sondern des Padischah betrachtet werden. Die türkischen Aynes oder Ortsbehörden blieben in ihrer Amtsthätigkeit, obwohl den russischen Militairbehörden untergeordnet. Für alle Lieferungen wurde baare Bezahlung versprochen.

Durch diese zweckmäßigen Administrations-Maaßregeln verlor der Krieg jenseits des Balkan den schrecklichen Charakter eines Volks- und Glaubenskampfes. Dabei schien der Muth der Moslem gänzlich gebrochen, und von der Tapferkeit, von welcher sie bisher noch so manche Probe gegeben, war seit Kulewtscha keine Spur mehr zu finden. Irgend erhebliche Verstärkungen waren nicht mehr zu erwarten, und wenn man die Offensive gegen Adrianopel mit einem allerdings schwachen Heer überhaupt wollte, so war der Augenblick dazu jetzt gekommen. Wirklich marschirte auch am 28. Juli General Pahlen mit dem IIten Corps in südlicher Richtung über Russecastro nach Karapunar ab, und schickte eine Avantgarde unter General Montresor nach Umur Faki vor. Man traf nirgends auf einen Feind; denn die Türken waren sämmtlich entflohen, hatten vorher die christlichen Bewohner der Ortschaften geplündert und überhaupt furchtbar bei ihrem Abzuge gehauset. Aber der Rest des russischen Heeres folgte dieser Bewegung des General Pahlen nicht, vielmehr detachirte man, immer noch für die rechte Flanke besorgt und nach Schumla hinblickend, mehrere Abtheilungen gegen den Balkan. General Sawadski mit dem 14ten Jäger-Regiment, einigen Kosaken und 4 Bergkanonen rückte nach Tschenga am Deli-Kamtschik*) vor, von wo die Straße über Jenikjoi nach Pravady führt, und woselbst die Türken einen kleinen Posten im Balkan haben sollten, General Nabel mit dem St. Petersburgschen Ulanen-Regiment, 2 Bataillons und 2 Kanonen ging nach Tschalikawak am Kutschuk-Kamtschik auf der Straße von Dobrol nach Schumla ab, und die Kosaken besetzten Jamboli und Sliwno (oder Islennije), wo die Straße von Schumla über Dschummaja und Osmanbasar nach Kasann aus dem Gebirge tritt. Ihnen folgte General Scheremetjef mit der 2ten Brigade der 4ten Ulanen-Division nach Jamboli. So war das Corps, welches eben erst vollkommen concentrirt gewesen, nun auf einmal von Burgaß bis Sliwno und von Tschenga bis Umur Faki auf einen Durchmesser von 15 Meilen zersplittert.

31. Juli. Vor Jamboli angekommen, schickte General Scheremetjef 3 Escadrons in die Stadt. Sie stießen dort auf feindliche Infanterie und Artillerie, wurden mit Salven von beiden empfangen und wieder herausgeworfen. Gleichzeitig gingen 6000 türkische Reiter, aus ihrem, hinter Jamboli auf der Höhe angelegten Lager vor, und umgingen den Ort zu beiden Seiten, um die hineingedrungene russische Cavallerie abzu-

---

*) Deli-, der tolle, im Gegensatz von Akkali- oder dem vernünftigen Kamtschik.

schneiden. Diese hatte eben noch Zeit zu entkommen, und es entspann sich jetzt ein Reitergefecht, in welchem die kaum 800 Mann starken Russen gegen sehr bedeutende Uebermacht zu kämpfen hatten; denn sie waren hier auf ein Corps von 15,000 Mann gestoßen, welches der Vezier am 28. von Schumla abgesendet hatte, ohne daß General Krassowski dies von Jenibasar aus hatte bemerken oder hindern können.

Ein türkisches regulaires Cavallerie-Regiment attakirte eine russische Batterie; da diese neue Truppe in Folge der ihr mühsam beigebrachten Dressur sich nur in cadenzirter Gangart bewegte, so ritt das Regiment auch nicht mit dem wilden Ungestüm der Spahi, sondern nur im Trabe an, und litt dabei durch das Kartätschfeuer so sehr, daß es um-drehte.

Die Russen selbst verloren jedoch sehr bedeutend. Glück-licherweise setzte die Nacht dem Gefecht ein Ende. Trotz ihrer mehrfachen Ueberlegenheit räumten die Türken Jamboli und zogen sich während der Dunkelheit, die Infanterie nach Adrianopel, die Cavallerie nach Schumla zurück, ohne verfolgt zu werden. In ihrem Lager ließen sie ungeheure Vorräthe zurück; 39,000 Pud Zwieback und 100,000 Patronen wurden eine Beute derer, welche das Gefecht am vorigen Tage ver-loren hatten, und erwarten konnten, am folgenden Tage durch ihre Vereinzelung aufgerieben zu werden.

General Krassowski meldete, daß er jetzt nach Eski-Stambul vorgegangen sei, ein Gefecht dort gehabt und nach Dschummaja detachirt habe, wohin am 7. August fast alle noch disponibeln türkischen Truppen aus Schumla abgerückt wären. Die Jäger haben bei dieser Gelegenheit die Höhe hinter der Matschin-Redoute beinahe erstiegen.

Da sich nun auch durch Landleute und Ueberläufer die Nachricht verbreitete, daß beträchtliche feindliche Streitkräfte sich nach Sliwno zusammenzögen, und daß der Großvezier

7. Aug.

(was freilich nicht der Fall war) sich selbst dorthin begeben habe, so beschloß General Diebitsch, alle disponibeln Truppen, mit Ausnahme des IIten Corps, welches, wie erwähnt, schon nach Karapunar in der Richtung auf Adrianopel vorgerückt war, zu einer Expedition gegen Slimno zu verwenden. Selbst die einzelnen Detachements aus dem Balkan sollten dazu her= angezogen werden. Die 1ste Brigade der 12ten Division war in Sewastopel eingeschifft und in Szisebolis gelandet worden. Sie lösete dort und in den übrigen Hafenplätzen die 1ste und 2te Brigade der 19ten Division ab, welche nun= mehr zum Corps des General Pahlen stieß. Dies war eine schwache Verstärkung, der Scorbut hatte in Szisebolis furcht= bar aufgeräumt und das ganze Regiment Asof zählte bei seinem Eintreffen nur noch 128 Mann. Eben so arg waren die Regimenter Dnjepr und Ukraine mitge= nommen.

General Pahlen mußte dagegen seine 5te Division auf der Straße von Adrianopel gegen Slimno verpoussiren, um dem Feinde den Rückzug zu verlegen.

9. Aug. Das Hauptquartier und das VIte Corps marschirten von Aidos nach Karnabatt 3½ Meilen, wohin bereits das VIIte 10. Aug. Corps vorgerückt war. Morgens um 4 Uhr wurde am 10. aufgebrochen, bei Kassaplu zu Mittag gerastet und Abends bei Dragodana gelagert. Dieser Marsch betrug über 4 Mei= len. General Nabel sollte dort mit dem Detachement von Tschalikawak zum Gros der Armee stoßen. Er versammelte seine Truppen bei Dobrol, konnte aber erst um 10 Uhr Vor= mittags von dort abmarschiren, und traf Nachts um 12 Uhr im Bivouacq ein, nachdem er einen Gebirgsmarsch von fast 6 Meilen gemacht. Am folgenden Tage wurde gerastet, so= wohl wegen der großen Ermüdung der Truppen, als auch, weil man die 5te Division abwarten wollte, welche an die= sem Tage in gleicher Höhe mit dem Hauptcorps ankommen

mußte. Alles dies deutet darauf hin, daß der Commandirende einen ernstlichen Widerstand bei Sliwno zu finden er=
wartete. Die Nachrichten über die Stärke des Feindes dort
waren sehr abweichend. Mehrere Paschas, angeblich auch
der Vezier und viele regulaire Truppen sollten eingetroffen
sein. Ein Schreiben der Geistlichkeit beschwor den General
sobald wie möglich nach Sliwno zu kommen, um der Be=
drückung der Türken ein Ende zu machen. Auf dem Marsche
hatte man alle Ortschaften verlassen und zum Theil verbrannt,
die Einwohner von den Türken in die Wälder vertrieben
gefunden.

Schon auf dem Wege nach Dragodana war durch einen
Abgeordneten des Großveziers ein Schreiben überbracht, als
Antwort auf die Vorschläge, welche General Diebitsch nach
der Schlacht von Kulewtscha gemacht hatte. „Der Vezier habe
damals auf dieselben nicht eingehen können, weil er von der
Lage der Dinge in Constantinopel nicht unterrichtet gewesen
sei. Nachdem aber jetzt die fremden Gesandten in der tür=
kischen Hauptstadt wieder eingetroffen wären, hätten die Frie=
densunterhandlungen so guten Fortgang gehabt, daß ein fer=
neres Blutvergießen nicht zu rechtfertigen sei." Der Vezier
schlug daher einen Waffenstillstand vor, und bat den Ort zu
bezeichnen, wohin er seine Unterhändler schicken solle.

Diese Nachricht verursachte im Allgemeinen große Freude,
da man des Krieges herzlich satt und über den Ausgang der
Unternehmung jenseits des Balkan sehr in Ungewißheit war.
Weil aber die Absicht des Veziers deutlich zu Tage lag, Zeit
zu gewinnen, um Adrianopel erreichen zu können, so hatte
der Commandirende das Schreiben bisher ganz unbeantwortet
gelassen. Jetzt schickte er einen Offizier mit seiner Antwort
nach Sliwno. Dieser stieß erst kurz vor der Stadt auf feind=
liche Vorposten, welche ihm seine Papiere abnahmen; die ein=
brechende Dunkelheit und ein dichter Wald verhinderten ihn,

irgend etwas über die Stellung und Stärke der Türken zu
erkunden, nur soviel erfuhr er, daß sie von dem Anmarsch der
Russen durchaus keine Ahnung hatten.

Abends nach der Retraite brach General Rüdiger mit
seiner Infanterie und dem größten Theil der disponiblen
Cavallerie, nämlich einer Brigade Bugscher Ulanen, einer
Brigade der 2ten Husaren= und einer der 4ten Ulanen=Divi=
sion auf, und rückte bis eine Meile vor Sliwno an. Es
wurden keine Wachtfeuer angezündet.

12. Aug. Am 12. um 3 Uhr folgte der Rest des VIten Corps
und nach der um 5 Uhr Morgens erfolgten Vereinigung
wurde recognoscirt.

Gegenwärtig waren an diesem Tage:

von der	16ten	Divis.	6 Bat.,	—	Esc.,	—	Geschütze,	
„	„	18ten „	8 „	—	„	24	„	
„	„	19ten „	4 „	—	„	8	„	
„	„	5ten „	10 „	—	„	24	„	
„	„	7ten „	2 „	—	„	4	„	
Bugsche Ulanen			—	„	12	„	8	„
v. d. 4ten „			—	„	16	„	8	„
v. d. 2ten Husaren			—	„	12	„	8	„
Donische Artillerie			—	„	—	„	12	„

30 Bat., 40 Esc., 96 Geschütze,
überhaupt ungefähr 20,000 Mann.

Um 7 Uhr rückten sämmtliche Truppen vor. Die Kosaken unter General Schirow bildeten die Spitze, dann folgte
die ganze Cavallerie, hierauf das VIIte, das VIte Corps und
die 5te Division. Eine halbe Meile vor Sliwno stieß man
auf feindliche Vorposten. Einige Gefangene sagten aus, daß
der Vezier gestern bei Kasann eingetroffen sei und heute in
Sliwno erwartet werde. Es wurden daher die 2te Brigade
der Bugschen Ulanen = Division, ein Kosaken = Regiment und

das 14te Jäger-Regiment rechts eine halbe Meile weit gegen die Debouchéen aus den Gebirgen vorgeschoben.

General Rüdiger rückte auf Kanonenschußweite an die feindliche verschanzte Stellung heran, aber ein dichter Eichenwald verhinderte sie deutlich zu erkennen. Auf dem rechten Flügel derselben war das Terrain etwas freier, dort wurde türkische Cavallerie und bald darauf auch Infanterie sichtbar, das Ganze schien nach Jeni-Saagra abziehen zu wollen. Dies zu verhindern erhielt General Rüdiger, welcher nach der Vereinigung mit der von Jamboli kommenden Brigade des General Scheremetjef 24 Escadrons und 28 Geschütze stark war, Befehl, sich links zu ziehen. Nachdem seine Artillerie gewirkt haben würde, sollte er angreifen. Weiter rechts sollte General Fürst Gortschakof mit 8 Bataillons und 24 Geschützen der 18ten Division geradeaus vorgehen, sich mit dem rechten Flügel an den Fuß des Balkan lehnen und den Eichenwald in der Front angreifen.

Der Feind wurde lebhaft kanonirt, aber schon nach den ersten Schüssen zogen sich die Türken zurück. Als General Rüdiger nachrückte, eröffneten sie ihr Feuer aus den Verschanzungen ihres rechten Flügels. Unterdeß formirte Fürst Gortschakof seinen Angriff und gelangte, da die Türken, nachdem sie 2 Schuß gethan, ihr Geschütz abfuhren, auf einen Hügel, von welchem man die Stadt einsieht. Sie war bereits verlassen, und die Türken flohen nach allen Richtungen von den Kosaken verfolgt. Die christlichen Bewohner kamen den Russen in Prozessionen entgegen, die Geistlichkeit trug das Kreuz und das Weihwasser, die Bulgaren überreichten Brod und Salz, als Zeichen der Unterwerfung, und das 36ste Jäger-Regiment besetzte den Ort ohne allen Widerstand.

Auf dem russischen linken Flügel erstieg das kurländische Ulanen-Regiment die Weinberge südlich von Sliwno und näherte sich der Rückzugslinie des Feindes nach Saagra und

Kasanlyk. Die Türken ergreifen hier einen günstigen Mo=
ment, werfen sich mit Ueberlegenheit auf 2 Escadrons des
genannten Regiments, die ein heftiges Gefecht bestehen, drei=
mal vorgehen und dreimal wieder geworfen werden, bis eine
dritte Escadron herbeieilt und die Gegner aus dem Felde
schlägt.

Die Russen hatten bei diesem Gefecht, welches nur
3 Stunden dauerte, 1 Offizier und 12 Mann verloren, die
Infanterie war gar nicht zum Schuß gekommen. Bei dem
schwachen Widerstand hatten auch die Türken nur wenig Todte,
auf der Flucht dagegen büßten sie 500 Gefangene, 10 Kano=
nen und 6 Pulverwagen ein. Die Stadt gerieth in Brand,
allein das Feuer, welches von den Türken angelegt war, er=
losch nach einiger Zeit von selbst. Die Gefangenen sagten
aus, daß hier 13 regulaire Infanterie= und 2 regulaire Ca=
vallerie-Regimenter unter Halil=Pascha, außerdem einige tau=
send irregulaire Reiter unter Kjössek und Ibrahim Pascha zur
Stelle gewesen seien. Die Türken hatten aber den 96 russi=
schen Geschützen ihrerseits nur 10 Kanonen entgegenstellen
können. Die Nachricht von der Anwesenheit des Großveziers
war nur verbreitet worden, um den Truppen mehr Muth zu
machen. General Roth verfolgte den Feind in der Richtung
von Kasanlyk bis auf die Höhe des Ballan und kehrte dann
zurück. Das russische Heer bezog ein Lager bei Sliwno. Ein
Kosaken=Regiment wurde nach Kasann in den Ballan geschickt,
woselbst ein feindlicher Posten von 500 Mann stehen sollte.
Das verlassene türkische Lager war sogleich von den christlichen
Einwohnern der Stadt geplündert worden, welche sich vor
Allem mit Waffen zu versehen strebten, und den Kosaken für
ein Gewehr einen Silberrubel zahlten. Die aus Sliwno ent=
flohenen Türken schickten bald darauf Deputationen mit einer
weißen Fahne und erhielten die Erlaubniß zur Rückkehr.

Bei Aidos, Jamboli und Sliwno waren nun am 25.,

31. Juli und 12. August alle die Corps mit leichter Mühe zersprengt worden, welche der Vezier nach und nach in die rechte Flanke der Russen detachirt hatte, um ihr Vordringen auf Adrianopel zu verhindern. Diese waren im Besitz aller Balkan=Uebergänge vom Cap Emineh bis Kasann, und Re= schid Mehmet stand mit Adrianopel nur noch auf Umwegen in Verbindung. Er gebot über gar kein Heer mehr, und die Vertheidigung von Schumla selbst beruhte fast nur auf der bewaffneten Einwohnerschaft.

Die Russen waren nach und nach von Burgaß aus bis Slimno 15 Meilen weit längs des Fußes des Balkan hin= gezogen und standen in Slimno noch ebenso entfernt von Adrianopel, wie sie in Burgaß gewesen. Einige Verstärkun= gen waren zwar beim General Krassowski eingetroffen (welcher dessen ungeachtet wieder nach Jenibasar zurückging), nicht aber beim Hauptcorps, außer insofern die 2te Brigade der 19ten Division in Szisebolis disponibel geworden war, viel= mehr hatten die Russen durch die immer mehr überhand nehmenden Fieber beträchtlich verloren. Die gänzliche Demo= ralisation der Türken aber, welche vor bloßen Cavallerie= Demonstrationen ihre verschanzten Stellungen aufgaben, selbst wo sie an Zahl so überlegen waren, wie bei Jamboli, mußte die Ueberzeugung gewähren, daß die Russen solchen Feinden gegenüber Alles wagen dürften. So entschloß man sich denn jetzt gegen Adrianopel vorzurücken.

In Slimno blieb das 37ste Jäger=Regiment als Besatzung 14. Aug. zurück, alles Uebrige brach zwei Tage nach dem Gefecht gegen Jamboli auf. Hier waren 30 türkische Familien mit ihrem Mollah ruhig in ihren Wohnungen geblieben, und die christlichen Bewohner zogen den Russen in langen Zügen entgegen. In der Stadt herrschte Ueberfluß an allen Lebensmitteln. Ein Markt, welcher im Lager eingerichtet wurde, war mit Geflügel, Früchten aller Art, besonders Melonen und Weintrauben,

15. Aug. reichlich versehen. Am folgenden Tage war Ruhe und die Bulgaren wohnten in großer Zahl einem Gottesdienst im russischen Lager bei.

16. Aug. Der erste Marsch führte das VIIte Corps nach dem Dorfe Gasa-beill, an einem Zuflußbach zur Tundscha auf deren rechtem Ufer. Der Rest des Heeres marschirte bis Papaskjoi, eine Strecke von fast 5 Meilen. Gleich ¼ Stunde hinter Jamboll mußte die Infanterie eine 3 Fuß tiefe Furth durchwaten, da man doch gestern Zeit genug gehabt hätte, dort eine passagere Brücke zu erbauen. Mehrere kleine Zuflüsse zur Tundscha, welche durchfurthet werden mußten, hatten sumpfigen Grund, und waren von der Cavallerie zuvor fast ungangbar gemacht. Die 5te Division, welche die Avantgarde bildete, war schon um 3 Uhr früh abgerückt, die Tete der Infanterie traf aber erst Abends 8 Uhr in Papaskjoi ein*). Es fehlte auf diesem Marsche nirgends an Wasser und man hätte auch wohl früher schon ein Nachtlager beziehen können. Mit den bei Sliwno versprengten Türken konnten die Russen ohnehin nicht um die Wette marschiren.

Zum ferneren Vorrücken nach Adrianopel wählte man die bei weitem schwierigere Straße auf dem linken Ufer der Tundscha, wahrscheinlich wohl, um nicht genöthigt zu sein, in der Nähe jener Stadt den Strom zu überschreiten, und um durch denselben in der rechten Flanke gegen etwanige Unternehmungen von Philippopel aus gedeckt zu sein.

17. Aug. Es wurde am folgenden Tage um 7 Uhr wieder abmarschirt. Das IIte Corps bildete die Avantgarde. Die 2te Ulanen-Division, welche sich beschwerte, hinter der Infanterie marschiren zu müssen, wurde während der ersten Rast an die

---

*) Der Commandirende, unwillig über das lange Ausbleiben der übrigen Truppen, ritt ihnen entgegen und sprach den Führern sein Mißvergnügen aus. Diese ließen nun, um ihn zu besänftigen, die Sänger vorziehen, welche auch ein Geschenk von 100 Rubeln erhielten.

Tete gezogen. Das VIIte Corps zog sich über die Brücke bei Jenibschely heran und folgte dem Gros. General Bud-berg wurde mit seiner Brigade links auf Kirkilissa (vierzig Kirchen) dirigirt.

Jenseits Papaskjoi gestaltet sich das Terrain bergiger und durchschnittener. Der Fels liegt hier meist ohne alle Erdbe-kleidung zu Tage und der Marsch auf diesem glühenden Ge-steine war äußerst beschwerlich. Die Türken hatten alle Fon-tainen zerstört, welche dem Wanderer in diesen Gegenden ein so großes Labsal gewähren, und es herrschte empfindlicher Wassermangel. Endlich nach einem Marsch von fast 4 Meilen gelangte man nach dem Städtchen Bujuk Derbent, wo über-nachtet und am folgenden Tage geruht wurde. Das VIIte Corps machte schon in Kutschuk Derbent Halt. Die Russen litten in dieser öden Steinwüste mehr Noth als bei dem Marsch über den Balkan. Die Hitze war unerträglich und die Fieber griffen immer mehr um sich. Gerade die Offiziere und namentlich die des Hauptquartiers, erlagen der Krankheit am häufigsten*). Die Entfernung von Sliwno nach Derbent beträgt 12 Meilen. Man hatte zu diesem Marsch 5 Tage gebraucht; es kamen daher auf jeden Tag nur 2½ Meile; allein da in Jamboli und Derbent 2 Ruhetage gegeben wur-den, so hatte man an den übrigen Tagen Gewaltmärsche machen müssen, welche die Kräfte der Truppen erschöpften.

Der Bujuk Derbent (oder große Paß) bildet ein sehr schwer zu überschreitendes Defilee, allein nicht ein Türke war da, um ihn zu vertheidigen. Die Kosaken streiften über Je-nibsche und Akbunar gegen Adrianopel vor und machten Ge-fangene, welche ziemlich übereinstimmend die Besatzung jener Stadt auf 8 bis 10000 Mann Truppen und ebenso viel bewaffnete

---

*) Leider ergriff die Krankheit den Rittmeister Panzer. Dieser aus-gezeichnete Offizier starb bald darauf in Adrianopel, ebenso der Major von Wildermeth vom preußischen Generalstab.

Einwohner angaben. Eine Verstärkung von 10,000 Mann wurde dort täglich erwartet. Nicht längst erst habe man angefangen sich zu verschanzen.

General Bubberg meldete aus Erekli, daß Kirkklissa nur ganz schwach besetzt zu sein scheine, und erhielt die Erlaubniß, die Stadt zu nehmen, sobald sein Detachement sie erreicht haben würde.

Vom General Krassowski ging ein zweites Schreiben des Großveziers aus Schumla ein, mit welchem General Mavatof eine Zusammenkunft gehabt hatte. Der Vezier bat den General Diebitsch, Halt zu machen, und einen Ort zu bezeichnen, wo die Unterhandlungen beginnen könnten, ein Antrag, welcher dem Commandirenden wohl nur sehr erfreulich sein konnte.

19. Aug. Am 19. August, gerade 4 Wochen, nachdem das Heer den Balkan völlig überschritten und die Seeplätze genommen, rückte dasselbe gegen Abrianopel an. Die Truppen lagerten Angesichts der Stadt in 3 Treffen, und zwar so, daß die rechten Flügel an die Tundscha lehnten. In erster Linie stand das IIte Corps zwischen dem jenseits des Stromes liegenden alten Seraj rechts und einem Hügel auf der Höhe links, unter welchem die große Straße von Derbent nach Abrianopel vorbeizieht und von wo man die ganze Stadt überblickt. Das VIte Corps stand in zweiter, das VIIte in dritter Linie. Die Kosaken besetzten alle Höhen bis zur alten Justinianischen Straße nach Constantinopel. Der Commandirende ritt mit dem Chef des Generalstabs, General Toll, und einem kleinen Gefolge zur Recognoscirung der Stadt und der türkischen Verschanzungen vor.

Schon aus der Entfernung von mehreren Meilen hatten die Russen die 4 hochragenden Minarehs der prachtvollen Hauptmoscheen Sultan Selims erblickt, aber erst kurz vor der Stadt breitete sich vor ihren Augen das überraschende Bild der früheren Hauptstadt des osmannischen Reichs aus.

Adrianopel liegt am Zusammenfluß der Tundscha, Maritza und Arda, drei beträchtlicher Ströme, welche nur auf
Brücken paſſirt werden können, in der Stadt faſt unter rechtem Winkel zuſammenſtoßen und dann vereinigt abfließen.
Es werden hierdurch 4 breite Thäler in Kreuzform gebildet,
zwiſchen welchen die Höhen in ſanfter Hügelbildung, aber mit
ziemlich ſtarken Erhebungen und von Wein- und Obſtgärten
bedeckt, emporſteigen. Die Stadt ſelbſt liegt theils in der
Niederung, theils auf dem Fuß des am nächſten herantreten-
den Thalrandes zwiſchen der Tundscha und unterm Maritza.
Dort auf dem höchſten Punkt erhebt ſich die gewaltige Kuppel
der Selimmtje. Eine Mauer umgiebt den ältern Theil von
Adrianopel, aber ſie iſt von ſpäter erbauten Wohnungen ganz
verdeckt, und die Stadt ſelbſt rings umher, obwohl nur aus
der Ferne, überhöht. Außerhalb derſelben gewähren Hohlwege, Gräben und Gartenmauern der Vertheidigung Vorſchub,
auch bilden die Flüſſe gute Anlehnung für Aufſtellungen zur
Deckung der Zugänge, jedoch nur für Corps von mindeſtens
30 bis 40,000 Mann. Die neu angelegte Befeſtigung der
Türken beſtand aus einem bloßen Graben zwiſchen der Tundſcha und der obern und niebern Maritza, welcher durch einige
unvollendete Batterien flankirt war.

Der erſte Anblick von Adrianopel iſt von überraſchender
Schönheit. Die weißen Minarehs und die bleigedeckten Kuppeln der Moſcheen, der Bäder und Caravanſerahs erheben ſich
in zahlloſer Menge über die endloſe Maſſe der flachen Dächer
und die breiten Gipfel der Platanen. Prachtvolle ſteinerne
Brücken wölben ſich über die ſchnellfließenden Ströme, die
blendenden Baumwollen-Segel der Schiffe zeichnen ſich auf
breite, grüne Wieſen ab, und vergoldete Halbmonde blitzen an
allen Spitzen in der dunkelblauen Luft. Zur Rechten, jenſeits
der Tundscha, ragen über düſtere Cypreſſen die Thürme des
alten Serajs, in welchem die osmanniſchen Herrſcher hauſeten,

während sie das byzantinische Reich vor 400 Jahren bedrängten, wie das osmannische Reich jetzt durch die Russen bedroht wurde, und soweit der Blick über die unbegrenzte Landschaft schweift, entdeckt man nur üppige Fluren, Wälder von Obstbäumen und wohlhabende Dörfer.

Nach so langen Anstrengungen und Gefahren mochte der russische Soldat bei diesem Anblick wohl die überstandenen Leiden vergessen und von guten Quartieren und gefüllten Märkten träumen. Die Kranken mochten auf Ruhe und Genesung hinter jenen Mauern hoffen, während die meisten dort nur ein Grab fanden. Diejenigen aber, welche die Verhältnisse übersahen, mußten sich sagen, daß sie hier am Ende des Krieges oder am Anfange ihres Verderbens standen. Denn die Russen hatten Adrianopel erreicht, allein sie erreichten es nur mit höchstens 20,000 Mann, während diese Stadt, wenn es um die Vertheidigung Ernst war, mindestens ebenso viel bewaffnete Einwohner aufstellen konnte. Die im Balkan zersprengten türkischen Corps zogen auf den verschiedensten Wegen nach Adrianopel heran, und ein neues feindliches Heer war von Sofia her in Anmarsch. Andere als militairische Rücksichten mußten jetzt entscheiden, wie wir denn auch von eigentlichen Kriegsvorgängen nicht mehr zu berichten haben.

Fünfter Abschnitt.

Uebergabe von Adrianopel. Die militairische Lage von Constantinopel. Unterhandlungen, Demonstrationen, Friedensschluß.

Wenn der von einer Felshöhe herabrollende Steinblock auf seinem Pfade Bäume entwurzelt und Häuser zerschmettert, so wirkt offenbar die vielleicht geringe Kraft, welche ihn von seinem Ursprunge ablöste, hier nicht allein, sondern ein neuer

Impuls, welcher nach dem Naturgesetz der Schwere hinzutritt, vollbringt die gewaltigen Erscheinungen.

Aehnlich verhält es sich mit den Begebenheiten, welche wir jetzt noch darzustellen haben. Die Anstrengungen zweier Feldzüge, ein Aufwand von 100 Mill. und das Opfer von weit mehr als 50,000 Menschen hatten 20,000 Russen unter die Mauern von Adrianopel geführt. Eine solche Streitmacht war außer allem Verhältniß mit der noch zu lösenden militairischen Aufgabe, wenn diese darin bestand, den Frieden mit dem Degen vorzuzeichnen. Die bisherigen Erfolge der Russen reichten keinesweges aus, um alle Vertheidigungsmittel des osmannischen Reichs zu Boden zu schlagen, allein sie hatten Elemente der Auflösung frei gemacht, welche von nun an, wirksamer als das feindliche Heer, die Pforte einem unvortheilhaften Friedensschluß zudrängten. Die nothwendige Ausschließung der Rajah, also der größeren Hälfte der Landesbewohner von der Landesvertheidigung, das Mißvergnügen der muselmännischen Bevölkerung und die Lähmung der bisherigen Volksbewaffnung in Folge der Reform, der alte Ungehorsam der Paschas entfernter Provinzen, und ganz besonders auch die Einwirkung europäischer Diplomatie waren jene Elemente, und die Entwickelung der Dinge nahm einen Gang, welcher nicht mehr von dem russischen Heere vorgeschrieben wurde, sondern welchem dieses selbst fast willenlos folgte. Denn die Siegesbahn des General Diebitsch war ein Abhang, auf welchem weder an ein Stillstehen, noch Zurückweichen zu denken war, und welche ihn zu neuen Erfolgen oder zu gänzlichem Verderben führen mußte. Allein wie die einmal bewegte Last nur noch eines schwachen Anstoßes bedarf, so vermochte auch hier ein Heer, welches fast unter den Händen seines Führers schmolz, die Pforte in der ihr gegebenen Richtung zu erhalten.

General Diebitsch erkannte vollkommen, daß in seiner Stellung die höchste Verwegenheit die heilsamste Vorsicht war;

und so handelt er kühn und klug zugleich, indem er mit den Trümmern seiner Streitmacht und in wenig ihm noch übrig bleibenden Wochen, wenigstens zum Schein, Unternehmungen einleitete, welche unter anderen Verhältnissen einen neuen Feld= zug und ein neues Heer erfordert haben würden.

Doch wir wollen den Begebenheiten nicht vorgreifen und kehren zu dem russischen Corps vor Adrianopel zurück.

Diese Stadt hatte 80,000 Einwohner, von denen die größere Hälfte Moslem waren, welche hier ihr Eigenthum, ihre Weiber und ihren Glauben gegen die Russen zu vertheil= digen hatten. Es waren bei Monastirkjoi das Corps Abdur= Rachmann Paschas, und bei Aidos, Jamboli, Karnabatt und Sliwno alle die Detachements, welche der Vezier nach und nach abgeschickt hatte, ohne irgend erheblichen Verlust von einer Seite aus einander gesprengt. Die Flüchtlinge von 40 bis 50,000 Mann hatten sich zum Theil wenigstens nach Adrianopel gezogen, und jedenfalls konnte man dort mindestens ebenso viel Vertheidiger hinter Garten=Mauern, Hecken und Gräben aufstellen, als Feinde gegenüber standen, wenn die waffenfähigen Einwohner zu Hülfe genommen wurden. Wollte man sich aber überhaupt dort nicht vertheidigen, wollte man dem Gegner solche Trophäen und solche Hülfsmittel, wie Adria= nopel umschloß, ohne einen Schuß abzufeuern, überlassen, so konnte nichts in der Welt Halil Pascha hindern, mit 10 bis 12,000 Mann meist regulairer Infanterie und 2000 Reitern, an eben dem Tage, wo General Diebitsch von Norden her anrückte, südlich nach Constantinopel abzumarschiren, denn das Detachement des General Butberg, welches diesen Rückzug bedrohte, bestand überhaupt nur aus etwa 2000 Mann, und kam erst am Abend des 20. in Kirkklissa an. Daß unter solchen Umständen die türkischen Führer in Adrianopel ver= bleiben würden, ausdrücklich, um dort zu capituliren, scheint unglaublich, und doch geschah es.

Schon am Nachmittage des 19. August waren außer den geheimen Sendlingen der christlichen Geistlichkeit türkische Abgeordnete in das russische Hauptquartier gekommen, um wegen eines freien Abzugs zu unterhandeln, den das Corps gestern noch umsonst hatte, und morgen noch mit 6facher Ueberlegenheit erkämpfen konnte, wenn Bubberg ihm in Lule Burgaß den Weg zu sperren wagte. General Diebitsch konnte nichts Glücklicheres wünschen. Er erklärte sich nicht abgeneigt zu bewilligen, was zu verweigern ihm vielleicht unmöglich war, stellte aber dabei seine Bedingungen: „Die Paschas (Halil und Ibrahim) sowie ihre Truppen erhielten Erlaubniß, in ihre verschiedenen Wohnsitze zurückzukehren, nur nicht in der Richtung nach Constantinopel. Sie sollten zuvor ihre Waffen abliefern (eine Bedingung, auf welche irreguläre Truppen nie eingegangen sein würden) und außerdem ihre Fahnen und Artillerie, ihre Vorräthe an Lebensmitteln und Munition den Russen übergeben. Dagegen verhieß der Commandirende den Einwohnern Sicherheit der Person und des Eigenthums, sowie ungestörte Ausübung jedes Gottesdienstes." Diese Bedingungen anzunehmen oder zu verwerfen setzte General Diebitsch den Türken eine Frist von nur 14 Stunden, nämlich bis zum nächsten Morgen um 9 Uhr, weil er sehr richtig erwog, daß die Paschas, welche jetzt vollkommen den Kopf verloren hatten, möglicherweise wieder zur Besinnung kommen könnten. Ueberdies mußte er, wenn Adrianopel am folgenden Morgen nicht übergeben war, nothwendig einen Angriff auf die Stadt machen, wollte er nicht durch längeres Stillstehen das Geheimniß seiner Schwäche verrathen. Die Erstürmung von Adrianopel blieb aber bei einigem Widerstand der Vertheidiger immer eine mißliche Sache, und selbst, wenn man die Zugänge nahm, mußten 20,000 Mann sich fast verlieren in dem Labyrinth der Straßen einer Stadt von reichlich 2 Meilen im Umfange. Plünderung, Brand und Ausschweifungen aller Art waren dann unvermeidlich und riefen selbst den friedlichsten Bürger zur Gegenwehr auf. Ueberhaupt ist die militairische Besetzung sehr großer Städte ohne vorherige Uebereinkunft ein Problem, für dessen Lösung die Kriegsgeschichte nur wenig Vorgänge liefert.

20. Aug. Das Heer brachte die Nacht zum 20. August unter den Waffen und in erwartungsvoller Spannung zu. In der Stadt herrschte große Bewegung und Unruhe, und die Lichter und Fackeln, welche sich von einem Ort zum andern bewegten, leuchteten durch die Dunkelheit zum russischen Lager herauf. Noch vor Tagesanbruch stand das Heer in 2 Colonnen formirt. Das IIte und VIte Corps der Generale Pahlen und Roth unter Führung der Commandirenden bedrohten die Stadt, das VIIte Corps, General Rüdiger, mit dem größten Theil der Cavallerie und reitenden Artillerie machte Miene, über Arnautkjoi auf die Straße nach Kirkliffa abzurücken, um so den Rückzug nach Constantinopel unmöglich zu machen.

Allein die Paschas warteten den letzten Termin, welcher ihnen gestellt war, um sich zu unterwerfen, nicht einmal ab. Schon 2 Stunden früher erschienen ihre Abgesandten, um mildere Bedingungen zu erlangen. Statt aller Antwort setzte General Diebitsch seine Colonnen in Marsch, und als sie sich den vorgeschobenen Verschanzungen näherten, drängten sich dichte Haufen von Einwohnern, Türken und Christen, zu den Thoren hinaus, um den Russen ihre Freundschaft anzutragen. Sie brachten Wein, Zuckerwerk, Früchte und Brod, als ob man zum Jahrmarkt zöge. Die türkischen Truppen selbst warfen die verhaßte Bajonnettflinte weg und verließen die Werke, ehe nur einmal die Formalitäten des Abschließens einer Convention beendet werden konnten. Die Paschas hatten nur Zeit, den russischen Feldherrn zu beglückwünschen, und dieser zog in Adrianopel ein, wie in eine befreundete Stadt, in welcher nichts verändert ist als die Garnison.

Die Cavallerie rückte sogleich nach der auf Constantinopel führenden Hauptstraße ab, das IIte Corps folgte dieser Bewegung und marschirte vor dem Thore auf. Das VIte Corps besetzte die Straße nach Kirkliffa, und das VIIte einstweilen die schöne hochliegende Kaserne auf dem Hügel zwischen der Tundscha und obern Maritza, vor welcher auch die Geschütze aufgefahren wurden. Der Commandirende verlegte sein Hauptquartier in die für den Großherrn in Bereitschaft gesetzten Gemächer des alten Serajs. Die zahlreich vorhandenen grünen Zelte der Türken gewährten jetzt den russischen Soldaten willkommenen Schutz. 56 Kanonen, mehrere tausend Gewehre, bedeutende Vorräthe von Kriegsbedarf und alle die reichen Hülfsmittel, welche eine große Stadt zur Verpflegung, Bekleidung und Erhaltung eines Heeres besitzt, endlich der moralische Eindruck, den eine solche Besitznahme in ganz Europa, besonders aber in Constantinopel machen mußte, waren die unblutigen Lorbeern dieses Tages.

Ein feierlicher Gottesdienst wurde am folgenden Morgen auf dem Marktplatz der Stadt abgehalten, ein russischer General zum Commandanten derselben ernannt und die Bewohner genöthigt, ihre Waffen abzuliefern. Der türkische Pascha verblieb als Civil=Gouverneur in Wirksamkeit. Die Moscheen und die öffentlichen Versammlungsplätze wurden von russischen Wachen besetzt, das Corps selbst aber bezog einen Bivouacq auf einer von den prachtvollsten Platanen überschatteten Wiesen=Insel, zunächst des Serajs zwischen der Tundscha und Maritza. Vielleicht trugen die niedrige Lage dieses Platzes, die übermäßige Hitze, der plötzliche Uebergang von der höchsten Anstrengung zur gänzlichen Ruhe, endlich Mangel an guten Nahrungsmitteln viel dazu bei, die schon im russischen Heer vorhandenen Krankheitskeime verderblich zu entwickeln. Häufige Regen weichten den Grund und das Schilflager der Soldaten auf. Bald stellte sich während der Nächte empfindliche Kälte

24 *

ein, Tausende, meist Ruhr-Kranke mußten in das Hospital
nach der Stadt gebracht werden, und das schon so kleine Corps
wurde dadurch mehr und mehr geschwächt. Man hat den,
für die Truppen allerdings sehr verderblichen Aufenthalt in
Adrianopel dem General Diebitsch zum Vorwurf gemacht und
ihn getadelt, daß er nicht jetzt ohne Weiteres nach Constantinopel
vorrückte. Prüfen wir aber die Lage des russischen Feldherrn.

Mustafa, Pascha von Scodra in Albanien, ein alter
Janitschar und eifriger Gegner der Reform, stand in naher
Verbindung mit den aufrührerischen Bosniaken. Eine Schwächung der Militairmacht der Pforte lag ganz in seinem Interesse, keineswegs aber ein gänzlicher Umsturz der osmannischen
Herrschaft in der Türkei. Den vielfach wiederholten Auf-
forderungen des Großherrn hatte er bisher unter allerlei
Vorwänden auszuweichen gewußt und seine Streitmacht intact
erhalten, bis durch die Russen alle die neu formirten Heere
seines Herrn geschlagen oder zersprengt waren. Er hatte
keinen Theil an dem Kampf in Bulgarien genommen, war
zu spät gekommen, um den Balkan zu vertheidigen, zu spät,
um Adrianopel zu retten, aber er war zur Hand, als die
Hauptstadt des Reichs von einem Angriff der Ungläubigen
bedroht war. Jetzt erschien er mit 40,000 Mann, und wohl
zu merken mit 40,000 Arnauten in Sofia, während seine
Vortruppen bis Philippopel, 20 Meilen von Adrianopel entfernt, streiften.

General Diebitsch hatte bis zur türkischen Hauptstadt
noch einen Weg von 30 Meilen. Bis Karistiran wird die
alte Justinianische Straße von 40 Zuflüssen zur Ergine in
tiefen Thälern durchschnitten, welche der Vertheidigung alle
halbe Meile eine Stellung darboten, wenn überhaupt noch
ein türkisches Corps diese übernehmen wollte. Die Trümmer
der, quer über den ganzen Isthmus reichenden Mauer des
Athanasius bietet einen neuen Abschnitt dar, und die Stel-

lungen auf der großen Straße bei Bujuk-, und namentlich
bei Kutschuk-Tschekmedsche, sind geradezu unnehmbar. Sie
können aber nördlich umgangen werden, indem das sogenannte
Strandscha-Gebirge eigentlich nur eine 6 bis 800 Fuß hohe
bewaldete Hügelkette ist, welche Infanterie in jeder Richtung zu passiren vermag. Zwei fahrbare Straßen, von Seraj
über Tschataldsche und Litros, und von Kara Burnu am
Schwarzen Meer über Boghaskjöi, führen außerdem auf die
Hauptstadt zu. Wenn nun zwar alle diese Wege vortreffliche
Abschnitte bieten, so legen wir doch unter den damals statt-
findenden Verhältnissen keinen Werth auf ihre Vertheidigungs-
fähigkeit. Allein unmöglich konnten doch die Russen nach
Constantinopel abrücken, ohne daß in einer so bedeutenden
Stadt wie Adrianopel wenigstens einige Tausend Mann zurückblieben, wäre es auch nur zur Aufrechthaltung der po-
lizeilichen Ordnung und zum Schutz ihrer Kranken gewesen,
unmöglich konnte man ein Heer, wie das des Paschas von
Scodra, ganz unbeachtet im Rücken lassen. Bestimmte man
hierzu auch nur 6 bis 8000 Mann, so kam das russische
Corps noch 10,000 Mann stark vor Constantinopel an.

Nun liegt Constantinopel, nämlich die eigentliche Stadt,
bekanntlich in Form eines Dreiecks zwischen dem Marmora-
Meer und dem Hafen, „das goldene Horn" genannt. Die
dritte, der Landseite zugewendete Front ist von den „Sieben-
thürmen" bis zu dem alten Palast der Blachernen gegen
8000 Schritt lang und durch eine 30 bis 40 Fuß hohe
Mauer geschlossen*). Die obere Stärke der Mauer beträgt
4 bis 5 Fuß, so daß man sich frei auf derselben bewegen
kann, und da an den meisten Stellen auch die Zinnen noch

---

*) Wir verweisen hier auf einen im Jahre 1842 bei Simon
Schropp u. Comp. in Berlin erschienenen, auf einer wirklichen Meßtisch-
Aufnahme beruhenden Plan von Constantinopel, welcher das Terrain auf
4 Quadrat-Meilen um die Stadt darstellt.

wohl erhalten sind, so ist die Mauer fast ohne weitere Vorbereitung mit Schützen zu besetzen. Alle 60 bis 80 Schritt
treten Thürme mit mehreren gewölbten Stockwerken hervor,
welche jedoch, aus dem Zeitalter Kaiser Julians stammend
zur Geschützvertheidigung nicht eingerichtet sind. Für diese
würden Erdanschüttungen hinter der Mauer und nöthigenfalls
eine theilweise Abtragung derselben leicht zu bewirken sein,
da es an Raum und Material dazu nicht fehlt.

15 bis 20 Schritt vor der Hauptmauer zieht sich eine
niedrigere mit kleinen Thürmen hin, und außerhalb dieser ein
10 bis 15 Fuß tiefer, trockener Graben mit revetirter Escarpe
und Contrescarpe. Jene gewaltige Mauer zieht auch auf der
Hafen- und Meerseite andere 17,000 Schritt weit fort, und
zeigt überhaupt 300 große Thürme. Mächtige Mauerstücke
und ganze Hälften von Thürmen liegen unzerbrochen an der
Erde niedergestürzt, aber eine eigentliche Bresche findet sich an
der Landseite nirgends. Bei den stehen gebliebenen Theilen
sind Mörtel und Steine durch 14 Jahrhunderte zu einer einzigen felsartigen Masse zusammengetrocknet, welche von riesi-
gem Epheu umklammert gehalten wird. Obwohl die hohen
Zinnen schon auf die Entfernung von einer Meile sichtbar
sind, so verschwindet die Mauer doch, sobald man sich ihr auf
Kanonenschußweite nähert, vollkommen hinter einem dichten
Wald von Cypressen, welcher die ausgedehnten Gottesäcker der
Moslemin bedeckt. Es würde daher auch keineswegs leicht
sein, Bresche in dieselbe zu legen, am wenigsten mit Feldgeschütz. Auch die feindlichen Wurfgeschosse würden hier von
geringer Wirkung sein, da ein Raum von mehr als
1000 Schritt hinter der Mauer fast nur mit Gärten ausgefüllt ist. Die eigentliche, zum bei weitem größern Theil von
Muselmännern bewohnte Stadt fängt erst ¼ Meile weiter
mit der gewaltigen Moschee Mehmet des Eroberers an. Das
auf der äußersten Landspitze liegende kaiserliche Seraj ist von

starken Mauern und Thürmen rings umschlossen und bildet eine feste Citadelle gegen die Stadt, ebenso das alte Cyclo= bion am Südende der Landmauer, ein starkes Reduit mit 80 Fuß hohen, starken Thürmen. Fünf Thore (ein sechstes ist vermauert) führen von der Landseite in die Stadt und sind durch doppelte Thürme geschützt.

Die vortheilhafteste Annäherung an die Landmauer von Constantinopel gewährt das Terrain zwischen dem Bach von Topdschilar und dem Hafen. Der stark nach dem letztern geneigte Hügel und die offene Vorstadt Ejub leisten hier einem verdeckten Herangehen Vorschub. Allein an dem Ur= sprung jener Höhe, ¼ Meile vorwärts der Landmauer, erhebt sich ein gewaltiges Bauwerk, 500 Schritt lang, 300 tief und mit hohen flankirenden Thürmen versehen. Es ist die für 5 bis 6000 Mann eingerichtete Kaserne von Ramis=tschiflik. Vorwärts derselben befinden sich einige ziemlich ungeschickt tracirte Verschanzungslinien, welche auf die erste Nachricht von dem Uebergang der Russen über den Balkan aufgewor= fen wurden. 3000 Schritte weiter links auf der großen Straße nach Adrianopel ragt ein noch größeres bethürmtes Gebäude empor. Es erhebt sich auf der berühmten Ebene, Daud Pascha, wo seit 3 Jahrhunderten die Janitscharen sich versammelten, bevor sie ins Feld zogen. Von dort brachen die Heere auf, welche Ungarn eroberten, Wien bedrohten und bis in Steiermark eindrangen. Nachdem die Janitscharen vernichtet, hatte Sultan Mahmud hier eine Kaserne für 8000 seiner neu geschaffenen Nisam=dschebitt erbaut. Sie umschließt eine Moschee, ein Bad, einen kaiserlichen Kiosk und mißt 800 Schritt in der Front. Diese Riesen-Kasernen (ohne Ver= gleich die größten Gebäude in ganz Constantinopel, die Mo= scheen und Paläste nicht ausgenommen) bilden im Vereine mit dem zwischenliegenden, ebenfalls massiven und sehr großen Hasta hane oder Hospital gewissermaaßen detachirte Forts, in

welchen ein Corps von 14,000 Mann untergebracht werden
kann, und geben treffliche Flügelanlehnungen für ein größeres
Heer, welches, geschützt durch sie, zwischen ihnen und der Landmauer einen sichern Lagerplatz findet. Durch zweckmäßig an-
zulegende Feldverschanzung würde der Angriff auf ein Heer
sehr erschwert werden, welches die Hülfsmittel der großen
Stadt unmittelbar im Rücken hat. Auch an dem für ein
türkisches Corps so nöthigen Wasser fehlt es auf diesen Höhen
nicht, da die großen Leitungen, welche Constantinopel versorgen, in unterirdischen Gewölben gerade unter beiden Kasernen
hindurchgehen, und so das unentbehrliche Element in Ueberfluß
herbeiführen.

Weit weniger geschützt als Constantinopel selbst sind die
nördlich des Hafens auf dem steilen Abfall zu demselben gelegenen Vorstädte Pera, Kassimpascha, Haßkioi rc. Sie sind
ganz offen und umschließen eine Bevölkerung von mehr als
100,000 Menschen, welche zur größern Hälfte aus Griechen,
Armeniern, Franken und Juden besteht. Unklugerweise sind
gerade hier die größten Etablissements der Flotte und des
Heeres angelegt, das Arsenal, die Schiffswerften, die See-
magazine, das Artillerie-Zeughaus, die Geschützgießerei, die
Gewehrfabrik und die Kasernen der Bombardiere und der
Artilleristen. Zwar bildet Galata*), die alte Genuesische
Factorei, welche einst dem hinfälligen byzantinischen Reich
Gesetze vorschrieb, eine Art Citadelle. Sie ist von hohen
Mauern umschlossen und das Terrain ihrer treppenartigen
Straßen fällt hinter derselben so steil ab, daß es von dem
höher liegenden Pera nicht einzusehen ist. Der gewaltige,
runde Thurm beherrscht wie ein Riese diese ganze, dem Han-
del mit Europa noch jetzt geweihte Stadt. Allein sie ist dem

---

*) Galata, Calata. Der Name scheint arabischen Ursprungs und
findet sich häufig auf Sicilien und in Südspanien, so weit die Sara-
cenen dort vorgedrungen. Er bedeutet einen treppenartigen Aufgang.

Hafen zugewendet und trägt nichts zur Vertheidigung der Landseite bei, auch schützt sie keines der vorhin genannten Etablissements.

Aber auch hier sind die Zugänge mit Vortheil zu vertheidigen, und wenn der Großherr überhaupt nur noch über einige tausend Mann Feldtruppen gebietet, während er zu Lande von Westen und Norden zugleich bedroht ist, so wird er die Landfront Constantinopels ihrer eigenen Vertheidigung überlassen können, dagegen sein kleines Heer auf dem Plateau nördlich von Pera aufstellen. Auf dem Sattel bei dem Wachtposten Sindschirlikuju an der großen Straße nach Bujukdereh bietet sich der Avantgarde eine sehr vortheilhafte, durch passagere Werke zu verschanzende Position von kaum 1000 Schritt Frontlänge dar, mit beiden Flügeln an tiefe Schluchten lehnend, in welchen mehrentheils der Fels zu Tage tritt. Die wenigen und schwierigen Aufgänge aus dem Thal der „süßen Wasser" sind durch besondere Posten leicht zu beobachten. Um diese Stellung in der Front anzugreifen, müßte der Gegner ein besonderes Corps detachiren, welches die tiefen Thäler der nur auf Brücken zu passirenden Flüsse Cydaris und Barbyses bei Ali-bei-kjoi und Kjahat=hane überschritte, und durch eine Entfernung von 2 Meilen und schwierige Defileen von seinem Hauptcorps getrennt wäre. Ein solches Corps würde durch türkische Unternehmungen von Ejub aus sehr gefährdet sein, und die Verpflegung desselben müßte auf Kilios oder Derlos am Schwarzen Meere basirt werden. Bei nur einiger Stärke und Entschlossenheit würden auch die Türken sich mit großem Vortheil auf der hohen, schmalen Landzunge, westlich des Dorfs Kja-hat-hane verschanzen.

Für die Vertheidigung von Constantinopel ist das Wasser ein Gegenstand von großer Bedeutung, bei welchem wir einen Augenblick verweilen müssen. Da die Stadt ganz und gar auf felsigen Höhen erbaut ist, und die innerhalb derselben vorhandenen Brunnen nur wenig und bitteres Wasser geben, so war es die Sorge schon der ältesten griechischen Kaiser, durch großartige Wasserleitungen Constantinopel mit diesem ersten Bedürfnisse zu versehen. Auf dem nördlich nach dem schwarzen Meere zu gelegenen Waldhöhenzug schlägt im Winter und Frühjahr alljährlich eine außerordentliche Menge von Feuchtigkeit als Schnee und Regen nieder. Dort wurden ganze Thalschluchten durch riesenhafte Mauern abgedämmt, in welchen sich so viel Wasser in künstlichen Teichen ansammelte, daß es trotz der Verdampfung während des Sommers für den ungeheuern täglichen Verbrauch bis zur nächsten Regenzeit ausreicht. Aus jenen Teichen wurde nun das Wasser in vielfachen Windungen 4 bis 5 Meilen weit in gemauerten und überwölbten Rinnen nach der Stadt geleitet. Die Höhen wurden durchstoßen und die Thäler auf gewaltigen Aquaducten überschritten, welche oft 100 Fuß hoch und zum Theil über 1000 Schritt lang sind. Da nun aber diese Wasserfäden nur an einer einzigen Stelle ihres langen Laufes durchschnitten werden dürfen, um die Fontainen der Stadt versiegen zu lassen, so hatte die weise Fürsorge der Kaiser auch innerhalb der Mauern und auf hochgelegenen Punkten der Stadt gewaltige Bassins anlegen lassen, welche in friedlichen Zeiten das Wasser aufnahmen und im Fall einer Belagerung die Stadt tränkten. Türkische Sorglosigkeit hat diese Vorkehrungen eingehen lassen. Die offenen Cisternen sind mit Gärten ausgefüllt und enthalten Häuser, ja selbst eine Moschee (sie heißen Tschukur Bostan oder Tiefgärten). Die überwölbten (z. B. die „bin bir direk" oder die der tausend und ein Säulen) dienen den Seidenspinnern zu Wohnungen und sind halb verschüttet. Die Nachfolger Mehmets und Solimans ließen sich nicht träumen, daß ihre Enkel jemals selbst belagert werden könnten; indeß haben die Dinge sich geändert, und es würde sehr gerathen sein, die Cisternen ihrer ursprünglichen Bestimmung

zurückzugeben, was leicht geschehen könnte. Nur auf kurze
Zeit würde bei einer vollständigen Einschließung die zahlreiche
Bevölkerung Constantinopels von dem schlechten Wasser der
Brunnen erhalten werden können; bei einer bloßen Berennung
von der Landseite aber kann das Bedürfniß guten Trink=
wassers aus den prachtvollen Quellen des asiatischen Ufers
aus Scutari, Tschamlidsche, Kara=Kulak, und besonders aus
den überreichen, unmittelbar am Ufer liegenden Fontainen in
Sultanieh befriedigt werden, bei welcher ganze Flotten ihren
Bedarf einnehmen.

Auch an Lebensmitteln kann es der Hauptstadt nicht leicht
fehlen, so lange die Türken nur noch Herren des Marmor=
meers bleiben. Die Ufer dieses köstlichen Binnensees er=
nähren zahlreiche Heerden und bringen Getreide, Oliven,
Wein und Gartenfrüchte im Ueberfluß hervor. Die gesegne=
ten Fluren von Brussa stehen durch den Hafen von Mudania
in ununterbrochener Verbindung mit der Hauptstadt und die
Tiefen des Meeres liefern einen überschwenglichen Reichthum
der köstlichsten Fische. Viele Hunderttausende von Palamiden,
welche ein einziges großes Netz zur Zeit ihres Durchzugs aus
dem Bosporus hervorhebt, sichern allein schon gegen eine wirk=
liche Hungersnoth*). Ja selbst dann, wenn eine feindliche
Flotte im Hellespont erschiene, würde die Verbindung Con=
stantinopels mit Scutari und den Hülfsquellen Asiens fast
gar nicht zu unterbrechen sein. Die Breite des Bosporus
beträgt zwischen beiden Städten nur 1850 Schritt und wird
vom hohen Ufer des Serajs vollkommen beherrscht. Die
breiten Quais und das Plateau von Güllhane eignen sich zu

---

*) Als ob die Natur selbst durch Geschenke dem Bedürfniß einer
zahlreichen und trägen Bevölkerung hätte abhelfen wollen, fallen im
Herbst Millionen von Wachteln auf ihrem Zuge von Südrußland über
das Schwarze Meer ermüdet und eine leichte Beute auf dem thrakischen
Isthmus nieder.

vortrefflichen Geschütz-Aufstellungen, und angefeuert durch die
Kraft und die Thätigkeit eines einzigen Mannes (des Generals
Sebastiani) stellten die Türken dort binnen wenig Tagen
mehrere hundert Piecen auf, welche es jeder Flotte unmöglich
machen würden, zwischen den beiden Städten vor Anker zu
gehen, oder auch nur momentan ihren Verkehr zu unterbrechen.

Es bedarf daher, um Constantinopel völlig einzuschließen, zweier Heere in Europa, eines dritten in Asien und
einer Flotte im Marmor-Meer. In letzterer Beziehung muß
zu allererst die Vernichtung der türkischen Marine vorausgesetzt werden, sodann daß einer der beiden Zugänge zur Hauptstadt, die Dardanellen oder der Bosporus, forcirt worden ist.

Die Dardanellen bilden bekanntlich eine 4 Meilen lange
Wasserstraße, deren Breite an der südlichen Einfahrt zwischen
den sogenannten neuen Schlössern ½ Meile beträgt, sich zwischen den alten Schlössern auf 1980 Schritt verengt, und bei
Nagara (dem alten Abydos) wieder auf 2830 Schritt erweitert. Die eigentliche Vertheidigung beruht auf den Batterien,
welche an der 8000 Schritt langen Strecke von Sultan Hissan
bis Nagara (Plan Nr. 8) angelegt sind; denn die neuen
Schlösser dienen eigentlich nur dazu, daß eine feindliche Flotte
nicht innerhalb der Meerenge vor Anker gehe.

Für Ausschiffung eines Truppencorps bietet an der
asiatischen Küste die gesicherte Rhede zwischen Tenedos und
der Troade die geeignetste Localität. Die meisten Batterien
sind in der Kehle nur durch schwache Mauern geschlossen und
in großer Nähe überhöht. Dies ist jedoch nicht überall der
Fall, namentlich sind auf der asiatischen Seite Kum-Kaleh
und Sultani Hissar gar nicht überhöht. Diese Hissare haben
40 Fuß hohe, 18 Fuß starke Mauern. Im Innern von Sultan
Hissar befindet sich noch zum Ueberfluß ein Donjeon von
70 Fuß Höhe, welches fast eine einzige Steinmasse bildet,

und dessen Plateform Raum für 28 Geschütze hat. Aehnlich verhält es sich mit dem seltsam geformten Kilid Bahar auf der europäischen Seite. Bei solchem Profil aber mag ein Castell immer überhöht sein, man wird es darum im ersten Anlauf nicht nehmen. Nun befinden sich aber in und unmittelbar neben Sultan Hissar und Kilid Bahar an der schmalsten Stelle der Wasserstraße 290 Geschütze (worunter 45 Kemerlils) vereint, welche weder zur See leicht zu passiren, noch zu Lande leicht zu nehmen sein möchten.

Der Bosporus ist eine 4 Meilen lange Wasserstraße, durchschnittlich nur halb so breit, wie die der Dardanellen, dabei von gewundenem Lauf und mit 392 Geschützen armirt. Die Etagen-Batterien neben dem europäischen und asiatischen Leuchtthurm zu beiden Seiten der Einfahrt liegen ¼ Meile aus einander, aber schon zwischen den burgartigen Schlössern Karibsche und Peiros verengt sich die Straße bis auf die Hälfte jener Breite. Diese Forts, aus einem weichen, grünen Sandstein (vom Baron Tott erbaut) haben 3 Geschützetagen, wovon die 2te kasemattirt ist. Die untere wird bei hoher See von den aus dem Euxin eindringenden Wogen fast ganz überspült. Gegen einen Angriff von der Landseite werden sie durch zwei detachirte und kasemattirte runde Thürme auf der Höhe vertheidigt.

Diesen Batterien zunächst liegen Bujuk Liman auf der europäischen Seite à fleur d'eau, Fil-burnu auf der asiatischen hoch an einer steilen Felswand angeklebt. Sie sind 1794 durch den französischen Ingenieur Mcounnier erbaut. Die eigentliche Vertheidigung beruht jedoch auf dem Zusammenwirken der 4 großen Forts Rumeli- und Anadoli-Kawal, Telli tabia und Madschjar Kalessi. An dieser Stelle, wo der Bosporus sich auf 1497 bis 1245 Schritt verengt, sind 166 schwere Geschütze so aufgestellt, daß sie ihr Feuer concentriren und sich gegenseitig unterstützen können. Ein durchsegelndes Schiff, welches in wirksamster Nähe mit einer dieser Batterien zu kämpfen hat, wird von den übrigen der Länge nach bestrichen. Die Lage von Madschjar Kalessi kann in dieser Beziehung nicht günstiger gedacht werden, zumal das dicht über den à fleur d'eau placirten 60 Geschützen um 30 bis 40 Fuß erhabene Plateau die Aufstellung einer Etagen-Batterie gestattet. Die immer noch sehr haltbaren Trümmer eines alten genuesischen Schlosses vertheidigen dieses Fort gegen einen Handstreich von der Landseite. Weiter unterhalb nimmt die Breite des Bosporus wieder zu, und es befinden sich nur noch an der europäischen Seite kleinere Batterien armirt. Ueberhaupt ist nur der nördliche Theil des Bosporus zur Vertheidigung eingerichtet, weil von Constantinopel aus die Vorstädte fast 3 Meilen weit sich in ununterbrochener Reihe längs der schönen Ufer hinstrecken.

Die Höhen, zwischen welchen der Bosporus sich wie ein breiter Strom hinwindet, erheben sich nach dem Schwarzen Meere zu bis auf 800 Fuß. Sie verflachen sich gegen das Marmora-Meer, stürzen aber steil, oft ganz schroff zur Meerenge ab. Diese Terrainbildung bedingt die fast überall dominirte Lage der Strandbatterien, welche trotz einzelner, in den Kehlen liegender Castelle den Angriff von der Landseite her begünstigt. Die dazu erforderliche Ausschiffung eines Truppencorps an der asiatischen Küste würde aber ihre Schwierigkeit haben, da hier das Land fast überall in schroffen Basaltwänden zum Meere abstürzt. Auf der europäischen ist die zunächst liegende Bucht von Kilios durch ein viereckiges Fort mit engen Bastionen und 20 Fuß hohen Mauern vertheidigt, aber an dem niedrigen Sandufer von dort bis zum See von Derkos kann eine Landung mittelst flach gehender Fahrzeuge überall bewirkt werden.

Es müßte jedoch, um auf diesem Wege einer Flotte den Bosporus zu öffnen, eine Landung auf beiden Ufern stattfinden, weil die Batterien jedes derselben hinreichend sind, um die Durchfahrt zu verwehren; dabei kommt nun die unmittelbare Nähe der Hauptstadt in Betracht, wo man doch wahrscheinlich immer über einige tausend Mann verfügen wird, welche sich diesem Unternehmen widersetzen.

Außerdem aber gewähren die beiden alten Schlösser, Rumeli- und Anadoli-Hissar, welche die Türken gleich nach der Eroberung von Constantinopel an der engsten Stelle des Bosporus anlegten, wo die Ufer nur noch 958 Schritt entfernt sind, ein vortreffliches Emplacement für 2 größere Batterien. Diese sind in der Kehle durch einen Handstreich gar nicht zu nehmen, namentlich ist das europäische Schloß mit 40 Fuß hohen Mauern, starken Zinnen und riesenhaften Thürmen gegen jedes solches Unternehmen gesichert. Das Terrain fällt innerhalb der Umwallung so jäh ab, daß es von den dahinterliegenden, freilich weit höheren Bergen durchaus nicht gesehen werden kann. Endlich bietet die Spitze des Serajs und der freie hohe Platz von Gülhane Raum zur Aufstellung von hundert Geschützen dar, welche vollkommen gesichert sind und die Durchfahrt zwischen Constantinopel und Scutari beherrschen, die hier nicht breiter ist als die Dardanellenstraße an ihren engsten Stellen.

So ist die continentale und die maritime Lage von Byzanz, welches, in zwei Welttheilen und zwischen zwei Meeren gelegen, von der Natur zur Hauptstadt des alten Continents bestimmt scheint.

Wir haben geglaubt, bei der militairischen Wichtigkeit dieser Stadt länger verweilen zu dürfen, weil sie wesentlich das Verhalten des General Diebitsch bestimmen mußte, wie sie denn bei jedem neuen Krieg in diesen Ländern eine höchst einflußreiche Rolle spielen wird. War doch das oströmische Reich eine Reihe von Jahren lediglich auf das Weichbild von Constantinopel beschränkt. Städte von ½ Million Einwohner werden überhaupt nicht durch Waffengewalt erobert, sondern sie fallen durch sich selbst.

Allerdings wartete auch in Constantinopel seit der Zerstörung der Janitscharen eine mächtige Partei auf den günstigen Augenblick, um die Fahne der Empörung aufzupflanzen. Die Verlegenheit der türkischen Regierung seit dem bisher für unmöglich gehaltenen Uebergang der Russen über den Balkan brachte diese Stimmung dem Ausbruche nahe. Aber Sultan Mahmud kam den Janitscharen zuvor. Chosref Pascha, der für eine türkische Hauptstadt unübertreffliche Polizeichef, war den Verschwörern lange auf der Spur, und ein Blutgericht wurde gehalten, bei welchem es ihm wenig darauf ankam, ob einige hundert Unschuldige mit büßten, wenn nur die Schuldigen nicht entgingen. So wurde die Unzufriedenheit zwar keineswegs gehoben, wohl aber vorerst wieder unterdrückt. — Konnte indeß irgend etwas die Parteien mit einander aussöhnen, so war es das Erscheinen eines russischen Heeres unter den Mauern der Hauptstadt, welche seit 4 Jahrhunderten keinen Feind gesehen hatte. Denn die mißvergnügten Moslem wollten die Wiederherstellung der alten Ordnung oder Unordnung, nicht die Herrschaft der Ungläubigen. Die Bedrängniß der Pforte war willkommen, ihr Umsturz mußte verderblich werden. Die christlichen Griechen und Armenier wohnen fast alle jenseits des Hafens, in dem eigentlichen Constantinopel beträgt ihre Zahl kaum ¼ der Bevölkerung, dabei sind sie durch lange Gewohnheit geknechtet, und würden jedenfalls keine Partei ergriffen haben, bevor der Kampf zwischen den Russen und Türken ausgefochten war. Wenn sie sich zwar aufrichtig nach Unterhandlungen und Frieden auf Kosten der Pforte sehnten, so wünschten sie doch keineswegs eine Erstürmung der Stadt, welche auf ihre Kosten geschehen wäre. Es standen in dem verschanzten Lager von Ramis Tschiftlik 15,000 Mann, ebenso viel in den Schlössern

und Batterien am Bosporus. Ohne die bewaffnete Bevölkerung zu rechnen, konnte der Großherr dem Feinde unmittelbar vor der Stadt noch immer eine überlegene Zahl entgegenstellen, oder wenigstens diese Streitmittel zur Vertheidigung
der Mauer verwenden.

Die Frage, wiefern General Diebitsch auf eine unmittelbare Mitwirkung der Flotten rechnen durfte, welche im Schwarzen und im Weißen Meere (Archipel) kreuzten, möge der Leser
sich nach dem Vorhergesagten selbst beantworten; zu bemerken
ist dabei aber, daß in dem äußersten Falle, wo wirklich die
russische Flagge eine der Meerengen passirte, wahrscheinlich
wohl auch die englische des Admiral Malcolm ins Marmor-
meer gefolgt sein, und sich mit der türkischen, welche im Bosporus ankerte, vereinigt haben würde.

Bei Adrianopel stehend galt das russische Heer selbst
den europäischen Gesandten zu Pera allgemein noch 60,000
Mann stark, vor Constantinopel angekommen, wäre diese
Täuschung zerstört gewesen. Daß man auch in Petersburg den Krieg nach dem bewirkten Uebergang über den
Balkan noch keinesweges für beendet hielt, dafür spricht die
erst unterm 10. August erlassene Ukase, welche eine Aushebung
von 3 auf 500 Seelen befiehlt, was in Rußland ungefähr
90,000 Mann ausmacht. Einige Reserve-Regimenter und
Invaliden-Compagnien wurden jetzt noch nach Adrianopel dirigirt, nicht minder Admiral Heyden durch 3 Linienschiffe und
mehrere Fregatten aus der Ostsee verstärkt und in Holland
die 2te Hälfte der dort negocirten Anleihe von 42 Mill. Fl.
erhoben. Die Lage des General Diebitsch mit 20,000 Mann
in einer feindlichen Stadt von 80,000 Einwohnern, mitten
zwischen 30,000 Türken bei Constantinopel und 30,000 Albanesen bei Sofia, während sein Corps von Anstrengung und
Krankheit erschöpft war, mußte in St. Petersburg zu sehr
ernsten Erwägungen Veranlassung geben. General Krassowski

hatte zwar versucht, sich Schumlas zu bemächtigen, es war ihm aber keineswegs gelungen. Er hatte eine förmliche Belage- rung angefangen, Laufgräben eröffnet und mehrere kleine Ge- fechte gehabt, ohne eins der feindlichen Werke zu nehmen. Fürst Madatof war dabei tödtlich verwundet worden. Gene- ral Kisselef hatte große Mühe, das Einbrechen der Türken in die Wallachei zu hindern. Widdin, Nicopolis, Sistorvo, Rust- schuk und Dschurdschewo hielten noch, die Verbindung dieser Plätze auf der Donau war wieder hergestellt, und wenn Ge- neral Geismar über den Strom vorgegangen, so war es nur, um den bedrohlichen Bewegungen des Paschas von Scodra zu folgen und sie zu beobachten.

Kaiser Nikolaus hatte in Betracht dieser Verhältnisse schon im Voraus den General-Adjutanten Graf Alexis Orlof und den Staatsrath Graf Pahlen bestimmt, um etwaige Friedens- 28. Aug. Unterhandlungen zu leiten. Am 28. August landeten die Be- vollmächtigten Rußlands zu Burgaß und an eben diesem Tage trafen auch die Abgeordneten der Pforte schon in Adrianopel ein. Der Großherr hatte sich immer noch nicht überzeugen wollen, daß die Russen wirklich so stark, seine eigenen Hülfs- quellen so gänzlich erschöpft seien, wie die ihn umgebenden Räthe und die anwesenden Diplomaten ihm sagten. Die meisten der ersteren fürchteten weit mehr einen Aufruhr in den Straßen der Hauptstadt, welcher ihnen ihre Stellung und ihren Kopf kosten mußte, als einen nachtheiligen Frieden, den das Land mit einigen Provinzen erkaufen konnte. Die Diplo- maten aber arbeiteten, während General Diebitsch die Waffen ruhen lassen mußte, ihm eifrigst in die Hände. Eben als Vertreter ihrer verschiedenen Höfe hatten sie natürlich andere als rein türkische Interessen zu berücksichtigen. Ihnen lag daran, einen Krieg beendigt zu sehen, welcher nun schon 2 Jahre lang den allgemeinen Frieden bedrohte. Namentlich mußte Preußen wünschen, einer befreundeten Macht einen ehren-

vollen Frieden zu sichern, andererseits die unabsehbaren Verwickelungen zu vermeiden, welche eintreten konnten, wenn unter
den obschwebenden Verhältnissen und vor dem Abschluß der
Verhandlungen ein allgemeiner Aufstand in Constantinopel die
Existenz des osmannischen Reichs in Europa beendigte. Der
wichtige Einfluß, welchen in dieser Lage der Dinge der von
der preußischen Regierung nach Constantinopel geschickte General Baron von Müffling übte, ist bekannt, indeß liegt die
Geschichte der Verhandlungen außer dem Bereich unserer Darstellung. Jedenfalls war dem General Diebitsch nichts erwünschter, ja man darf sagen, nichts unerläßlich nothwendiger
als Unterhandlungen. Sobald daher Mehmet Sadik Effendi,
der Defterdar oder Schatzmeister, und Abd-ul-kadir Bey, Kadi-
asker oder Oberrichter von Rumelien, zwei Männer von
hohem Rang, in Adrianopel anlangten, beauftragte er den
General Fürst Gortschakof und den Staatsrath Fonton bis
zum Eintreffen der kaiserlichen Bevollmächtigten die Verhandlungen zu eröffnen. Sie begannen den 1. September und 1. Sept.
nahmen auch Anfangs den besten Fortgang, denn in Constantinopel brauchte man vor Allem Zeit, die Verschwörung in
Blut zu ersticken. Nachdem dies aber geschehen, vielleicht auch,
weil die Bevollmächtigten sich einigermaaßen von der geringen
Zahl der Russen überzeugten, und weil die Stellung Mustafa
Paschas, von welcher man bisher gar keine Kenntniß gehabt
hatte, neuen Muth gab, wurden sie schwieriger, und erklärten
endlich am 8. September rücksichtlich der russischer Seits ge-
forderten Kriegsentschädigung keine Instruktionen zu haben.

In zuversichtlicher Haltung erklärte General Diebitsch sich
gleich bereit, den Frieden unter billigen Bedingungen abzuschließen, oder ihn mit den Waffen zu erzwingen. Sobald
daher die Türken in ersterer Beziehung üblen Willen zeigten,
rückten die russischen Abtheilungen weiter gegen die Hauptstadt
vor, um den Forderungen Nachdruck zu geben.

25*

Admiral Greigh bemächtigte sich mit der Flotte im Schwarzen Meere binnen wenigen Tagen der Hafenplätze Wasiliko,
Agtjeboli und Iniada (29. August), während Admiral Heyden im Aegäischen Meere nach Enos segelte.

General Pahlen war mit dem IIten Corps nach Kirkklissa vorgeschoben worden. Er verließ sein Lager daselbst am
5. Sept. 5. September und erreichte am 6. Wisa, eine kleine Stadt im
Strandscha-Gebirge, von wo er mit der Flotte in Verbindung
trat, welche mittlerweile in die Bucht von Midia eingelaufen
war, und sich nun vor dem Eingange des Bosporus sehen
ließ, wo das türkische Geschwader unthätig vor Anker lag.

Auf dem russischen ~rechten Flügel waren 1 Regiment
Bugscher Ulanen, 4 reitende Geschütze, einige Kosaken gegen
Demotika vorgeschoben. Diesem Detachement folgte General
Siewers mit den Regimentern Smolensk und Kurland der
4ten Ulanen-Division. Derselbe bemächtigte sich ohne Widerstand der Städte Demotika und Ipsala und rückte gegen
Enos vor. Ueberall kamen die Landbewohner ihm friedlich
entgegen, die Türken lieferten ihre Waffen ab, und die Rajah
baten nur um Schutz in ihren Wohnungen. Ein Reiterhaufen, die Vorhut von 1500 Mann, welche der Pascha von
Salonichi nach Constantinopel schickte, wurde auseinander
7. Sept. gesprengt. Die Russen erreichten Enos am 7. September.
Dieser Platz, auf dessen Mauern 54 Geschütze standen, wurde
am folgenden Tage durch den Ayan mittelst Capitulation
übergeben. Im Centrum marschirte General Roth mit dem
VIten Corps auf der großen Straße nach Constantinopel vor.
8. Sept. Er erreichte am 7. Eskibaba, am 8. Luleh-burgaß. Die
Avantgarde kam nach Karistran und streifte bis Tschorlu und
Rodosto.

An eben dem Tage, wo die türkischen Abgeordneten die
Verhandlungen abbrachen, standen daher die Vortruppen des
russischen Heeres mit dem linken Flügel bei Midia am Schwar-

zen, mit dem rechten bei Enos am Weißen Meere, in einer
Ausdehnung von 25 Meilen. Die beiden Corps in Wisa
und Luleh-burgaß mochten zusammen etwa 8000 Mann zählen und repräsentirten somit die Vorhut eines ansehnlichen
Heers. Da sie aber bereits den halben Weg von Adrianopel
nach Constantinopel zurückgelegt hatten, so mußte nun doch
endlich das Hauptheer selbst erscheinen. Dieses wurde gebildet aus dem VIIten Corps zu Adrianopel. Von demselben
war ein Cavallerie-Detachement mit 2 Geschützen nach Her-
manly in der Richtung auf Philippopel abgeschickt, das 37ste
Jäger-Regiment war in Slimno stehen geblieben, ein Regiment Bugscher Ulanen nach Enos detachirt worden. Das
sogenannte Gros bestand also aus 10 Bataillons und 15 Escadrons, welche nach Abzug der vielen Kranken 4 bis 5000
Mann zählen mochten.

General Diebitsch hatte den Effendis 5 Tage Zeit bewilligt, um Instruktionen von der Pforte einzuholen, erfolgte
bis dahin keine Antwort, so würde er sie sich selbst in Constantinopel abholen. Die Angelegenheiten waren auf ihre
äußerste Spitze getrieben und eine Entscheidung mußte irgendwie erfolgen. Da am 14. September wurde der Friede 14. Sept.
wirklich unterzeichnet.

Noch drohte ernstliche Gefahr von Seite der Arnauten.
General Kisselef war dem Scodra-Pascha über Wrazza nach-
gezogen, dort erhielt er die Nachricht von dem Abschluß des
Friedens und machte sogleich Halt. Mustafa, ein Verräther
an seinem Heere durch sein Zaudern, wurde es nicht minder
durch sein ungehorsames Verweilen. Der Feldzug, zu dessen
endlicher Wendung er unverkennbar so viel hätte thun können,
indem er mit einem zahlreichen, intacten und aus gutem Material gebildeten Heer der letzte auf dem Kriegsschauplatze erschien, war beendigt. Dem wiederholten Befehl des Großherrn, sein Truppencorps zurückzuziehen, entgegnete der Pascha

aber, daß er kein Geld habe, um seine Leute zu entlassen. Ohne sich an den Waffenstillstand zu kehren, ließ er Ende September seinen Vortrab bis Haßljoi zwischen Philippopel und Adrianopel vorrücken, und machte Miene, sich der Stadt Demotika bemächtigen zu wollen. General Rüdiger mußte mit dem VII ten Corps eiligst nach dem Flecken Mustafa Pascha, General Scheremetjef mit seiner Ulanen-Brigade nach

2. Ott. Demotika vorgehen, allein schon am 2. Oktober wurden diese Abtheilungen nach dem fast von Truppen entblößten Adrianopel wieder zurückgezogen. Der Pascha von Scodra marschirte um eben diese Zeit wirklich mit 30,000 Mann nach Philippopel und ließ den General Diebitsch wissen, daß er am

10. Ott. nächsten Sonnabend, den 10. Oktober, in Adrianopel eintreffen und dort seine Winterquartiere nehmen werde.

General Kisselef erhielt nun Befehl vorzurücken. Seine aus 4 Bataillons und 8 Escadrons, 500 Kosaken und 30

16. Ott. Geschützen bestehende Avantgarde stieß am 16. Oktober bei Arnaut-Kalessi auf 1700 Türken, die mit 3 Geschützen verschanzt standen und die Nachhut des Paschas bildeten. Der russische Parlamentair wurde mit Flintenschüssen empfangen. Die Türken wollten auch hier den Frieden, die Arnauten hingegen griffen an. Der Kampf dauerte bis zum Abend und erneuerte sich den folgenden Tag, scheint aber ziemlich unblutig gewesen zu sein. Das Resultat war, daß die Arnauten geworfen wurden. General Geismar befahl aber ausdrücklich, den Feind nicht zu verfolgen, er erlaubte sogar, daß sein Gepäck wieder zu ihm stieß, ja es wurden selbst die ihm abgenommenen Geschütze herausgegeben. General Kisselef machte in Gabrowa Halt, und überall vermied man ein neues Zusammenstoßen, angelegentlich die Nachricht von dem abgeschlossenen Frieden verbreitend.

Seinerseits stand denn auch der Pascha von Feindseligkeiten gegen die Russen ab und verbündete sich jetzt mit den

Kosaken im Plündern der türkischen Provinzen. Noch während eines Theils des Winters verblieben die Arnauten in Philippopel, und erst, nachdem sie die ganze Umgegend verwüstet und dabei 7000 der Ihrigen durch Krankheit eingebüßt, zogen sie mit Beute beladen, nach ihren heimathlichen Bergen ab.

Alle übrigen Heere der Pforte im freien Felde waren zersprengt. Schumla freilich, woselbst der Großvezier noch immer verweilte, wurde von den Russen weder während, noch nach dem Feldzuge betreten. Am 20. November, grade 3 Monate nach seinem Eintreffen in Adrianopel, konnte das Hauptquartier von dort nach Burgaß zurück verlegt werden.

20. Nov.

Sechster Abschnitt.

Schluß-Bemerkungen.

Werfen wir einen Blick zurück auf die Begebenheiten dieses letzten Feldzugs, so sehen wir, daß abermals der Anfang der Operationen bis Mitte Mai verzögert wurde und auch diesmal die aufgewendeten Streitmittel außer Verhältniß mit dem zu erreichenden Kriegszwecke standen. Der ganze Feldzug dauerte 4 Monate. Rechnen wir den Aufenthalt in Adrianopel ab, so füllen die Operationen nur einen Zeitabschnitt von 3 Monaten aus und bestanden aus einer Belagerung, einer Schlacht und einem Marsch von 100 Meilen.

Die Wallachei wurde auch in diesem Jahre mit sehr geringen Streitmitteln gegen die in Rustschuk und Widdin versammelten türkischen Schwärme vertheidigt, ja General Geismar ging sogar mit seinem schwachen Corps offensiv über die Donau vor.

Daß Varna bereits im vorigen Feldzuge gefallen, war ein großer Vortheil, nicht minder die während des Winters erfolgte Besitznahme von Szisebolis. Die Verpflegung des Heeres diesseits und jenseits des Balkan durch die Flotte auf dem Schwarzen Meer war dadurch gesichert.

Um sich jedoch eine wirkliche Basis für seine Unterneh=mungen zu verschaffen, konnte General Diebitsch nicht umhin, die im vorigen Jahre mißglückte Belagerung von Silistria in diesem wieder zu erneuern. Sie nahm $\frac{1}{7}$ des Heeres während fast $\frac{1}{2}$ des ganzen Feldzugs (vom 17. Mai bis 13. Juli, wo das Corps des General Krassowski sich mit dem Hauptcorps vereinigte) in Anspruch, und der Besitz der Festung wurde mit dem Verlust von 3000 Mann erkauft. Der Tag von Kulewtscha kostete binnen 4 Stunden ungefähr ebenso viel Menschen, aber diese Schlacht zersprengte das türkische Heer und entschied über den ganzen Feldzug. Kulewtscha war die erste und einzige Gelegenheit in beiden Feldzügen, wo es ge=lang, eine hinreichende Streitmacht zur Entscheidung zu ver=sammeln und so den Erfolg zu sichern. Dies ist bei der ab=soluten Schwäche des russischen Heeres ein um so größeres Verdienst des Feldherrn, als die Vereinigung des Corps von Silistria und Eski Arnautlar her, sowie der darauf folgende Flankenmarsch fast unter den Augen des Veziers erfolgen mußte. General Diebitsch hatte die Lage der Dinge richtig beurtheilt und den Entschluß zur Offensive schnell gefaßt. Die Vorbereitungen zur Schlacht waren kühn und glücklich getroffen, und der Vezier in die strategisch ungünstigste Lage versetzt worden.

Es drängt sich hier die Frage auf, wie wohl der Feld=zug sich gestaltet haben würde, wenn Reschib Mehmet entweder seine zweite Offensiv=Unternehmung ganz unterlassen, oder, von dem Anrücken der russischen Hauptmacht rechtzeitig unter=richtet, sich sofort in sein verschanztes Lager zurückbegeben hätte? Gewiß würde General Diebitsch die Einschließung vom vorigen Jahre nicht erneuert haben. Ein förmlicher Angriff konnte ebenso wenig zum Ziele führen, und Schumla würde seine ganze strategische Wichtigkeit auch in diesem Jahre geltend gemacht haben. Nach dem Fall von Silistria hätten die Russen 20,000 Mann vor Schumla aufstellen können, um das Corps des Großveziers in Schach zu halten; ob es aber auch unter solchen Verhältnissen möglich war, auf Varna und Szisebolis basirt, mit höchstens 20,000 Mann den Balkan zu überschreiten, wagen wir nicht zu entscheiden.

Auch noch die Trümmer eines türkischen Heeres in Schumla bannten die feindliche Streitmacht 5 Wochen lang unter den Wällen dieses Lagers, eine Zögerung, welche lediglich in der numerischen Schwäche der Russen begründet war, die sie nöthigte, das Belagerungscorps von Silistria abzuwarten.

Der Uebergang über den Balkan wurde eigentlich nur auf einer einzigen Straße ausgeführt, indem das VIIte Corps sich von Rjöprikjoi über Podbaschi an das VIte und IIte heranzog. Neun Tage nach dem Aufbruch von Schumla stand das russische Heer am Südfuß des Gebirges unweit Aidos vereint. Die Türken hatten das eigentliche Gebirge gar nicht vertheidigt, ihr Widerstand am Kamtschik und am Nadir war äußerst matt und ohne allen Zusammenhang. Dies vermindert durchaus das Verdienst und den Ruhm des General Diebitsch nicht. Denn als derselbe es kühn unternahm, mit einem schwachen Heer in das Herz des osmannischen Reichs einzubringen, war eine solche Schlaffheit der Vertheidigung durchaus nicht vorherzusehen. Die Türken hatten sich in diesem Feldzug bisher bei allen Gelegenheiten sehr gut gehalten. Von jetzt an freilich entband die gänzliche Demoralisation des Gegners, und die Gewißheit jede Schlacht im freien Felde zu gewinnen, die Russen eigentlich von allen anderen strategischen Combinationen, als der Rücksicht auf

Verpflegung. Erst unter den Mauern irgend einer größern türkischen Stadt konnte ihr Kriegsglück enden.

Das beharrliche Stehenbleiben Reschid Mehmets in Schumla kann wohl kaum gebilligt werden. Noch 14 Tage nach dem Aufbruch des General Diebitsch von Schumla, und als dieser schon das Corps Abdur Rachmanns geschlagen, konnte der Vezier, indem er 10,000 Mann zur Unterstützung der bewaffneten Einwohner zurückließ, mit 20,000 über Kjö= tesch, Eski Stambul und Kasann nach Sliwno abrücken. Ohne sich dort am Südfuß des Balkan auf eine Schlacht einzulassen, welche wahrscheinlich wie die von Kulewtscha geendet haben würde, konnte er ungestört seinen Marsch am rechten Ufer der Tundscha nach Adrianopel fortsetzen, sich dort mit 12,000 aus Constantinopel gekommenen Türken vereinigen, sich verschanzen und unter diesen Umständen auch vielleicht die Arnauten des Mustafa Pascha von Scodra zum Vorrücken bewegen. War ein Mann von der Entschlossenheit und dem Ansehn Reschid Mehmets aber in Adrianopel anwesend, so würde diese wich= tige Stadt gewiß nicht widerstandlos gefallen und jedenfalls das weitere Vordringen der Russen wieder fraglich ge= worden sein.

Dennoch hätte der Erfolg dem Vezier beinahe Recht ge= geben. Es ist gewiß, daß die Ansicht, „man könne mit einem schwachen Heer nicht in Rumellen tiefer eindringen, bevor Schumla genommen", von hochstehenden Offizieren des Haupt= quartiers getheilt wurde. Wirklich erfolgte der Marsch auf Adrianopel erst 3 Wochen, nachdem der Balkan vollständig überschritten, und erst dann, als das Heer des Großveziers in 3 verschiedenen Abtheilungen bei Aidos, Karnabatt und Sliwno zersprengt war. Hielt der Pascha statt dessen seine Streitkräfte im Lager beisammen, so ist es nicht unmöglich, daß die strate= gische Anziehungskraft von Schumla auch jetzt noch das russische Heer erfaßt haben würde, und der Zauber der Undurchdring=

lichkeit des Balkan wäre vielleicht noch heute nicht ganz zerstört.

Die Russen langten vor Adrianopel in solcher Schwäche an, daß durch Waffengewalt nichts mehr zu erzwingen war. Allein die Pforte schritt, man möchte sagen, durch das Beharrungsvermögen in der ihr einmal gegebenen Richtung und durch die Einwirkungen außermilitairischer Verhältnisse zu einem unvortheilhaften Frieden fort. Unstreitig zeigte General Diebitsch sich in dieser schwierigen Lage als eben so gewandten Diplomaten wie glücklichen Feldherrn.

Der Traktat von Adrianopel ist seinem Inhalte nach bekannt, wir betrachten ihn nur unter dem militairischen Gesichtspunkt und insofern die Widerstandsfähigkeit der Türkei nach Außen und Innen durch denselben geändert erscheint. Daß jener Friede für die Pforte ein ungünstiger, ist nicht zu verkennen, dies liegt aber ganz natürlich in dem Verhältniß des Besiegten. Mit sehr viel geringeren Opfern hätte der Großherr die Waffenentscheidung vermeiden können, allein er hatte den Krieg erwählt, und ihn verloren, oder wenigstens seit Adrianopel verloren gegeben. Von dem Tage des Erscheinens der Russen in der alten Hauptstadt des Reichs spielte der Großherr ebensowohl als General Diebitsch ein hohes Spiel, welches für jeden der beiden Theile verderblich werden konnte.

Die größte Gefahr für den Padischah war der Ausbruch eines Aufruhrs in Constantinopel. Lange widerstand dennoch Sultan Mahmud den kleinmüthigen Rathschlägen seiner Minister, die für ihren Kopf zitterten, und dem Drängen der fremden Mächte, von denen keine ihn im Kampfe unterstützt, keine in der Lage war, ihm im Fall gänzlichen Unterliegens beizuspringen. Thränen sollen dem unglücklichen Fürsten über die Wangen gerollt sein, als er am 14. September genöthigt war, seinen eisernen Willen vor der noch härtern Gewalt der

Verhältnisse zu beugen und wochenlang verschloß er sich in seinem Palast zu Therapia, wie in seinem eigenen Innern vernichtet. Denn mit jenem Vertrag unterzeichnete er zugleich das Geständniß, daß das Streben seines ganzen Lebens ein verfehltes gewesen sei. Ströme von Blut waren vergossen, die alten Einrichtungen und das geheiligte Herkommen seines Lan= des zerstört, der Glaube und der Stolz seines Volkes unter= graben worden für den Zweck der Reform. Und diese Re= form? Das Gottesurtheil des Erfolgs hatte sie verdammt.

Gleich bei der Eröffnung des ersten Feldzugs hatte Kai= ser Nikolaus laut und öffentlich erklärt, daß eine Gebietsver= größerung und neuer Ländererwerb nicht der Zweck des Krie= ges sei, zu welchem er gezwungen werde, es möge nun der= selbe eine Wendung nehmen, welche er wolle. Getreu diesem Worte gab Rußland alle die Städte, Häfen, festen Plätze und Länderstücke wieder heraus, welche seine Heere in Rumelien und Bulgarien von der Donau bis zum Hellespont inne hatten. Selbst die Fürstenthümer am linken Donauufer ver= blieben unter osmannischer Herrschaft, und der Pruth wie die Donau bildeten nach wie vor dem Kriege die europäische Grenze zwischen Rußland und der Türkei. Allein wenn Ser= bien, die Wallachei und die Moldau unter türkischer Hoheit blieben, so traten sie doch zugleich unter russischen Schutz. Die 6 den Serben entrissenen Districte mußten ihnen zurück= gegeben werden und die Türken (mit Ausnahme der in den Festungen Belgrad und Neu=Orsowa wohnenden) den Boden dieser Länder binnen 18 Monaten ganz räumen. Den christ= lichen Bewohnern derselben wurde die ungestörte Ausübung ihrer Religion, eine nationale und unabhängige Verwaltung, völlige Sicherheit und freier Handel verbürgt. Die festen Plätze, welche die Pforte noch auf dem linken Donauufer inne hatte, nämlich Turno, Kaleh und Dschjurdschewo sollten ge= räumt, ihre Werke ebenso wie die von Brailow geschleift und

nie wieder erbaut, die Städte selbst den Fürstenthümern ein-
verleibt werden, welche fortan keine türkische Garnison mehr
innerhalb ihrer Grenzen zu dulden brauchten. Es ist nicht
zu verkennen, daß die Hülfsquellen dieser Länder bei einem
künftigen Kriege für die Pforte vollkommen verloren sind.

Aber auch die Donau bildet nicht mehr das starke Bollwerk, welches in früheren Kriegen das russische Heer während
eines ganzen Feldzugs beschäftigte.

Brailow war vernichtet, selbst die Befestigung des rechten
Ufers; Tuldscha, Isaktschi und Matschin, so wie auch Küstendsche
von den Russen im Winter 1828/29 geschleift. Nicht so
Hirsowa, welches vom wallachischen Ufer aus leicht zu nehmen,
gegen das türkische einen vortrefflichen Brückenkopf bildet, wie
denn auch die nach der Donau gekehrten gemauerten Bastione von
Dschjurdschewo stehen geblieben sind. Der Vertrag stellt fest,
daß der Thalweg der Donau, und zwar der südlichste Arm
desselben (Kebrilleh Boghas) fortan die Grenze so bilden soll,
daß alle Inseln den Russen gehören. Zwar verpflichten sich
diese, auf jenen Inseln weder Befestigungen, noch Wohnplätze
einzurichten, dagegen haben sie das Recht, ihre Quarantainen-
Posten dort aufzustellen, wie denn an der Sulina-Mündung,
der einzigen noch schiffbaren, nach und nach eine sehr beträchtliche Niederlassung, in einer für Deutschland ebenso wichtigen
als örtlich festen Lage, entstanden ist. Es tritt daher das
seltsame Verhältniß ein, daß in dem Maaße, wie das Strom-
thal gegen seine Mündung zu breiter und gewaltiger wird,
die russische Grenze der türkischen immer näher rückt. Bei
Silistria beträgt die Entfernung des wallachischen Ufers noch
1000 Schritt, bei Hirsowa ist sie auf die Hälfte vermindert,
und Isaktschi gegenüber stehen russische Wachtposten der türkischen Stadt 200 Schritt nahe. Auch bei Tuldscha beträgt
die Entfernung nicht über eine Gewehrschußweite.

Nun können aber die Quarantainen-Posten sehr leicht in

militairische umgewandelt werden. Mit Ausnahme von Tuldscha beherrschen die genannten Plätze ohne die Inseln das
Fahrwasser der Donau nicht, und verlieren dadurch ihre Bedeutung. Tuldscha selbst aber kann in seiner neuen Lage und
Ausdehnung überhaupt nicht fortificirt werden. Wenn daher
zwar der Tractat von Adrianopel den Wiederaufbau der Plätze
nicht untersagt, so liegen sie doch thatsächlich noch gegenwärtig
alle offen und ohne Vertheidigung. Silistria, welches die
Russen bis zur vollen Auszahlung der auf 11½ Millionen
Ducaten festgestellten Kriegsentschädigungssumme noch Ende
1835 besetzt hielten, ist nicht geschleift, aber auch nicht einmal
die Breschen im Hauptwall sind bis jetzt geschlossen. Die
Stadt selbst ist fast ganz verschwunden und der innere Raum
verödet, dagegen ist östlich, unmittelbar vor den Wällen, die
bedeutende Vorstadt Wolna entstanden, welche der Vertheidigung sehr hinderlich sein würde. Silistria kann nur durch 4
starke detachirte Werke auf den Höhen südlich, und durch einen
Brückenkopf nördlich in eine gute Festung verwandelt werden,
zu ersteren dürfte es noch lange an Geldmitteln fehlen und
letzterer würde tractatenwidrig sein. Rustschuk endlich hat seine
Offensiv-Bedeutung gegen die Basis eines russischen Heeres
durch die Schleifung von Dschiurdschewo, seines Brückenkopfs,
verloren.

Je mehr nun überhaupt die Pforte seit ihren wiederholten Unfällen darauf angewiesen ist, ihre Streitkräfte zusammen zu halten, desto gewisser wird die Vertheidigung der
europäischen Türkei bei einem künftigen Kriege erst mit dem
Balkan anfangen können. Trotz der an Rußland zu zahlen-
den ungeheuren Summe hat Sultan Mahmud die wichtigste
Festung seines Reichs, Varna, in den Jahren 1834 bis 36
wieder neu erbauen lassen, nach einem Plan freilich, den man
schwerlich gut heißen kann. Schumla, welches nichts an seiner
strategischen Wichtigkeit verloren, ist durch die gemauerten

Forts Strandscha, Tschally, Jebdaï und Tschengell, so wie durch Erbauung großer, massiver Kasernen, Hospitäler und Vorrathshäuser sehr bedeutend verstärkt worden. Pravady endlich ist mit geringen Mitteln provisorisch zu befestigen, und diese genannten drei Punkte werden auch künftig ein Heer von 50 bis 60,000 Mann monatelang unter ihren Mauern festhalten. Wenn die Unübersteiglichkeit des Balkan früher überschätzt war, so hat der Erfolg des Jahres 1829 wieder gemacht, daß viele Beurtheiler ihn gar nicht als ein Hinderniß mehr gelten lassen wollen*). Wir dürfen aber nicht vergessen, daß das Gebirge selbst in jenem Jahre gar nicht vertheidigt worden ist. General Roth mußte auf der niedrigsten Straße, welche doch immer noch 1800 Fuß hoch ist, während 2 Tage seine Pionier=Bataillone durch 4000 Arbeiter verstärken, um sich Bahn zu brechen, obwohl kein Feind ihn während dieses Marsches störte, denn erst am Südfuß des Gebirges zeigten sich einige türkische Haufen, von denen keiner irgend ernsten Widerstand leistete. Wenn die Pforte einen Theil ihrer osmannischen Bevölkerung in der Ebene von Aidos und Karnabatt militairisch colonisirte, so würde der Balkan ohne Zweifel ein sehr erhebliches Hinderniß werden.

Der Krieg gegen Rußland hatte das neu gebildete und mühsam eingeschulte türkische Heer wieder vernichtet, und was für die Folge noch schlimmer war, es in der Meinung der Muselmänner zu Grunde gerichtet. Hätte die Türkei nach der Janitscharen = Vertilgung ein Decennium hindurch Friede genossen, so konnte die militairische Schöpfung Sultan Mahmuds bis zu einem gewissen Grade erstarken. Gestützt auf ein zuverlässiges Heer konnte der Großherr die nöthigen Reformen in der Verwaltung des Landes durchführen, die abge-

---

*) What mole hills to make such a fuss about! ruft ein englischer reisender Offizier aus.

storbenen Glieder des osmannischen Staatskörpers wieder beleben und seinen Nachbarn furchtbar werden.

Rußland kam alle dem zuvor, es zertrat die Militair-Re-
form in ihrem Keim, und auch seitdem hat die Pforte kaum
ein Heer bilden können, bevor neue Kriege gegen die Arnauten,
die Egypter und die Kurden es wieder vernichteten.

Durch den Traktat von Adrianopel erkannte ferner der
Großherr die Unabhängigkeit Griechenlands an. Dies war
mehr als ein bloßer Gebietsverlust. Wie eng auch die gegenwärtigen Grenzen des neuen hellenischen Staats gesteckt wurden,
immer bildete seine bloße Existenz für Hunderttausende von
Griechen, die in den übrigen Provinzen des Reichs zerstreut
leben, das Vorbild einer durch den Erfolg gekrönten Empörung.
Alle mißvergnügte christliche Unterthanen der europäischen Türkei fanden jetzt auswärts eine Stütze, die Wlachen und Mol-
dowaner blickten nach Rußland, die Bulgaren nach Serbien,
die Griechen nach Hellas. Dazu kommt, daß die Bewohner
von Morea und den Cycladen bisher hauptsächlich die türkische Flotte bemannt, jedenfalls ihre besten Seeleute geliefert
hatten.

Beherrschen die Russen den Euxin, so fragt sich, ob sie
nicht mit Vermeidung eines langen Marsches bei schwieriger
Verpflegung in wüsten Landstrichen, mit Umgehung des Widerstandes aller Festungen und Balkanpässe, ihr Heer unmittelbar auf den thrakischen Chersones ausschiffen, und so die Kriegs-
frage sogleich durch einen Angriff auf Constantinopel zur Entscheidung bringen dürfen.

Die Antwort auf diese Frage kann nur eine bedingte
sein. In dem vierten Kreuzzuge schafften die Venezianer
40,000 lateinische Christen nach Byzanz. Zu diesem Transport waren nicht weniger als 360 Schiffe nöthig, welche von
70 Proviant-Fahrzeugen begleitet und durch 50 Galeeren be-
schützt wurden. Die Stadt wurde genommen. Im Jahre

1833 fand gleichsam ein Friedens-Manöver dieser Art statt. Die Russen waren von der Pforte herbeigerufen, die Einschiffung war vorbereitet, die Landung fand keinen Widerstand. Elf Linienschiffe und eine verhältnißmäßige Zahl kleiner Fahrzeuge vermochten ein Corps von 10,000 Mann nach Hunkjar Skelessi hinüberzuführen. Daß ein solches Corps im Stande ist, das Schicksal der Hauptstadt zu entscheiden, wenn einmal die christliche Bevölkerung die Waffen gegen die osmannische ergreifen sollte, wenn das Mißvergnügen der Parteien unter den Moslem selbst zur Flamme des Aufruhrs auflodert, oder wenn die, selten auf mehr als zwei Paar Augen beruhende Dynastie Osmanns erlöschen sollte, — wer kann es leugnen, wer in Abrede stellen, daß die Russen, und nur sie, bereit und nahe genug sind, um eine solche Conjunctur zu benutzen.

Sehen wir aber ab davon, daß der Thron des Padischah so morsch werden könnte, daß es nur eines leichten Druckes von Außen noch bedarf, um ihn zu zertrümmern, nehmen wir an, daß es der Pforte gelingt, ihre muselmännischen und christlichen Unterthanen auch ferner in Gehorsam zu erhalten, oder gar die letzteren an ihr Interesse zu ketten, so können wir vom militairischen Standpunkte aus ein solches abgekürztes Verfahren nicht für möglich halten. In diesem Falle werden weder 10 noch 20,000 Mann ohne Weiteres Constantinopel erstürmen.

Belehrt durch die Erfahrung der letzten Feldzüge werden in einem neuen Kriege die Russen wahrscheinlich mit bedeutend zahlreicherer Macht in Bulgarien einrücken. Wenn das Heer in einer wirklichen Stärke von 120,000 Combattanten bei Hirsowa über die Donau setzt, Silistria mit 20,000 Mann, Varna mit ebenso viel belagert, und 30,000 zur Beobachtung von Schumla aufstellt, so ist es nicht undenkbar, daß der Rest von 50,000 Mann, basirt auf die Häfen des Schwarzen Meers, sofort den Balkan überschreite. Es ist aber keineswegs gewiß, daß Adrianopel abermals ohne Widerstand in ihre Hände fällt, und jedenfalls dürfte die letzte Entscheidung noch einmal unter jene alten Mauern gerückt werden, welche einst den Sturz des oströmischen Reichs um 100 Jahre verzögerten.

Anhang.

„Glückselig, dem der Tod im Siegesglanze
„Den blut'gen Lorbeer um die Stirne windet."

Wir haben in den vorhergehenden Blättern unsern Lesern das Bild der Belagerungen und Schlachten des russisch-türkischen Feldzugs darzustellen versucht. Es sei erlaubt, jetzt noch einen Blick gleichsam hinter die Coulissen jenes Schauspiels zu werfen.

Die Russen hatten außer dem Feinde, der ihnen die Stirne bot, noch einen andern, unsichtbaren zu bekämpfen, welcher sich an ihre Fersen klammerte, mit ihnen den Balkan überschritt, und noch dann, als schon ein siegreicher Friede errungen war, furchtbar über sie herfiel; — wir meinen die Krankheiten.

In Europa sind die Zeiten vorüber, wo man mit 30 oder 40,000 Mann zu Felde zog, Bäckereien, Lebensmittel und selbst Wohnungen, wenn auch nur Zelte, für Alle mit sich führte, eine Provinz eroberte und Frieden schloß. Im Abend-lande haben die Kriege immer mehr den Charakter der Volks-kämpfe angenommen, allein in Gegenden wie die Türkei sind Massenerhebungen, Requisitions-System und so viele andere Hebel der neueren Kriegsführung unanwendbar. Die Wege-losigkeit des Landes, der Mangel an Anbau, die geringe Seß-haftigkeit der Bewohner und die kleine Zahl bedeutender Städte zwingen dort einigermaaßen, bei dem alten System stehen zu bleiben. Ungeheure Magazine müssen dem Heere folgen, und bei schnellen und ausgedehnten Bewegungen haben

26*

wir gesehen, daß der Soldat seinen Lebensbedarf bis auf 10 Tage mit sich trug. Dennoch wäre Alles dies nicht ausreichend gewesen, hätten die Russen nicht längs der Küste eines Meeres operirt, auf welchem sie unbedingt Herr waren.

Dies sind schwere Fesseln für den Feldherrn, welcher einen Angriffs- und Bewegungskrieg führen soll, und ein nicht genugsam in Anschlag zu bringender Vortheil der passiven Vertheidigung. Aber ein nicht geringeres Hemmniß bildet die Rücksicht auf den Gesundheitszustand des Heeres und auf die Pflege der Kranken. Bei der Ernährung der Truppen konnte auf die Zufuhr zur See gerechnet werden, die Errichtung großer Hospitäler erheischte eine Basis auf dem Lande. Noch 3 Monate vor dem Friedensschluß waren unmittelbar in der Flanke der Operationslinie der Russen weder Silistria noch Schumla genommen; dennoch verschwindet diese räumliche Schwierigkeit im Vergleich mit der, welche eine ungeheure Ausdehnung der Erkrankungen und die intensive Bösartigkeit des Siechthums verursachte. Die erstere bewirkte, daß Aerzte, Krankenpfleger, Arzneimittel, Betten, Wäsche, kurz alle vorausgetroffenen Maaßregeln unzureichend wurden, die letztere, daß gerade die, welche die Kranken heilen und pflegen sollten, der Krankheit zuerst unterlagen.

Eine klare Einsicht in die, unter sehr schwierigen Verhältnissen für die Ernährung des russischen Heeres getroffenen Anordnungen würde im hohen Grade belehrend sein; leider liegen hierüber keine genügenden Nachrichten vor. Sehr schätzenswerth sind dagegen die Mittheilungen deutscher Aerzte im russischen Kriegsdienst*), welche uns einen tiefen Blick in das Schauergemälde eines Heeres thun lassen, welches, Sieger im Felde, ein besiegtes in den Spitälern ist.

*) Seidlitz, Rinck und Petersen in den „Vermischten Abhandlungen aus dem Gebiet der Heilkunde". 5te Sammlung. Hamburg.

Schon von Alters her wissen wir, daß Heere, welche sich in Dacien und Pannonien begegneten, von furchtbaren Seuchen heimgesucht wurden, und in allen spätern Kriegen der Oestreicher und Russen litten die Truppen durch Krankheit mehr als durch das Schwert. Dennoch kann man nicht behaupten, daß jene Gegenden im Allgemeinen ungesund seien, sobald man das Verhalten der Einwohner sich anzueignen vermag. Dort, wie überall in der Türkei ist von schwerer Arbeit, namentlich während des Sommers, nicht die Rede. Der Orientale führt eine mäßige und einfache Lebensweise, er steht sehr früh auf, nimmt seine erste Mahlzeit um 9 Uhr Morgens, sitzt dann während der Mittagshitze unter einer Weinlaube oder im Schatten eines Platanenbaumes, trinkt Sorbett und andere kühlende Getränke und kennt keine schärferen Reizmittel als den Kaffee und die Pfeife. Erst gegen Sonnenuntergang ge- nießt er wieder ein frugales, vegetabilisches Mahl, und legt sich so früh zur Ruhe, daß nach 8 Uhr fast Niemand mehr außerhalb der Wohnungen gesehen wird. Mit dem Anfang der Sonnenhitze, gewöhnlich im Mai, brechen zwar an vielen Orten epidemische Fieber auch unter den Eingebornen aus, allein dann zieht Alles in eine Art freiwilliger Quarantaine in die Gartenhäuser oder in das Gebirge. Schon Mitte Juli erlischt fast immer das Frühlingsfieber aus Mangel an Mit- theilung; denn die Dörfer stehen in jener Zeit fast leer, und es giebt Städte, wie z. B. Malatia in Klein-Asien, wo des Sommers nicht ein Mensch zu finden ist, während 20 bis 30,000 Einwohner die ein paar Stunden entfernte Sommer- stadt bewohnen, welche am Gebirgsabhang an rauschenden Quellen und unter schattigen Bäumen angelegt ist. Die ganze kurdische und turkomännische Bevölkerung wohnt des Sommers unter Zelten von Ziegenhaar und zieht in eben dem Maaße, wie die Hitze zunimmt, höher auf das Gebirge hinauf.

Ebenso wie Wohnung und Diät ist auch die Kleidung

der Eingeborenen ganz ihrem Klima angemessen. Nie gehen sie entblößten Hauptes, sondern eine vielfache Kopfbekleidung schützt sie gegen den dort so gefährlichen Sonnenstich. Die Pelzbekleidung, welche in unserem nördlichen Himmelstriche Ausnahme ist, wird dort von Jedermann getragen. Wenn wir bei uns bei 16 bis 17° nach Sonnenuntergang erst aufathmen, so erscheint diese Temperatur als empfindliche Kälte, wo man Tags über 28 bis 32° Hitze im Schatten gehabt hat, und eine sehr warme Bekleidung ist dann unerläßlich. Dazu kommt, daß nördlich des Balkan gleich nach dem Eintritt der kurzen Dämmerung ein Thau fällt, welcher die Kleider und das Lager der im Freien Schlafenden wie ein dichter Regen durchnäßt.

Ebenso groß, wie die Verschiedenheit der Temperatur vom Mittag auf den Abend, ist die vom Sommer auf den Winter. Dieser ist an der Donau mindestens ebenso strenge, und mindestens ebenso lang wie an der Elbe. Schon im November, oft schon Anfangs dieses Monats, bedecken sich die weiten Flächen mit hohem Schnee, welchen man selbst südlich des Balkans und um Constantinopel in den Thälern, wo die Sonne nicht unmittelbar einwirken kann, noch spät im Frühling vorfindet. Auf den Gebirgen und den Hochflächen reitet man während des März oft bei brennender Sonne und drückender Hitze über unabsehbare Schneefelder, welche das Auge fast erblinden machen.

Verderblich aber müssen die climatischen Einwirkungen auf ein fremdes Heer sich äußern. Von der bequemen, müßigen Lebensweise der Orientalen konnte im russischen Feldlager nicht die Rede sein. Der Soldat hatte während der Hitze des Tags die härtesten Anstrengungen zu tragen und schlief im Thau der kalten Nächte auf dampfender Erde. Seine Kleidung, welche er fast nie ablegen konnte, war eng, unbequem und besonders die Kopfbedeckung lästig und unzweckmäßig.

Die Kost war dieselbe, welche dem Soldaten im Norden und im Winter geboten wird, sie bestand aus Fleisch, Grütze und Branntwein. Letzterer wurde um des leichtern Transports willen als Spiritus mitgeführt, welcher mit Wasser verdünnt werden sollte, was aber nicht immer geschah. Frisches Gemüse war natürlich nicht zu beschaffen, das Brod des Mannes der schwarze Zwieback, welcher durch seine Tragbarkeit und Dauer unschätzbar ist. Allein die Aerzte wollen bemerkt haben, daß bei schon geschwächter Verdauung die gewöhnlich im Wasser aufgeweichten oder zerstoßenen Zwiebacke in den Excrementen fast unzersetzt wieder erschienen. Das Wasser war in der Wallachei und Bulgarei meist schlecht, thon- und kalkhaltig, dabei der Schumla so spärlich vorhanden, daß es zwar zur Stillung des Durstes, nicht aber zum Baden und Waschen ausreichte. Mangel an Reinlichkeit trat also zu den vielen vorhandenen Uebeln noch hinzu. Wenn das dichte Zusammenleben überhaupt nachtheilig, wie viel mehr mußte es da verderblich werden, wo eine sehr große Menge geschwächter und erkrankter Menschen, wo Leichen und Gräber bei langem Aufenthalt an derselben Stelle sich immer mehr häuften.

Die Russen waren auch kaum in die Fürstenthümer eingerückt, als der Gesundheitszustand anfing sehr bedenklich zu werden und eine Menge von Erkrankungen gleich Statt fanden. Daß das Leiden ein sehr bösartiges, darüber waren alle Aerzte einig, aber man stritt sich darüber, ob es gastrisch-nervöses oder Faulfieber, ob es Typhus oder Pest sei. Auf den Namen kam es dabei freilich nicht an, um so mehr als die Pest mit jenen Fiebern in verwandtschaftlicher Beziehung steht, und vielleicht nur eine durch tellurische und climatische Verhältnisse gesteigerte Potenz derselben ist. Das Criterium der Pest, die Bubonen, Karbunkel und Pusteln blieben nicht aus, aber man wollte den gefürchteten Namen nicht nennen, und bebte zurück vor Absperrungs-Maaßregeln, welche mit einem Bewegungskriege fast unvereinbar schienen.

Und doch waren solche Maaßregeln unerläßlich, denn wenn schon einige neuere Versuche*) das Gegentheil zu beweisen scheinen, so sprach doch die lange und vielfältige Erfahrung dafür, daß die Berührung pestkranker Personen und mehr noch ihrer Kleider**) die Seuche mittheilt.

In Rußland bestanden vor dem Krieg zur Abwehr der Pest 2 Quarantaine-Linien am Dnjepr und am Pruth. Die erstere hatte man nach Eröffnung des Feldzugs zur Erleichterung der Verbindungen aufhören lassen. Allein schon vor dem Einrücken der Russen waren einzelne Pestfälle in der Wallachei vorgekommen, und der Hospodar hatte in Dudeschte ein Pestlazareth eingerichtet. Die Fälle mehrten sich im Frühjahr, und schon Mitte Mai waren 4 Klöster mit pestkranken Einwohnern angefüllt. Jetzt wurden die Quarantainen am Pruth aufgehoben, die am Dnjepr mit 16tägiger Contumaz wieder eingesetzt, auch in Bukarescht und Jassy Pestcomités organisirt. Später mußte selbst das Hauptcorps vor Schumla nicht nur gegen türkische Ueberläufer durch Quarantäne-Anstalten, sondern auch gegen die Wallachei geschützt werden. Unglücklicherweise brach in Hirsowa, diesem Hauptdurchgangs-punkt für den Verkehr des Heeres mit der Heimath, die Pest aus, und so war man genöthigt, auch in Basardschik eine Quarantaine anzulegen. In Varna wurden die Mannschaften wöchentlich besichtigt, und die gute Wirkung aller dieser Vorsicht war, daß das Hauptcorps in Bulgarien während des

---

*) Doctor Bulard sperrte sich 1837 und 1838 in den Pestspitälern ein, berührte Kranke und Todte, schlief neben ihnen in ihren Betten, impfte sich den Eiter der Bubonen ein und blieb gesund. Ebenso wohnt ein armenischer Geistlicher im Pestspital zu Pera seit vielen Jahren.

**) Einem russischen Arzt starben 4 Aufwärter, welche seine Kleider reinigten; er selbst blieb verschont.

Jahres 1828 von der Pest gänzlich verschont blieb. Ueberhaupt trat mit der Sommerhitze, wie die Eingeborenen es
vorausgesagt, auch in den Fürstenthümern eine Veränderung
der Seuche ein. Sie erlosch aber nicht; denn eine streng
durchgeführte Absonderung war unmöglich. Bald theilten die
Einwohner den Russen, bald diese jenen die Ansteckung mit.
Umsonst wurden die erkrankten Militärs in abgesonderten
Laubhütten untergebracht, ihre Kleider, Wäsche und selbst die
Munition ganzer Bataillone gereinigt, umsonst eine Menge
verdächtiger Häuser verbrannt; dennoch verbreitete die Krankheit sich gegen den Herbst in den Fürstenthümern immer
mehr und Mitte November waren 40 Dorfschaften angesteckt.
Erst im December während strenger Kälte hörte die Pest
unter den Belagerungstruppen von Dschurdschewo und Kallarasch ganz auf, in den Spitälern zu Bukarescht aber dauerte
sie fort. Man war daselbst um so schlimmer daran, als jene
Spitäler nur zur Aufnahme von 500 Kranken vorbereitet
waren, während Tausende von allen Seiten zugebracht wurden, unter denen eine beträchtliche Zahl sich als Pestbehaftete
zeigte. Noch am 11. Februar 1829 wurden auf Befehl des
General Roth 61 Dörfer gereinigt.

Wir haben bisher nur von der Pest gesprochen, aber
nervöse Wechsel- und Faulfieber, Dyssenterien, Scorbut und
entzündliche Krankheiten, welche überall herrschten, kosteten
dem Heer zehnmal mehr als jene, bisher nur auf engen Raum
beschränkte Seuche.

Unterdeß rückte die Zeit des neuen Feldzugs heran. Der
Cyclus der Krankheiten des ersten war geschlossen, und die
Zahl sowohl der Erkrankten als der Todten erreichte im
Februar 1829 ihr Minimum zwischen beiden Feldzügen. Die
Akme der Erkrankungen war im September und October da-
gewesen. Während des letztgenannten Monats allein waren
in den Hospitälern, ohne die Feldlazarethe zu rechnen, 20,000

Kranke hinzugekommen. Der absolut größte Menschenverlust fiel auf den Januar 1829; denn es unterlagen in diesem Monat, wo die Waffen ruhten, ungefähr 6000 Mann. Die relative Sterblichkeit aber erreichte für den ersten Feldzug ihren Gipfel erst mit dem Februar 1829, wo mehr als der 4te Kranke starben. Die Intensität der Krankheit geht aus der nachstehenden Tabelle hervor. Es starben in Procenten

	Mai.	Juni.	Juli.	Aug.	Sept.	Oct.	Nov.	Dez.	Jan.	Febr.
	1828						1829			
in den Reg.-Lazarethen . . .	1,8	2,7	2,0	2,7	5,6	7,2	10,9	10,5		
in den Hospitälern	7,4	7,2	10,2	16,6	18,9	22,3	23,4	23,3	25,5	28,8

Was aber die Ausdehnung der Krankheit betrifft, so waren in den 10 Monaten vom Mai 1828 bis Februar 1829 nicht weniger als 75,226 leichtere Kranke in den Feldlazarethen, und 134,882 schwerere in den Hospitälern, überhaupt also 210,108 Kranke behandelt worden.

Nimmt man die Stärke des ganzen russischen Heeres, incl. Nichtcombattanten, auch reichlich auf 100,000 Mann an, so war in der genannten Zeitdauer durchschnittlich jeder Mann zweimal im Lazareth gewesen. Nach diesen positiven Angaben und nach den in der Tabelle bezeichneten Procenten läßt sich nachrechnen, daß die Russen während des ersten Feldzugs und in dem darauf folgenden Winterquartiere mindestens 8,200 Mann in den Hospitälern verloren. In diese Ziffer sind die Todten nicht einbegriffen, welche auf dem Schlachtfelde blieben, und natürlich gar nicht in die Spitäler gebracht wurden. Man darf daher ohne Uebertreibung annehmen, daß den Russen der erste Feldzug fast die Hälfte ihrer ganzen Effectivstärke an wirklichen Combattanten kostete.

Mitte Mai 1829 zeigten sich zuerst Spuren der Pest am rechten Ufer der Donau in Tschernawoda, Babadagh,

Küstendsche, Mangalia, Basardschik, Kawarna und endlich in Varna, diesem wichtigen Punkt, wo sich die Reserven, die Magazine, die Zeughäuser der ganzen Armee und ein Depot von 4000 Kranken befanden. Man vermuthete, daß hier die Ansteckung durch Vertheilung von Munition der Gestorbenen der 16ten Infanterie = Division verursacht worden sei, welche in einem lange verschlossenen Magazin aufbewahrt worden war. Die Zeughauswächter waren wenigstens die Ersten, welche unter unzweideutigen Zeichen der Pest starben. Außerdem aber erzeugten die enge Aufeinanderhäufung der Truppen, die Ausdünstung so vieler Leichen und schlechte Nahrungsmittel den Scorbut und die bösartigsten Fieber. Mitte Juni belief sich die Zahl derer, welche täglich in dem Lazareth zu Varna aufgenommen wurden, auf 50 bis 80, und dabei war durch den Tod von 8 Aerzten den Kranken fast jede Hülfe geraubt. Einige Bataillone wurden aus der Stadt in ein Lager verlegt. Man ließ die Leute im Meer baden, die Zelte mit Essig durchräuchern, die Munition lüften, die Sachen der Verstorbenen verbrennen und errichtete für die Verpesteten eine mit Gräben umzingelte Abtheilung.

Der Anblick dieses Pestspitals, wenn man es so nennen will, war entsetzlich. Kranke wälzten sich zwischen Sterbenden und Todten in der Sonnenhitze lechzend umher. Im Juni erreichte die Seuche eine solche Ausdehnung, daß wöchentlich über 1000 Mann in das Pestspital kamen. Bis zum 26. August waren dort überhaupt 5509 Kranke aufgenommen, von welchen 3959 unterlagen und nur 614 mit dem Leben davon kamen. An dem einen Tage, dem 25. Juni, starben 300 Mann, die Leichen wurden wie Holzstöße aufgestapelt und fuhrenweise abgefahren. Von 41 Aerzten wurden 28 angesteckt, von diesen starben 20, von 7 Apothekern 4. Außerdem starben 30 Feldscherer, Commissare und Krankenwärter. Da die Aerzte erst nach und nach ankamen, so gab es Zeitpunkte, wo zur Behandlung so vieler Kranken nur 1 Medicus noch vorhanden war. Der ungeheuere Verlust an Aerzten war um so empfindlicher, als sie mehrentheils durch junge Leute ohne Erfahrung ersetzt werden mußten, und zwar meist durch Ausländer, welche der Sprache nicht mächtig waren. Auch außerhalb des Spitals auf den Wegen zur Stadt fand man auf Feldern und Wiesen, hinter jeder Hecke und hinter jedem Gesträuch Sterbende und Todte, während im Lager der Marketender lustig gelebt und gezecht wurde.

An andern Orten sah es um eben diese Zeit nicht viel besser aus. Brailow war gänzlich veröbet. Selbst die Post war außerhalb des Orts verlegt, damit die Reisenden ihn nicht berührten. Im Juni wurden dort 1200 Mann als Pestkranke behandelt, von denen 774 starben. Aerzte und Beamte waren fast sämmtlich schon erlegen. In Slobodsche lag die ganze Verwaltung des dortigen Pestspitals in den Händen eines Unteroffiziers. Auch in Bessarabien war die Pest ausgebrochen. Das russische Hauptheer stand damals bekanntlich vor Schumla. Alles kam darauf an, dieses Heer gegen die furchtbare Seuche zu schützen. Man umgab das Corps im Rücken mit einer Postenkette. Große Transporte, welche am Orte ihrer Verladung unter Beobachtung der nöthigen Vorsichtsmaaßregeln behandelt worden, durften frei durchgelassen werden, die Marketenderfuhren aber, welche das Hauptquartier versorgen sollten, stauten sich hier wie vor einem Damm an, während man im Lager darbte. Dennoch schlich sich die Ansteckung durch. Die vorgekommenen Fälle waren aber nur vereinzelt, und im Ganzen genommen war der Gesundheitszustand beim Hauptheer gut. Die Truppen litten hauptsächlich nur an Dyssenterie.

Sobald der Uebergang über den Balkan begonnen, wurden alle Kranke der Ambulancen des Hauptquartiers nach Baltschik abgeführt. Die Truppen, welche verdächtige Orte, wie Dewno, Gebedsche u. a. m. paſſirten, mußten durch eine Poſtenkette marſchiren, um ſo vor jeder Berührung geſchützt zu ſein. Alle Transporte aus Varna wurden vor ihrer Abfertigung gereinigt und bei ihrer Ankunft nochmals unterſucht. Am Kamtſchik führte man eine ſtrenge Contumaz ein und verſah die Hafenplätze an der Bucht von Burgaß mit Quarantainen.

Eine ungewöhnliche Menge von Menſchen unterlagen indeß den Anſtrengungen gleich der erſten Märſche. Schon in Dewno war die Zahl der Kranken in der Ambulance auf 400 geſtiegen, welche an Durchfall, gallichtem Fieber und Scorbut litten. Viele Leute warfen ihre 10tägige Proviſion an Grütze und Zwieback von ſich, um ſich nur zu erleichtern. Mit immer dünner werdenden Reihen langte das Corps auf den erſten Stufen des Gebirgs an, und in Derwiſch-jowann ſchon wurde ein Hospital unter Laubhütten eingerichtet, welches bald 600 Kranke zählte.

Am Südfuß des Gebirges erquickten ſich nach langer Entbehrung endlich einmal wieder die Truppen am Schatten ſchöner Eichen- und Buchenwälder. Dort traf man Gärten, friſches Gemüſe und halbreife Weintrauben. Der Soldat war durch das Gelingen des Uebergangs höchlich erfreut und ermuthigt, durch Hoffnung und Thätigkeit neu belebt. Nur etwa 50 Mann waren bei der Einnahme von Aidos durch Flintenſchüſſe verwundet, und in jener Stadt gab es im Ganzen keine hundert Kranke. In Aidos mußten die Straßen von Todten, die Häuſer von Schmutz gereinigt werden; dennoch zeigte ſich hier keine Spur von Peſt, dagegen fingen die Wechſelfieber nun an um ſich zu greifen. Schon nach wenigen Tagen klagten Offiziere und Gemeine über eine nie empfundene Mattigkeit und Abſpannung, ſo daß viele kaum gehen mochten. Neben dem Wechſel- zeigten ſich hitzige Fieber mit Delirien und eine ſolche Erſchlaffung der Capillargefäße, daß jeder leichte Stoß oder bloßes Anfassen blaue Flecke auf der Haut hervorbrachte. Der Stich der Fliegen, welche sich mit besonderer Vorliebe auf diese Kranken warfen, brachte in wenigen Minuten einen blaurothen Fleck von ¼ Zoll im Durchmesser hervor. Die Patienten starben ohne Bewußtsein am 5ten oder 6ten Tage, und der Körper ging dann, wie bei den gehetzten Thieren, sogleich in unaufhaltsame Fäulniß über.

Diese Wechselfieber mit gedoppelten Paroxysmen, welche den Kranken des Lebens gänzlich überdrüssig machten, waren schlimmer als die Pest. Obgleich nur sehr wenige Verwundete da waren, stellte sich doch der Tetanus bei ihnen ein. Mehr als die Hälfte aller Todten starb aber an Dyssenterie.

An jedem Tage traten Hunderte aus den Reihen des ohnehin schon sehr schwachen Heeres, die während 36 Stunden in Fieberhitze die Sinne verloren oder im Durst verschmachteten. Die Hospitäler füllten sich jenseits des Balkan so reißend schnell, daß weder Platz zur Aufnahme, noch Kleider und Wäsche für die Nachfolgenden vorhanden war; denn die meisten Hülfsmittel hatten in Bulgarien zurückgelassen werden müssen, woselbst allein während des Monats Juli zu den in Bestand gebliebenen 18,000 noch neue 19,000 Kranke hinzukamen. Es lag demnach, die Kranken des Hauptheeres südlich des Balkan eingerechnet, während des Juli die ungeheure Zahl von 40,000 Mann, oder mehr als die Hälfte der ganzen activen Armee in den Spitälern. Noch war die Pest dem Hauptheer nicht gefolgt, aber sie drohte wie ein schwarzes Ungewitter am nördlichen Horizont Bulgariens. Die Quarantaine am Kamtschik füllte sich mit Verdächtigen an, und der Charakter der Synochalfieber wurde so bösartig, daß er in Pest überzugehen drohte. In Burgaß lagen während des Septembers 2096 Kranke, von denen 6 Bubonen bekamen. Während des Oktobers erkannte man dort von 2117 Kranken schon 53 Pestige, und im November bildeten die Pestkranken ¼ der Totalsumme. Die Quarantainen waren aufs strengste gehandhabt, und es ist sehr wohl möglich, daß die Pest sich ohne Contagion aus den Fieberkrankheiten nosologisch ent= wickelte.

Unterdeß marschirte das Hauptheer gegen Adrianopel vor. Auf den Gewaltmärschen von Sliwno dorthin fiel die Hälfte der Troßpferde vor Ermattung. Die Zahl der Kranken in der Ambulance stieg auf 800. Sie blieben in Bujukderbent zurück, aber in den 2 Tagen bis zum Einrücken in Adrianopel füllte die Ambulance sich schon wieder mit 26 Offizieren und 226 Gemeinen. Viele waren auf dem Marsch schon gestorben. In dem Kamtschatkaschen Reserve = Regiment, welches dem Corps aus Szisebolis gefolgt war, zeigten sich Spuren der Pest; sie wurde jedoch noch durch augenblickliche Absonderung erstickt.

In Adrianopel nun wurde die westlich der Stadt auf einer Anhöhe in Form eines Vierecks neu erbaute türkische Kaserne zum Hospital eingerichtet. Das Gebäude hat zwei Stockwerke, auf den beiden kürzeren Seiten 100, auf den län= gern 150 Fenster Front. Es umschließt eine Moschee mit schlankem Minareh, ein geräumiges marmornes Bad, große Küchen und ein Kiosk, von welchem man den prachtvollsten Blick auf die große Stadt im Thale genießt. Vor demselben breiteten sich ein grüner Platz, ein Platanenhain, Gärten und Gottesäcker aus. Man konnte sich glücklich schätzen, in diesem Lande eine solche Localität zur Unterbringung der Kranken zu finden. Allein bei der Aussicht, in ganz kurzer Zeit heim= kehren zu können, vielleicht heimkehren zu müssen, waren alle Vorkehrungen nur auf die nächste Zukunft berechnet. Wir haben gesehen, wie sehr der Aufenthalt der Russen sich dort in die Länge zog, und während 3 Monate behalf man sich in steter Erwartung, binnen 3 Tagen aufzubrechen. So war man weder auf eine ungeheure Vermehrung der Kranken noch auf den Winter vorbereitet. Das Hospital füllte sich schnell. Schon 8 Tage nach dem Einrücken in Adrianopel zählte man 1616, am 1. September 3666 und Mitte September 4641 Kranke, also ¼ der ganzen noch disponibeln Stärke. Jetzt, wo die Waffen ruhten, brach in dem Hospital auch noch die Pest in ihrer furchtbarsten Gestalt aus und raffte im vollen Frieden die hinweg, welche bis zu Ende des Feldzugs dem Schwert und den Krankheiten widerstanden hatten.

Der ungeheuren Menge von Kranken war kaum mehr zu bieten als ein Obdach. Vorräthe auf längere Zeit hinaus hatte man in Adrianopel nicht machen können, es gebrach da= her an der gewöhnlichsten Nahrung. Es fehlte an Heu und Stroh, um den Kranken wenigstens eine Streu auf der höl= zernen Pritsche der Kaserne machen zu können, man legte sie daher auf zerschnittene türkische Zelte, der Tornister wurde zum Kopfkissen, der Mantel zur Bettdecke. Aber nun trat eine grimmige Winterkälte ein, die Fenster waren zum Theil ohne Scheiben, die Thüren schlossen nicht. Bald waren die schönen Platanen rings umher verschwunden; denn auch die gesunden Truppen brauchten Holz. An Aerzten gebrach es Anfangs nicht, aber ihre Arbeit überstieg alle menschlichen Kräfte, Feld= scherer waren gar nicht, Krankenwärter nur wenige aufzutreiben. Die Doctoren mußten die Heilmittel selbst bereiten und selbst darreichen, und als vollends die Pest ausbrach, unterlagen hier, wie überall, wo sie herrschte, fast sämmtliche Aerzte.

Ein ganz besonderer Uebelstand waren die Latrinen, welche nach türkischer Art nicht zum Sitzen, sondern nur zum Kauern eingerichtet, für einen Kranken, der sich kaum auf den Beinen erhalten kann, ganz unbrauchbar sind, und doch von 5000 Menschen, die zur Hälfte mit Dyssenterie behaftet waren, täg= lich benutzt werden mußten. 50 Mann waren nicht im Stande hier Reinlichkeit zu erhalten; dabei waren die unterirdischen

Kanäle verstopft und der entsetzlichste Gestank verbreitete sich durch das ganze Gebäude.

Die Wechselfieber waren es während der ersten Monate in Adrianopel, welche die Kranken zu Hunderten hinrafften. Sie erschienen meist gedoppelt; die Paroxysmen hielten bis 18 Stunden an, dann stellte sich oft schon nach einer Stunde die Verdoppelung ein, so daß die Patienten 36 Stunden im Fieber lagen und nur 12 Stunden frei waren. Sie starben meist nach 18 bis 21 Tagen, und endeten, wenn die Krankheit länger dauerte, mit Scorbut oder Wassersucht. Das einzige Heilmittel war Chinin, und an diesem mangelte es. Nach der Behauptung des russischen Oberarztes sollen kaum 500 Menschen von der ganzen Armee sich rühmen können, gar nicht vom Fieber ergriffen gewesen zu sein, und bei Vielen kam die Krankheit erst in der Heimath mit um so heftigerer Wuth zum Ausbruch.

Die größte Verzweiflung verursachten die Dyssenterien. Hier war die Verabreichung der Arzneimittel das Leichteste, die Bedienung der Leidenden, welche fast so viele Wärter als Kranke erforderte, die Beschaffung der Wäsche aber unmöglich und die furchtbarste Unreinlichkeit nicht zu vermeiden. Aufgehalten durch schlechte Wege und durch die unter den Troßknechten ausgebrochene Pest, kamen Wäsche und Pelze für 2000 Mann aus Ahjolo erst im December in Adrianopel an. In der letzten Hälfte des September aber gingen schon alle Krankheiten und alle Rückfälle, intermittirende und remittirende Fieber in erschöpfenden Durchfall und tödtende Dyssenterie über. Beinahe 1300 Mann starben zu Adrianopel allein im Laufe des October an der Ruhr. Aus Kirkliffa kamen 1500 an demselben Uebel leidende Kranke an, welche vor Schwäche kaum das Hospital erreichen konnten. Wie Fliegen im Herbst erstarrten bei 3 bis 4° Wärme die aller Lebenskraft beraubten Ruhrkranken. Um die Füße gegen die Kälte zu schützen, behielten sie die Stiefel an, bis sie über heftige Schmerzen klagten, und da fand man am 16. October nach Entblößung der Füße Brand in den Zehen aus Mangel an äußerer und innerer Wärme *).

In dem Friedenstraktat war bestimmt, daß das russische Heer bei Burgaß Winterquartiere beziehen solle. Der Transport einer solchen Menge von Kranken und auf solchen Wegen war aber geradezu unmöglich; es mußten 4700 Kranke nebst 3 bis 400 als Wärter Commandirten unter Bedeckung des 36sten Jäger-Regiments, im Ganzen an 6000 Mann, in Adrianopel zurückbleiben.

Schon vor dem Aufbruch des Corps (zuerst am 29. October) fand ein erster Pestfall im Hospital statt, bald nach demselben aber breitete sich die Seuche unaufhaltsam aus, und zuletzt war von 300 Krankenzimmern kein einziges mehr verschont.

Das äußerliche Bild, welches die russischen Aerzte von einem Pestkranken entwerfen, ist folgendes:

Gewöhnlich stellt sich der Ausbruch des Uebels gegen Sonnenuntergang ein. Zunehmende Schauder verwandeln sich schnell in heftigen Frost, und gegen Mitternacht schon in starke Hitze mit Delirien, wie bei einem entzündlichen Fieber. Patient ist dabei wortreich und versichert, daß es mit seiner Krankheit nichts zu sagen habe. Kaum nähert man sich dem Kranken, so springt er auf, taumelt aber rückwärts oder sinkt wie vom Blitz getroffen zurück. Das Gesicht ist geschwollen, der Ausdruck verändert, die Augen sind stier und wie mit einer weißen Haut überzogen. Der Kranke sieht und hört schlecht, spricht schwer, aber viel und schnell. Sein Gedächtniß ist so schwach, daß er oft weder seinen eigenen Namen noch

---

*) Im Winter 1838—39 fanden sich im Lazareth zu Malatia 14 Mann mit erfrornen Füßen in ihren Betten. Auch damals wüttete Dyssenterie unter den türkischen Truppen.

den seines Regiments weiß. Sein äußeres Ansehen ist das eines Betrunkenen. Später versinkt er in starres Hinbrüten oder zerrt an seinen Kleidern. Er klagt über Kälte, kriecht an der Erde herum, beachtet nicht die Wunden, die er sich dabei beibringt, und stirbt oft in dem Augenblick, wo er seinen Nachbar zerkratzt, um dessen Bekleidung an sich zu reißen. Der Ausbruch der Bubonen rettet ihn nicht vom Tode, welcher sich nach 48 bis 24, zuweilen schon nach 4 Stunden einstellt*). Nur ein sehr heftiger Schweiß bewährte sich oft als heilsame Crisis.

Bei einem so schnellen Verlauf der Krankheit zeigten alle innerliche Mittel sich ohne Wirkung. In Barna hatten Uebergießungen mit kaltem Wasser oft Heilung und stets Linderung gebracht. In Abrianopel war die Witterung schon zu ungünstig, die Empfindlichkeit der Kranken gegen Kälte zu groß, und dort bewährte sich nur die äußerliche Einreibung mit Baumöl.

Ende December erreichte die Pest ihre größte Höhe, es starben täglich 50 bis 70 Mann, das Uebel erlosch erst im März des folgenden Jahres aus Mangel an ‒ Menschen.

Nur 2 Transporte, einer von 300 Genesenen im December und einer von 170 Kranken im Mai langten in Burgaß an. Sie waren von 3 bis 400 Gesunden escortirt, alles Uebrige unterlag. Von den 6000 in Abrianopel Zurückgebliebenen starben 5200.

Aber auch in den Winterquartieren jenseits des Ballan verbreitete sich die Pest. Kein Regiment, kein Lazareth, auch nicht das Hauptquartier zu Burgaß blieb verschont. Die ganze Armee (wenn man diese Trümmer so nennen darf) wurde einer Reinigung unterworfen, und betrat das Vaterland erst

---

*) Ein russischer Beamte kam Abends zu Pferde nach Barna, spielte mit einem Arzt Whist, und starb um Mitternacht an der Pest.

nach 21 tägiger Contumaz. 1 Linienschiff und 2 Fregatten mußten zur Abholung der Kranken bestimmt werden. Ihre Zahl betrug nach allen Todesfällen in Burgaß immer noch 3864, worunter 600 Pestige. Diese wurden nach Kinburn und Olvidiopol abgeführt. Das Hauptquartier traf erst am 25. Juni 1830 zu Tultschin ein.

Wie sehr die Sterblichkeit im russischen Heer während des Feldzugs von 1829 gegen die schon so große des vorher= gehenden zugenommen, ist aus der Vergleichung der nach= stehenden Tabelle mit der weiter oben gegebenen ersichtlich. Es starben in Procenten:

1829	März.	April.	Mai.	Juni.	Juli.	Aug.	Sept.	Oct.	Nov.	Dec.
in den Reg.-La= jarethen			9,3	10,7	10,0	11,1	14,3	18,8	27,3	19,6
in den Hospitä= lern	20,4	25,6	29,2	56,6	41,1	33,7	34,6	42,0	45,6	39,1

Nimmt man hiervon die mittleren Durchschnittszahlen, so starben

1828

in den Regiments=Lazarethen   in den stehenden Hospitälern

5 Procent,   19,2 Procent,

1829

14,6 Procent   37,0 Procent.

Die Sterblichkeit in den Regiments=Lazarethen hatte sich demnach gegen das vorhergehende Jahr verdreifacht, in den Hospitälern verdoppelt. —

Die Zahl der Erkrankungen und der Todesfälle im Jahre 1829 ist nicht vollständig angegeben, indessen lassen sich folgende Data zusammenstellen.

Allein in den stehenden Hospitälern wurden

	aufgenommen		davon starben
1829 im März	12,170 Kranke,	$\frac{1}{5}$ =	2434
„ „ April	17,625 „	$\frac{1}{4}$ =	4406
„ „ Mai	14,419 „	$\frac{1}{3}$ =	4806
„ „ Juni	18,000 „ über	$\frac{1}{2}$ =	9500
„ „ Juli	19,000 „	$\frac{2}{5}$ =	7600
mithin in 5 Monaten	81,214 Kranke,		28,746

Während der folgenden Monate wuchs die Sterblichkeit von $\frac{1}{5}$ auf $\frac{2}{5}$ und selbst wieder auf fast $\frac{1}{2}$. Die Zahl der Erkrankungen nahm wenigstens bei dem schwachen Heer in Adrianopel immer noch zu, und die Zahl der Todesfälle dürfte in den 5 Monaten bis zum Schluß des Jahres mindestens eben so groß gewesen sein, als in den vorhergehenden 5 Monaten. Wir wissen ferner, daß von den dort Zurückgebliebenen noch 5200 Mann starben. Rechnen wir zu allen diesen noch den Verlust in den Regiments-Lazarethen und die Zahl der in Gefechten Getödteten, so bleiben wir wahrscheinlich noch weit hinter der Wahrheit zurück, wenn wir die Einbuße der Russen während ihres letzten Feldzugs auf 60,000 Mann veranschlagen.

In dieser Summe ist allerdings ein Theil der großen Zahl von Nichtcombattanten, ferner der, jedoch nur schwachen Verstärkungen enthalten, welche dem Hauptcorps über Szisebolis nach Adrianopel folgten. Dennoch dürfen wir wohl annehmen, daß kaum mehr als 10 bis 15,000 Combattanten über den Pruth in die Heimath zurückgekommen sind.

Solche abnorme Gesundheits- oder vielmehr Krankheitszustände konnten nicht vorhergesehen werden, sie überstiegen jede Berechnung, und man hat Mühe, sich eine Vorstellung von einem offensiv operirenden Heer zu machen, von welchem die größere Hälfte in den Spitälern liegt. Vorwürfe, welche man den obern Verwaltungsbehörden in dieser Beziehung gemacht hat, scheinen unbillig zu sein. Wie sollte man möglicherweise in einem solchen Lande die Mittel zur Verpflegung und Wartung von 40,000 Kranken mitführen, wie die Absperrungs-Maaßregeln, welche die Pest erfordert, bei einem Bewegungskriege zur Ausführung bringen. Verhältnisse, wie die eben geschilderten, dürfen aber nicht unerwähnt bleiben, wenn wir über die Leistungen eines Heeres und seiner Führer urtheilen wollen.

Der russische Soldat erscheint ebenso standhaft in der Ertragung von Mühseligkeiten, Anstrengungen, Entbehrungen und Leiden, wie unerschrocken in der Gefahr. Was den Feldherrn selbst betrifft, so war es das Schicksal des Fürsten Sabalkanski, in 2 Feldzügen, in welchen er befehligte, außer gegen den bewaffneten Feind noch gegen einen heimlichen, verderblichen Gegner kämpfen zu müssen, in der Türkei gegen die Pest, in Polen gegen die Cholera, welcher er endlich selbst erlag. Abgesehen von der materiellen Schwächung der Streitmittel, welche Charakterstärke setzt es nicht in dem Führer voraus, beim Anblick solcher namenloser und weit verbreiteter Leiden doch stets das große Ziel im Auge zu behalten, welches durch kein Zuwarten, sondern nur durch ein stetes, kräftiges und rasches Handeln erreicht werden konnte.

Was den Feldzug in der Türkei betrifft, so glauben wir, daß die Geschichte zum Ruhme des General Diebitsch Folgendes sagen kann: Er unternahm mit seinen schwachen Mitteln nichts, als was für den Zweck unerläßlich war. Er belagerte eine Festung und schlug eine Schlacht, aber diese führte ihn in das Herz der feindlichen Monarchie. Er langte dort mit dem Schatten eines Heeres, aber mit dem Ruf der Unwiderstehlichkeit an. Dem zuversichtlichen, kühnen und doch vorsichtigen Verhalten des General Diebitsch zu Adrianopel verdankt Rußland den glücklichen Ausgang des Feldzugs.
